主　编　杨临宏　黄金泉
副主编　刘　刚

# 中国行政诉讼的制度缺失及完善问题研究



云南大学出版社
Yunnan University Press

# 目 录

# 第一章 行政诉讼受案范围的缺失与完善

行政诉讼与民事诉讼、刑事诉讼一样，也是权利救济的重要手段之一。当今世界建立了行政诉讼制度的法治国家，都把行政诉讼受案范围作为行政诉讼的核心问题，无论是在英美法系国家，还是在大陆法系国家，行政诉讼受案范围都标志着行政诉讼制度对于一个国家政治、行政等公共政策的影响程度。这是因为，行政诉讼受案范围明确了法院与其他国家机关处理行政争议的分工，确定了法院对行政行为的司法审查权限，使行政相对人（包括公民、法人或者其他组织）在与行政机关①发生行政争议时能够了解法律救济的途径，明确哪些争议可以通过行政诉讼的方式加以解决，哪些争议则需要通过其他方式加以解决；也使行政机关明确了行政行为受司法监督的范围和应诉的义务，从而促使行政机关依法、有效行使行政职权。因此，研究行政诉讼，就必须研究行政诉讼受案范围。

从1982年我国创建行政诉讼制度以来，行政诉讼受案范围虽然在总体上呈逐步扩大之势，但是行政诉讼受案范围的基本原则、模式、确定标准、可诉行政行为的范围等诸多方面都存在着明显的缺陷，这说明行政诉讼受案范围的理论问题在我国还是一个薄弱环节。同时，在我国的司法实践中，新的行政争议不断涌现，但由于我国行政诉讼受案范围过于狭窄及其相关规定的不明确，使得在保护行政相对人合法权利及监督、制约行政权方面明显不足，行政诉讼处于困境已成为不容回避的现实。基于对我国司法现状的考察以及对西方国家先进理论和成熟经验的借鉴，我们拟对我国的行政诉讼受案范围作一定探讨，以期对我国行政诉

① 本章中所称的“行政机关”，是从广义的角度予以界定，指依法拥有公共行政职权，负有公共行政职责的各级人民政府及其职能部门，以及经法律、法规和规章授权的其他组织。

讼受案范围的理论和实践有所裨益。

## 第一节　行政诉讼受案范围概述

### 一、行政诉讼受案范围界说

#### （一）行政诉讼受案范围的概念

世界上大多数国家，对“行政诉讼受案范围”这一概念，都有直接或者类似的规定，只是对这一问题的表述有所不同，如美国将其称为“司法审查的可得性”，法国则称为“行政法院的审判权范围”。在我国，行政诉讼受案范围，又称为行政审判权范围、可诉行政行为范围、司法审查范围或法院主管范围，是指法院受理行政争议案件的界限，即法院可以受理什么样的案件，不能受理什么样的案件，哪些行政活动应当由法院审查，哪些不能被审查①；换言之，就是指相对人对行政机关的行政行为提起诉讼的界限。

对于行政诉讼受案范围，从不同的角度可以有不同的解释。

1. 从行政相对人的角度

对于行政相对人而言，行政诉讼受案范围实际是“可起诉范围”，决定了相对人诉权的大小以及行使诉权的条件，是相对人合法权益能受到司法救济的范围，表明了国家通过司法途径对其合法权益的保护程度。

2. 从法院的角度

对于法院而言，行政诉讼受案范围意味着法院的审判权限范围，是法院受理案件、解决争议的标准和依据。行政诉讼受案范围标志着行政权与司法权的界限，只有确定了受案范围，才能明确司法权可以在多大程度上干预、审查行政权，表明了法院对行政机关行使行政职权的监督程度。

3. 从行政机关的角度

对于行政机关而言，行政诉讼受案范围实际上是其“受审查范围”，表明了行政行为受法院司法审查、监督的范围及其应诉的义务。

#### （二）行政诉讼受案范围的价值内涵

在行政管理活动中，行政机关的行政行为是多种多样的，行政机关与相对人之间发生的行政争议也是多种多样的，但从世界各国行政诉讼制度的基本情况看，并

① 马怀德．行政诉讼法学［M］．北京：北京大学出版社，2004：39.

非行政机关的所有行政行为都可以被起诉，也并非所有的行政争议都由行政诉讼来处理解决，因此才出现了行政诉讼受案范围的问题。行政诉讼受案范围的确定受制于一个国家的法治背景，体现了各权力机关之间的分工与制衡，反映了一个国家民主政治发展的总体水平，是各国在行政诉讼立法时首先需要解决的问题。

1. 行政诉讼受案范围是一个国家民主法治发展水平的标志

行政诉讼的实质是行政相对人的私权利与行政机关的公权力之争，处于弱势地位的相对人能否与拥有强大行政权的行政机关相对抗，在多大的范围和程度上可以将行政机关送上法庭，取决于一个国家政治制度和法律制度的设计与发展状况。因此，行政诉讼受案范围在一定程度上标志着一个国家民主法治发展的状态和水平，反映了法律对行政相对人权益的保护程度。

2. 行政诉讼受案范围是界定司法权与行政权相互关系的标准

司法权与行政权是两种性质不同的国家权力，二者既相互衔接、相互补充，又各司其职，不能相互混淆、逾越和替代。

一方面，根据司法最终解决原则，对受案范围内的行政行为，行政机关有义务接受法院的审查。虽然在实践中，基于行政裁决在某些方面更专业、更经济的特点，行政机关还兼具一定裁决纠纷、解决争议的职能，但这些纠纷在整个行政争议中所占比例不大，且绝大多数是非终局的，最终还是要受到法院的监督和审查，因此司法仍然是解决争议的最后途径。

另一方面，司法最终解决原则并不意味着法院应当审查所有的行政争议，对于那些应当由行政机关自行解决的争议，如行政机关实施的政治性和政策性的行为、纯技术性的行为、高度人性化的判断等均不适宜由法院来审查①，对此法院有必要保持一定的克制，否则将导致司法权对行政权的不当干涉。

由此可见，确定行政诉讼受案范围，实际上是在行政权和司法权之间进行权力和责任的分配，这种分配影响着行政机关工作的效率与行政相对人权利②的保护。

---

① 马怀德．行政诉讼原理［M］．北京：法律出版社，2003：169.

② 行政相对人权利是行政法学上的概念，是指公民、法人或者其他组织在以行政相对人身份出现时所具有的权利。我们认为，在行政法学领域，与行政权相对的应是行政相对人权利，公民权则应对应国家权力，若行政权与公民权相对出现则更应限于宪法学领域，以免造成法律术语使用上的混乱。许多作者常把行政相对人权利简称为公民权，这种术语上的替换更多的是追求形式上的简洁，而忽视了法律术语的特定内涵及术语使用上的准确性、严肃性。

3. 行政诉讼受案范围是行政相对人维护自己合法权益的有力武器

行政诉讼受案范围实质上是对行政相对人权利范围的界定，当相对人认为其合法权益受到行政机关违法行政行为侵犯且穷尽其他救济未得到保护时，凡是符合行政诉讼受案范围规定的行政行为，都可以通过向法院提起行政诉讼来寻求司法救济，法院应当予以受理；同时，凡不属于行政诉讼受案范围规定的行政行为，则相对人不享有司法请求权，不得向法院提起诉讼，法院也不应当受理。

4. 行政诉讼受案范围是行政诉讼的核心问题

行政诉讼受案范围的确定是行政诉讼法对诸如管辖、诉讼参加人、起诉和受理、审理和判决等问题进行规定的前提和基础。

## 二、确立行政诉讼受案范围的基本原则

行政诉讼受案范围的边界就是行政相对人权利受到司法保护和行政权得到司法豁免的临界点。行政诉讼受案范围的原则，体现了一国行政诉讼的目的和根本价值追求，贯穿于行政诉讼的始终，具有基本的指导意义。从世界各国对行政诉讼受案范围的确立来看，主要有两种原则。

### （一）可以审查的假定原则

可以审查的假定原则，又称一般管辖原则，是指如果没有法律的明文规定，原则上，假定政府所有的行政行为都属于司法审查的范围，以政府的行政行为接受司法审查为原则，不受司法审查为例外。世界上大多数国家奉行的都是可以审查的假定原则，其理论基础源于行政权与行政相对人权利的相互关系问题。

行政权与行政相对人权利是行政法领域的核心范畴，二者的关系是既对立又统一，主要表现在：一方面，行政权作为国家权力的一种，从根本上来源于行政相对人权利，因此，行政机关作为权力的行使者，应当依照设定权力的本来面目来行使权力，权力运作必须维护和保障相对人的权益，同时对合法的、符合社会共同利益的权力行为，相对人应该服从，这是二者的统一；另一方面，权力本身具有支配的特性，很容易导致行政机关与相对人地位上的不平等，一旦拥有权力者滥用权力，行政权对行政相对人权利的损害就难以避免，这是二者的对立。上述行政权与行政相对人权利关系的对立统一，要求行政法在调整这一关系时，必

须统筹兼顾，使行政权与行政相对人权利处于相对平衡的状态。①

行政机关以国家强制力和巨大的人力、物力为后盾，总是居于强者的地位，而相对人与之相较，必然居于弱者的地位。考虑到这种力量对比，无疑应将监督行政权、保障行政相对人权利放在更为重要的地位，而在对行政相对人权利的保护途径中，赋予相对人以诉权显然是最有效的。因此，要切实保证行政相对人权利的实现，就必须赋予其诉权，只要相对人认为行政行为侵犯了自己的合法权益，原则上均应有权提起诉讼。

（二）不予审查的假定原则

不予审查的假定原则，又称司法审查法定原则，是指在法律对行政诉讼受案范围作出规定前，假定法院不享有解决行政争议以及对政府的行政行为进行审查和监督的权力，法院也不得受理任何类型的行政案件，除非有明确的法律规定；法院是否可以受理行政案件以及可以受理哪些类型的行政案件，完全取决于法律的规定。

## 三、制约行政诉讼受案范围的因素

任何法律制度的产生与发展都离不开特定国家或地区的历史传统和社会背景，不同国家对法律制度的选择会有所不同，不同的理念与传统对法治的理解也会出现差异。因此，行政诉讼受案范围的大小，绝不仅仅是一个单纯的立法技术问题，或是立法者的一种偶然选择，影响和决定行政诉讼受案范围的因素是多方面的，是一个国家的政治、经济、文化及法治状况的综合反映。对于制约行政诉讼受案范围的因素，有学者认为，包括行政相对人权利意识的强弱程度、行政权力的运行范围、行政权力的运作方式以及司法权与行政权力量的对比关系；② 也有学者认为，应包括行政机关行使职权的状况及自我约束机制状况、司法机关解决行政争议的能力、相对人权利意识和自主意识的发展程度以及行政法治的背

---

① 行政权与行政相对人权利的关系是行政诉讼法所要调整的核心矛盾，只有正确处理行政权与行政相对人权利的相互关系，合理设定行政机关与相对人的权利义务，使二者处于动态的平衡，才是依法治国、构建我国行政法律体系的关键所在。对行政权与行政相对人权利作出较为全面论述的是罗豪才、崔卓兰两位教授所合写的论文。详见罗豪才、崔卓兰．论行政权、行政相对人权利及其相互关系［J］．中国法学，1998（3）．

② 陈宏光．行政诉讼范围动态分析与现实思考［J］．政法论坛，2002（2）．

景。[1] 虽然表述方式不同，但内涵大致相当，都表明行政诉讼受案范围是行政权、司法权以及行政相对人权利三者之间相互作用、相互制约及不断向前运作发展的结果。

（一）行政相对人权利意识和自主意识的发展程度

行政相对人权利意识和自主意识的发展程度通常是行政诉讼受案范围的决定因素。正如孟德斯鸠所说，“一切有权力的人都容易滥用权力，这是万古不易的一条经验，有权力的人们使用权力一直到遇有界限的地方才休止”[2]，行使权力的行政机关，其接受监督的意识必然弱于其扩张权力的意识，在行政管理活动中，行政机关自觉接受监督的意识只有在存在较大外在压力的情况下才有可能形成，对相对人权利的救济也只有在相对人意识到其权利应当被救济的时候才有可能出现。因此，相对人权利意识的增强和积极的权利主张可以对行政权形成外在压力，会促使行政权产生自我约束，这样就会客观地影响到行政诉讼受案范围的扩展程度，使扩大相对人权利的救济范围成为一种必然的理性选择。

（二）行政机关行使职权及自我约束机制状况

一个完善制度的形成，除了立法者自身高超的立法技术外，更多的是以不完善的社会背景为前提的，只有在问题广袤繁杂，认识尖锐对立的状态下，制度才有可能设计得比较完善。同样的，只有在行政权力广泛存在并且处于无序状态时，寻求救济的社会需求才会相当普遍，在这种情况下，救济制度的作用就会更加突出，并直接地体现在救济范围的广泛性上；反之，如果一个国家的行政机关行使职权的状况尽善尽美或者自我约束的机制比较完善，那么行政诉讼就不可能成为一种普遍的社会需求，而没有普遍的社会需求，行政诉讼受案范围也就没有扩大的必要。由此可见，行政诉讼的社会需求与行政诉讼的受案范围是成正比的。

（三）司法机关解决行政争议的能力

司法机关解决行政争议的能力通常受到下列因素的影响：司法机关在整个国家机构中的宪法地位；司法机关在公众心目中的威信；司法机关对行政机关进行有效监督的可能性；司法机关自身人、财、物等资源配置状况的合理性及人员的素质，等等。上述因素直接或间接影响着司法机关解决行政争议的能力。如果司法机关的宪法地位较低，又缺乏社会公信力，人、财、物等资源受行政机关左

① 姜明安．行政法与行政诉讼法［M］．北京：北京大学出版社，高等教育出版社，1999：310～311.

② ［法］孟德斯鸠．论法的精神［M］．北京：商务印书馆，1982：153.

右，人员素质低下，则解决行政争议的能力就会较差，行政诉讼的受案范围就会相对缩小，反之，则有条件相对扩大。①

（四）行政法治的背景

如果一个国家的行政法律规范寥寥无几或者尚不健全，那么法院进行合法性审查就无法可依，势必会限制行政诉讼受案范围的扩展，而行政法律规范的完善则会给行政诉讼受案范围留有充分发展的余地。

## 四、行政诉讼受案范围模式分析

行政诉讼受案范围模式是指立法确定的、关于行政诉讼受案范围的基本制度形式。从目前各国行政诉讼立法和逻辑理论的角度分析，行政诉讼受案范围的模式大致有三种类型。

（一）列举式

列举式是指由法律对行政相对人可以提起诉讼和不能提起诉讼的范围分别逐项进行明确规定的方式。列举式有肯定的列举和否定的列举两种。

肯定的列举是对属于行政诉讼受案范围的行政案件加以逐个列举，即从立法上采用正面肯定方式明确列举行政相对人可以提起诉讼的案件，凡经列举的都在行政诉讼受案范围之内，凡未经列举的都在行政诉讼受案范围之外，如《中华人民共和国行政诉讼法》（以下简称《行政诉讼法》）第十一条第一款前七项列举了法院应当受理的行政行为引发的争议。肯定的列举可使行政诉讼受案范围更加明确、具体，便于司法实践中的操作。

否定的列举也称排除式，是对不属于行政诉讼受案范围的事项逐个加以列举，即从反面排除行政相对人可以提起诉讼的案件，如我国《行政诉讼法》第十二条列举了法院不能受理的四类事项。在实践中，多数国家将列举式用于行政诉讼受案范围的排除。

列举式的优点是具体、细致，受案或不受案的界限分明，使行政诉讼受案范围边界明确，用以指导审判实践的实用性非常强，易于操作。然而由于成文法固有的局限性，也使得列举式的缺点非常明显，即该方式不可能穷尽所有可诉行政行为和不可诉行政行为，且容易出现过分严格地限制当事人诉权的情况，尤其是当采用肯定的列举时，由于不可能穷尽所有可诉行政行为，从而必然产生救济的

① 姜明安．行政法与行政诉讼法［M］．北京：北京大学出版社，高等教育出版社，1999：311.

空白领域，使相对人不能获得有效的司法救济。

（二）概括式

概括式是指由法律规定行政相对人可以提起行政诉讼的抽象标准，对受案范围作出原则性的概括规定。

概括式的优点是简单、全面、不致发生遗漏，对行政相对人的诉权保障充分，使其权利救济领域得到充分扩展，同时为法院逐步拓宽行政诉讼受案范围提供了先决条件，有利于司法权对行政权的全面监督与制衡。但是，概括式存在着过于宽泛和不易操作的问题，其只提供了一个行政相对人可以提起行政诉讼的抽象衡量标准，因此在实践中针对某一特定的行政争议时，需要先就其是否属于行政诉讼受案范围进行甄别，有时可能会引起争议，出现执行不统一的情况。

（三）结合式

结合式，又称混合式或折衷式，是指法律采用列举式与概括式并举的方式来规定行政诉讼受案范围。我国有学者根据列举式与概括式在结合式中的不同地位，又区分出概括列举结合式和列举概括结合式两种模式①，前者是指先作肯定性的概况规定，然后作否定性的具体排除；后者则相反，先作否定性的具体排除，再作肯定性的概况规定。

结合式的优点是既从总体上概括肯定了可诉行政行为的标准，同时又对不可诉行政行为进行逐项列举排除，将列举式和概括式混合使用，发挥各自的长处，避免各自的不足，相互弥补。实际上，由于行政诉讼受案范围问题既包括哪些行政行为属于行政诉讼受案范围，又包括哪些行政行为不属于行政诉讼受案范围，而概括式适于对前一种情形作出规定，列举式则适于对后一种情形作出规定，二者各有不同的作用，难以互相代替，因此，结合式通常被认为是确定行政诉讼受案范围的较好方式，许多国家都采用结合式来规定行政诉讼受案范围。

## 第二节　我国行政诉讼受案范围理论分析

### 一、我国行政诉讼受案范围的立法沿革

自夏、商、周起至清末止的古代中国，在君主专制政体下，不注重法律制度对官员执法行为的监督和约束，尽管也有监察机构，但只是作为专制君主加强专

① 胡建淼．行政诉讼法教程［M］．杭州：杭州大学出版社，1990：72.

制统治的工具，故在古代中国尽管有《法经》、《唐六典》、《明会典》、《清会典》等诸多法典，但却连行政诉讼的思想和萌芽都没有，当然也就根本谈不上行政诉讼受案范围的问题了。

### （一）近代中国行政诉讼受案范围的发展

从法制史的角度而言，近代中国主要是从1906年后的清末起至1949年中华民国终结为止。

1. 清末

清政府颁布了《行政裁判院官制草案》，设立行政裁判院，负责裁判行政人员在行政活动中因违法而导致的被控诉事件。尽管这一草案未能付诸实施，但在法律理念上，却开中国行政监督法制化的先河。

2. 中华民国南京临时政府

中华民国南京临时政府于1912年颁布了《修正中华民国临时政府组织大纲》、《中华民国临时约法》、《参议院法》等规定，创建了“议会监督制”，但没有规定具体的行政诉讼制度。

3. 中华民国北洋军阀政府

中华民国北洋军阀政府于1913年颁行的《诉愿条例》是中国首部行政救济法规，其设立了平政院和肃政厅作为行政纠纷的解决机关，负责行政裁判和行政弹劾。平政院的受案范围是中央或地方官署的违法或不当处分致使人民权利受到损害的；对中央或地方最高行政官署的处分不服而提起陈诉的。肃政厅则可以弹劾除总统以外的各级官吏。

4. 中华民国南京政府

中华民国南京政府于1930年3月颁布施行了《诉愿法》，其受理范围与北洋军阀政府的《诉愿条例》相近，即人民对中央或地方官署的处分有违法、不当、不服情形时即享有行政诉讼权。

### （二）中华人民共和国行政诉讼受案范围的发展

我国的行政诉讼制度正式创建于1982年，至今已有28年之久。28年来，行政诉讼受案范围先后经历了四个发展阶段，在总体上呈现逐步扩大的态势。

1. 第一阶段是1982年制定的《中华人民共和国民事诉讼法（试行）》中的规定

1982年《中华人民共和国民事诉讼法（试行）》［下文简称《民事诉讼法（试行）》］的颁布与实施，为司法审查提供了重要的法律规范。其第三条第二款规定：“法律规定由人民法院受理的行政案件，适用本法规定”，通常认为，我国的行政诉讼制度就是由这一规定正式确立的，从这个意义上来说，该规定在我国行政诉讼制度史上具有里程碑的意义。

虽然这一规定并未对行政诉讼受案范围进行专门、系统的规定，具体范围也始终处于变动之中，但是从这时开始，我国部分法院开始受理行政案件。据统计，到1989年《行政诉讼法》通过时为止，我国共有130多部法律和行政法规规定了公民、法人或者其他组织对行政案件可以向人民法院起诉①，最高人民法院和地方各级人民法院陆续建立了1 400多个行政审判庭，审理了不少行政案件。

2．第二阶段是1989年制定的《行政诉讼法》的规定

随着我国政治经济体制改革的深化和民主法治的发展，进一步加强对行政机关的全面监督、有效保护相对人合法权益的需求愈加迫切，但是，在相对人的合法权益受到行政机关侵犯而提起行政诉讼、请求司法保护时，法院在很多情况下都因为缺乏法律的明文规定而“爱莫能助”；对行政机关作出的违法行为，也难以通过司法程序进行监督。在这种情况下，迫切需要制定《行政诉讼法》，在《民事诉讼法（试行）》规定的基础上扩大对行政相对人权利的保护，同时也扩大对行政机关的监督范围。1989年4月4日的《行政诉讼法》在此基础上应运而生。

《行政诉讼法》第二章对行政诉讼受案范围作了专门规定。具体而言，包括三方面的内容：

第一，对受案范围进行了正面列举，《行政诉讼法》第十一条第一款列举了八类可诉的具体行政行为。

第二，《行政诉讼法》第十一条第二款规定，除第一款所列的八类行政案件外，法院受理法律、法规规定可以提起诉讼的其他行政案件。

第三，对受案范围进行了反面排除，《行政诉讼法》第十二条列举了法院不能受理的四项排除事项。

3．第三阶段是1991年最高人民法院《关于贯彻执行〈中华人民共和国行政诉讼法〉若干问题的意见（试行）》的规定

《行政诉讼法》颁布后，为了更好地贯彻执行该法，最高人民法院在1991年制定了《关于贯彻执行〈中华人民共和国行政诉讼法〉若干问题的意见（试行）》（以下简称《意见》），对行政诉讼受案范围问题进行了具体的解释和规定，主要包括两方面的内容：

第一，对“具体行政行为”作了狭义的限定。《意见》第一条规定：“具体行

① 王汉斌．中华人民共和国行政诉讼法（草案）的说明（1989年3月8日）．

政行为是指国家行政机关和行政机关工作人员、法律法规授权的组织、行政机关委托的组织或者个人在行政管理活动中行使行政职权，针对特定的公民、法人或者其他组织，就特定的具体事项，作出的有关该公民、法人或者其他组织权利义务的单方行为。”这一规定从职权属性、相对人、适用对象以及行为内容的角度，对具体行政行为进行了狭义的严格界定，实际上对《行政诉讼法》有关行政诉讼受案范围的规定作了限制性的解释。①

第二，列举了法院应予受理的六类行政案件。这六类行政案件是：公民对劳动教养管理委员会作出的劳动教养的决定不服的，可以向人民法院提起行政诉讼；公民对公安机关作出的强制收容审查的决定不服的，可以向人民法院提起行政诉讼；公民对计划生育主管部门作出的征收超生费、罚款的行政处罚不服的，可以向人民法院提起行政诉讼；公民、法人或者其他组织对行政机关就赔偿问题所作的裁决不服的，可以向人民法院提起行政诉讼；公民、法人或者其他组织对行政机关依照职权作出的强制性补偿决定不服的，可以依法提起行政诉讼；公民、法人或者其他组织对人民政府或者其主管部门有关土地、矿产、森林等资源的所有权或者使用权归属的处理决定不服，依法向人民法院起诉的，人民法院应作为行政案件受理。

随着审判实践的不断发展，《意见》的局限性和不完善性日渐显露，2000 年 3 月 10 日《最高人民法院关于执行〈中华人民共和国行政诉讼法〉若干问题的解释》颁布施行时，该《意见》被同时废止。

4. 第四阶段是 2000 年 3 月 10 日开始施行的《最高人民法院关于执行〈中华人民共和国行政诉讼法〉若干问题的解释》的规定

由于《意见》的缺陷在实践中日渐显露，而修改《行政诉讼法》在短期内又难以办到，为了弥补行政诉讼受案范围规定的不足，最高人民法院于 2000 年 3 月 10 日颁布了《最高人民法院关于执行〈中华人民共和国行政诉讼法〉若干问题的解释》(以下简称《若干解释》)。《若干解释》对行政诉讼受案范围的规定主要包括两方面的内容：

第一，在第一条第一款删去了《意见》中对具体行政行为不适当的定义，取消了《意见》对行政诉讼受案范围所作的限制性解释，恢复了《行政诉讼法》的立法本意，在事实上扩大了行政诉讼的受案范围。

---

① 江必新．中国行政诉讼制度之发展——行政诉讼法司法解释解读［M］．北京：金城出版社，2001：57.

第二，在第一条第二款明确列举了不可诉行政行为的种类，在《行政诉讼法》第十二条规定的不可诉行政行为的基础上，又增加了五种不可诉行政行为；同时还对《行政诉讼法》第十二条所规定的四种不可诉行政行为的内涵与外延作了明确的界定。

应当看到，上述法律规范的颁布实施在一定程度上使我国的行政诉讼制度得到了长足的发展，但我国关于行政诉讼受案范围的规定仍存在比较原则和抽象的问题，条文也比较少。而在实践中，随着行政相对人法律意识的普遍增强，行政案件的数量逐年增加，从1989年到1999年，全国各级法院共受理一审行政案件536 643件，1998年受理的一审行政案件是1989年的十倍；[①] 同时，案件的种类由原来只涉及公安、土地、林业等几类发展到几乎涉及行政机关各类部门。由于行政审判实践中遇到的案件类型逐步增多，情况愈加复杂多样，我国现行的行政诉讼受案范围规定已难以适应审判实践的需要。

## 二、我国行政诉讼受案范围的立法背景

在《行政诉讼法》立法时，专家学者和立法部门对如何确定行政诉讼受案范围提出了多种观点和理由，归纳而言，较有代表性的有三种。

### （一）干扰论

这种观点认为，长期以来，行政机关依法行政的意识不强，行政行为引起的行政争议大量存在，种类繁多、复杂，涉及面极广，而行政执法实践中所能依据的法律、法规又比较滞后，因此，如果行政诉讼受案范围规定得过宽，将会干扰或影响行政机关的正常行政管理，这既不利于社会的稳定，也不利于对行政相对人的切实保护。

### （二）无力承受论

这种观点认为，行政诉讼在我国尚属初创，法院在审判能力和审判经验上都存在不足，缺少既懂行政专业又懂法律的审判人员，无法适应较大范围的行政案件审判，因此行政诉讼受案范围不宜太宽，否则法院将会因行政案件的增多而超负荷运转，从而影响正常的审判工作。

### （三）逐步适应论

这种观点认为，行政诉讼在我国的出现既无历史渊源，又无充分的理论基

① 数据引自1999年12月14日《法制日报》。

础，而且我国几千年封建思想残余的影响还较深，“民不告官、官官相护”等意识根深蒂固，因此，对于行政诉讼，无论是相对人还是行政机关，都需要有一个在实践中逐步适应、在心理上逐步接受的过程。① 如果行政诉讼受案范围过于宽泛的话，可能会出现滥诉、乱诉的现象，这样既不利于切实保护相对人的合法权益，也不利于维护行政机关和司法机关的权威。

以上三种观点在立法时被充分考虑和采纳，形成了目前行政诉讼受案范围的现状。然而，十余年的行政诉讼实践证明，认为行政诉讼受案范围不宜太宽的理由是失之偏颇和依据不足的，是一种脱离客观实际的主观臆想。

## 三、我国行政诉讼受案范围的现状分析

### （一）我国确立行政诉讼受案范围的基本原则

对于我国确立行政诉讼受案范围的基本原则，原全国人大副委员长王汉斌在关于《〈中华人民共和国行政诉讼法〉（草案）的说明》中归纳了三点：第一，根据宪法和党的十三大精神，从保障公民、法人或者其他组织的合法权益出发，适当扩大人民法院现行受理行政案件的范围；第二，正确处理审判权和行政权的关系，人民法院对行政案件应当依法进行审理，但不要对行政机关在法律、法规规定范围内的行政行为进行干预，不要代替行政机关行使行政权力，以保障行政机关依法有效地进行行政管理；第三，考虑我国目前的实际情况，行政法还不完备，人民法院行政审判庭还不够健全，行政诉讼法规定“民可以告官”，有观念更新问题，有不习惯、不适应的问题，也有承受力的问题，因此对受案范围现在还不宜规定太宽，而应逐步扩大，以利于行政诉讼制度的推行。②

上述说法表明，我国在确立行政诉讼受案范围时实行的是不予审查的假定原则。有学者对此的解释是，我国司法审查权存在的权力基础不同于资本主义国家中的三权分立制度，司法审查权的存在不是基于权力性质的不同而产生，而是根据法律的明确规定加以确立的。因此，我国司法审查权的内涵就比较清楚，凡是法律没有明文规定的司法审查权权能内容，享有司法审查权的法律主体——法院就不得随意加以扩大解释。③

---

① 傅思明．中国司法审查制度［M］．北京：中国民主法制出版社，2002：180.

② 王汉斌．中华人民共和国行政诉讼法（草案）的说明（1989年3月8日）.

③ 张明杰，莫纪宏．行政法的新理念——市场经济条件下行政立法的新走向［M］．北京：中国人民公安大学出版社，1997：113.

### （二）我国行政诉讼受案范围的确定标准

从我国《行政诉讼法》的规定来看，行政诉讼受案范围的确定主要有两种标准。

1. 具体行政行为标准

这一标准是指法院只受理对具体行政行为提起的诉讼，对具体行政行为以外的其他行为（如抽象行政行为）提起的诉讼，法院不予受理。

抽象行政行为和具体行政行为是行政法理论界根据行政行为针对的对象是否特定、是否对相对人产生直接法律后果等标准对行政行为所作的划分。具体行政行为是指行政机关及其工作人员针对特定的相对人作出的、能够对其权利和义务直接产生法律效力的行政行为。依照学界通说，具体行政行为包含以下几个方面的内容：一是主体必须是行政机关；二是必须是在行政管理中发生的职权行为；三是必须是针对特定的相对人所为的行为；四是必须是影响到相对人权利义务的行为。一般来说，具体行政行为只能适用一次，如行政机关根据申请发放许可证的行为，对相对人采取行政强制措施或者作出行政处罚决定的行为等。

我国《行政诉讼法》第二条规定："公民、法人或者其他组织认为行政机关和行政机关工作人员的具体行政行为侵犯其合法权益，有权依照本法向人民法院提起诉讼。"据此可知，行政相对人只有在认为具体行政行为侵犯自己的合法权益时，才能提起行政诉讼，法院也只能对具体行政行为进行审查。换言之，一个行政行为是否属于行政诉讼的受案范围，首先要看的就是该行为是否是具体行政行为。

2. 人身权、财产权标准

具体行政行为是否侵犯行政相对人的人身权、财产权，也是衡量其是否具有可诉性的一个标准。法院只受理对侵犯相对人的人身权、财产权的行政行为不服提起的诉讼，除非法律、法规另有规定，法院一般不受理对人身权、财产权以外的其他权益造成侵犯的行政争议。也就是说，如果行政机关侵犯了相对人的出版、结社、游行示威、宗教信仰以及受教育权、劳动权、休息权等权利的，相对人是否可以提起诉讼，取决于法律、法规的特别规定，《行政诉讼法》未对此类权利遭受侵害后能否提起诉讼作出一般性规定。

### （三）我国行政诉讼受案范围的模式

目前，我国大部分学者认为我国行政诉讼受案范围的模式是结合式。具体而言，一是以概括的方式确立了行政诉讼受案范围的基本界限，即《行政诉讼法》第二条的规定。二是以肯定列举的方式列出属于行政诉讼受案范围的各类具体行政案件，即《行政诉讼法》第十一条第一款列举的七种行政案件；同时，对一些难以全面列举，而今后将逐步纳入行政诉讼受案范围的行政案件运用概括的方式加以补充，即《行政诉讼法》第十一条第一款第（八）项规定公民“认为行政机关侵犯其他人身权、财产权的”，可以提起诉讼；第二款规定“除前款规定外，人民法院受理法律、法规规定可以提起诉讼的其他行政案件”。三是以否定列举的方式对不属于行政诉讼受案范围的事项作了排除规定，即《行政诉讼法》第十二条对四种不受理事项的规定。①

但是，也有学者认为我国行政诉讼受案范围的模式是列举式。理由是：虽然《行政诉讼法》第二条对受案范围作了概括式规定，但这一规定并不是出现在受案范围一章中，而是在总则一章中，因此这是一种国家立法的政策性态度，具有宣示的法律意义，其所规定的内容不是行政诉讼案件的构成要件，而是行政诉讼受案范围确立及其解释的指导思想，且这条规定中的受案范围要受“依照本法”的限制，“依照本法”也就是依照本法关于受案范围的规定，即第十一、十二条列举式的限制，因此其实质仍是列举式。②

我们较倾向于后一种意见。《行政诉讼法》第二条的规定，从表面上看，似乎的确是一个关于受案范围的概括性规定，但实际上，这条规定的立法本意并不在于确定行政诉讼的具体受案范围，而在于确定行政诉讼受案范围的标准，且在实践中，该规定并不能直接引用以确定具体的行政争议是否可诉。因此，虽然《行政诉讼法》在形式上采取了概括加列举的方式来界定受案范围，但鉴于第二条的概括规定在司法实践中并未起到实际的作用，因此就实质而言，说我国关于行政诉讼受案范围的模式是列举式更为切合。

### （四）我国关于行政诉讼受案范围的具体规定

我国法律在形式上采取了概括式、肯定列举式和否定列举式几种方式对行政诉讼受案范围加以规定。

1. 行政诉讼受案范围的概括式规定

从形式上说，《行政诉讼法》第二条和《若干解释》第一条是对行政诉讼受案范围的概括式规定。具体规定如下：

《行政诉讼法》第二条的规定：“公民、法人或者其他组织认为行政机关和行政机关工作人员的具体行政行为侵犯其合法权益，有权依照本法向人民法院提起

---

① 应松年．行政诉讼法学［M］．北京：中国政法大学出版社，1994：71.

② 章剑生．有关行政诉讼受案范围的几个理论问题探析［J］．中国法学，1998(2).

诉讼。”

《若干解释》第一条规定：“公民、法人或者其他组织对具有国家行政职权的机关和组织及其工作人员的行政行为不服，依法提起诉讼的，属于人民法院行政诉讼的受案范围。”

2. 行政诉讼受案范围的肯定列举式规定

《行政诉讼法》第十一条具体列举规定了法院受理相对人不服下列几种具体行政行为提起的诉讼。

第一，对拘留、罚款、吊销许可证和执照、责令停产停业、没收财物等行政处罚不服的。行政处罚是行政机关根据其职权对社会上违反行政法但尚未构成犯罪的相对人予以的惩处。行政处罚的种类较多，《行政诉讼法》并未全面列举，其大体可以分为训诫罚、财产罚、能力罚、人身罚几类，基本上都涉及相对人的人身权和财产权。

第二，对限制人身自由或者对财产的查封、扣押、冻结等行政强制措施不服的。行政强制措施基本可以分为限制人身自由的强制措施（主要包括扣留人身、强制戒毒、强制隔离及其他一些限制人身的强制性措施）和限制财产流通、使用的强制措施（主要包括查封财产、扣押财产、冻结资金等）两大类。

第三，认为行政机关侵犯法律规定的经营自主权的。从全面保护相对人的合法权益着眼，这里所说的“法律”，应作广义的理解，即应当包括宪法、法律、法规和规章，凡上述法律规范所确定的经营自主权，都在行政诉讼制度的保护之列。

第四，认为符合法定条件申请行政机关颁发许可证和执照，行政机关拒绝颁发或者不予答复的。这一规定包括两个方面的内容：一是相对人已向有证照颁发权的行政机关提出过颁发证照的申请；二是行政机关对相对人要求颁发证照的申请予以拒绝或不予答复。

第五，申请行政机关履行保护人身权、财产权的法定职责，行政机关拒绝履行或者不予答复的。这一规定包括三个方面的内容：一是相对人在面临人身权、财产权方面的侵害时向行政机关申请保护；二是该行政机关是具有相应法定职责的行政机关；三是行政机关对相对人的申请予以拒绝或者不予答复。

第六，认为行政机关没有依法发给抚恤金的。抚恤金是国家规定为抚慰和保障某些伤残人员或死亡人员遗属的生活而发放的专项费用。

第七，认为行政机关违法要求履行义务的。行政机关违法要求履行义务的表现主要有：一是法律、法规没有设定义务，但行政机关以无权设定义务的规范性文件来设置义务并要求履行，甚至无任何根据而以具体行政行为随意决定义务，如乱收费、滥摊派等等；二是相对人已依法履行了应尽的义务，但行政机关又重复要求履行义务；三是行政机关在要求履行义务时违反法定程序，如收费不出具法定的收据、任意改变履行义务的期限等；四是行政机关要求履行的义务超出了法律、法规规定的种类、幅度和方式等。

3. 行政诉讼受案范围的否定列举式规定

《行政诉讼法》第十二条明确规定了法院不作为行政案件受理的几类事项：一是国防、外交等国家行为，这些行为不能被提起行政诉讼，是各国行政诉讼制度的通例，我国也将其排除在行政诉讼受案范围之外；二是抽象行政行为；三是行政机关对其工作人员的奖惩、任免等决定；四是法律规定由行政机关最终裁决的具体行政行为。

在《行政诉讼法》第十二条规定的基础上，《若干解释》又进一步确定了五种不可诉行政行为：一是公安、国家安全等机关依照刑事诉讼法的明确授权实施的行为；二是调解行为以及法律规定的仲裁行为；三是不具有强制力的行政指导行为；四是驳回当事人对行政行为提起申诉的重复处理行为；五是对公民、法人或者其他组织权利义务不产生实际影响的行为。

## 第三节　中外行政诉讼受案范围考察

### 一、外国行政诉讼受案范围制度述评

#### （一）美国行政诉讼受案范围

在美国，行政诉讼受案范围被称为“司法审查范围”，是指受法院审查的政府行政行为的范围，具体包括两项内容：一是指政府作出的哪些行政行为接受法院的审查，即司法审查的行为范围；二是指对行政行为的审查事项有哪些，即司法审查的程度问题。美国《联邦行政程序法》第五章第七百零二条规定：“因行政机关的行为而受到不法侵害，或在法律上受不利影响或侵害的人，有权请求司法审查。”第七百零四条规定：“法律规定可复审的行政机关的行为，或在法院没有其他适当救济的行政机关最终的行为，可以得到司法审查。”因此，除例外情况外，一切行政行为原则上均属于司法审查的范围，在法律有明确规定时，按照法律的规定进行审查；在法律没有规定时，则可以进行非法定审查。由此可知，美国在行政诉讼受案范围方面遵循的是可以审查的假定原则。

需要特别指出的是，虽然不能审查的行为只是例外，而且例外的情况已经越

来越少，但是仍然有一部分行政行为是被排除在司法审查范围之外的。在《联邦行政程序法》第七百零一条中，对不属于法院司法审查范围的事项作了列举式排除，主要包括三种情形。

1. 法律对司法审查范围的排除

依照美国法律，国会有权在不违背宪法规定的限度内，以法律形式规定某些行政行为排除法院的司法审查，但是，这一法律规定应当是明白、确定的，否则不发生排除的效果。

(1) 明文排除

明文排除是指法律明确排除司法审查，一般以行政决定是“最终决定”、“终局性决定”作为排除审查的理由。例如，美国退伍军人管理委员会规定，该委员会作出的裁决是“最终的、终局性的裁决，其他官员或美国法院都无权以法院命令的方式或其他方式审查这种裁决”。

(2) 默示排除

默示排除是指法律中没有直接规定禁止司法审查，但是法院根据这个法律所要达到的目标、法律的整个体制、立法精神、立法过程等，认为这个法律在某方面实际上排除了法院的司法审查。

2. 法律赋予行政机关自由裁量权的行为

法律赋予行政机关的自由裁量权，主要是指法律对某些行政行为只规定了一定的基本原则或基本目标，行为的方式、对象、时间、程序等具体内容则由行政机关自主决定。在实践中，自由裁量行为主要包括三类：一是确定未来政策的行为，由行政机关依据政治或政策方面的因素加以确定，不受司法审查；二是行政机构的纯内部管理决定；三是基于直觉和预感作出的监督性管理行为。法院认为这些行为既不是对事实的裁定，也不是对法律原则的推论，因此不应接受法院的司法审查。

但是，自由裁量权对司法审查的排除不是绝对的，对于专横的、反复无常的、滥用自由裁量权的行为以及其他不符合法律的行为，法院仍可以进行审查。有六种情况被美国法院确定为自由裁量权的滥用，主要包括不正当的目的、错误的和不相干的原因、错误的法律或事实依据、遗忘其他有关事项、不作为或延迟、背离了既定的判例或习惯。①

① 胡建淼．比较行政法——20国行政法述评［M］．北京：法律出版社，1998：168.

由此可见，法院对自由裁量权的把握，主要是基于维持司法权与行政权之间的平衡关系，保持自我克制，不主动进行司法审查①，但主动权掌握在法院手中，某项行政行为是否具有可审查性，取决于法院自身的理解与执行。

3. 问题本身性质不适宜司法审查

这些行为被称为“不可审查的行为”，其完全排除了法院的司法审查，主要包括：

（1）外交和国防行为

外交和国防行为不接受司法审查是世界各国的通例，其理由正如美国最高法院在一个判例中所说的，“外交政策的决定本身是属于政治性而不是司法性的，这些决定是微妙的、复杂的，包含了大量不可知的因素，法院对于这类决定没有审查的能力、设备和责任，这类决定多依据不予公开的秘密情报作出，由法院进行审查并撤销外交和国防决定是不可容忍的”②。

（2）军队的内部管理

法院认为有效的管理军队，对于国家的利益甚至国家的安全，较之军官个人的利益更大，法院不能够命令和管理军队。

（3）总统任命的高级助手和顾问

（4）国家安全

这里所说的国家安全，不包括驱逐出境或拒绝入境等小范围安全问题，较小范围内的国家安全也不排除法院的审查。

（5）追诉职能

执行追诉职能的行政机关，对于某一案件是否进行追诉，享有很大的自由裁量权，故而不适宜进行司法审查，如法院不审查司法部作出的是否追诉的决定。

（二）英国行政诉讼受案范围

英国行政诉讼受案范围指的是司法审查的范围。在英国，司法审查是依据普通法上的宪法原则来确定的，即英国高等法院王座分院可以以英王的名义，对行政机关行使监督权，禁止其活动超出权限范围。由于这是英国不成文宪法的一个基本制度，因此并不需要制定法的授权，故而英国司法审查范围遵循的是可以审查的假定原则，只要是公共机构的公法上的裁决或行为，除非有制定法或司法判

① 姜明安．外国行政法概要［M］．北京：法律出版社，1993：297.

② 王名扬．美国行政法［M］．北京：中国政法大学出版社，1995：615.

例上明确的排除，其合法性问题均可推定适用司法审查。①

如上所言，英国的司法审查范围十分广泛，但基于司法审查涉及司法权和行政权之间的关系以及司法权本身的有限性，英国司法审查的范围还是受到一定的限制。不受或可以不受司法审查的事项主要涉及三个方面。

1. 可以拒绝司法审查的情况

法院可以拒绝司法审查（当然也可以予以审查）的情况一共有七种，包括当事人的申请有不合理的迟延；当事人本身有过失；当事人知道公共机构作出决定时存有偏私情况而未提出异议，或当事人对自己的防卫权受到妨碍而没有提出异议；具有军事性质机构的内部纪律处分；纯属团体内部的事务；当事人另有其他救济手段时；法院认为救济手段不能达到目的时。

2. 不受法院管辖的行为

英国普通法认为，国家行为不受法院管辖，因而不属于司法审查的范围。在英国，国家行为是指英国政府作出的外交方面及与国家重要政策有联系的行为，这些行为只受议会监督，是法院不得审查的行为。

3. 排除司法审查的法律条款

排除司法审查的法律条款是指英国议会通过的一些法律，明示或者默示地排除了法院的司法审查权，如最后决定条款、排除提审令条款和排除任何司法审查条款等。

然而，在实践中，英国所有排除司法审查的法律条款，几乎都起不到排除的作用，事实上真正能够被完全排除在受案范围之外的，只有“不受法院管辖的行为”当中所列举的“国家行为”。这是因为，英国政府由于行政上的需要，有时认为某些事项不宜受法院司法审查，而只能由行政机关作终局决定，便提案通过一些法律，明示或者默示地排除法院的司法审查权，但英国法院忠于传统的法治观念，认为司法审查是防止行政机关专横，保障公民自由和权利的有效手段，因而不肯放弃法院的监督职责。② 在具体案件中，由于排除条款本身具有很大的灵活性，法院便可以充分利用解释的技巧，使排除司法审查的条款失去或降低意义。例如，有的法律条款规定，行政机关的某些行为属于“最后决定”行为，因此法院不具有管辖权。但是，法院却认为，如果“最后决定”越权，法院就有权审查。

① 薛刚凌．外国及港澳台行政诉讼制度［M］．北京：北京大学出版社，2006：252.

② 王名扬．英国行政法［M］．北京：中国政法大学出版社，1987：204.

## (三) 法国行政诉讼受案范围

在法国，行政诉讼受案范围是指“行政审判权限”。法国属于典型的大陆法系国家，法律渊源主要是成文法，但其行政审判权限除法律所特别规定的事项外，一般性的标准是由权限争议法庭和行政法院的判例所确定。

根据判例所确定的原则和法律关于行政审判的特别规定，法国行政法划分行政审判权限的标准有两个：一个是形式或机关的标准，根据这个标准，行政审判只限于行政机关的行为，不属于行政机关的行为，不在行政审判范围之内；另一个是实质的标准，即在行政机关范围之内，进一步明确哪些行为属于行政审判范围，哪些行为属于司法审判（普通法院审判）范围。具体的顺序是首先说明哪些行为不属于行政机关的行为，然后说明行政审判的范围，最后说明受普通法院管辖的行政机关的行为。①

1. 不属于行政机关的行为

按照机关标准，下列行为不属于行政机关的行为，不属于行政法院管辖：

(1) 私人行为

通常情况下，私人行为与行政机关的行为无涉，受私法支配，由普通法院管辖，不属于行政审判的范围。但在私人参与行政活动、管理某种公共服务的情况下，其行为引发的争端就属于行政争议，归行政法院管辖。

下列私人行为引发的争议归行政法院管辖：法兰西银行和职工之间的诉讼；矿业特许人和矿藏发现者之间因报酬问题产生的诉讼；公共工程承包人因施工而对私人所造成的损害赔偿诉讼；公务特许人以及受委托执行公务的私人团体的某些行为，其行使法律所给予的公共特许时的诉讼；私人作为公法人的代理人和其他私人所订立的行政合同。

(2) 立法机关的行为

法国议会作为立法机关，其行为受宪法委员会的审查，不受行政法院的管辖，同时，根据分权原则，立法机关的行为一般也不能视为行政行为。具体来说，以下行为不属于行政法院管辖：一是立法行为本身，法律以及与制定法律直接有关的行为，都不受行政法院管辖；法律案在议会通过后未颁布前，如有争议，只受宪法委员会的审查。二是议员的选举。三是全民投票行为。四是议会中的行政管理行为，这主要是指议会机关自身的行为，如议会办公厅、秘书处、财务处、保卫处等行政机关所采取的内部管理行为。但是存在例外的情况，即议会

---

① 马怀德．行政诉讼范围研究［J］．诉讼法学研究，2002（1）．

行政机关或部门所缔结的合同，以及由于公务过失所造成的损害，国家应负赔偿责任；议会行政人员关于个人地位所提起的诉讼属于行政诉讼，由行政法院管辖。

(3) 司法机关的行为

在法国，行政法院不被看成是司法机关，而被认为是特定的行政机关，司法机关仅指普通法院。司法机关的行为，从严格意义上来讲，可以分为司法行政行为和司法审判行为两类。

司法行政行为是指司法机关的组织活动，包括法院的设立、合并、停止、废除，法官的任命、晋升、纪律处分等行为，通常属于行政诉讼范围；例外情况是法院本身所采取的内部组织措施，如法官轮流值班制度、请假制度，适用内部行政措施原则，不受行政法院管辖。

司法审判行为包括司法机关对案件的受理和审理活动、司法判决的执行活动、司法警察活动，一般不受行政法院管辖。但司法警察的活动必须与行政警察的活动相区别，行政警察的活动受行政法院管辖。

(4) 外国国家行政机关的行为

行政审判是国家主权的一种表现，根据国家主权豁免原则，只能对本国行政机关行使，外国国家机关享有司法豁免权，一般按条约处理，不受法国行政法院管辖。

(5) 政府行为

政府行为属于政府保留不受法院管辖的行为，其范围主要由行政法院确定。一般认为，主要包括三项：一是政府和议会关系的行为，如提出法律草案、公布法律、召集议会等；二是政府在国际关系中所采取的行为，如条约的磋商、签订、批准、执行等；三是国家遇到紧急情况，总统根据1958年《宪法》第十六条的规定，作出开始实行紧急权力的决定，以及总统根据《宪法》第十一条的规定，作出将法律草案提交公民复议的决定。①

2. 行政法院管辖的行政行为

从法国行政法的规定来看，其所采取的是先排除不属于行政机关行为的行为，对剩下的有关行政机关行为的诉讼又划分行政法院管辖的范围和普通法院管辖的范围。通过排除和划分，法国行政诉讼的受案范围，包括了除私人行为、立法机关的行为、外国机关的行为和以国家名义作出的“政府行为”以外的一切行政机关的公务行为。

① 王名扬．法国行政法［M］．北京：中国政法大学出版社，1988：214－216.

3. 普通法院管辖的行政机关的行为

由于法国行政审判体制的显著特点是双轨制，即行政法院和普通法院是两套完全独立的司法系统，所以，行政机关作为具有双重身份的主体，当其依照私法规则实施私法行为时，行为引发的争议由普通法院管辖。具体来说有：

（1）私产管理行为

行政机关实施的私产管理行为一般属于普通法院管辖，但下列情况例外：一是行政机关制定私产管理的法规和规章的行为；二是在私产上进行的公共工程和建造的公共建筑所产生的损害；三是因私产管理而缔结的行政合同；四是国有不动私产的出卖。

（2）公务活动的私管理方式

私管理的行为和私管理的公务均由普通法院管辖。私管理的行为是指实施公务中的某些行为采取私法上的手段，属公务实施中的私管理行为，受普通法院管辖；私管理的公务是指“二战”之后出现的工商公务以及社会公务。

（3）普通法院司法保留事项

有关个人的身份的诉讼属于普通法院管辖，具体包括家庭地位、能力、住所、国籍、姓名、身份登记和身份证书的制作。例外情况是：外国法人的国籍诉讼、关于归化的行政决定、允许变更姓名的行政决定的诉讼属于行政法院管辖。此外，行政机关侵害个人自由而产生的赔偿责任，由普通法院管辖，但行政机关的行为是否违法的问题，除暴力行为外普通法院不能判断，必须作为审判前提问题，由行政法院裁决。

（4）普通法院管辖事项的特别规定

间接税，邮政运输，社会保障，行政机关运输工具的事故责任，发明专利证，市镇由于社会骚乱而产生的赔偿责任，军队驻扎、宿营、演习、射击而产生的赔偿责任，国家代替公立学校教员负担由于给学生造成损害的赔偿责任，等等，由普通法院管辖。①

（四）德国行政诉讼受案范围

在德国，行政诉讼受案范围是一个重要而棘手的问题，因为德国除行政法院外，还有宪法法院、一般法院、劳动法院、财政法院和社会法院等，其行政诉讼受案范围的确定，既要分清行政法院和宪法法院之间的受案权限，又要分清行政法院与普通法院的受案范围。

---

① 王名扬．法国行政法［M］．北京：中国政法大学出版社，1988：567－580.

《联邦德国行政法院法》第四十条第一款规定："所有不属于宪法范围内的公法争议，如果联邦法律没有明确规定由其他法院处理，都可以提起行政诉讼。州法领域的公法争议可以由州法分配给其他法院处理。"这一规定实际上将所有的非宪法性质的公法争议都纳入了行政诉讼受案范围。①

德国法律排除行政法院管辖的行为主要有：一是国家行为，国家行为被理解为是同国家整体利益、国家目的有关的法律行为，这些行为具有很强的政治性，如总统公布法律的行为以及总理任命部长的行为；二是国家的恩惠行为，如刑事责任的豁免、授予勋章的行为等；三是属于政治性的法律行为；四是根据《联邦德国行政法院法》第四十条第二款的规定，为公共利益作出牺牲而产生的请求权，因公法上财产的保管产生的请求权，不涉及公法合同的、因为非公法义务而产生的赔偿请求权均由普通法院管辖。

**美、英、法、德四国行政诉讼受案范围规定对照表**

| 国别 | 美国 | 英国 | 法国 | 德国 |
|---|---|---|---|---|
| 基本规定 | 因行政机关的行为而受到不法侵害，或在法律上受不利影响或侵害的人，有权请求司法审查。 | 只要是公共机构的公法上的裁决或行为，除非有制定法或司法判例上明确的排除，其合法性问题均可推定适用司法审查。 | 除私人行为、立法机关的行为、司法机关的行为、外国国家行政机关的行为和政府行为以外的一切行政机关的公务行为。 | 所有不属于宪法范围内的公法争议，如果联邦法律没有明确规定由其他法院处理，都可以提起行政诉讼。州法领域的公法争议可以由州法分配给其他法院处理。 |
| 排除范围 | 1. 法律对司法审查范围的排除。<br>2. 法律赋予行政机关自由裁量权的行为。<br>3. 问题本身性质不适宜司法审查（包括外交和国防行为、军队的内部管理、总统任命的高级助手和顾问、国家安全、追诉职能）。 | 1. 可以拒绝司法审查的情况（包括当事人的申请有不合理的迟延；当事人本身有过失；当事人知道公共机构作出决定时存有偏私情况而未提出异议，或当事人对自己的防卫权受到妨碍而没有提出异议；具有军事性质机构的内部纪律处分；纯属团体内部的事务；当事人另有其他救济手段时；法院认为救济手段不能达到目的时）。<br>2. 国家行为。<br>3. 排除司法审查的法律条款。 | 1. 不属于行政机关的行为（私人行为、立法机关的行为、司法机关的行为、外国国家行政机关的行为和政府行为）。<br>2. 普通法院管辖的行政机关私法行为。 | 1. 国家行为。<br>2. 国家的恩惠行为。<br>3. 属于政治性的法律行为。<br>4. 为公共利益作出牺牲而产生的请求权，因公法上财产的保管产生的请求权，不涉及公法合同的、因为非公法义务而产生的赔偿请求权均由普通法院管辖。 |

① 于安．德国行政法［M］．北京：清华大学出版社，1999：172.

## 二、中外行政诉讼受案范围的比较与评析

根据上述几个国家对行政诉讼受案范围的规定可以看出，其共同特点是尽量将一切有可能对行政相对人权利产生重大影响的行政行为纳入司法审查的范围，对照我国行政诉讼受案范围的规定进行比较分析，大致存在以下几点差异。

### （一）确立行政诉讼受案范围原则的差异

大多数国家奉行的是可以审查的假定原则，而我国实行的则是不予审查的假定原则。

### （二）立法技术的差异

在立法技术上，大多数国家是采取列举排除式加概括肯定式作为确定行政诉讼受案范围的主要方式，即先对不可诉行为进行排除性列举，然后规定排除列举以外的行为均属于法院受理和审查的范围。此外，这些国家往往还采用判例作为对制定法不足的补充，对那些新出现的、需要保护或监督而成文法没有规定的情况，以判例的形式或由判例形成的一般原则来对行政诉讼受案范围加以扩张。

我国则是先采用肯定列举式规定属于行政诉讼受案范围的具体行政行为，然后又采用否定列举式规定被排除在行政诉讼受案范围之外的行为，没有判例法的规定。我国采用的这种方式，不但内容繁琐，而且容易引发歧义和误解，与充分保障行政相对人权利这一法治理念相悖。

### （三）确定行政诉讼受案范围内涵与外延的差异

大多数国家是从对行政行为进行明确界定出发来确定行政诉讼受案范围。实行可以审查的假定原则的必然结果，就是要明确行政行为的定义，只有明确了行政行为的定义，行政诉讼受案范围才有可能划分清楚。在法国，行政法院依据不同的标准通过判例来明确行政行为的定义；在德国，《联邦德国行政程序法》第三十五条专门规定了行政行为的定义；美国对行政行为的定义规定得更为详细，除了用《联邦德国行政程序法》第五百五十一条第十三款规定了行政行为的定义外，还分别在该条的第四条、第六条、第八条、第十条、第十一条各款中对第十三款提到的规章制定、裁决、许可、制裁、救济等各种类型的行政行为作了进一步的解释性规定，以利于在司法审查实践中的理解和把握。

我国在立法上则没有对行政行为的内涵与外延加以界定，只是通过《行政诉讼法》第二条确立了只对具体行政行为进行审查的框架，又通过第十一条明确列举了部分涉及人身权和财产权内容的行政行为。这一立法缺陷，导致了审判实践中行政行为的概念模糊，行政诉讼的范围狭窄而不宜把握。

（四）立法基本观念的差异

大多数国家从行政法是控权法的观念出发，将行政诉讼视为一种“控权”和权利救济的活动，突出司法权对行政权的制衡作用，法院拥有广泛的司法审查权，行政活动必须服从于法律，因此，对行政诉讼受案范围的规定极为广泛，在我国禁止提起诉讼的抽象行政行为、内部行政行为，在这些国家基本上均为可诉。

我国强调的则是行政法在保障行政机关行使行政管理权方面的重要作用。我国实行的是人民代表大会制度，强调国家权力的统一性，突出的是行政权和司法权协调配合的一面。因此，只授予了法院对行政机关具体行政行为进行审查的权力，抽象行政行为、内部行政行为均不在行政诉讼受案范围之内。

（五）救济途径的差异

在救济途径上，大多数国家除设置普通法院或行政法院外，还有宪法诉讼制度，以充分保障行政相对人的司法救济权，解决行政纷争；而我国在这一方面则尚有欠缺。

## 三、我国行政诉讼受案范围存在的问题

行政诉讼制度建立初期，我国《行政诉讼法》着眼于当时的立法现状与现实国情，通过具体列举的方式对行政诉讼的受案范围加以明确，起到了一定的积极作用。然而，随着我国改革开放的不断深入，依法行政的观念在建设社会主义和谐社会中的作用不断强化，在这样的现实背景下，重新审视这部法律，我们发现，关于行政诉讼受案范围的规定仍存在着极大的缺陷，有必要进行深刻的反思。

（一）确立行政诉讼受案范围的原则不适当

从《行政诉讼法》的制定到《若干解释》的颁布，我国在行政诉讼受案范围问题上均坚持了不予审查的假定原则，行政诉讼受案范围的大小完全取决于法律的规定，依据这样的立法原则，我国建立的行政诉讼制度只能是一种不成熟的、不完整的、尚待发展完善的司法审查制度，《行政诉讼法》实施十几年来的实践已经证明了这一点。

（二）采用列举式规定行政诉讼受案范围不适当

从实质上来说，我国是采用列举式来确定行政诉讼受案范围的，即通过肯定的列举加以确定和否定的列举加以排除来规定行政诉讼受案范围。“这种既作肯定式的列举又作否定式的列举之规定方式，是极为不合理的，因为哪些可诉，哪些不可诉的界分，不论划分得多么细致严密，它不可能穷尽所有的情形，总会留

下权利救济的空白"[①]。实际上，这种做法与国际通行的——列举式只用于否定性排除——原则也是相悖的，是对列举式的滥用。

从实际的操作情况来看，现实生活中的行政争议是纷繁复杂、无法穷尽的，无论法律列举出多少可以受理的案件，总会有遗漏，总难免出现“挂一漏万”的问题，采用列举式不可能把所有的可诉行政行为都列举出来；而且，那些既不属于《行政诉讼法》中肯定范围也不属于否定范围的行政行为，能否进入诉讼就成为难以解决的问题。以《行政诉讼法》第十一条列举的多种案件为例，其在现实操作中就存在很多的疑虑，如法律规定了不依法发放抚恤金的案件属于受案范围，那么不依法发放社会保险金和最低生活保障费的案件能否起诉呢？法律规定对于拒绝颁发许可证、执照的行为可以起诉，那么拒绝注册登记或者发放毕业证、学位证的行为能否起诉呢？

很显然，采用列举式规定行政诉讼受案范围是不科学的，也容易导致司法标准的混乱，给行政相对人提起诉讼和法院受理案件带来了很多不必要的麻烦。

### （三）确定行政诉讼受案范围的标准不适当

1．具体行政行为标准的缺陷

我国以具体行政行为为受案标准，对抽象行政行为引起的争议不纳入行政诉讼受案范围中，对此至少有两点值得商榷。

第一，具体行政行为和抽象行政行为的划分是我国行政法学界的一种传统理论，“但长期以来，关于抽象行政行为和具体行政行为的具体区别是什么？理论上一直未能很好解决，事实上，这两个概念的内涵与外延都很不清楚，以这样的标准来要求法院判断什么行为可以起诉，什么行为不可以起诉，是不科学的"[②]。

第二，在行政机关的行政活动中，抽象行政行为具有相当的比重，抽象行政行为不仅适用范围广，而且还具有反复适用性，因此，违法的抽象行政行为较之于具体行政行为，侵害相对人权益的机会其实更多，影响也更大。将抽象行政行为排除在受案范围之外，致使大量的、主要的行政侵权行为处于司法审查的真空地带，一方面是导致作出违法决定的机关无须承担任何义务，而由执行此决定的机关来承担责任，这显然是不公平的；另一方面，当某一具体行政行为被判决撤销或变更后，作为该行为依据的抽象行政行为却依然合法存在，并且还可能继续被反复适用，其结果必然导致相同的违法具体行政行为的再现，造成不必要的重

① 杨解君．中国入世与行政诉讼制度变革［J］．法学，2002（4）．
② 薛珍．我国行政诉讼受案范围应予扩大［J］．法学，1999（8）．

复诉讼。

由此可知，将抽象行政行为排除在受案范围之外，既不利于保护相对人的正当权利，也不利于对行政机关行使行政职权进行全面的监督和制约。

2. 人身权、财产权标准的缺陷

我国以人身权、财产权作为行政诉讼受案范围的确定标准会不当限制行政诉讼案件的范围和种类。

第一，从法理学的角度看，人身权、财产权是民法上的概念，也是民事权利的最主要表现形式，而民法属于私法，故而用人身权、财产权来界定私法上的权利是恰当的。但是，行政法属于公法，公法上的权利要比私法上的权利广泛，不仅包括人身权、财产权，还包括受教育权、劳动权、休息权以及出版、集会、结社、游行、示威、宗教信仰等权利，因此，如果以人身权、财产权来涵盖公法上的权利则必然出现权利的真空。

如果仅以人身权、财产权作为行政诉讼受案范围的确定标准，那就意味着除人身权、财产权以外的其他权利和利益是不受司法保护的，是行政机关可以任意处置而不承担责任的，这显然不符合《行政诉讼法》的立法目的，从逻辑上也说不通，甚至与《中华人民共和国行政复议法》（以下简称《行政复议法》）也不一致，因为《行政复议法》规定的复议范围并不限于是侵犯人身权、财产权的行为，而是所有侵犯相对人“合法权益”的行为。

因此，以人身权、财产权作为受案标准，不仅不当地限制了行政诉讼范围，也使得有关受案范围的法律条款之间出现矛盾和不一致，从而给法院受理行政案件设置了障碍，为行政机关规避法律、逃脱司法监督提供了条件。

第二，从实践的角度看，行政相对人的社会权利和人身权、财产权有时并不是截然可分的，一个行政行为可能既影响了相对人的社会权利，同时又影响了其人身权或财产权。例如，拒绝颁发或吊销从事教育、文化娱乐、体育活动的许可证和执照的行政行为，就不仅仅只是影响了相对人的财产权，而且还会限制其其他社会权利的实现；吊销出租车司机驾驶执照的行为，不仅会影响其财产权，而且可能在事实上剥夺了其劳动权。如果这些权利在受到行政机关的侵害后却处于无法得到救济的状态，那么，不能不说是我国法治的不足。

第三，从《行政诉讼法》的具体条文看，也存在矛盾之处。《行政诉讼法》第十一条关于受案范围的规定，将法院受理案件的范围仅限于行政机关侵犯人身权、财产权的案件。但是，第十一条第一款第（四）项有关许可证案件的规定似乎又超出了人身权、财产权的范围，给人以立法上存在矛盾的感觉，也导致法院在受理案件时摇摆不定的态度。例如，大学拒绝发放录取通知书、拒绝注册、拒绝落实粮户关系证明等行为，对学生而言，此类行为究竟侵犯了学生的人身权还是财产权呢？初看起来，前两项权利属于受教育权的范围，后一项权利属于与财产有关的人身权范围。既然受教育权不是人身权和财产权，而是一项单独的权利，那么，按照《行政诉讼法》有关受案范围的规定，似乎很难找到法院应当受理这类案件的相应依据。但是，如果把发放录取通知书和注册登记学籍等行为归入“许可证和执照”的范围，那么按照《行政诉讼法》第十一条第一款第（四）项的规定，似乎法院又应当受理此案，也就是说，我们完全可以依据不同的条款得出不同的结论。立法规定的不明确，导致实践中的做法也不太统一，对于超出人身权、财产权范围的案件，有些情况下法院拒绝受理，有些情况下法院又予以受理，这严重地损害了司法的稳定性与权威性。

## 四、几种行政行为可诉性的探讨

### （一）关于抽象行政行为的可诉性探讨

所谓抽象行政行为，是指行政机关针对广泛的、不特定的行政对象作出的具有普遍约束力的行政行为。[①] 抽象行政行为包括两类：一类是行政立法行为，即有权行政机关制定行政法规、规章的行为；另一类是一般抽象行政行为，即制定不具有法源性规范性文件的行为，也就是有权行政机关制定或规定除行政法规、规章以外的具有普遍约束力的其他规范性文件的行为。抽象行政行为的特点在于：一是具有普遍约束力，它是针对不特定的多数人而作出的行政行为；二是具有反复适用性，行政机关可以根据同一抽象行政行为作出多个具体行政行为。

1. 我国对抽象行政行为进行司法审查的现状

我国《行政诉讼法》第二条规定：“公民、法人或者其他组织认为行政机关和行政机关工作人员的具体行政行为侵犯其合法权益，有权依照本法向人民法院提起诉讼”；第五条规定：“人民法院审理行政案件，对具体行政行为是否合法进行审查”；第十二条第（二）项规定：“人民法院不受理公民、法人或者其他组织对行政法规、规章或者行政机关制定、发布的具有普遍约束力的决定、命令提起的诉讼”；最高人民法院《若干解释》第三条将“具有普遍约束力的决定、命令”解释为“行政机关针对不特定对象发布的能反复适用的行政规范”，其含义与行

① 张步洪．行政诉讼程序规范与判例创新［M］．北京：人民法院出版社，2001：46.

政法学中的抽象行政行为概念极为相似。根据上述规定，一般认为，行政相对人对抽象行政行为不得提起诉讼。

2. 国内几种关于抽象行政行为不可诉的理论及存在问题

目前，国内对抽象行政行为不可诉的理论主要有以下几种①：

（1）适用说

这种观点认为，抽象行政行为是行政机关制定规范性文件的活动，人民法院只能适用这些规范性文件，而不能将之纳入行政诉讼的范围。

该观点的缺陷主要在于：从抽象行政行为的性质看，抽象行政行为也是行政机关作出的行政行为，同样存在着是否符合法律的问题。行政诉讼的最终目的在于促使行政机关依法行政，使其所实施的活动符合法律，抽象行政行为并不能脱离这种要求而存在，因而应当纳入行政诉讼的范围接受司法审查。

（2）司法机关无审查权说

这种观点认为，司法机关无权对行政机关制定的规范性文件进行审查，理由是我国宪法规定，国家权力机关有权撤销行政机关不适当的决议、命令，而没有将这个权力赋予司法机关。

该观点的缺陷主要在于：权力机关与司法机关对行政机关的抽象行政行为的审查是不同类型的，一个是以事前审查为主，另一个则是以事后审查为重，因此不能以立法审查来否定司法审查的必要性。

（3）权力机关审查说

这种观点认为，只能由同级人大及其常委会来行使抽象行政行为的审查权。

该观点的缺陷主要在于：这一观点无法解决人大会期的间隔性与行政机关实施抽象行政行为的经常性之间的矛盾，无法解决人大代表素质的差异性和审查行政行为所要求的知识专业性之间的矛盾，无法解决现行人大监督抽象行政行为的随意性、无序性和有效监督抽象行政行为所要求的程序性之间的矛盾。

（4）行政机关审查说

这种观点认为，根据宪法的规定，应由上一级行政机关审查下一级行政机关的抽象行政行为。

该观点的缺陷主要在于：这种审查显然有不彻底、不公正的嫌疑，因为行政机关上下级之间存在着领导和被领导的关系，下一级行政机关在作出某种抽象行

① 胡肖华．行政诉讼基本理论问题研究［M］．长沙：湖南人民出版社，1999：264－269.

政行为时，常常已经得到了上一级行政机关的批准，审查有时形同虚设；而如果这种假设可以成立的话，行政诉讼制度便变得毫无意义了。

(5) 司法权干涉行政权说

这种观点认为，将抽象行政行为纳入行政诉讼的受案范围，让司法权干预行政权，会使司法权过大，是事实上所谓的“三权分立”，我国不实行“三权分立”，因而不能将政府制定的规范性文件纳入行政诉讼受案范围。

该观点的缺陷主要在于：我国目前的状况是司法权较小而不是较大，司法对行政的监督远远没有达到应有的力度。

3. 将抽象行政行为纳入行政诉讼受案范围的必要性

(1) 将抽象行政行为纳入行政诉讼受案范围是由抽象行政行为与具体行政行为所具有的内在共性所决定的

抽象行政行为与具体行政行为都是行政行为，其在本质上必然具有共性，这是毋庸置疑的。这种共性主要体现在三个方面：一是二者都是由行政机关依职权作出的，行政机关无论是作出抽象行政行为还是具体行政行为，都是行使行政权的结果；二是二者具有同样的法律效力，即拘束力、确定力和执行力；三是二者都作用于相对人的权利义务，只是抽象行政行为是间接作用而具体行政行为是直接作用。

因此，就行政相对人来说，无论是具体行政行为还是抽象行政行为，都可能侵犯到其合法权益。只不过抽象行政行为所造成的并不一定是实际的侵害，而可能是把相对人的合法权益置于一种危险的状态，当其付诸实施时，这种危险状态就变成了一种现实。

(2) 将抽象行政行为纳入行政诉讼受案范围是依法行政的需要

在我国，行政机关的权力十分广泛，对相对人的管理从其出生前到其死亡后，从胎儿时期的计划生育管理到死亡后的火葬管理，几乎是无处不在的，并且都有相关的行政法规、规章等为依据，对相对人的影响是相当大的，如果对行政机关这么大的权力都不加以约束，极易造成对相对人权利的侵犯。

依法治国的核心是依法行政，即依宪法和法律行政，但是，“没有司法审查，依法行政等于一句空话，个人自由和权利就缺乏保障”①，司法审查的作用不仅在于在具体案件中可以保障相对人的权益，而且其存在会对行政机关产生一种心理压力，可以促使其谨慎行使权力。

---

① 王名扬．美国行政法［M］．北京：中国政法大学出版社，1995：566.

况且，抽象行政行为是具体行政行为的前提，在前提不受审查的情况下，对结果审查的合理性和效能将大大减弱，抽象行政行为不受审查，则依法行政实质上已蜕变为“依行政行为行政”，背离了依法行政的法治方向。

（3）将抽象行政行为纳入行政诉讼受案范围是保护相对人合法权益的需要

抽象行政行为是针对不特定对象作出的，适用的效力不止一次，具有反复性，加之层次多、范围广，因而产生的影响要远远大于具体行政行为，一旦其违法而又不能对之提起诉讼，则受其侵害的行政相对人不仅数量庞大，且侵害有可能在一定范围内连续发生。从这个意义上说，抽象行政行为比具体行政行为更具有危险性和破坏力，因此更有理由将抽象行政行为纳入行政诉讼范围，在更广范围内和更高层次上依法保障相对人的合法权益。

（4）将抽象行政行为纳入行政诉讼受案范围是司法机关相对独立、完整地行使司法权和充分利用司法资源、节约司法成本的需要

首先，当司法机关对具体行政行为的合法性判断必须以抽象行政行为为依据，而抽象行政行为的合法性又由权力机关或行政机关自身判断时，司法权的独立就失去了保障；当司法不能审查行政的不法时，行政专断便无法避免。

其次，如果针对行政机关依据某一违法抽象行政行为而作出的具体行政行为，相对人只能就该具体行政行为提起诉讼，而不能直接针对违法抽象行政行为进行诉讼，其结果必然导致重复诉讼，不但增加了诉讼成本，还造成司法资源的巨大浪费。

4．将抽象行政行为纳入行政诉讼受案范围的可行性

（1）行政复议范围的扩大奠定了现实基础

我国的行政复议制度与行政诉讼制度相伴而生，在监督范围、原则、标准、依据等重大规则方面相同或基本相同。《行政复议法》实施以来，在审查抽象行政行为方面已经积累了一定的经验，这为抽象行政行为的司法审查奠定了基础。

（2）国外对抽象行政行为的司法审查制度可以提供有益的经验

国外大部分国家的法律都赋予了法院对抽象行政行为的审查权，并取得了保障相对人权利的良好效果，可以提供一定的借鉴。

（3）法院对抽象行政行为的审查具有天然的优势

作为解释和适用法律的权威机关，法院对于抽象行政行为合法性的判断具有最高的权威性，而且比较中立和超脱，在实践中能更好地实现对抽象行政行为的监督职能。

（二）关于内部行政行为的可诉性探讨

按照行政救济的基本理论，行政机关实施的大多数公务行为均应接受法院的司法审查，无论这些行为是对行政机关工作人员作出的，还是对一般相对人作出的，只要此类行为对相对人的合法权益产生了不利影响，均应可以被诉，这是法律平等保护原则在行政诉讼领域的体现。我国《行政诉讼法》规定，法院不受理因行政机关对行政机关工作人员的奖惩、任免等决定提起的诉讼，此类行为为什么不能被诉，单从法律的字面规定中找不出任何的理由，为此理论界提出了很多观点，试图对此作出合理的解释，其中最主要的一个观点就是此类行为是内部行政行为，所以不能被诉①。

内部行政行为是一个学理概念，学术界为了区别行政机关对内、对外不同性质的管理行为，将行政行为划分为内部行政行为和外部行政行为。所谓内部行政行为，是基于上级与下级、组织与个人之间领导与被领导关系或其他的隶属关系，在行政机关内部就内部事务进行的管理活动，比如行政机关就机构建制、工作程序、规章制度、后勤事务进行的管理及对公务员进行的奖惩、任免活动均属于内部行政行为。② 一般认为，内部行政行为分为两类：第一类是工作性质的，如上级机关对下级机关或行政首长对所属机构人员工作上的指示、命令、批准、批复，以及行政机关的内部工作安排、计划、制度等；第二类是人事性质的，如行政机关对工作人员的奖惩、任免、考核、调动、工资、福利待遇等。第一类内部行政行为由于不涉及具体相对人的利益，故没有必要将其列入行政诉讼受案范围，在本章中探讨以及法律、法规所涉及的内部行政行为实际上主要指的是第二类内部行政行为，即内部人事行为。

1. 我国对内部行政行为进行司法审查的现状

我国《行政诉讼法》第十二条第（三）项规定，法院不受理因行政机关对行政机关工作人员的奖惩、任免等决定提起的诉讼。一般认为，这就是内部行政行为不属于行政诉讼受案范围的法律依据。但由于仅列举了“奖惩、任免”两种情况，在司法实践中，这一问题很难把握，因此，最高人民法院通过《若干解释》对此进行了界定，《若干解释》第四条规定，“行政诉讼法第十二条第（三）项规定的‘对行政机关工作人员的奖惩、任免等决定’，是指行政机关作出的涉及该行政机关公务员权利义务的决定”，这一规定实际上将内部行政行为作了扩大解释。

---

① 罗豪才，应松年．行政诉讼法学［M］．北京：中国政法大学出版社，1990：115.

② 胡建淼．行政诉讼法学［M］．上海：复旦大学出版社，2003：35.

2. 内部行政行为不可诉的理论学说

理论界对内部行政行为不可诉提出了很多的理由，主要有①：

第一，内部行政争议主要涉及政策问题，不便于法院处理，行政机关自行处理这类争议有利于保证行政管理的效率。

第二，内部行政行为属于行政机关自身建设问题，法院作为与国家行政机关具有同等法律地位的国家审判机关，不宜对行政机关的组织建设事务通过审判程序加以干预，如果将内部行政行为纳入行政诉讼受案范围，有司法权干涉行政权之嫌。

第三，我国行政系统内部已设有对这类行为的救济机制，所以不必通过行政诉讼的方式来解决因此发生的纠纷。

第四，行政机关对其工作人员的奖惩、任免、培训、考核等决定，是行政机关的内部人事管理决定，属于行政机关的内部事务，不涉及作为对外行政关系相对人的合法权益。

上述理由，近年来不断受到质疑，如有的学者提出："如果行政机关的内部人事行为涉及工作人员的基本权利，严重损害公务员的利益，仍可通过今后的法律、法规将其纳入行政诉讼的范围。"②

3. 将内部行政行为纳入行政诉讼受案范围的必要性

(1) 明确区分内部行政行为和外部行政行为并不容易

内部行政行为并不是严格意义上的法律概念，而是一个学理概念，既然是学理概念，其内涵与外延就很难明确和统一，理论界对内部行政行为和外部行政行为的划分标准也各不相同，如有的学者是根据行政机关行政行为的效力范围来划分的③；有的学者是以其作用对象的不同来划分的④；也有的学者认为应以所针对的事务的性质来划分⑤；还有的学者提出应以行为对象及对象所处的法律地位为标准来划分⑥，划分标准的不统一，导致实践中法院对这一概念的掌握也或紧或松，很

① 张步洪，王万华．行政诉讼法律解释与判例述评［M］．北京：中国法制出版社，2000：136.

② 张吕好．论行政处分的可诉性［J］．行政法学研究，1995（24）．

③ 张焕光，胡建淼．行政法学原理［M］．北京：劳动人事出版社，1989：221.

④ 应松年．行政法与行政诉讼法词典［S］．北京：中国政法大学出版社，1992：92.

⑤ 阎尔宝．论内部行政行为的几个问题［J］．行政法学研究，1996（4）．

⑥ 应松年．行政行为法［M］．北京：人民出版社，1992：6.

多表面看起来是内部行为而实质上应为可诉的行政行为被排除在受案范围之外。

此外，在很多情况下，行政机关的内部行政行为和外部行政行为是很难区分的，甚至可以说不存在严格的区分界限而存在交叉，因此，完全排除对内部行政行为的审查是不现实的。

(2) 内部人事行为直接涉及行政机关工作人员的权益

行政机关工作人员在行政机关对其实施监督、任免、考核、调动、决定工资和福利待遇等行为时，是作为行政相对人一方与行政机关发生关系的，例如行政机关辞退工作人员、对工作人员进行任免的行为，对其人身权、财产权产生的影响几乎与行政机关吊销外部相对人从事某种职业、工作的许可证、执照相同。根据《行政诉讼法》的规定，如果相对人认为具体行政行为侵犯其合法权益，可以向法院提起行政诉讼，这一规定并未对相对人的职业进行限定。一个普通的相对人在进入行政机关工作人员队伍之后，其人格并没有被行政机关工作人员的身份所吸收，而是依旧存在的，行政机关作出的涉及其权利义务的内部行为，如果对其合法权益有所影响，当然就应该赋予其诉权。

由于长久以来我国都将内部行政行为排除在受案范围之外，导致当行政机关与其工作人员发生纠纷后，相对人只能在行政系统内部不断申诉，始终进不了法院的大门，久而久之，形成了对此类权利的司法救济真空，这不仅违反了“有权利必有救济”的现代法治原则，也剥夺了相对人的一项基本权利——诉权。只有对内部行政行为开启司法救济的大门，才能弥补这一领域权利救济的真空，完善我国的行政救济制度。

4. 将内部行政行为纳入行政诉讼受案范围的可行性

第一，根据司法最终救济原则，行政机关的内部监督与救济并不能排斥司法机关的监督与救济。

从国外情况来看，大多数国家并不区分内部行政行为和外部行政行为，也不以此来确定法院审查的范围，行政机关对其工作人员作出的奖惩决定和任免决定，与行政机关作出的其他决定一样，均须接受法院的审查。如在美国，公务员对人事行政行为不服的，经向考绩制度保护委员会申诉后，可依法向法院起诉；在法国，公务员对侵犯其合法权益的人事行政行为，都能以越权之诉向行政法院请求撤销。据此，把内部行政行为纳入行政诉讼受案范围，对内部行政行为实行司法最终救济原则，在我国也是可行的，有利于公正、有效地保障行政机关工作人员的合法权益。

第二，司法权的介入并不会影响行政权的完整性。

法院对内部行政行为的审查，并不意味着法院要代替行政机关行使管理的职权，因为法院审查的重点通常是程序，而不是实体。司法权的介入是有限的，只是解决内部行政行为中涉及的法律问题，并不干涉行政机关自身的组织建设，法院只是根据事实和证据判断内部行政行为的合法性，而不是代行行政机关的职责，因此不存在司法权侵扰行政权、影响行政权完整性的问题。

## 第四节 完善我国行政诉讼受案范围的构想

### 一、完善我国行政诉讼受案范围的理论基础

#### （一）完善行政诉讼受案范围的必要性

1．完善行政诉讼受案范围是我国法治建设的需要

正如前最高人民法院肖扬院长指出的：“行政审判工作是社会主义法治国家的一个晴雨表，直接反映人们的法治意识，直接体现依法行政的水平，直接衡量公民权利的保障程度。”① 一个法治的社会要求有发达的司法制度，行政诉讼制度的不断发展和完善是法治国家的必然要求。

目前，我国仍处于社会改革发展的进程中，随着改革的逐步深入开展，出现了一些不容我们忽视和回避的问题，其中之一就是行政争议的大量增多，而随着行政相对人法律意识的不断增强，行政机关和相对人因为行政争议而对簿公堂的概率已大大提高，但由于我国行政诉讼受案范围的规定过于狭窄，使得一些本应该由法院受理和解决的行政争议无法进入行政诉讼程序，导致许多相对人因受案问题不断上访、申诉，这不仅使相对人的合法权益得不到有力保护，也使行政权缺乏有效的司法审查和监督，行政诉讼的功能得不到充分的发挥。因此，进一步扩大行政诉讼受案范围已成为社会各界的普遍共识，也是我们当前面临的一个十分现实的问题。

2．完善行政诉讼受案范围是实现行政诉讼的立法精神、尽快化解社会矛盾的需要

我国《行政诉讼法》是改革开放初期的产物，随着其实施十多年来的社会进步和法制完善，立法时确定受案范围的谨慎因素正在或已经发生根本性的变化，

---

① 肖扬．在《中华人民共和国行政诉讼法》颁布十周年纪念座谈会上的书面讲话[N]．人民法院报，1999－04－04．

同时，司法救济是权利保护的最后一道防线的法治理念已渐入人心，在这种情况下，“受案范围的狭窄不但不利于保护公民权利，而且由于其排除了其他行政争议进入诉讼程序的可能性，致使这些矛盾无法进入制度内的救济渠道加以理性化的解决。如果把这些矛盾遗留于社会当中，则犹如一颗颗定时炸弹，随时会威胁到社会稳定”①。因此，扩大行政诉讼受案范围，赋予相对人充分的诉权，不但可以使社会矛盾和冲突在司法程序中得到有效化解，还有利于实现行政相对人权利与行政权之间的利益平衡与法治秩序的建构。

（二）完善行政诉讼受案范围的可行性

原全国人大常委会副委员长王汉斌在1989年作关于《中华人民共和国行政诉讼法（草案）的说明》时，曾专门解释了当时行政诉讼受案范围“不宜规定太宽”的原因，主要涉及行政诉讼中法院、相对人、行政机关三方。如今，经过十多年来《行政诉讼法》施行的经验积累和行政审判实践，这三方面的情形较原来都有了很大的改观，在对行政诉讼受案范围的理论研究和实践经验方面也都有了长足的发展，基本上消除了限制行政诉讼受案范围的理由；同时，经过十多年行政审判实践，我国行政诉讼受案范围存在的缺陷已清楚地暴露了出来，为完善行政诉讼受案范围明确了目标，具有更强的针对性。可以说，我国目前已经具备了进一步扩大行政诉讼受案范围的客观条件。

1. 法院对行政诉讼受案范围的扩大足以胜任

（1）关于扩大行政诉讼受案范围会导致诉讼泛滥的问题

反对扩大行政诉讼受案范围的主要理由之一是扩大行政诉讼受案范围会导致诉讼泛滥，而法院没有足够的能力审理行政案件，反而会影响行政权的正常行使。但事实上，这种担心是没有必要的。

首先，《行政诉讼法》实施十多年来，法院受理的行政案件数量远远低于刑事、民事、经济案件的数量，与现实中大量存在的行政争议数量相比，显得微乎其微。究其原因，是因为“在某种程度上，迄今为止的中国社会总体上仍是一个传统意义上的乡土社会，在这种社会中，人们重亲情、重关系，轻视并常常超越作为普遍标准的法律、规章的束缚，厌讼息诉，更不用说民告官了”②，因此，长

① 董茂云，唐建强．论行政诉讼中的人权保障［J］．复印报刊资料：诉讼法学、司法制度，2005（5）．

② 黄先雄．从司法权与行政权的关系看我国行政诉讼制度的困境［J］．复印报刊资料：诉讼法学、司法制度，2004（12）．

期以来审判实践中更多的是不敢告、不愿告的现实，行政诉讼并不像有些人担心的那样，会成为法院难以承受的负担。

其次，从全国法院历年审理的一审行政案件的统计来看，行政案件虽然增长较快，从1989年受理9 984件到2004年受理92 613件，增长了近十倍，但至今每万人案件数仍只有0.712件，而且结案率高达94.35%。① 以2002年为例，2002年全国基层法院行政审判庭平均受理案件数不足30件，其中还包括了一部分不予受理的案件。尽管这些数据不能完全反映扩大行政诉讼受案范围后可能出现的情况，但至少反映了一个事实，即行政诉讼不一定会出现泛滥，法院行政审判机构完全有能力承受。

最后，行政诉讼和其他诉讼一样，都有法院立案审查的环节，并非是可以随心所欲乱诉的，反而正是由于受案范围的狭窄，使“民难以告官”，相对人在无法通过正常的程序维护自己权利的情况下，才会四处投诉或到京上访，才会造成实际上的“滥诉”。

（2）法院行政审判机构的逐步健全和完善足以应对行政诉讼受案范围的扩大

一方面，经过十多年行政审判工作的实践锻炼，全国各级法院都已经建立健全了行政审判机构，完善了行政审判制度，积累了比较丰富的行政审判经验，培养了一大批既懂法律理论又懂行政专业的审判骨干，具备了较强的行政审判能力，扩大行政诉讼受案范围，将会进一步打开行政审判的新局面。

另一方面，保护相对人权利、监督政府权力，本就是法院义不容辞的职责，在实践中，完全可以根据案件的数量来调整法院的设置规模，合理、科学地安排审判力量，如果不充分考虑行政相对人权利需要受到全面保护的实际，不及时扩大行政诉讼受案范围，使行政诉讼制度适应新形势的需要，反而以法院行政审判力量有限而限制受案范围的扩大，无疑是本末倒置、不合情理的。

2. 相对人的法治观念增强

经过多年的普法活动，相对人的法治意识和权利意识较过去有了很大的提高，行使权利和维护权利的意识也大为增强，对行政诉讼知识有了较全面的了解和把握，“民不告官”的传统观念得以更新，逐渐敢于与行政机关对簿公堂，通过司法途径来维护自身的合法权益。

---

① 最高人民法院文件〔法行（2005）第1号〕：《关于2004年度全国法院行政案件情况的通报》。

3. 行政机关自身依法行政的水平不断提高，法治意识显著增强

在行政审判开展之初，的确存在一些行政机关对法院审理行政案件有抵触情绪，不愿意当被告，不出庭应诉，甚至利用手中权力干涉行政案件的审理，对审判人员打击报复的情况。时至今日，虽然不能说这些现象已经完全消除，但总的来说，行政机关自身依法行政的水平不断提高，法治意识显著增强，已经能够理解、支持和配合法院开展行政审判工作，主动出庭应诉，自觉执行法院作出的行政判决，一些地方政府还专门出台意见，规定了行政首长出庭应诉制度。行政机关对法院司法审查权威的自觉尊重和维护，是进一步扩大行政诉讼受案范围最充足的理由。

4.《行政复议法》的颁布实施为行政诉讼受案范围的扩展奠定了实践基础

1999 年 10 月 1 日生效的《行政复议法》在受理行政复议范围的问题上，将原来行政复议条例规定的“人身权、财产权”标准扩大到所有的“合法权益”，将过去的列举式发展为概括式，同时还赋予了复议机关在审查具体行政行为时对作为适用依据的规章一并进行审查的权力，从而进入了对行政行为的全面监督阶段。与之相较，行政诉讼受案范围如果仍停留在部分或局部监督阶段，不仅会造成权利保护的不平衡，而且会使监督行政制度本身不能协调发展。此外，《行政复议法》颁布实施以来，在对如抽象行政行为等不可诉行政行为案件的审查方面已经积累了一定的经验，为扩大行政诉讼受案范围奠定了实践基础。

5. 行政诉讼法学研究的发展为扩大行政诉讼受案范围提供了重要的理论基础

十多年来，我国行政诉讼法学的研究取得了长足发展，对行政诉讼制度的认识更加全面深刻，也更多地接触到一些国外先进的行政法学理论和行政诉讼制度，可以为扩大行政诉讼受案范围提供一些有价值的域外经验。

## 二、完善我国行政诉讼受案范围相应的制度建构

相对人有获得司法救济和公正审判的权利是现代法治国家的一项基本特征，也是司法权威和尊严的力量来源。[①] 限于制定《行政诉讼法》时的历史背景和法制环境，我国对行政诉讼的受案范围作了较为严格的限制，然而实践证明，对行政诉权限制过严，既不利于保障行政相对人的正当权益，也不利于维护正常的行政法治秩序，重构和完善行政诉讼受案范围已是势在必行。我们参考了国内现有的研究成果及国外先进经验，从审判实践的角度出发，提出如下构想。

---

① 周汉华．论建立独立、开放与能动的司法制度［J］．法学研究，1999（5）．

### （一）摒弃我国现行的不予审查的假定原则，实行可以审查的假定原则

西方国家多实行可以审查的假定原则来界定行政诉讼受案范围，是有其深刻的思想基础和历史背景的，这些国家的宪政体制是建立在国家立法权、行政权、司法权互相分立、平衡、制约的“三权分立”思想基础之上，因此强调控制行政权力、保护相对人权利，认为只有行政权受到严格控制，相对人权利才有保障。尽管我国与西方国家的政体不同，实行的是人民代表大会制度，国家行政机关、审判机关、检察机关都由人民代表大会产生，对它负责，受它监督，但并不表示我国就不能实行可以审查的假定原则，实际上，在我国实行可以审查的假定原则有充足的宪法依据和重要的现实意义。

1．实行可以审查的假定原则，有充足的宪法依据

《中华人民共和国宪法》（以下简称《宪法》）第四十一条规定：“中华人民共和国公民对于任何国家机关和国家机关工作人员，有提出批评和建议的权利；对于任何国家机关和国家工作人员的违法失职行为，有向有关国家机关提出申诉、控告或者检举的权利……”从行政诉讼受案范围的角度理解，该条使用的“任何”这一措辞有特定的含义，它实际上包括了各级行政机关作出的所有违法行政行为，也就是说，各级行政机关作出的所有违法行政行为，都应当接受司法机关的审查，都包括在法院行政诉讼受案范围之内。这一条款在内容上与可以审查的假定原则是完全一致的。

由此可知，现行《行政诉讼法》所确定的不予审查的假定原则，实际上违反了《宪法》第四十一条的规定，是对宪法精神的背离和曲解。

2．实行可以审查的假定原则是实现行政诉讼目的，促进行政机关依法行政的需要

行政诉讼的主要功能就是监督行政机关依法行使行政职权，保护相对人的合法权益免受违法行政行为的侵犯，并在受到侵犯造成损害时提供及时、有效的司法救济，如果行政机关的部分行政行为需要接受司法监督，部分行政行为却无须接受司法监督；相对人的人身权、财产权可以受到保护，而人身权、财产权以外的合法权益遭受公权力的侵害却得不到保护，这无疑背离了行政诉讼的目的，也不符合依法行政的要求。

3．实行可以审查的假定原则符合基本人权原则

诉权是一项基本的人权，是相对人维护自身合法权益的重要手段，是民主与法治发展到一定阶段的必然要求，没有诉权或者丧失诉权意味着相对人某种合法权益难以获得法律的有益保护。在可以审查的假定原则指导下，肯定相对人认为

行政机关的行政行为侵犯其合法权益时，有向法院提起行政诉讼的权利，才能使公平和正义目标的实现成为可能，使尊重和保障人权的承诺得以实践。

### （二）选择符合我国国情的行政诉讼受案范围方式

如前文所述，由于结合式既不像概括式那样不易掌握，也不像列举式那样繁琐又难以面面俱到，避免了二者的不足，因此以结合式规定行政诉讼受案范围是大多数国家采用的做法。我们认为，从现有国情出发，我国也应当采用结合式来规定行政诉讼受案范围。

1. 采用概括肯定的方式作“兜底规定”

先采用概括肯定的方式，确定相对人可以提起行政诉讼的一个基本的抽象标准，可以为司法机关逐步拓宽行政诉讼受案范围提供先决条件，为法院在具体个案中平衡行政权与行政相对人权利提供充分的解释空间，从而形成一个开放的行政诉讼受案范围体系。

2. 采用列举否定的方式将某些事项排除在行政诉讼受案范围之外

列举否定就是基于某种特殊考虑或理由，对某些事项采用列举方式明确排除在行政诉讼受案范围之外。

在一个法治完善的国家，多数问题都可以归结为法律问题，但即使是行政诉讼制度最发达的法治国家，也必然有许多排除司法审查的事项。就我国而言，排除行政诉讼审查的事项，应当符合我国的现实国情，具体来说，应限于以下四个方面：

（1）国防、外交等国家行为

国家行为不受司法审查是各国行政诉讼实践的惯常做法。由于国家行为往往具有主权属性，关系到一个国家和民族的整体利益，不能因为利害关系人的权益受损而使之无效，且这种行为通常以国家的内外基本政策为依据，以国际政治斗争形势为转移，法院往往很难作出合法性判断，因此各国的通行做法是不将其纳入行政诉讼的受案范围。①

（2）军事行为

军队是保卫国家、抵御侵略的一种特殊力量，军事行动具有特殊性、紧急性、临时性的特点，主要应当依靠政治领导人的智慧、军队的特殊管理机制和特殊法律救济制度来解决，不宜由司法解决。

---

① 姜明安．行政法与行政诉讼法［M］．北京：北京大学出版社，高等教育出版社，1999：318.

(3) 行政机关决定行政区划与行政机构的行为

将行政机关决定行政区划与行政机构的行为排除司法审查，是基于以下因素的考量。

首先，行政区划与行政机构的决定，往往具有高度的政策性和复杂性，需要综合考虑国家和地方的政治、经济、文化发展状况，或者属于机关自身的组织建设问题，需要从机构设置的功能与实际情况出发予以决定，一般来说缺乏清晰的法律判断标准，不宜由司法解决。

其次，行政区划与行政机构的决定，通常不直接涉及相对人的特定权利义务，而且往往涉及面较广，纳入司法审查存在实际操作上的困难。

最后，行政区划与行政机构的决定，通常有法律的授权，本身就属于司法豁免的范围。

(4) 法律规定不予受理的行政行为

司法不是万能的，其只是解决社会问题的多种途径之一，不可能解决所有社会问题，只能解决法律范围的问题，不属于法律的问题，司法是无能为力的，将不宜由司法解决的问题交给司法解决，不仅不利于该问题公正有效地解决，而且也是一种司法资源的浪费，损害了其他需要获得司法保护的权利要求，因此，在客观上，任何国家都存在一个不受司法审查的领域。法律规定不予受理的行政行为，即是指经法律的授权从而具有司法审查豁免权的行为，由于司法审查设立的宗旨就是为了监督权力的运作，故而对司法审查豁免权的设置必须严格而谨慎，只能由法律作出，这里的法律是指全国人大及其常委会制定、通过的规范性文件。

### (三) 从行政行为出发来界定行政诉讼受案范围

实行可以审查的假定原则，是将行政机关作出的行政行为都纳入行政诉讼受案范围，那么，如何界定行政行为的概念，就成为确定行政诉讼受案范围的关键。

行政行为对于行政诉讼的重要性，正如德国学者所言，“行政行为是行政实体法、行政程序法和行政诉讼法上的概念，三重归属并不意味着三分行政行为，而只是说明这三个领域之间的紧密联系，而这种联系也正是通过行政行为得以建立的，行政行为属于行政诉讼法”①。在我国，行政法学者同样也认识到行政行为在行政法律制度中所处的重要地位，罗豪才教授认为，“对于行政法律制度而言，行政行为的理论是各种行政法制度得以建立的基础，行政复议制度、行政诉讼制

① [德] 哈特穆特·毛雷尔. 行政法学总论 [M]. 高家伟，译. 北京：法律出版社，2000：203.

度与行政赔偿制度都是在行政行为理论指导下围绕着行政行为建立的"①。

行政行为是指"行政机关依法行使国家行政权，实施国家行政管理，能够产生行政法律效果的行为"②，其主要有四个方面的特征：一是行政行为是行政机关的行为；二是行政行为是行使国家行政权的行为，即由行政机关行使的、管理社会公共事务的权力；三是行政行为是实施国家行政管理的行为，行政机关实施的与行政管理无关的其他行为不在行政行为之列；四是行政行为是法律行为，即能够直接或间接地产生行政法上效果的行为。

我国将可诉行政行为限定为具体行政行为，是人为地缩小了行政诉讼的受案范围，根据现阶段的社会现状和法治发展要求，是否应当受理一个行政诉讼案件，应当从行政行为（而不是从具体行政行为）出发，以行政行为的四个特征为判断标准来界定行政诉讼受案范围。

### （四）拓宽行政诉讼的权利保护范围

违法行政行为侵害的客体绝不仅仅是相对人的人身权和财产权，行政诉讼的权利保护范围自然也就不能以人身权、财产权为限。

目前，在西方法治国家已经出现对行政诉讼受案范围漠视之势，实际上，"行政诉讼成熟之时，就是受案范围作概括式规定，也就是无受案范围问题之日"③。

### （五）关于行政诉讼受案范围的具体法条设计

综上所述，我们认为，修改后的行政诉讼受案范围可表述为：

（一般肯定范围）公民、法人或者其他组织认为行政机关的行政行为侵犯其合法权益的，可以提起行政诉讼。

（否定范围）人民法院不受理公民、法人或者其他组织对下列事项提起的诉讼：

（一）国防、外交等国家行为；

（二）军事行为；

（三）行政机关决定行政区划与行政机构的行为；

（四）法律规定不予受理的行政行为。

---

① 罗豪才．行政法学［M］．北京：北京大学出版社，1996：105.

② 刘志坚．行政法原理［M］．兰州：兰州大学出版社，1998：137.

③ 刘善春．行政诉讼价值论［M］．北京：法律出版社，1998：169.

# 第二章　行政诉讼原告制度的缺失与完善

行政诉讼原告资格是行政诉讼法学理论的重要组成部分，是某一自然人、法人、其他组织充当行政诉讼原告所应具备的条件，它关系到行政管理相对人及其他自然人、法人或者组织的权益的保护。自我国行政诉讼制度确立以来，原告资格问题一直是行政法学理论研究中争议较大的问题之一，在实践中如何准确把握行政诉讼原告资格不仅是一个理论问题，更是一个实践问题，研究行政诉讼中的原告资格问题，不仅事关国家保护自然人合法权益，监督行政机关依法行政这一重要目的，而且还反映着我国民主政治发展的水平。

从英国、美国、法国、日本、德国等世界发达国家原告资格的发展和实践来看，虽然各国在立法中对原告资格问题仅规定了一些抽象的原则，缺少具体操作标准，司法机关存有较大的自由裁量余地，但都比我国研究得深入，纵观各国原告资格的发展呈现出这样的特点：行政诉讼原告资格范围逐渐扩大，设定越来越宽，其发展的进程与现代行政权的发展及对其控制的实际需要相适应，也预示着行政诉讼价值逐渐发生重心转移，即由保障行政机关行使职权向保护行政相对人利益、监督行政机关行使职权转变。

我国行政诉讼起步较晚，自《行政诉讼法》颁布以来，只有十余年的历史，就原告资格的相关立法也比较粗疏，且对原告资格的限制过多，加之理论方面的研究比较薄弱，实践中出现的问题也较多，对保障合法权利非常不利。完善和发展我国行政诉讼原告制度就成为我国民主法治发展，实现依法治国、依法行政的迫切要求。行政诉讼原告资格制度的完善和发展也必然会促进我国行政法治的实现。本章在借鉴前人学术成果的基础上，结合世界发达国家的经验及我国行政诉讼原告资格制度的现状，进行比较分析，取其精华，并在此基础上拓宽行政诉讼原告资格的范围，发展和完善我国行政诉讼原告资格制度。

# 第一节 行政诉讼原告资格概述

## 一、行政诉讼原告资格的含义

“原告资格”是行政诉讼法中一个特有的概念，是区别于其他诉讼的一个重要不同之处。行政诉讼中的原告必须具有原告的资格，这是整个行政诉讼法学理论中的一个基础性和前提性的问题，其意义“不仅仅是原告在诉讼中提出主张，更为重要的是，原告的起诉往往是启动法院司法审查程序的前提”。目前，国内理论界对原告资格如何定义有不同的认识，主要观点有：

第一，“在行政诉讼中，原告资格就是某人就某事而具有的向法院提起行政诉讼从而成为行政诉讼原告的法律能力，它主要解决的问题有两个：一是什么人可以提起行政诉讼？二是什么事可以被诉？”①

第二，“行政诉讼原告资格就是诉讼主体向法院提起行政诉讼从而成为行政诉讼原告的法律能力，它反映的是司法权对行政权的监督审查程度，也反映了行政法制现代化的发展水平。”②

第三，“公民、法人或其他组织具有行政诉讼权利能力，认为行政机关或组织作出的具体行政行为或相应的不作为侵害了自己的合法权益，或对该具体行政行为或相应的不作为不服，并认为对自己有法律上的利害关系，即具备了行政诉讼的原告资格。”③

第四，“行政诉讼原告资格是指具备什么条件才能成为行政诉讼原告，即谁有权提起行政诉讼。”④

第五，“行政诉讼原告资格是指某一公民或组织充当行政诉讼原告所应具备的条件。”⑤

国外对原告资格的概念比较有代表性的观点是《布莱克法律大辞典》的解

① 高新华．论行政诉讼原告资格的发展［J］．常熟高等师专学报，2000（5）．

② 胡宜奎．行政诉讼原告资格的发展趋势［J］．学海，2000（3）．

③ 孙际泉，王亚琴．中国行政诉讼法［M］．北京：中国政法大学出版社，2000：182.

④ 李劲．论行政诉讼原告资格［J］．渤海大学学报，2005（4）．

⑤ 张树义．冲突与选择［M］．北京：时事出版社，1992：129.

释。依照解释的规定，原告资格是指某人在司法性争端中所享有的将该争端诉诸司法程序的足够的利益，其中心课题是确定司法争端对起诉人的影响是否充分，从而使起诉人成为本案诉讼的正当原告。如果起诉人符合原告资格的各项要求，具有为司法争端所影响的足够的利益，就可以认为起诉人在诉讼中享有法院应当给予保护的，实实在在的利益。原告资格的另一个作用是确定司法审查的范围，即法院是否享有审判某一司法争端的权力。原告资格与起诉人实体诉讼请求的是非曲直没有直接关系。① 根据这一经典解释，原告资格主要解决的问题，一是什么人是与某事有“足够的利益”的人，二是什么事称得上是“司法性争端”。也就是说，在行政诉讼中，原告资格的含义主要是确定某人在某事发生后是否有法律能力成为正当的起诉人的问题。

而我国理论界对原告资格的理解也可归纳为以下几种类型：

第一，“条件说”。持该观点的学者认为原告资格就是诉讼主体提起行政诉讼所应具备的条件，那么，原告资格究竟应具备什么条件呢？通说认为，行政诉讼的原告资格必须符合以下条件：一是必须存在可诉的具体行政行为；二是必须是具体行政行为的相对人；三是符合法律规定的条件。

第二，“能力说”。持该观点的学者认为原告资格是诉讼主体向法院提起行政诉讼从而成为行政诉讼原告的法律能力。此说源于凯尔森的观点，在凯尔森看来，资格就是法律能力，“当规范将某个人的行为当作法律条件或法律后果时，意思是只有这个人才有‘能力’作或不作这一行为；只有他才有‘资格’（competence，最广义的资格）。只有当这个有能力和有资格的人作或不作时，才发生根据规范来说成为法律条件或法律后果的行为或不行为”②。

第三，“利害关系说”。持该观点的学者认为原告资格是诉讼主体与具体行政行为有利害关系的人。“利害关系说”指出了起诉人与被诉行政行为的利害关系是原告资格的真正内容。

尽管学者们的角度和侧重点不同，但对正确揭示原告资格含义都有一定的意义，“条件说”从字面上对原告资格作定义，显然资格就是一种条件，“能力说”从本质上界定了原告资格，“利害关系说”则从价值的角度定义了原告资格。据

---

① Black's Law Dictionary (5th ed.)[G]. New York: West Publishing Co., 1979: 1260-1261.

② ［奥］凯尔森．法与国家的一般理论［M］．沈宗灵，译．北京：中国大百科全书出版社，1996：101.

此，我们可以这样认为，原告资格是指自然人、法人或其他组织不服引起受案范围内行政行为时，就该行政行为向法院提起行政诉讼并成为行政诉讼原告的法律能力。

## 二、原告资格与相关概念的关系

### （一）原告资格与受案范围

行政诉讼受案范围，也称人民法院的主管范围，指人民法院受理行政案件的范围，即法律规定的，法院受理审判一定范围内行政案件的权限。[①] 美国称行政诉讼受案范围为“司法审查的可能性”，法国则称之为“行政法院的审判权范围”。不管各国的称谓如何，都指明一个问题，即法院能够解决的争议范围是特定的、有限的。从理论上讲，行政争议只有被列入了行政诉讼的受案范围，才具有“行政司法争端”的性质。因为在受案范围之外的行政争议，人民法院无权审查，永远只能成为一般行政争议。这样，就确定了只有在行政诉讼受案范围之内的行政争议才有可能产生原告资格的问题。由此可见，原告资格是相对于可诉行政争议，不可诉行政争议是不可能存在原告资格的。这就决定了受案范围处于原告资格的前提性地位。

行政诉讼受案范围是行政诉讼原告资格产生的前提，但不能因此认为受案范围是原告资格的构成内容，更不能将二者等同。受案范围的核心问题是确定人民法院是否有权审判某一行政争议，即是否有权审查引起行政争议的行政行为的合法性。而原告资格的核心问题是确定某人是否属于适格的起诉人，即是否享有将行政争议提交人民法院审查的足够利益。从行政诉讼诉权的角度来看，受案范围确定的是行政诉权的客体，即可以对什么样的行政争议起诉，而原告资格确定的是行政诉权的主体，即什么样的人有权起诉并成为行政诉讼的原告。

受案范围和原告资格共同影响行政权受司法权制约监督的范围，它们都是随着法治建设的发展而不断扩大，它们又相互影响。行政诉讼受案范围是行政诉讼原告资格产生的前提，即原告所受的权益影响必须是由在受案范围内的行政行为引起的。如果说某类行政行为不属于受案范围之内，无论合法权益受到何种严重的侵害也不能请求司法救济而只能通过其他途径得到救济，也就谈不上原告资格的问题了。

---

① 应松年．行政诉讼法学［M］．北京：中国政法大学出版社，2002：51.

（二）原告资格与行政诉权

行政诉权是行政活动中的权利主体按照法律预设程序，请求法院对有关行政纠纷作出公正裁决的程序权利。它包括起诉权、获得行政裁判权以及得到公正裁判权。对原告一方来说，最基本的诉权是指起诉权，但行政诉讼原告资格与起诉权又是两个不同的概念，原告资格是指自然人、法人或其他组织不服引起受案范围内行政行为时，就该行政行为向法院提起行政诉讼并成为行政诉讼原告的法律能力。而起诉权是指公民、法人或者其他组织向人民法院提起诉讼请求保护自己的权益的权利。与原告资格不同，起诉权是不受限制的，不管是否能够引起整个诉讼程序，只要当事人认为其权利受到侵害就可以行使起诉权，提起诉讼。起诉权实质就是当事人选择用诉讼的方法来解决争议的一种权利，而行政诉讼原告资格是对于作出某一具体行政行为的行政机关，具备受案范围内规定的条件才可以提起诉讼，它的判定标准是具体行政行为是否影响到某人的足够的利益，只有达到了这一标准，才具备原告资格。

另外，行政诉权是从行政诉讼法律关系的内容上来界定当事人和法院以及当事人之间的内在关系，涵盖的内容相对较广。而行政诉讼原告资格只是从诉讼机制上对原告一方当事人的程序要求，角度相对单一。二者既有区别又有联系。因此，具有原告资格是行使行政诉权的前提条件，无原告资格则不能进入诉讼，也就没有行政诉权可言。原告行使诉权是国家司法保护的一种意思表示。诉权是原告维护自身合法权益的重要手段，没有诉权或者丧失诉权即意味着原告某种合法权益难以获得法律的有益的保护。原告资格问题解决了具备何种条件的主体可以成为原告。

（三）原告资格与起诉条件、受理条件

起诉条件是法律规定的起诉人提起行政诉讼从而引发行政实体审理所应具备的各种条件，只有起诉人都符合起诉条件时，才可能被法院受理和进入行政实体审理活动，而原告资格只是起诉条件中的一个。当起诉符合一定的条件时，法院必须受理，这个“一定条件”就是受理条件，包括原告资格，还包括其他条件，如属人民法院管辖、属人民法院受案范围、有明确的被告等。其中原告资格就是受理条件中的主体资格条件。事实上，原告资格、起诉条件与受理条件是属于三个不同范畴的概念。起诉条件解决的是在什么情况下，当事人可以选择用诉讼方式来解决争议的权利，这项权利的限制是很小的，取决于当事人的选择；受理条件解决的是起诉人的起诉在满足什么样的条件时才可以引起诉讼程序的问题，受理条件受多方因素的影响；原告资格只是受理条件之一，即起诉人的主体资格问题。

我国《行政诉讼法》第四十一条规定了提起行政诉讼应当具备的四个条件：

第一，原告是认为具体行政行为侵犯其合法权益的公民、法人或其他组织；

第二，有明确的被告；

第三，有具体的诉讼请求和事实根据；

第四，属于人民法院受案范围和受诉人民法院管辖。

《若干解释》第十二条规定："与具体行政行为有法律上利害关系的公民、法人或者其他组织对该行为不服的，可以依法提起行政诉讼。"从这些规定，我们可以看出，如果不符合《行政诉讼法》第四十一条规定的条件，如果不存在法律上的利害关系，当事人就不可以向法院提起诉讼。而事实上，在法院审理行政诉讼案件之前，要求法院对具体行政行为和起诉人之间的利害关系作出判断是很困难的，诉讼尚未开始，即要求原告提供其合法权利受到行政机关具体行政行为侵害的事实依据，也是很荒谬的。因此，《行政诉讼法》第四十一条及《若干解释》第十二条的规定混淆了起诉条件与受理条件、原告资格与起诉条件的概念，对于立法的科学化和保护当事人权益都是十分不利的。

### 三、行政诉讼原告资格的价值

传统的原告资格理论的着眼点在于防止滥诉和耗费司法成本。原告资格可以确保起诉人只能就其自己的权利提出救济，而不能代替不愿意请求保护其权利的其他人主张权利。原告资格也可以通过防止因对诉讼结果想象的利害关系所导致的诉讼泛滥，促进司法效率。这也是民事诉讼原告资格和行政诉讼原告资格的共同点。原告资格的存在具有限制功能，它可以限制那些并无诉的利益而可能滥用司法资源和行政资源的原告进入诉讼。但是，行政诉讼原告资格的价值远不止于此，行政诉讼原告资格的确立还具有以下重要价值。

首先，从操作层面看，原告资格的认定能够保证行政诉讼的顺利展开，使法院准确把握哪些人的诉权应予保护，而哪些人的起诉行为，应予以驳回。如果原告资格的条件不明确，那么法院在审查原告资格，决定是否该启动诉讼程序时将无所适从。如果原告资格的标准不统一，同一国家，不同地区、不同法院各有各的认定标准，那么启动行政诉讼程序的起点将各不相同，法律将面临不公平、不平等的境况，行政诉讼功能将大大削弱。

其次，从政治层面看，原告资格标准的设定涉及司法权、行政权、行政相对人权利三者之间关系的正确处理，如司法权与行政权之间的界限如何划定，司法对行政监督制约到什么程度，法院在国家权力关系中如何定位，行政相对人如何寻求司法的保护，司法权对行政相对人权利的保护程度等。如果法律对行政诉讼原告资格的范围设定过宽，行政相对人的合法权益无疑将得到充分保障和救济，这符合现代行政法的发展趋势。但却可能使行政行为动辄得咎，给行政主体造成疲于应诉的不必要的应诉累，影响行政效率，妨碍行政秩序，形成司法权对行政权的过度干预。又可能使大量的行政案件如洪水般冲破法院闸门，使法院卷入那些对案件结果仅具有抽象的、意识形态上的利益之人提起的诉讼中去，不仅浪费司法资源且破坏司法权与行政权的制约关系。如果法律对原告资格的范围设定过窄，显然不利于对行政相对人合法权益的保护，不利于对行政机关的司法监督，有悖于行政诉讼的价值和立法宗旨。原告资格反映了司法权对行政权的监督审查程度，反映了国家对行政相对人权利的保护程度，反映了一国行政法治的发展水平。因此，行政诉讼原告资格的确立既要保护相对人的诉权，亦要保障行政效率、谋求诉讼经济、防止滥诉，保证有限的司法资源得到合理配置。

最后，从社会层面看，原告资格的认定对制定公共政策也具有一定的影响力。原告资格的这一功能往往被人们忽视，因为其主要在实行权力分立的国家以及业已建立公益诉讼的国家才有比较突出的表现。法院往往出于对政治性、政策性及司法自制等问题的考虑，决定授予或不授予一些案件的起诉人以原告资格。例如在美国1973年的学生反对铁路公司涨价的案件中，原告为五位法律学院学生组成的非法人团体，他们反对政府准许铁路公司涨价，认为如此将会使货物的再利用不尽合算，形同间接鼓励直接消耗宝贵的自然资源，从而影响原告等至附近山川从事露营、垂钓、观赏等消遣身心活动的利益。准许铁路公司涨价本来是一个政府的政策性问题，但是法院却赋予了五位学生起诉资格，进而对政府的政策制定产生影响。我国法院虽然很少利用起诉资格来发挥充任适当公共政策制定者的作用，但也不能否认这种作用的存在。或许不久的将来，随着公益诉讼在我国的建立与发展，法院作为一个适当的公共政策制定者的功能会越来越凸显。

## 四、原告资格的制约因素

### （一）政治因素与原告资格

行政诉讼作为解决行政争议的一种制度，体现了司法机关对行政机关行使权力的监督。因此，一国国家机关的权力结构，即各国家机关之间的关系，司法机关在国家机关体系中的地位，决定了原告资格范围的宽窄。

（二）经济因素与原告资格

原告资格的设定由一国经济发展水平决定。在生产力高度发展的国家，社会行政与福利行政发达，行政权力作用日益加强，加强行政监督的表现之一就是放宽原告资格要求。

经济因素对原告资格设定的影响还表现为一国经济状况决定了该国司法资源配置状况，而一国司法资源配置状况客观上决定了其解决争议的实际能力，在经济发展水平较高，司法资源配置较好的国家，法院解决争议的实际能力较强，原告资格的设定相对会宽泛一些。

（三）法律文化传统与原告资格

一国法律文化传统对该国法律制度的设计，有一定的影响，对原告资格的设定亦是如此。在民主、权利意识较强的国家，法院在社会生活中地位较高，公民对诉讼的需求亦较高，原告资格的设定就会较宽。反之，则较窄。

## 第二节　几个主要国家和地区行政诉讼原告资格研究

### 一、英国行政诉讼原告资格

在英国，并无确切的行政诉讼的概念，英国的行政诉讼称为司法审查，英国司法审查中的原告资格比较特殊，英王、检察官、地方政府及当事人均有原告资格。由于司法审查的特权令是以英王的名义发布的，所以，英王是名义上的原告，特权令的申请人是当事人。检察官代表公共利益，它除了为公共利益可以主动申请司法审查外，还可以在私人没有起诉资格时帮助私人申请司法审查。地方政府是代表居民集体利益的组织，根据英国1972年地方政府法的规定，它为了保护本地区居民的利益也有资格申请司法审查。①

1978年实行新规则以前，英国传统的司法审查起诉资格受到两方面的限制。一是英国行政法上的救济分为申请公法上的救济手段和申请私法上的救济手段，不同的救济手段需要不同的起诉资格。这样复杂的起诉资格，对公民申请司法审查造成了困难。二是对于用“公法名义保护私权”的诉讼，需要检察总长出借自己的名义，个人或组织才能获得原告资格，假使检察总长不愿或疏于出借自己的名义，法

① 王名扬．英国行政法［M］．北京：中国政法大学出版社，1987：198－200.

院则不能对他行使自由裁量权提出质疑，容许私人单纯凭公众一员的身份，以自己的名义起诉。对这两种限制的突破经过了许多反复，最早以判例对检察总长理论进行突破的是丹宁法官。他在1968年“王国政府诉大都市警察局长”布莱克本起诉案中，在布莱克本未获检察总长授权的情况下确认了他的原告资格，1978年以前，当事人申请个人权利上的救济手段时，只有在个人权利受到公共机构违法行为的侵害时，才能起诉。申请公法上的救济手段时以英王的名义提起起诉的资格限制较少，只要当事人的直接利益因公共机构的违法决定受到侵害，才有资格向法院起诉。另外，在公法的救济手段中，申请强制令的资格比申请调卷令的资格限制更加严格。这种复杂的起诉资格对公民起诉很不方便。1978年实行的最高法院规则修改了原来第53号关于起诉资格的命令，将法院许可申请的标准统一为“法院除非认为申请人与申请事项有足够的利益关系，否则不予批准申请许可”，建立了一个统一的申请司法审查程序，打破了原来公法上的救济手段和私法上的救济手段截然分离的状态。当事人在司法审查中不论申请何种救济手段，都取决于对申诉事项是否具有足够的利益，从而排除了以上第一种限制。随后，1981年的最高法院法以法律的形式完全接受了这一关于起诉资格的规定。不久，在1982年的国内税收委员会一案中，上议院也确认了这一观点。但是“当事人具有足够的利益”具有很大的灵活性，对于如何判定是否具有充分利益，没有明确规定，一般允许法院根据个案行使自由裁量权。因此，实践中，法院仍可以对不同的救济手段要求不同的“足够的利益”，既可作宽大解释，也可作严格解释。

总的说来，新的起诉资格从两方面对以往的起诉资格进行了改进。一是起诉资格不再因救济手段而有所区别，不论申请何种救济手段都适用相同的起诉资格。二是起诉资格一律改为当事人对申请事项必须具有足够的利益。当事人在司法审查中不论申请何种救济手段都取决于对申诉事项是否具有足够的利益，从“权利”转变为“利益”，这无疑大大地扩展了起诉资格的范围。“当事人具有足够的利益”这一起诉资格具有很大的灵活性。法院可以采取宽大的解释减少限制，也可以采取严格的解释扩大限制。一切取决于具体案件发生时的具体情况。但是，英国法院司法审查中的起诉资格仍是向着统一和宽大的方向发展的。①

## 二、美国行政诉讼原告资格

美国《联邦行政程序法》第七百零二条规定：“因行政行为而致使其法定权

---

① 王名扬．外国行政诉讼制度［M］．北京：人民法院出版社，1991：333.

利受到不法侵害的人，或者受到有关法律规定之行政行为的不利影响或者损害，均有权诉诸司法审查。”这是美国法律对原告资格的原则规定，但法院在司法实践中，其解释却有宽有窄，各个时期适用的标准并不是完全一致的。最高法院首席法官伯格指出：“美国行政法的历史表明，行政上的原告资格概念与司法上的原告资格概念都不是静止不变的。”司法审查诉讼中的原告资格标准实际上经历了一个从“法定损害标准”到“双重损害标准”，最后到“两层结构标准”的演化。

1940年以前，当事人只在权利受到侵害时才有原告资格。这种严格的法定损害标准使得当事人要想获得司法审查，必须要向法院表明，行政机关的违法行为侵犯并损害了他个人的被宪法、法律或普通法所保护的人身或经济上的权利或利益。如果权利没有受到侵害，即使由于行政机关的行为使当事人遭受重大损害，这种损害是没有法律错误的损害，当事人也没有原告资格。美国最高法院1938年的亚拉巴马电力公司诉伊克斯案件即是适用该标准的典型案例。法定损害标准理论上的缺点是混淆了程序法和实体法上的标准。

进入20世纪40年代，传统的司法审查原告资格越来越不适应时代的需要，因此导致了改革。这种改革既表现在判例中，也表现在成文法中。在判例方面，在“联邦电讯委员会诉桑德斯兄弟无线电广播站案件”中承认了竞争者的原告资格。在“纽约州工业联合会（法人）诉伊克斯案件”中，形成了私人检察总长理论。法院认为，国会为了保护公共利益，可以授权检察总长对行政机关的行为申请司法审查，国会也有权以法律指定其他当事人作为私人检察总长，主张公共利益。在成文法方面，1946年美国《联邦行政程序法》以联邦成文法的形式首次对司法审查的原告资格作出规定：“任何人由于行政行为而受到不法的侵害，或者在某一有关的法律意义内的不利影响或侵害，有权对该行为请求司法审查。”这一规定实际是突破了原先的法定权利损害标准，“任何人由于行政行为而受到不法的侵害”是传统的原告资格标准，“或者在某一有关的法律意义内的不利影响或侵害”则是新发展的原告资格标准，故称之为双重损害标准。

进入20世纪70年代，美国最高法院在“数据处理服务组织联合会（法人）诉坎普案件”中，重新解释关于原告资格的法律，给予联邦行政程序法新的解释，使它摆脱传统原告资格束缚，扩大能够对行政决定提起诉讼的人的范围。美国最高法院认为原告资格问题必须符合两部分标准，即宪法的标准和法律规定的标准，称之为两层结构标准。宪法的标准即当事人提出申诉必须符合“案件”或“争议”的要求，此标准是以当事人是否事实上受到损害为依据的。损害必须是现实的，是已经发生或者有发生的可能性损害须是特定的，是针对申诉人一人或一部分人发生的，如果是对全体公民的一般性损害，没有一个人比其他人受到更多的损害，则损害是抽象的没有具体化的损害，对任何人不产生原告资格。法律规定的标准，也称为利益损害范围标准，是指当事人所申请保护的利益必须可争辩地属于法律或宪法保护或调整的利益范围之内。以此类推，任何一类利益主体只要制定法（隐含地或明确地）要求行政官员在制定行政政策时必须予以考虑，就享有原告资格。

### 三、法国行政诉讼原告资格

法国虽为大陆法系国家，但是其原告资格观念却与美国类似，并且与其成文法的传统不同的是，它的行政法是在判例的基础上发展的。法国根据法院裁判权力的大小，将行政诉讼分为四类：完全管辖之诉、撤销之诉、解释及审查行政决定的意义和合法性之诉、处罚之诉。对这四类不同类型的诉讼要求不同的原告资格。在这些诉讼中最重要的是完全管辖之诉和撤销之诉，而撤销之诉中最重要的是越权之诉，即撤销行政机关违法行为的诉讼。下面将分别介绍四类行政诉讼。

#### （一）完全管辖之诉

完全管辖之诉是指行政法官可以行使全部审判权力的诉讼，可以撤销、变更行政机关的决定，可以判决行政主体负赔偿责任，可以审判行政机关的单方行为和双方行为、法律行为和事实行为。该诉讼属于主观诉讼，当事人只有在主观权利受到侵害时才能起诉，不包括利益受到侵害的当事人在内，因而其采用的是“权利”标准。

#### （二）越权之诉

越权之诉是指当事人的利益由于行政机关的决定受到侵害，请求行政法院审查该行政决定的合法性，并撤销违法的行政决定的救济手段。该诉被审查的对象是行政机关单方面的决定，它和民事诉讼一样，是一般的诉讼救济手段，不需要法律明文规定。只有法律明文规定不许提起越权之诉时，当事人的申诉权才受到限制。这是一个对事不对人的诉讼。该诉的主要目的在于维护行政法治，但是这不表示任何人对于行政违法行为都可提起越权之诉，但同时也不能要求当事人只有在权利受到侵害时才能提起，过多地限制当事人的原告资格，必然削弱法院对于违法行为的监督。越权之诉不是全民之诉，起诉人必须有利益受到侵犯，但也不像在完全管辖之诉中要求起诉人权利受到侵害时才能起诉，其采用的是“利益”标准。那么如何理解“利益受到侵害”就显得非常的关键。法国人对此的理解是，只要其直接利益受到侵害时就具有越权之诉的原告资格，但不必是申诉人个人的利益。这里的利益包括物质和精神利益，但不包括纯粹感情上的利益。当事人的利益必须是已经发生和存在的现实利益。假定的利益不能提起越权之诉。将来的利益如果确实存在，也可提起越权之诉。不论利益属于个人、集体或是公共利益，在受到违法的行政行为侵害时，都可提起越权之诉。对于个人利益不限于行政决定的直接相对人，第三人由于利益受行政决定侵害时，也具有原告资格。可以看出，越权之诉中，可诉行政行为与起诉人的利害关系采取比较宽泛的标准。不但行政决定的直接相对人可以提起越权之诉，第三人也可以因为个人利益受到间接侵害而提起越权之诉，起诉人也可对非切身利益提起诉讼。

（三）解释之诉

解释之诉是行政法院解释一个行政行为的意义或审查其合法性的诉讼，有时也可能是解释行政法院自己判决的意义的诉讼。该诉讼的特点是法官无权判决一个争议，而只能决定一个行政行为的意义，或审查其合法性。该类案件，可能是当事人根据普通法院的移送裁决，向行政法院提起，也可能是当事人直接向行政法院提起。该类诉讼的原告资格者必须为普通法院诉讼案件的当事人，而不包括其他利益关系，也就是说申诉人必须具有请求解释行政行为的意义的利益。

（四）处罚之诉

处罚之诉是指行政法官对于违法的人，直接判决处罚的诉讼。主要是对于侵占或破坏某些公产的行为的处罚，也称之为重要道路的违警处罚。对此类诉讼有权提起诉讼的人为省长。

## 四、日本行政诉讼原告资格

日本行政诉讼也叫“行政案件诉讼”。根据《行政案件诉讼法》第二条的明确列举，日本行政案件诉讼分为抗告诉讼、当事人诉讼、民众诉讼和机关诉讼。

其中前二者是以保护国民的个人利益为目的的主观诉讼，后两者是以维持客观的法的秩序为目的的客观诉讼。在这四类诉讼中，抗告诉讼是最主要的，意义相当于我国的行政诉讼，是指因行政行为及行政厅行使公权力的其他行为或不作为，其权利利益蒙受侵害者，就该行为或不作为的适当与否提起的诉讼。它又包括法定的四类抗告诉讼，即处分撤销诉讼、裁决撤销诉讼、无效等确认诉讼、不作为违法确认之诉讼以及法定外的其他抗告诉讼，总称为无名的抗告诉讼。其中抗告诉讼中的撤销诉讼是各类诉讼中最重要的诉讼。

在明治宪法下，明治23年法律第106号将撤销诉讼的原告资格作为“由于行政厅的违法处分，其权利受损者”来规定，即以“权利受损”为要件。1948 年《行政案件诉讼特例法》没有就原告资格设置作特别的规定，但是学说和判例认为，不需要严格意义上的权利侵害，只要具有值得法律上保护的正当利益便足够了。1962 年《行政案件诉讼法》将原告资格作为“具有法律上利益者”写入法律条文中。由“权利受损”转变为具有“法律上的利益”原告资格得以扩大的趋势极为明显，但是“法律上的利益”这个概念，在立法当初，并未作具体明确的规定，因此在学说与实务中均有不同理解。《行政案件诉讼法》的立案关系者也指出，具体何种情况属于这里所说的“法律上的利益”的问题，被委任给学说和判例的发展。“通说认为，法律上的利益，是指实定法所保护的利益。因而某人由于给予第三人以许可而导致自己利益受到侵害，因而请求撤销该许可时，就要考虑由许可所侵害的自己利益是实定法所保护的利益，还是反射性的利益，依此确定是否承认其原告资格。”①

机关诉讼是关于有关国家或公共团体相互间的权限存在与否及其行使的纠纷的诉讼，本应由行政组织内部予以解决；而民众诉讼与国民个人的利益无关，完全是以纠正行政的违法行为为目的，二者都属于学理上的客观诉讼，而不属于法律上的争讼，只有法律予以承认的范围内，才例外的提起诉讼。至于原告资格，在民众诉讼中，可以由与自己法律上利益无关的原告提起，但必须只限于法律规定的人才能提起。因而在民众诉讼中原告资格不是依据“法律上的利益”这个一般原则，而是以法律规定的人享有原告资格，作为公益的代表者提起诉讼。在机关诉讼中也是由法律明确规定，同样不存在一般的原告资格标准。②

因而，日本行政诉讼原告资格依不同的诉讼而不同。但总的来说，“法律上的利益”是原告资格的一般标准，而当事人诉讼、机关诉讼和民众诉讼中通过法律明确规定的原告资格是这一标准的补充，因此，如果法律没有规定特殊情况，都适用“法律上的利益”这一标准。

## 五、德国行政诉讼原告资格

根据《联邦德国行政法院法》第四十二条第二款，“相对人”只有在自己的权利受到行政处分的违法侵害时，方能提起行政诉讼。德国学者充分发挥其抽象思辨能力，抛开法条条文的单纯约束，而以“公权利”与“反射利益”的分野作

① 杨建顺．日本行政法通论［M］．北京：中国法制出版社，1998：733.

② 王名扬．外国行政诉讼制度［M］．北京：人民法院出版社，1991：227－266.

为界定原告资格的标准。也就是说，起诉人是否具有原告资格取决于其是否具有公权利，如果其所受的损害仅仅是反射利益，那么不能提起行政诉讼。

所谓“公权利”是指，人民基于法律行为或者以保障其个人利益为目的而制定的强行性法规，可以援引该法规向国家为某种请求或者为某种行为的法律上的地位。它强调的是个人在公法上的法律地位。所谓“反射利益”，是指个人因公法法规而获得的事实上的利益，该个人不得单独对行政机关有所请求。亦即客观的法基于公益目的，命令行政主体作为或不作为时，就该单纯地反射效果，个人事实上所享受的利益，因法律未赋予该个人得为裁判上主张自己利益的请求权，而只是一种事实上的期待与机会而已，故与主观的公权利有别。公权利与反射利益的区别是随着社会的发展而不断发展变化的。在“规范保护说”占统治地位时期，对公权利有无的判断完全取决于对法律制定目的的分析。只有在公法规范所科以行政主体的作为或不作为的义务是为特别保护个人而存在、起诉人的个人利益为法律所特别保护时，起诉人才具有公权利，进而具有诉讼权能。反之，若公法规范仅为公益而命令行政机关为特定行为或不作为，法律本身本无保障特定个人权利的意思，特定的个人因为行政机关为特定行为或不作为而获得某种利益时，这种利益因并非该公法规范所意图保障的利益，而仅仅是个人、全体社会或其他不特定多数人一分子的身份，因法律的执行而偶然获得的利益，此种利益仅为法律的反射效果，即“反射利益”而非公权利，个人因该利益受损不能取得诉讼权能。

但随着社会的发展，“规范保护说”的解释力渐显不足，学者们开始尝试对公权利进行新的阐释。尽管“公权利”与“反射利益”的区分仍被固守，但公权利的范围已明显扩大，不仅法律所保护的权利，而凡法律所保护的利益乃至事实上存在的利益均可视为公权利，因此受损的相对人自然享有诉权。并且判断公权利来源的依据已扩展至宪法所规定的基本权利以及一般法原则所产生的不成文的权利，不再以一般成文法律为限。只要个人的主观权利受到侵害时，个人就有诉讼权利能力；如果个人的主观权利没有受到侵害，只是客观权利或反射利益受到损害，则个人不能提起行政诉讼。这样一来，主观权利和反射利益的区分成了一个非常重要的问题。按照德国行政法学的解释，主观权利是法律规范赋予主体的权能，即为了实现个人利益，要求他人为或者不为一定行为的权利。它不以国家经济、政治、道德及其他利益的损害为条件，只需以受到法律保护的、因此属于主观权利的利益受到损害为条件。德国对原告资格限制的逐步放宽，是通过对主观权利范围的扩大和对反射利益范围的缩小来实现的。①

## 六、我国台湾地区行政诉讼原告资格

我国台湾地区 1989 年修正后的“行政诉讼法”借鉴了德、日等国对不同诉讼类型规定不同起诉资格的做法。

对于撤销诉讼和给付诉讼，台湾地区“行政诉讼法”第四条第一款规定：“人民因中央或地方机关之违法行政处分，认为损害其权利或法律上之利益，经依诉愿法提起诉愿而不服其决定，或提起诉愿逾三个月不为决定，或延长诉愿决定期间逾二个月不为决定者，得向高等行政法院提起撤销诉讼。”第五条第一款规定：“人民因中央或地方机关对其依法申请之案件，于法令所定期间内应作为而不作为，认为其权利或法律上利益受损害者，经依诉愿程序后，得向高等行政法院提起请求该机关应为行政处分或应为特定内容之行政处分之诉讼。”这是在修正前行政诉讼法原有的“权利”标准之外，又增加了“法律上之利益”标准。何谓“法律上之利益”，依有关学说的解释，一切值得保护之个人利益，不问来自宪法或法律之规定，亦不问属于实体法抑或程序法范畴，均包括在内。

对于确认诉讼，台湾地区“行政诉讼法”第六条第一款规定：“确认行政处分无效及确认公法上法律关系成立或不成立之诉讼，非原告有即受确认判决之法律上利益者，不得提起之。”同样采取德国行政法院法关于确认诉讼的“确认利益”标准。

另外，在某些情况下，提起行政诉讼不以其权益受到侵害为前提。台湾地区“行政诉讼法”第九条规定：“人民为维护公益，就无关自己权利及法律上利益之事项，对于行政机关之违法行为，得提起行政诉讼。但以法律有特别规定者为限。”第二十五条规定：“以公益为目的之社团法人，于其章程确定的目的范围内，由多数共同利益之社员，就一定之法律关系，授予诉讼实施者，得为公共利益提起诉讼。”可见，“现行台湾地区行政诉讼法对于行政诉讼利益的保护范围进行了重大突破，逐步将部分反射利益、事实利益纳入诉讼利益范畴，且这些利益并非仅局限于某特定个人，可以为他人甚而是社会大众之共同利益。考虑到具体受行政侵害之个人未必会提起行政诉讼，立法者承认公益社团的诉讼主体资格，

① 杨小君．行政诉讼问题研究与制度改革［M］．北京：中国人民公安大学出版社，2007：136－137.

允许它为其成员或社会上更广泛抽象之集团利益提起诉讼"①。

## 七、各国及地区行政诉讼原告资格发展的特点

综观上述各国及地区行政诉讼原告资格的发展，我们不难发现，英美法系国家的原告资格标准是以由窄到宽为走向的，由传统的权利受到损害标准向权利或权益受到事实上的影响标准转移；大陆法系国家的原告资格标准，也服从着这个走势。行政诉讼所具有的对个人的救济，对社会的补漏功能日益显现。虽然行政诉讼原告资格范围的发展有快有慢，有大有小，但却体现了许多共同的方面。

### （一）行政诉讼原告资格范围逐渐扩大，设定越来越宽

行政诉讼原告资格认定标准存在逐渐放宽的趋势。各国的普遍做法是不管是直接行政相对人还是间接行政相对人，只要其对行政行为有足够的利益，就可以成为原告。如在法国"第三人如果因为违法的行政决定而个人利益受到损害时，也可以提起越权之诉"。而对于什么是"足够利益"作了广泛的解释，如在美国，"如果原告主张攻击的行为对他产生了事实上的损害，不论是经济的或其他的损害"案件已经成立，再如日本明治宪法时期的行政裁判法将可以提起撤销诉讼的人，规定为因行政厅的处分等而造成权利侵害者，而现行法规定，在法律上有要求撤销处分或裁决的利益者可以提起撤销诉讼，而不论是否为处分的相对人。

同时，各国为了方便当事人起诉，都先后统一了行政诉讼原告资格。法国1799年成立国家参事院审理越权之诉。无权限和形式上的缺陷，是国家参事院撤销行政机关决定的最初的两个理由，之后又相继增加了权力滥用和违反法律两个理由。但法国在整个19世纪时，当事人因不同理由提起越权之诉，其适用的标准不一致，这很不方便当事人起诉。根据无权限、形式上的缺陷、权力滥用而提起的越权之诉都不要求行政决定侵犯当事人的权利，而只要求侵犯当事人的利益，但根据违反法律而提起的越权之诉则要求行政决定侵犯当事人的既得权利。1906年6月1日国家参事院 Alcindor 案件中，对于以内容违法作为申请越权之诉时，不要求这个决定必须侵犯当事人的权利，而是和其他三个理由一样，只要求行政决定的内容侵犯当事人的利益，从而统一了当事人提起越权之诉的资格。英国也于1978年统一了申请公法上的救济手段和申请私法上的救济手段所适用的起诉资格。

---

① 陈志宏，唐霄．我国行政诉讼原告资格之思考［EB/OL］．［2010－04－06］东方法眼网 http：//www. dffy. com.

另外，行政诉讼原告资格的设定在国外从个人权利扩展到个人利益，进而拓展到公共利益，呈现出越来越宽的趋势。在英国，司法判例有承认公民以关心公共利益而享有原告资格的趋向。公共机构有许多这类一般性的义务，除非靠普通公民，否则是谁也贯彻执行不了的。检察总长似乎并不关注这类公务，如果一般公民不能关注，那么在公法制度中就将存在严重的缺陷。在美国，这种诉讼价值重心的转移情况更为明显。行政诉讼原告资格已不完全限制在个人利益范围之内，在一定条件下，公民可以基于公共利益而提起行政诉讼，以适应日益复杂的行政事务，监督行政机关依法行使职权。但确定公民或组织对公共利益享有原告资格，并不意味着对传统个人权利（利益）原则的否定，因为对公共利益具有原告资格并不具有普遍适用意义，这种资格的享有主体和可以享有原告资格的公共利益的范围以成文法明确规定和具体判例予以确认为前提。

**（二）行政诉讼原告资格发展的进程与现代行政权的发展及对其控制的实际需要相适应**

行政诉讼是资本主义市场经济和民主政治相结合的产物。19 世纪以前，所谓市场经济其实就是自由主义经济。行政权被严格限制在法律规定的范围之内。自由主义经济在 19 世纪 70 年代达到了它的鼎盛时期，而后开始向其反面转化。1929 年到 1933 年的世界性经济危机，宣告了自由主义经济的破产，以凯恩斯为代表要求政府对经济进行干预和调节的主张应运而生，并很快成为主流经济思潮。政府开始积极干预经济和社会事务，行政权迅速扩张，通过严格限制行政权范围以制约行政权的方式已经不那么奏效了。这样，自 20 世纪 30 年代以来，通过司法程序对行政权进行监督和制约的行政诉讼制度，就成为保护个人权利不受行政权非法侵害的最重要途径。为适应这一需要，各国纷纷用成文法的形式放宽了行政诉讼原告资格。“二战”后，为解决经济和社会发展过程中出现的各种新问题，一些国家相继采取措施，其中最具代表性的是推行建立完备的社会福利保险制度。概括起来，现代行政有两个突出特征：一是对社会生活的干预面非常之广；二是重视以公共福利为特征的行政服务功能的发挥，现代行政可以称之为“福利行政”或“服务行政”。但随着福利国家时期的到来，行政权越来越多地侵染立法权和司法权，按照严格意义的“依法行政”原则建立起来的行政诉讼制度因此而岌岌可危，因为许多行政领域按照原来的法律无法被纳入司法审查的范围。于是各国又一次发展了行政诉讼原告资格。在现代，判断一个人是否具有行政诉讼原告资格，主要是看行政行为本身，只要存在行政权力被滥用的情况，与之相关的相对人，无论他的权利是受到直接侵害还是受到间接侵害，也无论这种受到侵害的利益是大还是小，都有原告资格。

（三）行政诉讼原告资格的发展预示着行政诉讼价值逐渐发生重心转移，即由保障行政机关行使职权向保护行政相对人利益、监督行政机关行使职权转变

在行政诉讼发源地法国，行政诉讼的初衷是为了保障行政权的独立行使，排斥司法权对行政权的干涉。现代福利国家的兴起和发展，使得行政权已经渗透到了社会生活的各个方面。人们一方面希望行政机关为自己提供各种福利或服务，另一方面又希望当自己的利益遭受违法行政行为侵犯时有救济的途径。在这种情况下，行政诉讼原告资格的发展势在必行，而这种发展又悄悄地使行政诉讼的价值重心发生转移。行政诉讼的主要价值并不在于保障行政机关依法行使职权，因为一方面，行政权有实体法的保障；另一方面，行政权越来越膨胀，已渗透到传统的立法权和司法权之中。现代行政诉讼的价值在于保护行政相对人利益，监督行政机关依法行政。但是，行政诉讼原告资格的不断发展，越权之诉中的主观因素越来越多，从而更多地体现了保护申诉人利益的功能。

此外，行政诉讼价值重心的转移还表现在越来越多的国家承认行政相对人基于公共利益的需要而享有原告资格，如日本的民众诉讼、美国的私人检察总长、德国的公益代表人制度、法国的越权之诉等等。

（四）行政判例在原告资格问题上在各国有着广泛的应用

行政诉讼原告资格制度的每一步发展往往首先通过判例来完成。如在美国20世纪40年代，最高法院先是通过桑德斯兄弟案件承认了竞争者的起诉资格，之后通过伊克斯案件发展了私人检察总长理论，然后于1946年的《联邦行政程序法》中对原告资格作出普遍性规定。1970年，联邦最高法院又通过资料处理服务组织联合会诉坎普案件确立了双层结构损害标准。这一标准随后在1976年的联邦行政程序法中得到确认。英国上议院也是通过1982年内地税委员案件，采纳了统一起诉资格的观点，这一观点被纳入《最高法院法令》第三十一节第三款，具有充分的法定效力。即使具有制定法传统的国家，也往往先通过判例发展行政诉讼原告资格。如法国是典型的制定法国家，但没有一部统一的行政诉讼法或行政程序法，行政诉讼的依据是判例法。其通过1906年的Alcindor案件，统一了越权之诉的起诉资格。而日本则在1948年以平野案件为契机，扩大了行政诉讼原告资格，促成了《行政案件诉讼特例法》的制定。因此，无论是在有判例法传统的国家，还是在有制定法传统的国家，判例在行政诉讼原告资格发展进程中都起着先锋作用。

总之，各国及地区的行政诉讼原告资格都是在漫长的行政诉讼实践与行政法及行政诉讼法理论发展的过程中，不断地适应民主化和以人为本的思想发展起来的。行政诉讼原告资格认定标准从严格到宽泛的变化，预示着行政诉讼的价值取向从保护行政权行使为重向保护行政管理相对人权益为重的变化。行政诉讼领域由保护私权益向保护公共权益及人类社会共同权益发展的趋势，各国及地区行政诉讼原告资格的变化也从各国及地区各具特色开始向统一标准变化，体现了全球一体化的要求。

## 第三节　我国行政诉讼原告资格的历史发展及立法现状

### 一、我国行政诉讼原告资格的历史发展

我国行政诉讼原告资格经历了一个发展过程，这一过程与行政诉讼的发展是相一致的，大致可分为四个阶段：

（一）“无标准”时期：从1949年到1982年《中华人民共和国民事诉讼法（试行）》颁布前

《宪法》第九十七条规定：“中华人民共和国公民对于任何违法失职的国家机关工作人员，有向各级国家机关提出书面或者口头控告的权利。由于国家机关工作人员侵犯公民权利而受到损害的人，有取得赔偿的权利。”这表明了国家已经为建立行政诉讼制度和国家赔偿制度确立了宪法依据。但由于没有具体的法律规定，甚至行政诉讼的基础——行政法还未出现，公民如何对违法失职的国家机关工作人员提起控告？向哪一个机关控告？受到国家机关工作人员侵犯而权利受到损害的人如何行使取得赔偿的权利都没有具体的规定，所以说这一阶段只是规定了公民提起行政诉讼的宪法权利，而没有成为具体法律规定的可操作及执行的现实权利。而对于个人以外的其他主体提起行政诉讼的权利还没有规定，因此也谈不上原告资格问题。

（二）“法律规定标准”时期：从1982年到1990年《行政诉讼法》实施前

1982年3月8日公布的《民事诉讼法（试行）》第三条第二款规定：“法律规定由人民法院审理的行政案件，适用本法。”自此行政诉讼制度初步建立，但尚未独立成型，行政诉讼仅被认为是民事诉讼的一个分支，此时法律对行政诉讼原

告资格无统一的规定，作为行政相对人的公民、法人和其他组织遭到行政机关或其工作人员的违法行政行为侵害时是否具有原告资格，完全由各个法律法规加以规定。例如：1986年《中华人民共和国民法通则》（以下简称《民法通则》）颁行，该法第一百二十一条规定："国家机关或者国家机关工作人员在执行职务中，侵犯公民、法人的合法权益造成损害的，应当承担民事责任。"该条款虽然明确规定了行政机关或其工作人员违法行政对公民、法人的合法权益造成损害应承担法律责任，但仍未明确公民、法人在何种情况下享有原告资格。同时，《若干解释》认为《民事诉讼法（试行）》第三条第二款中的"法律"不仅包括全国人大及其常委会制定的法律，而且还包括行政法规、地方性法规、自治条例和单行条例。通过这一有权解释，行政诉讼原告资格有所放宽，但行政相对人能否成为原告仍由各法律、法规规定，如果法律、法规没有对此作出规定，不管行政相对人的合法权益造成多大的损害，一概无原告资格。

从1982年到1990年《行政诉讼法》实施前，全国已有近130件法律、法规规定行政相对人可以按照各单行法律、法规的规定提起行政诉讼，这一方面反映了国家日益扩大对公民合法权益的保护范围的趋势，另一方面，由于对原告资格无统一规定，客观上给行政相对人行使诉权造成许多不便，从而限制了行政相对人的原告资格。此外，在这一阶段，行政相对人享有原告资格有一个潜在的前提，即不影响行政机关行使职权。很显然，这是不利于社会主义民主法制建设的，亦不利于充分保障行政相对人的合法权益。随着改革开放的进一步深入，商品经济获得了较大发展，民主法制建设有了进一步发展，这就要求统一并扩大行政诉讼原告资格。

**（三）"合法权益标准"时期：从1990年到1999年《若干解释》实施前**

1989年4月4日，《行政诉讼法》终于在七届全国人大二次会议上通过，并于1990年10月1日起施行。《行政诉讼法》的颁布标志着行政诉讼已与民事诉讼相分离，取得了独立地位。"它是我国历史上最完备、最具有民主性的行政诉讼制度，它标志着行政诉讼制度已在我国完善地建立起来。"该法第二条规定："公民、法人或者其他组织认为行政机关和行政机关工作人员的具体行政行为侵犯其合法权益，有权依照本法向人民法院提起诉讼。"即在行政诉讼原告资格上取消了"法律规定的标准"，代之以统一的、宽大的"合法权益标准"即公民、法人或者其他组织"认为具体行政行为侵犯其合法权益"。与原有法律相比，《行政诉讼法》在立法取向上已从保障行政机关行使职权为主转变为保障公民合法权益和保障行政机关行使职权并重，这从该法第一条规定的立法宗旨即可看出："为保证人民法院正确、及时审理行政案件，保护公民、法人和其他组织的合法权益，维护和监督行政机关依法行使行政职权，根据宪法制定本法。”由此，该法不仅放宽而且统一了行政诉讼原告资格的标准。但对“认为具体行政行为侵犯合法权益”这一原告资格标准，在解释和理解时分歧较大。首先是对“认为”的理解。依照立法精神，“认为”具体行政行为侵犯其合法权益，就是说法律并不要求以具体行政行为确实侵犯了行政相对人的合法权益为前提，只要公民、法人在主观上认为具体行政行为侵犯其合法权益即可。因为具体行政行为实际是否侵犯了公民、法人的合法权益，只有人民法院通过审理后才能最后确认。即人民法院在审查公民、法人的原告资格时，只能是形式审而不能是事实审，但在司法实践中，人民法院时常会在审查起诉时，以事实审代替形式审，从而否定了起诉人的原告资格。其次是对“具体行政行为”的理解。立法时，由于种种原因，用了此一学术概念，导致了认识上的歧义。什么是“具体行政行为”，目前还没有明确的法律解释。一般认为具体行政行为是行政主体就特定的事向特定的人作出的单方行为。根据这种通常的理解，行政诉讼原告资格受到很大限制。依此理解，公民、法人或者其他组织如果不是行政行为的直接相对人，即使合法权益受到损害，也无原告资格，或者在行政合同、行政指导等双方行政行为中合法权益受到损害，也无原告资格。再次是对“合法权益”的理解，“权益”一词包括权利和利益，公民的权利是由法律明文规定的，权利是上升为法律的利益，而公民的利益却不一定由法律规定，利益的范围大于权利。因此对“合法权利”和“合法利益”的认定标准应有不同。认定“权利”是否合法，要看法律是否规定公民、法人或者其他组织享有这种“权利”，而认定“利益”是否合法，则只要公民、法人或者其他组织的“既有利益”不违法就是“合法利益”。很显然权益的内涵比权利的内涵要广泛得多，但司法实践中以及理论界常常误解了《行政诉讼法》的立法精神，把“权益”等同于“权利”，从而限制了公民、法人或者其他组织的原告资格。

可见，虽然《行政诉讼法》在立法时借鉴了国外先进经验，比较正确地界定了行政诉讼原告资格，确立了“合法权益”标准，但是理论界与实务界对此标准理解不一，因此行政诉讼原告资格需要进一步明确。

（四）“法律上利害关系标准”时期

2000 年 3 月 8 日最高人民法院发布了《若干解释》，对原告资格又作出了进一步的明确界定。该解释第十二条规定：“与具体行政行为有法律上的利害关系的公民、法人或者其他组织对该行为不服的，可以依法提起行政诉讼。”该条规定使行政行为与合法权益之间的关系有了明确规定，这是我国法律首次明确赋予利害关系人提起行政诉讼的原告资格，使我国行政诉讼原告资格制度进入“法律上利害关系标准”时期，是我国行政诉讼制度与观念的一大飞跃。

我国行政诉讼原告资格的发展是以我国的政治、经济发展状况为依据的。20世纪70年代以前，我国实行高度统一的计划经济体制，法制不健全，个人利益无人提及，政治运动是组织国家运作的一种重要方式。这一时期没有行政诉讼，也就没有原告资格。十一届三中全会后，我国开始改革开放，有计划的商品经济成为经济主体，政治民主建设也拉开序幕。但行政诉讼和市场经济还处于初级阶段，行政诉讼程序还依附于民事诉讼，原告资格只能由各个单行法律规定。20世纪80年代后期，政治、经济体制改革取得较大成就，民主权利、个人利益被重视，行政诉讼独立顺理成章。但“合法权益”标准在司法实践中仍然受到较大的限制。到“法律上利害关系”则又近了一步。我国行政诉讼原告资格的发展总体是理论上放宽，但是相比发达国家，我国行政诉讼制度的建立历史很短、封建意识广泛存在于群众之中、行政法制意识不强、社会主义民主政治的进程不可能一蹴而就，因此对原告资格的限制比较多、范围比较窄、要求比较严，发展的步伐也比较慢，需要在实践中不断的发展和完善，当然这也是一个必经的过程。

## 二、我国行政诉讼原告资格的立法现状

### （一）我国行政诉讼原告资格的相关立法

我国行政诉讼原告资格制度来源于不同的渊源，包括宪法、行政诉讼法、法律、法规和司法解释。宪法虽没有直接规定原告资格，但宪法中关于公民权、司法权的规定是原告资格最基本的原则。我国《宪法》第二条第一款规定：“中华人民共和国的一切权力属于人民。”这就从国家制度上确立了人民当家作主的主人翁地位。同时，《宪法》第四十一条又规定：“中华人民共和国公民对于任何国家机关和国家工作人员的违法失职行为，有向有关国家机关提出申诉、控告或者检举的权利。”这一系列规定无疑为我国行政诉讼法律制度中的原告资格和权利的确定提供了宪法依据。我国目前关于行政诉讼原告资格的规定并不多，主要有《行政诉讼法》第二条、第二十四条和第四十一条。第二条规定：“公民、法人或者其他组织认为行政机关和行政机关工作人员的具体行政行为侵犯其合法权益，有权依照本法向人民法院提起诉讼。”第二十四条规定：“依照本法提起诉讼的公民、法人或者其他组织是原告。有权提起诉讼的公民死亡，其近亲属可以提起诉讼。有权提起诉讼的法人或者其他组织终止，承受其权利的法人或者其他组织可以提起诉讼。”第四十一条规定：提起诉讼应当符合下列条件：①原告是认为具

体行政行为侵犯其合法权益的公民、法人或者其他组织；②有明确的被告；③有具体的诉讼请求和事实依据；④属于人民法院受案范围和受诉人民法院管辖。

（二）最高法院在《若干解释》中对原告资格的规定

为了统一司法实践和解决实践中出现的问题，最高法院在2000年的《若干解释》中对原告资格的标准作了解释。《若干解释》第十二条规定："与具体行政行为有法律上利害关系的公民、法人或其他组织对该行为不服的，可以依法提起行政诉讼。"这实际上是将"与具体行政行为有法律上的利害关系"作为原告资格的标准，这种表达方式源于《行政诉讼法》第二十七条对行政诉讼第三人的规定。由于过去人们一般将是否具有原告资格同是否是行政行为的相对人联系起来，而对其他一些非相对人，或者说同该具体行政行为也有一定利害关系的人就失去了原告资格。这些人的唯一选择就是作为第三人参加行政诉讼。但是这种参加需要以行政相对人的起诉为前提，否则，非相对人以外的利害关系人的利益就不能通过行政诉讼得到保护。因而，最高法院的这一条解释实际上明确放弃用相对人界定原告资格的观点，转而使用了"法律上的利害关系"标准来明确原告资格，拓展了原告资格的范围。但什么是"法律上的利害关系"，以及怎样理解该标准，目前不管在理论还是实践中均尚未达成共识，《若干解释》也并未作进一步的解释。但该"法律上的利害关系"可以说是初步摆脱了过去一直存在对原告资格及其行使的不合理限制，恢复了对《行政诉讼法》第二条的基本上相一致的理解，因为侵犯其合法权益与法律上的利害关系基本相一致，凡合法权益受侵害者，其肯定与该行政行为有利害关系。但该利害关系是否属于"法律上的"，即是否具有法律性质，则要由法律来规定，显然有些利害关系并未上升为"法律上的"，因而不具有法律性质。这些仅具有非法律上的利害关系者尽管其受到行政行为的侵犯，但却不具有原告资格。这看起来是缩小了利害关系的范围，因为这实质上意味着有些合法权益受侵害者，其利害关系因不具有"法律上的"属性，这一部分人便不具有原告资格。司法解释的权威性和在统一司法实践中的作用决定了它实际上代表了我国目前原告资格的现状。但我国司法解释对原告资格的规定仅是从法院审查的角度所作的要求，这种解释也仅是对立法的一种理解，它实际上无权对我国关于原告资格作出限制。因为像原告资格这种诉讼制度，根据《中华人民共和国立法法》（以下简称《立法法》），只有法律才有资格对此问题作出规定。因而司法解释也仅是对立法的一种理解，所以要真正理解我国目前原告资格的现状还是要依据相关立法。

总体说来，我国行政诉讼原告资格制度主要包括（表2-1）：

**表2－1**

<table>
<tr><td rowspan="4">一般性规定</td><td rowspan="2">行政诉讼法</td><td>第二条　公民、法人或者其他组织认为行政机关和行政机关工作人员的具体行政行为侵犯其合法权益，有权依照本法向人民法院提起诉讼。<br>第二十四条第一款　依照本法提起诉讼的公民、法人或者其他组织是原告。</td></tr>
<tr><td>第四十一条第一款　原告是认为具体行政行为侵犯其合法权益的公民、法人或者其他组织。<br>第七十条　外国人、无国籍人、外国组织在中华人民共和国进行行政诉讼，适用本法。法律另有规定除外。</td></tr>
<tr><td>若干解释</td><td>第十二条　与具体行政行为有法律上利害关系的公民、法人或者其他组织对该行为不服，可以依法提起行政诉讼。</td></tr>
<tr><td>行政诉讼法</td><td>第二十四条第二款、第三款。</td></tr>
<tr><td rowspan="1">特定情形</td><td>若干解释</td><td>第十一条、第十三条、第十四条、第十五条、第十六条、第十七条、第十八条。</td></tr>
<tr><td rowspan="3">其他相关规定</td><td rowspan="2">行政诉讼法</td><td>第十一条第一款第八项　（人民法院受理公民、法人和其他组织对下列具体行政行为不服提起的诉讼）认为行政机关侵犯其他人身权、财产权的。</td></tr>
<tr><td>第十一条第二款　除前款规定外，人民法院受理法律、法规规定可以提起诉讼的其他行政案件。</td></tr>
<tr><td colspan="2">单行法律、法规中的单行规则。</td></tr>
</table>

# 第四节　完善我国行政诉讼原告资格制度的构想

## 一、我国行政诉讼原告资格制度存在的主要问题

我国行政诉讼制度经过十多年的发展历程，逐步确立了行政诉讼原告资格的基本制度，为了解决审判实践中遇到的一些特殊情形，最高人民法院也作了相应

的解释，但由于改革开放以来我国政治、经济、文化事业的迅猛发展，民主法制建设的不断完善，社会结构和法制环境发生重大变迁。现有的原告资格的设定已不适应已经发展变化了的现实，在《“行政审判制度改革”调查报告（下）》有一篇以“原告资格改革”为题的律师专项调查（表2-2）：

表2-2

| 原告资格 | 正合适 | 过宽 | 过严，应放宽 | 没考虑此类问题 |
|---|---|---|---|---|
| | 19.86 % | 1.44 % | 54.15 % | 23.47 % |

可见，多数律师赞同放宽原告资格，为相对人提供更多的司法保护。① 那么，我国原告资格制度究竟存在哪些缺陷呢？

（一）我国行政诉讼原告资格立法的不足

由于我国行政及行政诉讼法产生较晚，经验较少，使我国的行政及行政诉讼立法存在很多不足。法律规范少，并且不够科学、系统，使司法实践中的许多问题没有法律依据，在行政诉讼原告资格问题上更是如此，比如说我国《行政诉讼法》及《若干解释》中以“公民、法人或其他组织”为诉讼主体的规定其实本身就是不科学的。而对于诉讼主体比较科学的规定应当是《中华人民共和国合同法》（以下简称《合同法》）中的“平等主体的自然人、法人和其他组织”，在《民法通则》中虽然运用了公民和法人的概念，但《民法通则》第八条第二款规定：“本法关于公民的规定，适用于在中华人民共和国领域内的外国人、无国籍人，法律另有规定除外。”从而使“公民”概念适用的领域真正涵盖了可能的主体。而在《行政诉讼法》及《若干解释》中并无相似的规定。

另外，我国《行政诉讼法》与《若干解释》的规定也有不一致的地方，比如《行政诉讼法》规定，原告是认为具体行政行为侵犯其合法权益的公民、法人或者其他组织。《若干解释》规定，与具体行政行为有法律上利害关系的公民、法人或者其他组织对该行为不服的，可以依法提起行政诉讼。而侵犯合法权益与法律上的利害关系两者不属于同一范畴，前者着眼于相对人的权益，后者考虑的是相对人与行政行为的关系。我国目前的立法没有对这种不一致作出解释，法院在认定原告资格时，可以在“合法权益”与“法律上利害关系”之间徘徊，不利于法院及时、准确确定原告资格。

① 樊崇义．“行政审判制度改革”调查报告：下［J］//诉讼法学研究：第五卷．北京：中国检察出版社，2004：370.

再者，以大陆法系的成文法传统特点来衡量，我国存在着大量的司法解释，这些司法解释与成文法典的矛盾造成了我国行政诉讼原告资格理解和实际运用上的混乱，虽然这些司法解释是对现行法律的修改和填补空白，对法律实践和理论的进步具有重要意义，但从法律的科学与严谨的角度来说，不应该让司法解释越来越多，而应将大量的司法解释纳入成文的法律、法规中。

（二）我国行政诉讼原告资格范围较窄

依据《行政诉讼法》第十一条的规定，能据以提起行政诉讼的合法权益仅包括人身权、财产权，其他权益受侵害必须以法律明确规定可以提起行政诉讼才具有原告资格。这显然也是不全面、不科学的。这些权利只是第二条中规定的合法权益的一部分，而第十一条无疑是对第二条的缩小，而在司法实践中掌握的受案标准是第十一条，而不是第二条。依据我国宪法和法律的规定，公民享有广泛的权利，除人身权、财产权外，还包括政治权利、劳动权利、环境权利等重要权利。我国宪法没有直接规定行政诉讼原告资格，而其他法律相关问题规定不健全，导致只有人身权、财产权受侵害才能提起行政诉讼，而其他权利和利益由于少有法律的明确规定而无法得到行政诉讼的救济。因此，《行政诉讼法》第十一条用这种私法上的权利涵盖所有的基本权利是不全面的，也缺乏科学性，不利于保护行政相对人。

再如，我国行政诉讼法规定的原告资格转移与承受的问题，根据《行政诉讼法》第二十四条第二款规定：“有权提起诉讼的公民死亡，其近亲属可以提起诉讼。”但法律并未规定公民死亡后，其近亲属以外的其他利害关系人的切身利益问题，使他们的切身利益得不到法律的保护，也没有具体规定发生原告资格转移的时间，对公民失踪的情况也缺少规定。

（三）我国对“法律上利害关系”界定不明确

行政诉讼原告的资格条件众说纷纭。但是，不管各学说存在什么样的分歧，自从“法律上利害关系”这一概念明白引入原告资格的规则之后，它已经成为理论与实务共同的聚焦点，甚至成为考虑原告资格的核心。

目前，国内学者对于利害关系的要件构成，主要持以下几种不同观点：

第一，二要素说。相对人或相关人有应受司法保护的利益；相对人或相关人应受保护的利益被行政行为的效力所影响（一般表现为某种利益的损害），并且这种影响到了相当因果关系程度。

第二，三要素说。三要素说有两种观点，其一，存在合法权益（公法上的权利）；具有一个成熟的具体行政行为；合法权益和成熟的具体行政行为之间存在因果关系。其二，起诉人具有权益，必须是起诉人本人所特有的权益；起诉人的权益受到行政行为的直接影响。

第三，四要素说。客观上有一个行政相对人（广义的行政相对人，包括了对象人和相关人）；行政相对人的合法权益受到不利影响；行政相对人对受到不利影响的合法权益有所有权；具体行政行为与合法权益的不利影响有因果关系。[①]

对行政诉讼原告资格认定标准问题其他国家大都作了具体的可操作性规定，如美国的“事实上的不利影响和损害”。但是我国现行法律未能对“法律上利害关系”从司法审判的操作层面进行界定，按照通常的观点，利害关系有直接与间接之分，也有切身利害关系与非切身利害关系之分。每一种解释都可能导致诉讼范围的伸缩，从而影响到公民权益的保障程度。司法解释对此问题判断之缺席，无疑是基于一种保守的司法策略上的考虑。

**（四）我国行政诉讼受案范围的限制过窄，规定方式不尽合理**

扩大行政诉讼受案范围，一直是我国行政诉讼法学领域呼声最高的话题，有学者主张将一切行政行为纳入行政诉讼的受案范围，从理想状态来说是必要的，但就世界各国而言，或多或少都将一些行政行为排除在法院诉讼范围之外，也是有道理的。在我国现实生活中，大量的涉及行政争议的案件并没有诉至法庭，原因当然是多方面的，但是，其中一个重要原因就是现行法律关于受案范围的规定不尽合理，我国《行政诉讼法》关于受案范围的内容全部集中在三个条文上，其中第二条概括规定了行政诉讼的受案范围，第十一条列举规定了几种受理的行为，第十二条列举规定了法院不受理的案件。这种概括加列举、否定加肯定的方式在实践中已经显露出很多弊端，不适宜我国行政诉讼制度的发展。

我国把行政诉讼受案范围严格地限定在具体行政行为上，而具体行政行为是相对于抽象行政行为而言的概念，最早出现在《行政法概要》一书中，这部教科书第一次区分了具体行为和抽象行为的概念，而理论界和实务界对于如何区分抽象行为与具体行为，能否将行政诉讼的范围仅限于具体行政行为一直存在争议，因此，将受案范围限制在具体行政行为上也值得商榷。

从我国目前的情况，法律关于受案范围的规定实际上成了人民法院对公民诉权的限制，结果造成了许多应当受理的行政案件而不能受理的情况，违背了现代行政诉讼制度监督行政权、保护行政相对人合法权益的根本目的。《行政诉讼法》明确规定只有具体行政行为才能予以司法审查，而抽象行政行为不适用，使得我

---

① 李晨清．行政诉讼原告资格的利害关系要件分析［J］．行政法学研究，2004（1）．

国行政诉讼制度缺乏全面性。在受案范围上设置的“具体行政行为”、“人身权、财产权”的双重限制使得行政诉讼受案范围就已经很狭窄了，而行政诉讼的受案条件也很苛刻。如《行政诉讼法》第十一条第五款规定对于行政机关不履行保护人身权、财产权的法定职责而提起行政诉讼，必须以当事人提出“申请”为条件。如果当事人不申请，即使行政机关有不作为违法，也不能提起行政诉讼。《若干解释》对行政诉讼受案范围问题进行了进一步的改革，抛弃了对《行政诉讼法》第十一条第二款的规定进行再列举的做法，而是采用除外方式设定，明确排除六大类不属于行政诉讼受案范围的纠纷。大大扩充了我国行政诉讼的受案范围，但比较来说我国的行政诉讼受案范围仍然是比较狭窄的。在这样狭窄的基础上，行政诉讼原告资格当然也不会很宽。

**（五）我国行政诉讼原告资格的规定混淆了“原告资格”与起诉条件、受理条件之间的区别**

事实上，这三者是属于三个不同范畴的概念。起诉条件解决的是在什么情况下，当事人可以选择用诉讼方式来解决争议的权利；受理条件解决的是起诉人的起诉在满足什么样的条件时才可以引起诉讼程序的问题；原告资格只是受理条件之一，即起诉人的主体资格问题。我国《行政诉讼法》第四十一条规定了提起行政诉讼应当具备的四个条件，《若干解释》第十二条也要求原告与被诉具体行政行为必须有法律上的利害关系。从这些规定，似乎可以看出，如果不符合《行政诉讼法》第四十一条规定的条件，如果不存在法律上的利害关系，当事人就不可以向法院提起诉讼。而事实上，在法院审理行政诉讼案件之前，要求法院对具体行政行为和起诉人之间的利害关系作出判断是很困难的，诉讼尚未开始，即要求原告提供其合法权利受到行政机关具体行政行为侵害的事实依据，是很荒谬的。因此，《行政诉讼法》第四十一条及《若干解释》第十二条的规定混淆了起诉条件与受理条件、原告资格与起诉条件的概念，其要求原告起诉时必须提供事实依据，在行政诉讼中，是很困难的。这给有些法院故意不受理行政案件提供了可能的空间。

**（六）我国对公益行政诉讼没有以法律的形式确定下来**

公益行政诉讼是我国学术界讨论多年的问题，虽然已经达成了共识，但没有以立法的形式确定下来。在我国，根据目前法律的规定，原告是认为具体行政行为侵犯其合法权益的公民、法人或者其他组织，即只有其自身利益受到侵犯才具有原告资格，不能以国家利益、社会公共利益受侵犯为由提起行政诉讼。随着社会的发展，行政权对社会生活的介入越来越广泛，违法行政行为不仅是对相对人利益的侵犯，也是对公共利益的侵犯，依法行政本身就是公共利益的要求，而且有时行政行为直接针对公共利益而无特定相对人，国外许多国家均规定可以在一定条件下以行政行为侵犯公共利益为由提起行政诉讼，如日本的民众诉讼、美国的纳税人诉讼、英国的私人检察总长等，而我国目前立法却无相应规定，这种现象严重限制了行政诉讼原告资格的发展，不利于对公共利益的保护和对依法行政的监督。

从法律上考察，一般行政诉讼的引起是由于行政行为侵害了相对人合法权益，而公益行政诉讼不同，其成立的前提是国家利益和社会公共利益受损。我国台湾地区“行政诉讼法”第九条就这样规定：“人民为维护公益，就无关自己权利及法律上利益之事项，对于行政机关之违法行为，得提起行政诉讼，但以法律有特别规定者为限。”公益行政诉讼是为了纠正公共性不当行为，而某些不当的公共性行为与提起诉讼的人并不存在任何的个人利益关系。为此，就需要削弱原告适格理论的阻却，赋予普通民众、社会团体或检察官在行政行为损害公共利益时的起诉资格。我国诉讼领域长期以来存在着一种误区：认为只有自己的合法权益受到违法侵害的人才具有原告资格。这种理念的弊端在于忽略了公共利益的存在，关闭了对这些权利的救济之门。在实践中仅仅依靠利害关系人来解决社会所面临的个人利益的自我保护问题有时是不充分的，特别在社会利益遭受侵害的情况下，与行政行为有直接利害关系的人往往是受益者，不会提起行政诉讼。而且在某一特定问题上有直接利害关系的人并不一定代表全社会的利益。所以为了维护社会公共利益，支持无力主张权利的弱者提起诉讼，应允许与自己权利无直接利害关系的公民可以就行政机关的违法行为提起诉讼。

## 二、完善我国行政诉讼原告资格制度

从世界各国行政诉讼原告资格的发展来看，都是在不断地扩大原告资格范围，使更多的行政纠纷能够通过司法途径解决，但我国原告资格目前的状况与发达国家相比比较落后，仍需不断地完善，下面就完善我国原告资格作一些探讨。

### （一）司法要保持相对独立

司法独立一直是行政法学理论界倡导的一个基本问题，越来越多的人认识到，如果司法过程不能以某种方式避开社会中行政机构或其他当权者的摆布，一切现代的法律制度都不能实现它的法定职能，也无法促成所期望的必要的安全与稳定。在“民告官”的行政诉讼中，司法独立恐怕意义更大。在目前的行政诉讼制度运行过程中，普遍存在“受理难”的问题。有些法院怕得罪有关的党政领导和被诉行政机关，怕受案后难以审理，因此对该受理的不敢受理。目前，许多行政案件都由主管院长签字立案，签字前忘不了向有关领导“请示”一番。既然是请示，当然就只能唯上而不能唯法了。所以，法官在认定起诉人是否具有原告资格时，通常不是依据法律、更谈不上依据公平正义观念了，有关领导的一纸批复，便极有可能要以当事人失去原告资格作为代价。可见，在司法独立得不到保障的情况下，要想实现原告资格制度的健康运作，那简直是一件不可思议的事情。

（二）从立法上完善行政诉讼原告资格

原告资格是反映“当事人所具备的足以引起司法程序的利益”，即原告资格仅仅是一种主体资格，而不包括其他一些构成方面，如不超过法定的诉讼时效期限、受诉法院有管辖权等。《布莱克本大辞典》中也将原告资格解释为“某人在司法争端中所享有的将该争端诉诸司法程序的利益”。这一解释区别了原告资格就是要具备原告法律地位的资格，符合了现实的需要并与现实保持了和谐联系。我们在立法上这样界定原告资格：可以解决法院受案审查中的诉讼主体资格问题，并与诉讼客体（受案范围）、其他条件等共同组成法院的受案条件，从而厘清司法实践中一部人对原告资格、受案范围和受案条件三个概念的混同，有利于人民法院审查立案，有利于充分保障当事人的诉权。

另外，应增加行政诉讼原告资格转移与承受的规定。首先，由于宣告死亡时间太长，与诉讼时效的冲突较大，为了不超过法定的诉讼时效，也为了及时保护当事人合法权益和纠正违法具体行政行为，因此，不能以宣告死亡的时间作为原告资格转移的时间，而应以引起公民被宣告死亡的事由发生之日作为原告资格转移的时间。其次，对于公民死亡后其原告资格在多个近亲属中应如何转移的问题，学者有三种观点：一是参照《中华人民共和国继承法》（以下简称《继承法》）的顺序；二是直接以《若干解释》中规定的字面最后顺序为原告资格转移的顺序；三是以共同诉讼的方式来解决问题。最后，应扩大近亲属的范围，除了《继承法》规定的继承人范围外，还应包括其他具有抚养、赡养关系的非亲属。

（三）对“法律上的利害关系”作进一步阐述

起诉人是否具备原告资格，从根本上说应当看起诉人与被诉行政行为或争议的法律关系是否具有利害关系。为了给行政诉讼制度的发展留有余地，为行政管理相对人提供更充分的救济机会，至少在理论上对“利害关系”不宜作过于严格的限制，既不要将其限定在法定权利的范围，也不要将其限定在直接利害关系的范围，只要起诉人在案件中具有一定的诉讼利益就应当认定为有利害关系。确定原告资格时，既不能仅凭起诉人的主观认识（否则原告资格就会形同虚设），也不能要求起诉人的权益必须受到现实的损害（否则就会出现在立案时就必须对案件的实体问题作出裁判的不合逻辑和正当程序的现象），但原告资格所要求的“利害关系”必须具有一定的现实性，即起诉人应当证明其在该案件中具有客观的诉讼利益存在。① 这种利害关系应当限于“法律上的利害关系”而不能泛指一切利害关系，即由于某一具体行政行为的作出使原告法律上的权利义务受到了影响；这种法律上的影响是由于行政机关行使行政职权、作出某一特定的具体行政行为所导致的，是行政权运作的结果。更深层次地说，应当既包括直接利害关系，也包括间接利害关系；具有原告资格的不仅包括与被诉具体行政行为直接作用的对象，即明示的相对方，也包括具体行政行为不直接针对其作出却对其权利义务产生实际影响的自然人、法人或者其他组织。② “法律上利害关系”是自然人、法人或其他组织的合法权益与行政行为之间存在的一种因果关系，因此可以从合法权益、行政行为及两者之间的因果关系上来界定。首先，合法权益的存在是其被具体行政行为侵害，并进而形成“法律上的利害关系”的前提；其次，要有行政机关的具体行政行为；最后，合法权益与具体行政行为之间构成因果关系。

伴随着责任行政观念的深入和国家承担责任的能力的加强，法律上的因果关系已经扩大了它的范围；公法上的合法权益也会随着法律所保护的利益范围的扩大而不断生长，所以，“法律上利害关系”本身的外延都有扩张的可能，而且这种可能性往往借助于立法活动或司法能动作用转化为现实。进而，判断“法律上利害关系”的标准就会降低，具有原告资格的利害关系人范围就会随之扩大。

### （四）扩大合法权益的范围

本来“合法权益”范围应当很广，但在《行政诉讼法》关于受案范围的规定中事实上对此作了实质性的限制。“合法权益”被限定在人身权、财产权的范围内。至于其他权利，只有在法律法规明确规定可诉时，才被纳入“合法权益”的范围，合法利益更是被排除在“合法权益”之外。所以“合法权益”的范围事实上比较窄，这导致原告资格受到很大局限，许多权益受侵犯者因不符合“合法权益”的范围而无原告资格，失去诉讼救济。而其他国家在行政诉讼原告资格的构成条件中早已把“合法权益”的含义扩展到“权利”和“利益”。例如：法国在

---

① 沈福俊．论对我国行政诉讼原告资格制度的认识及其发展［J］．华东政法学院学报，2000（5）．

② 陈志宏，唐霄．我国行政诉讼原告资格之思考［EB/OL］．［2010－04－06］东方法眼网 http：//www. dffy. com.

完全管辖之诉中尽管要求必须是权利受侵犯的人，但在越权之诉中只要求本人直接利益受侵害即可，而不论该利益属于个人、集体还是公共利益。在美国，20世纪40年代之前的“法定损害标准”所要求的必须“权利”受侵害，早已发展到“有可能属于法律或宪法保护或调整的利益”，现在甚至只要“受不利影响的利益属于行政机关在采取被攻击的行为时应当考虑的利益”即可。英国也早已把原告资格的条件统一为“足够的利益”。日本“合法权益”要求必须是法律上的利益而不包括反射性利益，但对法律上的利益的含义已从“实定法所保护的利益”发展到“值得保护的利益”。因而，我们也要对“合法权益”的范围进行扩展，使之回复到它应有之意。

比如说，将公民选举权和被选举权纳入原告资格范围，我国行政诉讼法没有将涉及公民选举权和被选举权的案件纳入行政诉讼范围。目前我国法律涉及选举权的案件只有《中华人民共和国民事诉讼法》（以下简称《民事诉讼法》）规定的选民资格案件。应该说，我国立法将选民资格案件纳入民事诉讼程序，并不妥当。因为选民与选举委员会之间法律关系属于公法关系而不是私法关系，由此引起的争议应纳入行政诉讼领域，而不是进入民事诉讼程序解决。选举权与被选举权在现代民主国家是公民享有民主、参与国家生活的重要权利。根据我国宪法的规定，公民有选举代表的权利，也有被选举为代表的权利，这是公民参与国家事务管理的重要形式。以后，随着经济的发展，民主和法制建设的加强，我国应考虑将涉及选举权与被选举权的案件纳入行政诉讼范围。①

**（五）修改有关受案范围的规定**

早在《行政诉讼法》实施之初，就存在受案范围太窄的问题。在该法实施十余年以后，这个问题就更加突出了，因此，扩大行政诉讼受案范围已成为各界人士的共识。我国《行政诉讼法》第十一条肯定列举了共八项法院受理的行政诉讼案件范围。该条文前七项列举的几种可诉具体行政行为，让人感到可诉的行政行为屈指可数，太有限了，于是又规定第（八）项，加上“其他人身权、财产权案件”。而对这一规定该如何理解呢？实践中，学者各有各的理解，众说纷纭，不宜于具体案件的处理，给司法实践带来很多问题，这无疑是必须予以立即完善的。我国《行政诉讼法》第十二条又否定列举了四项法院不受理的行政案件，该条文中行政机关的抽象行政行为如果违法，侵犯了相对人的合法权益，相对人为

① 王万华．行政诉讼原告资格［EB/OL］．［2010－04－06］法制现代网 http：//www.modernlaw.com.cn.

何不能提起诉讼？虽然行政复议法对此已走出了前进的一步，规定在对具体行政行为进行复议申请的同时，可提出对具体行政行为所依据的一些规定进行审查申请，但终究不能进入司法程序，公民的私权利保障系数也就大打折扣了。而从我国法治的现状来看，已经具备将抽象行政行为纳入诉讼范围的条件，首先，行政复议在实践中积累了很多经验，为法院实施对抽象行政行为的司法审查铺平了道路；其次，行政诉讼法实施以来，随着法院受理案件的数量越来越多，法院的地位和权威越来越高，司法对行政的监督范围也就越来越广；再次，从目前的司法力量上来看，法院有能力审查抽象行政行为。随着我国行政诉讼制度的健全和发展，必然要求对所有的行政行为进行司法审查，对行政职权进行全面的法律监督，而不是只停留于一些具体行政行为的审查。

我国行政诉讼受案范围的规定经历了一个列举式——肯定概括和列举加否定列举——肯定概括加否定列举的发展轨迹，实践中，行政诉讼的受案范围也随之不断扩大，应该说，受案范围的大小在很大程度上取决于立法模式，而如何从立法模式的规定上扩大受案范围呢？我们认为《若干解释》中将受案范围的立法模式确定为：概括规定法院受理案件的范围，同时用列举的方法排除法院不宜审理的案件，也就是肯定概括加否定列举相结合的方式，这种方法克服了列举式的分散和概括式的笼统，是一种较合理的立法模式。对实现正当原告资格的取得有了切实有效的法制化保障。

行政诉讼受案范围是行政诉讼原告资格产生的前提，原告资格必须以受案范围为依托和保障，而不是相反的。因此，要完善原告资格制度，就必须放宽受案范围。受案范围虽然可以起到限制司法审查范围的作用，但它终将为现代社会所摒弃。也许，法律没有受案范围的限制时，我国原告资格制度的振兴才真正具备其基础。

### （六）建立健全我国行政公益诉讼制度

随着行政公益诉讼制度在世界各国的普遍确立和发展实施，与之相适应的是行政诉讼的受案范围也呈现出不断扩大的趋势。行政诉讼法对自然人、法人和其他组织的合法权益的保护，不再仅限于人身权和财产权的保护，而且还包括了环境以及生态平衡利益等许多人共同享有的非经济价值的保护。另外，由于经济和社会的发展，西方国家传统的公众利益范畴已经拓展到消费品质量、环境保护、城市发展、社会治安、反对垄断以及现代文明带来的新的社会事务，从而扩展了行政诉讼或司法审查的领域，加强了对公共利益的保护。具体而言，在美国凡是因行政机关的行政行为而使公民或组织的法定权利受到不法侵害或受到不利影响或损害，不论抽象行政行为还是具体行政行为，均可纳入行政诉讼受案范围；英国判例法也明确规定，凡是被认为违背“越权原则”的行政行为（包括抽象行政行为和具体行政行为）均属于行政诉讼受案范围。在法国，除判例所排除的情况，行政机关的一切决定，不论采取何种形式，不论是口头或书面的，明显的或默示的，均可提起诉讼。德国也规定了认为行政机关行政行为违法，或者向行政机关主张权利的，均可向法院提起诉讼。行政公益诉讼形式在我国目前还未以立法的形式确定下来，但通过对西方法治国家行政公益诉讼制度的考察和法理思考可知，在我国建立行政公益诉讼制度有理论之基础，现实之需要，也是国际上诉讼制度发展的必然趋势。纵观世界各国行政公益诉讼的发展史，可以发现公益诉讼实质上就是原告资格不断放宽、公民提起行政诉讼的通道越发畅通的产物。我国在立法上确立行政公益诉讼制度已势在必行，按照我国《行政诉讼法》的规定，能够向人民法院提起行政诉讼的自然人、法人或其他社会组织，必须同被诉具体行政行为有直接的利害关系。这显然是属于“直接利害关系人诉讼”的阶段。但随着多年的行政司法实践，这种观点得到了改变。《若干解释》对原告资格问题作了从宽解释，“法律上的利害关系”就不再解释为权利义务的增减、得失，只要某个行政行为对某个人或组织的权利义务产生了因果关系，原则上该个人或组织就具有原告资格。新的司法解释只是将原告资格的范围扩展到法律上的利害关系，但并没有达到与行政公益诉讼相符合的原告资格范围。那么在我国是否应将行政公益诉讼的原告范围进一步发展推进呢？答案是肯定的。

首先，就行政公益诉讼而言，它是指同被诉具体行政行为无法律上利害关系的自然人、法人或其他组织（包含公诉机关）提起的，直接以公共利益的维护为诉讼之目的的诉讼。被诉行政行为侵害或危及社会性的公共利益，而不是直接损害原告个人的利益。在个人利益直接受损害的情形下，只需使用传统的诉讼手段即可处理。倘若赋予公民提起公益诉讼的资格，那么原告的诉讼主张直接指向公共利益，而非某个人或某些人的利益。

其次，扩大公益诉讼原告的范围有宪法依据。根据我国《宪法》第二条规定：“中华人民共和国的一切权力属于人民。人民依照法律规定，通过各种途径和形式，管理国家事务，管理经济和文化事业，管理社会事务。”在目前社会生活中，人民必须把管理国家事务和社会事务的权力委托给国家机关行使。但当某一受托者不按照人民的意志或非法行使权力时，人民应该有权直接行使管理国家事务的权力，而通过扩大行政公益诉讼原告的范围，将行政机关肆意的行为纳入司法救济的管辖范围中去，才能真正使人民管理国家事务的权利受到司法保障。

再次，扩大行政公益诉讼原告的范围，建立完备的行政公益诉讼制度，适应了诉讼主体与权利主体有限分离的现代诉讼理论。诉讼法律制度的发展，始终是与特定的社会政治、经济的发展密切联系的。无论在英美法系国家，还是在大陆法系国家，都已经确立了诉讼主体与权利主体有限分离的司法制度。随着我国的法治不断推进、民众权利意识不断高涨、经济行政法律关系日趋复杂的现实，在早期行政法律关系较为简单的前提下，形成的当事人以权利主体的身份进行诉讼而成为诉讼主体，从而所达成的“两者一致性”的观念已与新时代法治精神格格不入了，因此不能全面有效地保护各种权益，导致了法制的不健全。所以急需进行调整，以完善我国依法行政、建设法治社会的制度，同时积极顺应国际潮流的发展。①

**（七）确立检察院为维护公共利益的原告资格**

首先，我国《宪法》规定，人民检察院是国家法律监督机关，对国家法律的执行和实施进行监督。行政机关作为权力机关的执行机关，其主要职能就是执行权力机关制定的法律，对其执行法律的行为检察院享有法律监督权。而且，这种法律监督是全面的，实现监督的途径也是多样的，并不限于《行政诉讼法》第六十四条的规定。《行政诉讼法》第十条将检察院有权对行政诉讼进行法律监督作为原则规定在总则中即已表明检察院对行政诉讼的监督是全方位的，并不限于第六十四条规定的依照审判监督程序提出抗诉。

其次，建立检察院对公共利益具有原告资格是非常有必要的。公共利益与私人利益相比较，较少为自然人、法人或者其他组织所关心，加上诉讼为保证公正，从程序来看，比较费时、费钱，私人不愿为此投入太多的精力，尤其是在公众意识较弱的中国，自然人、法人或者其他组织对公共利益提起行政诉讼的可能性就更小，在这种情况下，如果不确立检察院对公共利益具有原告资格，则行政机关的行政行为对公共利益的损害将缺乏来自法院的监督。

再次，建立检察院对公共利益具有原告资格是具有可行性的。在英国，检察总长可以作为国王的代表，代表公共利益在法院具有原告资格。法国等大陆法系国家则普遍建立了检察官参与和提起诉讼的“公共利益代表人制度”。我国目前各地检察院已经设立民事行政检察部门，专门负责对民事、行政案件进行监督。对公共利益受到损害的行政公诉的提起，即可由民事行政检察部门主持进行。

① 徐慧．从一起案例看行政公益诉讼的原告资格［EB/OL］．［2010－04－06］中国法院网 http：//www. chinacourt. org.

最后，需要说明的是，本章建议确立检察机关的原告资格，仅针对公共利益而言，不包括个人利益。在现实生活中，存在自然人、法人或者其他组织不敢告、不愿告、不知告的情况，对此是否应给予检察院为维护私人合法权益具有原告资格？我们认为，不宜给予。因为诉权是一种权利，当事人可以行使，也可以放弃，不宜由检察院代替个人作出决定；另一方面，检察院是以原告身份还是以法律监督者的身份出现，不好确定，执行起来会带来很大混乱。因此，对于自然人、法人或者其他组织不敢告、不愿告、不知告的情况，检察院只能给其帮助，不宜自己提起行政诉讼。

### （八）目前学界对行政诉讼原告资格的修改建议及我们的观点

针对我国现行行政诉讼法对原告资格规定的不完善，学术界对此展开了广泛的研究，我们认为比较有代表性的是马怀德和胡建淼的观点，对于完善我国行政诉讼原告资格起了非常重要的作用，下面以表格的形式进行说明（表2－3）：

表2－3

| | 行政诉讼法 | 马怀德建议稿 | 胡建淼建议稿 |
|---|---|---|---|
| 原告 | 第二十四条　依照本法提起诉讼的公民、法人或者其他组织是原告。 | 第二十四条　自然人、法人或者其他组织提起行政诉讼，应当同被诉的行政行为有法律上的利益。<br>前款所称法律上的利益，是指相关法律要求行政机关作出行政行为时应当考虑且通过诉讼值得保护的实质的利益。<br>公益行政诉讼的原告资格不受本条规定的限制。 | 第二十条　与被诉行政行为有法律上利害关系的公民、法人或者其他组织依照本法规定提起行政诉讼的，该公民、法人或者其他组织是原告。 |
| 原告资格的转移与承受 | 第二十四条　依照本法提起诉讼的公民、法人或者其他组织是原告。<br>有权提起诉讼的公民死亡，其近亲属可以提起诉讼。<br>有权提起诉讼的法人或者其他组织终止，承受其权利的法人或者其他组织可以提起诉讼。 | 第二十五条　有权提起诉讼的自然人失踪或死亡的，其任一近亲属可以以自己的名义提起诉讼。<br>有权提起诉讼的法人或者其他组织终止，承受其权利的法人或者其他组织可以以自己的名义提起诉讼。<br>近亲属，包括配偶、父母、子女、兄弟姐妹、祖父母、外祖父母、孙子女、外孙子女和其他具有扶养、赡养关系的亲属或非亲属。 | 第二十一条　有权提起诉讼的公民失踪或死亡，其近亲属可以提起诉讼。有权提起诉讼的法人或者其他组织终止，承受其权利的法人或者其他组织可以提起诉讼。 |

续 表

| | 行政诉讼法 | 马怀德建议稿 | 胡建淼建议稿 |
| --- | --- | --- | --- |
| 公益行政诉讼 | 无规定。 | 第二十六条　人民检察院认为行政行为侵害国家利益或社会公共利益的，可以向作出行政行为的行政机关提出要求予以纠正的法律意见或建议，行政机关应当在一个月内予以纠正或予以书面答复。逾期未按要求纠正、不纠正或不予答复的，人民检察院可以提起行政公益诉讼。<br>自然人、法人或其他组织认为行政行为侵害国家利益或社会公共利益的，可以申请人民检察院提起行政公益诉讼。人民检察院在两个月内不提起诉讼的，自然人、法人或其他组织可以以自己的名义提起公益行政诉讼。<br>法人或其他组织也可以以自己的名义提起行政公益诉讼。应当与其团体章程或业务相关，并以行政行为涉及团体集体利益为前提。 | 无规定。 |
| 被撤销、变更后的原告资格 | 无规定。 | 无规定。 | 第二十二条　被行政行为撤销或变更的法人、其他组织或者法定代表人不服该撤销或变更的行政行为的，原法人、其他组织或者法定代表人有权提起诉讼。 |
| 股东的原告资格 | 无规定。 | 无规定。 | 第二十三条　不服行政行为的股东认为行政行为侵犯其所组建的法人或者其他组织的合法权益的，有权直接以自己的名义提起行政诉讼。 |

我们比较赞同马怀德等学者对原告资格作的概括和统领性的规定，对于胡建淼等学者的观点也有很多值得借鉴的地方，但其关于被撤销、变更的法人资格及股东原告资格设计为法条，我们认为，这种列举性的规定有其优点，也有其缺点，虽然一定程度上扩大了原告资格，但易使原告资格的确定趋于僵化。结合各学者的观点，我们对行政诉讼原告资格提出如下设想（表2-4）：

**表2-4**

| | 关于设计行政诉讼原告资格法条的设想 |
|---|---|
| 原告 | 第一条　自然人、法人或者其他组织具备足以引起司法程序的利益，即具有原告资格，该自然人、法人或者其他组织是原告。 |
| 原告资格的转移与承受 | 第二条　有权提起诉讼的自然人失踪或死亡的，其任一近亲属可以以其失踪或死亡事由发生之日起的名义提起诉讼。<br>有权提起诉讼的法人或者其他组织终止，承受其权利的法人或者其他组织可以以自己的名义提起诉讼。<br>近亲属，包括配偶、父母、子女、兄弟姐妹、祖父母、外祖父母、孙子女、外孙子女和其他具有扶养、赡养关系的亲属或非亲属。 |
| 公益行政诉讼 | 第三条　人民检察院认为行政行为侵害国家利益或社会公共利益的，应当向作出行政行为的行政机关提出要求予以纠正的法律意见或建议，行政机关应当在一个月内予以纠正或予以书面答复。逾期未按要求纠正、不纠正或不予答复的，人民检察院应当提起行政公益诉讼。<br>自然人、法人或者其他组织认为行政行为侵害国家利益或社会公共利益的，可以申请人民检察院提起行政公益诉讼，也可以以自己的名义提起行政公益诉讼。但以法律有特别规定者为限。 |

# 第三章 行政诉讼第三人制度的缺失与完善

## 第一节 行政诉讼第三人的概念和特征

### 一、行政诉讼第三人的概念

行政诉讼第三人，指对与他人所提起的行政诉讼，认为同提起诉讼的具体行政行为有利害关系而申请参加诉讼或者由法院通知参加诉讼的人。所谓“同提起诉讼的具体行政行为有利害关系”是指同被诉的具体行政行为有法律上的权利义务关系。①

行政诉讼第三人概念中的核心是“同提起诉讼的具体行政行为有利害关系”。之所以被界定为第三人是被分成两个要素的：第一，被诉的具体行政行为要素。行政诉讼是围绕着具体行政行为的合法性展开的，因此，行政诉讼第三人首先也必须满足具体行政行为这一要素。如果没有被诉的具体行政行为就没有行政诉讼，当然就没有行政诉讼第三人的出现。第二，利害关系要素。不是一切与被诉的具体行政行为有关的人都是行政诉讼第三人，由此产生了第二个条件，即法律上的利害关系。举例说明：某甲和某乙借钱从事违法活动，行政主管机关对之予以没收，某甲对“没收”这一具体行政行为不服提起诉讼。这一具体行政行为处理结果显然与某乙有利害关系，但是该具体行政行为并不是对某乙作出，某乙与被提起的具体行政行为不具有利害关系，因此，某乙因为不符合第二要素而不能作为行政诉讼第三人。

① 林莉红．中国行政救济理论与实务［M］．武汉：武汉大学出版社，2000：152.

### 二、行政诉讼第三人的特征

行政诉讼第三人脱胎于民事诉讼第三人，因此，在行政诉讼第三人制度与民事诉讼第三人制度的比较中我们能更好地看清行政诉讼第三人的特征。

第一，行政诉讼第三人同被诉的具体行政行为有利害关系。首先，行政诉讼第三人是与被诉的具体行政行为有关联的，这是由行政诉讼特有的性质所决定的，这一法律特征也是与其他诉讼第三人相区别的关键。其次，这里的“利害关系”是指与被诉的具体行政行为有法律上的权利和义务关系，包括具体行政行为使其获得或丧失某种权利或义务、增加或减少某种权利或义务。

第二，行政诉讼的第三人是原告、被告以外的公民、法人或其他组织，是具有独立诉讼地位的诉讼参加人。① 行政诉讼第三人参加本诉是基于与被诉的具体行政行为有利害关系，而不是支持原告或被告，所以行政诉讼第三人与本诉中的原告或被告之间并不存在依附关系。正是从这个意义上，我们说行政诉讼第三人是独立于原告和被告的，维护自身合法权益的第三人。

第三，行政诉讼第三人参加诉讼的时间是在诉讼开始之后和案件审结之前，参加诉讼的方式有两种：一是具备条件的个人或其他组织主动申请参加诉讼；二是人民法院依职权通知参加诉讼。② 这一特征与民事诉讼相比较而言并没有太大区别，我们可以说这是第三人所具备的程序上的特点。由于本诉已经开始且并没有结束，才有了第三人出现的前提，否则在没有开始或已经结束的本诉讼中，行政诉讼第三人完全可以选择以原告的身份提起诉讼，将不再以第三人的身份出现。

## 第二节　行政诉讼第三人与相关概念的比较

### 一、行政诉讼第三人与民事诉讼第三人的异同

#### （一）行政诉讼第三人与民事诉讼第三人的相同点

由于行政诉讼第三人脱胎于民事诉讼第三人，因此两者之间有着一定的联

① 康白文．论行政诉讼中的第三人［J］．辽宁师专学报，2004（4）．

② 姜明安．行政法与行政诉讼法［M］．北京：北京大学出版社，高等教育出版社，1999：341.

系，具体分析主要有以下几点：

第一，民事诉讼第三人中的无独立请求权的第三人的划分依据是“与案件结果有利害关系”，而行政诉讼第三人的确定标准是“与被诉的具体行政行为有利害关系”。两者虽不完全相同，但是“利害关系”原则是相同的，法律上的利害关系存在是第三人存在的前提。

第二，两者关于程序上的一些相似性。参加诉讼的时间是相同的，不管是行政诉讼第三人还是民事诉讼第三人，其参加诉讼的时间都是在本诉提出之后和一审判决之前。参加诉讼的途径也是相同的，可以以申请的方式参加诉讼，也可以由法院通知参加诉讼。

第三，两者在诉讼中有着自己独立的诉讼地位，主要体现在第三人参加诉讼是为了维护自身的合法权益，因此，第三人的陈述案件事实，提供证据，参加法庭辩论都不需要依附原告或者被告，而是独立完成的。

**（二）行政诉讼第三人与民事诉讼第三人的区别**

前面对于两者的一些相似之处进行了分析，然而，行政诉讼第三人制度与民事诉讼第三人制度毕竟是两个不同的制度，两者的区别也是较为显而易见的。

第一，两者包含于不同法律的法律关系中。这一区别也是双方本质的不同，那就是在行政诉讼中包含的行政法律关系，在行政法律关系中的双方是管理与被管理的关系，换言之，双方处于不平等的法律关系中。然而民事诉讼中的不论是原告、被告还是第三人都处于平等的民事法律关系中，彼此属于平等的民事主体。

第二，两者最大的区别在于民事诉讼第三人中存在明确的分类，即将民事诉讼第三人分为有独立请求权的第三人和无独立请求权的第三人。民事诉讼第三人的分类依据是由民事法律关系的特征所决定的，在民事法律关系中存在所有权法律关系和形成权法律关系，正是由于这些特有的法律关系的存在，民事诉讼中的第三人相应的被分为有独立请求权第三人和无独立请求权第三人。显然，在行政诉讼中是不存在所有权或形成权的法律关系的，也就是由于这个原因导致了行政诉讼第三人和民事诉讼第三人产生了最为重大的区别。

第三，两者概念的外延所涵盖的范围有所不同。这一区别源于两者确定的标准的不同。行政诉讼第三人的确定标准是“同提起诉讼的具体行政行为有利害关系”，而民事诉讼第三人的确定标准则是“同案件的处理结果有利害关系”。后者的范围显然比前者显得更为宽泛，因为前者的范围被限制在与具体行政行为的关系上，与案件处理的结果有利害关系不一定与被诉的具体行政行为有关。举例，某城建部门违反相关法律给某建筑施工队颁发建设许可证，该建筑施工队在防洪水堤上建筑房屋，水利部门根据相关法律将该违规建筑物拆除。该建筑施工队不服而向法院提起行政诉讼。如果原告败诉得不到赔偿，原告有可能转向起诉城建部门，也就是案件的处理结果与城建部门是有一定的利害关系的，但是城建部门与被诉的具体行政行为并没有法律上的利害关系，因此，城建部门在本诉中不是第三人的身份，如果建筑施工队对城建部门提起诉讼是另外一场行政诉讼。

第四，两者对于诉讼权利的处分范围也不一致。行政诉讼第三人在其参与的行政诉讼中一般是具备原告资格的，之所以成为第三人是由于未提起诉讼，因此，这种情形的第三人只要在法定的期限内对被诉的具体行政行为另外提起诉讼，也就是说这种情形的第三人转化为共同原告，法院是应予准许的。然而在民事诉讼中情况则不同，无独立请求权的第三人是没有这样的权利的，其诉讼的参与是由于法院的通知而实现的而非自身提起的诉讼。

第五，两者是否参与诉讼的法律效果不同。在被提起的行政诉讼中，如果行政诉讼第三人未参加，则案件判决后该行政诉讼第三人的救济途径是申诉或通过再审改变原判决的裁判结果。是不是行政诉讼第三人可以另行提起诉讼呢？不可以，因为同一个具体行政行为不能重复作为相同案件的审理对象。在民事诉讼中的无独立请求权的第三人则不同，如果没有参与原诉讼的可以另行提起诉讼以救济自身的合法权益。

第六，两者在诉讼中的独立性不尽相同。行政诉讼中第三人的参与前提是与被诉的具体行政行为有利害关系，为维护自身的合法权益而参与到本诉中的，由此决定了行政诉讼第三人在诉讼中的相对独立性，既不协助原告或也不协助被告任何一方。在民事诉讼中的无独立请求权的第三人情况相对特殊一些，由于其参与诉讼是由于与案件的处理结果有利害关系，因此，原告或被告的胜败对于无独立请求权的第三人来说是有着重要关系的，因此，无独立请求权的第三人在民事诉讼中往往会协助原告或者被告以达到自身利益的最大化。

## 二、行政诉讼第三人与行政复议第三人的异同

### （一）行政诉讼第三人与行政复议第三人的相同点

第一，两者都以存在行政争议为前提。不论是行政诉讼还是行政复议都是因为出现了行政争议，于是行政救济程序被启动，才有了第三人出现的可能。

第二，两者参加的程序的时间有相似性。行政诉讼第三人参加行政诉讼的程序是以行政诉讼程序已经被行政诉讼原告启动之后，通过法院通知或申请参加到已经开始却尚未结束的诉讼程序中；行政复议第三人同样是在行政复议程序已经

开始后才加入的。

（二）行政诉讼第三人与行政复议第三人的区别

第一，两者的性质存在差异。这是两者最根本的不同，性质的不同是由两者程序性质根本不同所决定的。行政诉讼程序是司法程序，而行政复议程序仅是准司法程序。

第二，两者参加程序形成的法律关系不同。行政诉讼第三人与法院形成了行政诉讼法律关系，而行政复议第三人是与被诉行政机关形成行政复议法律关系。

第三，两者参加程序时法律地位不同。行政诉讼第三人参加行政诉讼程序时的法律地位是诉讼参与人，相当于诉讼原告或被告的法律地位，而行政复议第三人的法律地位不是诉讼原告也不是诉讼被告。

第四，两者的裁决主体不同。行政诉讼第三人参加行政诉讼，最终是由人民法院对行政争议作出裁决；行政复议第三人参加行政复议，最终是由相应的行政机关对行政争议作出裁决。

这里可以从列举的一个案例看到两者的不同：1992 年 3 月 28 日，新光花园酒家与流花湖公园签订了租赁数红阁饭店的合同。合同规定流花湖公园将公园内数红阁饭店租赁给新光花园酒家使用，并提供数红阁饭店门前的停车场和公园两个大门口给新光花园酒家与公园共同使用，租赁期限为 15 年。同日，双方又签订了《中外合作经营新光花园酒家补充合同》，决定增加投资金额，改建流花湖公园数红阁饭店为新光花园酒家分店、1992 年 4 月新光花园酒家向某市规划局申请改建数红阁饭店。某市规划局于同年 5 月 15 日批复新光花园酒家：“在不增加建筑面积的前提下改建数红阁饭店”。同年 5 月底，新光花园酒家向某市规划局报送建筑设计方案。某市规划局审查后认为数红阁饭店的土地使用权属于第三人某市园林局，遂根据某市规划管理的有关规定，于同年 6 月 11 日复文给第三人某市园林局，指出应由该局办理报建申请。同年 7 月 21 日某市规划局依照市园林局的报建申请，向该局核发了建设工程规划许可证，核准将数红阁饭店改建为一幢三层的酒家，建筑面积 4 770 平方米。在改建数红阁饭店施工过程中，城监部门发现新光花园酒家不按图纸施工，并在没有任何报建手续的情况下，在原数红阁饭店的东西两侧擅自扩大建设规模，合计扩大建筑面积为 1 694.4 平方米，对此，城监部门先后于同年 7 月 4 日、7 月 22 日、8 月 8 日三次到现场制止并书面通知新光花园酒家停工。新华花园酒家于 8 月 12 日书面报告城监部门，承认其扩建工程违章，表示要补办报建手续。但在补办手续未获得批准的情况下仍继续施工至竣工。

1992 年 10 月 24 日，某市规划局认定某市园林局在改建原数红阁饭店过程中，不经规划部门批准，擅自扩大建设规模，占用公共绿地、违法建设1 694.4平方米。某市规划局依照《中华人民共和国城市规划法》、《某市城市规划管理办法》、《某市城市规划管理办法实施细则》的有关规定，对某市园林局作出《违法建设行政处理决定书》。某市园林局不服市规划局的处理规定，于1992年11月6日向某市人民政府申请复议。新光花园酒家以有独立请求权的第三人的身份向某市人民政府申请复议。某市人民政府受理某市园林局及新光花园酒家复议申请后，于1993年4月14日作出行政复议决定，新光花园酒家不服该处理决定，向某市中级人民法院提起诉讼。本案一审中，某市园林局作为第三人提供了支持原告的证据，一审判决后，原告新光花园酒家不服提起上诉，第三人某市园林局表示不参与上诉。①

在本案中，出现了行政复议第三人和行政诉讼第三人，但两者并不是同一个主体，行政复议程序中的第三人是新光花园酒家，而在行政诉讼程序中的第三人却是市园林局。本案实际上是一个行政处罚引发行政救济的案例，新光花园酒家在市园林局的土地上违规改建数红阁饭店。由于土地的使用权归属市园林局，取得建设工程规划许可证的是市园林局，因此行政处罚的对象自然就是市园林局，然而，在市园林局遭受行政处罚后对于新光花园酒家产生了重大的利益影响，因此，在市园林局针对该行政处罚提起行政复议后新光花园酒家作为第三人参加到行政复议程序中。后来由于新光花园酒家不服行政复议的裁决提起行政诉讼，行政复议第三人的身份转变成了行政诉讼原告，没有提起诉讼但同该行政处罚行为有利害关系的市园林局却成为行政诉讼第三人。从上述各当事人不同程序不同身份的转变，我们可以得到的结论是，行政复议第三人不一定就是行政诉讼第三人，两者虽然都是行政程序中的被救济对象，但不是必然转化的联系，而是在不同的救济程序中的独立法律主体。

## 第三节　行政诉讼第三人的价值分析

行政诉讼第三人的存在曾经引发过争议，随着立法的完善，行政诉讼第三人的地位得到了认可。然而，是否应该建立行政诉讼第三人制度？构建行政诉讼第三人制度有着怎样的价值？这些问题都是值得我们思考和分析的，我们认为有以

① 最高人民法院中国应用法学研究所. 人民法院案例选·行政卷［C］. 北京：中国法制出版社，2000：850－855.

下几方面的价值:

第一，有利于保护相关公民、法人或其他组织的合法权益和实现公正审判。我们知道，行政诉讼的司法裁判具有既判力，未经法定程序不得随意更改。由于第三人与被诉的具体行政行为有利害关系，而法院对行政案件的处理结果又将决定被诉的具体行政行为究竟是维持还是撤销、变更，因此，如果不赋予第三人参加诉讼的权利，法院就作出关系第三人合法权益的裁判，显然违反了公正、公平的司法原则。为了实现行政诉讼的目的，贯彻公正的审判，应当建立健全行政诉讼第三人制度。

第二，有利于法院对案件事实的全面调查和裁判。第三人参加到已经进行的诉讼中，其所提出的主张和证据对于本诉事实的查明是有着积极作用的。有利于简化诉讼程序，由于第三人参加到本诉中等于合并了两个诉讼案件，显然有利于提高诉讼效率，同时也可以避免不同诉讼可能带来的矛盾的裁判结果。

第三，第三人参与行政诉讼对于监督行政机关依法行政有着积极意义。随着行政管理活动对社会干预的深入，行政权力呈现日趋膨胀的趋势，因此行政权的监督必须重视。由于第三人和被诉的具体行政行为有利害关系，因此在诉讼中将涉及具体行政行为的适用法律、事实根据和程序等方面的问题。在对具体行政行为合法性进行审查时，不仅要对原告所提出的异议进行审查，也要对第三人提出的异议进行审查，这就是对行政机关作出的具体行政行为的双重监督。

## 第四节　几个主要国家和地区行政诉讼第三人比较研究

### 一、几个主要国家和地区行政诉讼第三人的立法规定

我国的行政法及行政诉讼法起步较晚，立法方面存在着许多的不足亟待完善，相对而言，国外关于行政诉讼法的一些较为成熟的先进的立法技术和理论实践经验都有值得比较借鉴之处。正所谓“一切认识、知识可溯源于比较”，因此，我们采用比较研究的方法对国外特别是大陆法系国家关于行政诉讼第三人制度方面的立法进行借鉴，希望能从中获得一些启示。

#### （一）行政诉讼第三人的种类比较研究

1. 德国行政诉讼第三人的种类

1960 年的《联邦德国行政法院法》第六十六条规定，第三人在当事人申请的

范围内，可以为独立攻击或防御方法及一切诉讼行为。第六十三条第三款规定，法院命参加之裁定送达当事人及受命参加之第三人后，该第三人即取得诉讼参加人之法律地位，不论其是否实际参加诉讼。通过对《联邦德国行政法院法》中德国对于行政诉讼第三人的立法规定，将行政诉讼第三人分为两类：普通诉讼参加第三人和必要诉讼参加第三人。

普通诉讼参加第三人的产生是由法院的裁定或法院的通知产生，因此，普通诉讼参加第三人受当事人所提诉讼标的的拘束，不得提出与之不同的实体申请，只是对事实上及法律上的主张或诉讼程序的申请是可以独立进行的。必要参加第三人与普通参加第三人不同，必要参加第三人可以提出与当事人不同的实体申请，不受当事人原有的声明范围所拘束，但仅对其个人产生效力，由于本诉外的第三人，并不能完全取代原告和被告的诉讼地位，第三人对本诉的诉讼标的并没有独立的处分权。当诉讼当事人对诉讼进行和解时，必须有必要参加人参与，否则该诉讼上的和解是无效的。

2. 日本行政诉讼第三人的种类

1962 年日本《行政案件诉讼法》第二十二条第一款规定：“裁判所在由于有了诉讼结果、权利受到损害的第三者在时，可以依据当事人或该第三者的申请或依职权，用决定使该第三者参加诉讼。”第二十三条第一款规定：“裁判所认为使其他行政机关参加诉讼为必要时，可根据当事人或其他行政机关的申请或依职权，用决定使该行政机关参加诉讼。”从上述法条的规定中可以看出，前一个法条所规定的第三人是一般的公民、组织，而后一个法条所规定的第三人是行政机关作为第三人的情形。因此，日本行政诉讼中的第三人有两类：第三者参加诉讼之第三人和行政机关参加诉讼之第三人。①

第三者参加诉讼之第三人主要是指由于法律上的利害关系与裁判结果有利害关系而参加诉讼的第三人。由于行政机关参加诉讼成为第三人的情形有法律条文单独规定，因此，此处的第三人显然是不包括行政机关在内的其他主体。

行政机关参加诉讼之第三人，根据法条可以明确地限定该第三人的范围，即行政机关是由于与行政诉讼案件有某种关系而参加到行政诉讼中来的，但不是本诉被告的身份而是第三人的身份。

① 杨海坤，马生安．中外行政诉讼第三人制度比较研究［J］．比较法研究，2004（3）．

3. 我国台湾地区行政诉讼第三人的种类

我国台湾地区将行政诉讼第三人称为“参加人”。在其1975年的“行政诉讼法”第八条中规定：“行政法院得命有利害关系之第三人参加诉讼，并得因第三人之申请，允许其参加。”1998年的“行政诉讼法”第四十一条规定：“诉讼标的对于第三人及当事人必须合一确定者，行政法院应裁定命该第三人参加诉讼。”第四十二条第一款规定：“行政法院认为撤销诉讼之结果，第三人权利或法律上利益将受损害者，得依职权命其独立参加诉讼，并得因该第三人之申请，裁定允许其参加。”第四十四条规定了辅助参加的第三人。第四十一条、第四十二条第一款和第四十四条实际上是分别规定了三种不同的第三人：

一是必要共同诉讼独立参加第三人，即第三人的确定是当事人和第三人诉讼标的为同一时确定。也就是说，诉讼标的对于第三人和一方当事人必须一并作出裁判，这对实现诉讼经济和避免法院于同一诉讼作出相互矛盾的裁判都是有积极意义的。

二是利害关系独立参加第三人，即其法律上的权益受到法院裁判的影响而参加诉讼的第三人。该第三人主要从法院裁判的影响上分化第三人，强调一种结果影响。

三是辅助参加第三人，仅须对所辅助诉讼之诉讼标的有法律上的一般利害关系即可，不以其权利或法律上利益因裁判之结果而受损为必要。

4. 我国行政诉讼第三人的种类

我国大陆对于行政诉讼第三人的法律规定仅为《行政诉讼法》第二十七条：“同提起诉讼的具体行政行为有利害关系的公民、法人或其他组织，可以作为第三人申请参加诉讼，或者由人民法院通知参加诉讼。”辅之该法律的由《若干解释》第二十三条第二款的规定：“应当追加被告而原告不同意追加的，人民法院应当通知其以第三人的身份参加诉讼。”第二十四条第一款规定：“行政机关的同一具体行政行为涉及两个以上利害关系人，其中一部分利害关系人对具体行政行为不服提起诉讼，人民法院应当通知没有起诉的其他利害关系人作为第三人参加诉讼。”通过我国关于行政诉讼第三人相关法律规定的总结，我们可以发现，我国行政诉讼第三人大概分为应当参加诉讼第三人和可以参加诉讼第三人两种。

通过对行政诉讼第三人种类的各国立法分析，我们可以得出以下结论：德国的行政诉讼第三人分为普通诉讼参加第三人和必要诉讼参加第三人；日本的行政诉讼第三人分为第三者参加诉讼之第三人和行政机关参加诉讼之第三人；我国台湾地区的行政诉讼第三人分为必要共同诉讼参加第三人、利害关系参加第三人和辅助参加第三人；我国大陆的行政诉讼第三人仅有应当参加和可以参加的区别。比较分析而言，我国的行政诉讼第三人的种类与德国的情况较为相似，应当参加诉讼第三人与必要共同诉讼参加第三人类似，而可以参加诉讼第三人与普通诉讼参加第三人类似。

（二）行政诉讼第三人的范围

1．德国行政诉讼第三人的范围

1960 年《联邦德国行政法院法》第六十五条第一款规定："法院在程序尚未有既判力终结或尚在较高审级系属中，本于职权或因其他人之申请，可命因裁判涉及其法律上利益者参加。"根据这一规定，行政诉讼第三人的范围是法律上利益受裁判影响的人。第六十五条第二款规定："就争讼法律关系参与人之第三人，如裁判对之亦必须合一确定者，应命其参加（必要参加）。"① 根据两个法律条文的规定，我们可以发现德国行政诉讼第三人的范围不仅是与被诉的行政行为有法律上权利义务关系的人，而且包括与诉讼结果有利害关系的人。

2．日本行政诉讼第三人的范围

1962 年日本《行政案件诉讼法》第二十二条第一款规定："因诉讼结果致侵害第三人之权利时，法院得因当事人或该第三人申请或依职权，以裁定使第三人参加诉讼。"② 从法条规定上看，日本行政诉讼第三人的范围是诉讼结果受到影响时，法院依据当事人或第三人的申请或依据自身的职权，准予第三人参加到诉讼中。

3．我国台湾地区行政诉讼第三人的范围

1975 年台湾地区"行政诉讼法"第八条规定："行政法院得命有利害关系之第三人参加诉讼，并得因第三人之申请，允许其参加。"行政法院 1955 年裁字第 48 号、49 号和 1955 年判字第 82 号等判例将该条中的"利害关系人"解释为"与原告利害关系一致之人"③。1998 年台湾地区"行政诉讼法"第四十一条规定："诉讼标的对于第三人及当事人必须合一确定者，行政法院应裁定命该第三人参加诉讼。"第四十二条第一款规定："行政法院认为撤销诉讼之结果，第三人权利或法律上利益将受损害者，得依职权命其独立参加诉讼，并得因该第三人之申请，裁定允许其参加。"第四十四条及第四十八条的规定，尽管法律上的权益不

① 蔡志方．行政救济与行政法学（2）［M］．台北：三民书局股份有限公司，1993：354.

② 蔡志方．行政救济与行政法学（2）［M］．台北：三民书局股份有限公司，1993：354.

③ 蔡志方．行政救济法新论［M］．台北：元照出版公司，2000：152.

受裁判结果之影响，但与该裁判有法律上利害关系之人，也可以作为第三人参加诉讼，称为辅助参加第三人。根据上述三个法条可以得出：台湾地区行政诉讼第三人的范围是，与被诉的行政行为有利害关系者，与诉讼结果有利害关系的人和辅助参加第三人。

4．我国行政诉讼第三人的范围

依据我国《行政诉讼法》第二十七条的规定："同提起诉讼的具体行政行为有利害关系的公民、法人或其他组织，可以作为第三人申请参加诉讼，或者由人民法院通知参加诉讼。"新司法解释没有对第三人的范围给予法律界定。所以对于我国行政诉讼第三人的范围界定只能依据《行政诉讼法》第二十七条的规定。一种观点认为，这里的利害关系不仅包括与被诉的具体行政行为有法律上的直接权利义务关系，而且还包括与被诉的具体行政行为有间接的利害关系。所谓间接的利害关系，是指被诉的具体行政行为并未直接调整第三人的权利与义务，而是这一具体行政行为存在与否的事实将影响第三人的权利义务，即诉讼结果会对第三人的权利义务带来影响。① 另一种观点则认为，这里的利害关系仅指与被诉的具体行政行为有法律上的直接的权利义务关系，即被诉的具体行政行为直接调整了第三人的权利义务，直接影响了第三人权利与义务的增减。②

综上，我们对于行政诉讼第三人的范围比较研究的结论是，德国的行政诉讼第三人的范围包括两部分，与被诉的行政行为有利害关系的人和与诉讼结果有利害关系的人；日本的行政诉讼第三人范围是与诉讼结果有影响的人；我国台湾地区的行政诉讼第三人的范围比起前述两个国家而言更大些，主要是还包括虽不受裁判结果影响而仅与裁判有法律上利害关系的人，实际上人为扩大了行政诉讼第三人的范围，我们认为意义不大。我国大陆关于行政诉讼第三人的范围问题虽然没有明确的法律规定，但从法条上理解还是在"与被诉的具体行政行为有利害关系"这个范围内。

**（三）行政诉讼第三人的法律地位**

1．德国行政诉讼第三人的法律地位

（1）普通诉讼参加第三人

根据1960年德国《联邦德国行政法院法》第六十六条的规定，第三人在当

① 马怀德．行政法制度建构与判例研究［M］．北京：中国政法大学出版社，2000：142.

② 应松年．行政诉讼法学［M］．北京：中国政法大学出版社，1994：130－131.

事人申请的范围内，可以为独立攻击或防御方法及一切诉讼行为。这一法条说明的是普通诉讼参加第三人由于受到当事人所提的诉讼标的的约束，在实体申请方面须在当事人申请的范围内，但诉讼行为方面如诉讼程序、举证等方面是可以独立进行的。根据1960年德国《联邦德国行政法院法》第一百二十一条的规定，普通诉讼参加第三人受裁判效力的拘束，以其法律上的利益受裁判影响的范围为限。普通诉讼参加第三人，对下级法院的裁判，在其法律上的利益受到影响的范围内，可以独立提起上诉。如果裁判已经生效，符合再审条件的，亦可申请再审。①

（2）必要诉讼参加第三人

可以为任何诉讼行为，也可提出与当事人不同的实体申请。对于其参加诉讼时已进行的行为，有权请求重新进行。当事人对于诉讼标的及诉讼程序的处分，须经其同意始发生效力。必要诉讼参加第三人当然受裁判效力之拘束。②

2. 日本行政诉讼第三人的法律地位

（1）第三者参加诉讼之第三人

根据1962年《行政案件诉讼法》第二十一条的规定，第三人与当事人之间，由于构成准必要共同诉讼中的共同诉讼人关系，由于并非有独立请求的当事人，第三人的诉讼行为受参加诉讼已经过的程序的限制。当被参加的当事人逾期提出攻击、防卫方法或于准备程序后，第三人才参加的，其主张和举证也受限制。第三人应受裁判的拘束，但由于其仅为共同诉讼的辅助参加，是否直接受裁判之拘束，存在争议。③

（2）行政机关参加诉讼之第三人

根据1962年日本《行政案件诉讼法》第二十三条的规定，行政机关第三人的地位是辅助参加人的地位，不能进行与当事人有抵触的诉讼行为。第三人由于并非诉讼当事人，裁判对其不发生效力。④

3. 我国台湾地区行政诉讼第三人的法律地位

（1）必要共同诉讼独立参加第三人

第一，该第三人与本诉当事人之间的关系。由于第三人是准必要共同诉讼

---

① 陈计男．行政诉讼法释论［M］．台北：三民书局股份有限公司，2000：96.
② 陈计男．行政诉讼法释论［M］．台北：三民书局股份有限公司，2000：97.
③ 陈计男．行政诉讼法释论［M］．台北：三民书局股份有限公司，2000：111.
④ 陈计男．行政诉讼法释论［M］．台北：三民书局股份有限公司，2000：105－106.

人，因此共同诉讼中任何一人进行的有利于共同诉讼人的，效力及于全体，如果进行不利于共同诉讼人的诉讼行为，则对全体无效。同时，由于第三人也是当事人，可以独立地攻击或防御。第二，第三人为当事人，裁判对第三人当然产生效力。由于行政法院的疏忽而导致第三人没能参加诉讼的，该裁判对于第三人只有形式上的效力。而对同一诉讼标的，第三人可以重新提起诉讼。第三，如裁判有再审的理由，第三人可以提起再审之诉，但不得依第二百八十四条的规定对确定终局裁判申请重新审理。①

（2）利害关系独立参加第三人

第一，第三人诉讼地位独立，可进行独立攻击或防御。第二，第三人为诉讼当事人，裁判对其产生效力。但在撤销之诉中，第三人未参加诉讼的，裁判对其不发生既判力。但依据第二百一十五条的规定，撤销或变更原处分的裁判，对第三人同样产生效力。② 第三，第三人未参加撤销之诉之诉讼程序，而撤销或变更原处分或决定的裁判对第三人产生效力损害第三人利益的，如非第三人原因造成，第三人可以对确定的终局裁判申请再审，但自裁判确定之日起超过一年的，则不得申请再审。③

（3）辅助参加第三人

第一，由于第三人处于辅助当事人的地位，因此，第三人的诉讼行为都是辅助性的，不能与当事人的诉讼行为相抵触，否则无效。第二，第三人经双方当事人同意，可以代其辅助的一方当事人承当诉讼。④

4. 我国行政诉讼第三人的法律地位

总体来说，我国《行政诉讼法》中没有关于行政诉讼第三人法律地位的相关规定，《若干解释》第二十四条中规定："第三人有权提出与本案有关的诉讼主张，对人民法院的一审判决不服，有权提出上诉。"《若干解释》二十九条中则规定了第三人有向人民法院申请调查取证的权利。这些就是目前我国对行政诉讼第

---

① 参见台湾地区"行政诉讼法"（1998 年）第四十二条、第三十九条、第四十七条、第二百八十四条的规定。

② 杨海坤，马生安．中外行政诉讼第三人制度比较研究［J］．比较法研究，2001（3）．

③ 参见台湾地区"行政诉讼法"（1998 年）第四十二条、第三十九条、第二百一十五条、第四十七条、第二百八十四条的规定。

④ 参见台湾地区"行政诉讼法"（1998 年）第四十八条及"民事诉讼法"第五十九条、第六十一条、第六十三条、第六十七条的规定。

三人诉讼中权利的简单规定，而《若干解释》第九十七条中规定了行政案件的审理可以参照民事诉讼的有关规定，也就是说将未能明确的权利义务作了参照处理。

综上，我们对行政诉讼第三人的法律地位比较研究的结论是，德国、日本和我国的台湾地区对于行政诉讼第三人的法律地位根据其不同的种类进行了明确的法律规定，然而我国大陆对于行政诉讼第三人法律地位的相关规定显得模糊，这一点值得进一步研究。

**（四）行政诉讼第三人参加诉讼的程序**

1．德国行政诉讼第三人参加诉讼的程序

1960 年《联邦德国行政法院法》第六十五条的规定，经行政法院裁定，第三人方可参加诉讼。第三人可申请参加也可由行政法院依职权决定。在第三人申请要求参加诉讼时，原当事人无权对其提出异议，行政法院对必要参加之第三人，有义务命该第三人参加诉讼，而对普通参加之第三人，则可自由裁量是否准许其参加诉讼。行政法院关于第三人参加诉讼的裁定不可抗辩，第三人收到裁定时立即生效，具备第三人之法律地位。①

2．日本行政诉讼第三人参加诉讼的程序

在日本，依《行政案件诉讼法》（1962 年）第二十二条第一款之规定，须经法院决定，第三人方可参加诉讼。法院可依职权决定第三人参加诉讼，也可应当事人或第三人申请，而决定是否准予第三人参加诉讼。第三人申请参加诉讼被驳回的决定，第三人可以抗告。对于当事人申请第三人参加诉讼被驳回的，可否抗告，学者间无一致见解，也无判例可循。②

3．我国台湾地区行政诉讼第三人参加诉讼的程序

由于台湾地区的行政诉讼第三人分为三种，因此，不同种类的第三人有着相应的程序。根据 1998 年台湾地区“行政诉讼法”的规定，必要共同诉讼独立参加第三人，如果是行政法院依职权裁定其参加诉讼的，第三人必须服从。利害关系人独立参加第三人对于行政法院驳回参加诉讼的申请可以提出上诉，对于行政法院裁定参加的情况则与必要共同诉讼独立参加人相同，都是不能声明不服的。行政诉讼辅助第三人参加诉讼的，也是要么通过行政法院依职权裁定参加诉讼，对此次裁定该第三人的情况与前两者是相同的；要么申请参加诉讼的，只要双方

① 陈计男．行政诉讼法释论［M］．台北：三民书局股份有限公司，2000：95.
② 陈计男．行政诉讼法释论［M］．台北：三民书局股份有限公司，2000：100.

当事人没有提出异议的，该申请使得其取得第三人的地位，这里的申请不需要通过法院裁定许可。①

4. 我国行政诉讼第三人参加诉讼的程序

根据我国《行政诉讼法》第二十七条的规定，我们知道行政诉讼第三人参加诉讼也是通过两种方式：自己申请参加诉讼；由人民法院通知参加诉讼。除此之外，我们对行政诉讼第三人的相关程序问题一无所知，例如，第三人向法院提出申请后是否要等人民法院作出相关的通知或裁定；如果法院对于第三人提出的申请以裁定的形式作出，那么第三人是否有救济途径，等等，这些问题都值得我们进一步研究。

综上，通过对行政诉讼第三人程序的比较研究，我们可以得出以下结论：德国、日本和我国的台湾地区，由于对于行政诉讼第三人有明确的分类，因此，对于第三人的相关程序适用依据不同种类的第三人进行了相关程序的规定。相比较而言，我国大陆由于首先没有什么明确的行政诉讼第三人分类，随之也就没有对不同的第三人进行程序上的立法规定。

## 二、几个主要国家和地区相关立法经验对我国立法的借鉴

### （一）我国与几个主要国家和地区相关立法之比较

我们将我国大陆与其他国家和地区行政诉讼第三人制度的异同，通过表3－1来总结分析。

**表3－1　我国与其他国家和地区行政诉讼第三人立法比较**

| | 德　国 | 日　本 | 中国台湾地区 | 中　国 |
|---|---|---|---|---|
| 第三人种类 | 1960年《联邦德国行政法院法》第六十六条规定，行政诉讼第三人分为普通诉讼参加第三人和必要诉讼参加第三人。 | 1962年日本《行政案件诉讼法》第二十二条、第二十三条规定，行政诉讼第三人分为第三者参加诉讼之第三人和行政机关参加诉讼之第三人。 | 1998年“行政诉讼法”第四十一条、第四十二条第一款和第四十四条规定，行政诉讼第三人分为必要共同诉讼独立参加第三人、利害关系参加第三人和辅助参加第三人。 | 立法上没有明确的规定。 |

① 参见台湾地区“行政诉讼法”（1998年）第四十一条、第四十二条、第四十四条、第四十八条的规定。

续表

| | 德国 | 日本 | 中国台湾地区 | 中国 |
|---|---|---|---|---|
| 第三人范围 | 1960年《联邦德国行政法院法》第六十五条规定，行政诉讼第三人的范围是与被诉的行政行为有法律上权利义务的人和与诉讼结果有利害关系的人。 | 1962年日本《行政案件诉讼法》第二十二条规定，行政诉讼第三人的范围是受诉讼结果影响的人。 | 1998年“行政诉讼法”第四十一条、第四十二条、第四十四条、第四十八条规定，行政诉讼第三人的范围是与被诉行政行为有利害关系的人，与诉讼结果有利害关系的人和辅助参加的第三人。 | 我国《行政诉讼法》第二十七条规定，行政诉讼第三人的范围是同提起的诉讼的具体行政行为有利害关系的公民、法人或其他组织。 |
| 第三人法律地位 | 1960年《联邦德国行政法院法》第六十六条、第一百二十一条规定，普通诉讼参加第三人在诉讼中实体方面的申请受当事人所提的诉讼标的约束，而必要诉讼参加第三人可提出与当事人不同的实体申请。 | 1962年日本《行政案件诉讼法》第二十二条、第二十三条规定，第三人的诉讼行为受参加诉讼已经过的程序限制，行政机关第三人的地位是辅助参加人的地位，不能进行与当事人有抵触的诉讼行为。 | 1. 必要共同诉讼参加人，享有与当事人相同的法律地位；<br>2. 利害关系参加第三人，地位独立，与当事人有相同法律地位；<br>3. 辅助参加第三人，诉讼行为为辅助性的，不能与当事人的诉讼行为相抵触。 | 我国立法对此的规定是第三人有权提出与本案有关的诉讼主张。 |
| 第三人诉讼程序 | 1960年《联邦德国行政法院法》第六十五条规定，第三人参加诉讼可由行政法院依职权规定，也可由第三人申请参加。行政法院关于第三人参加诉讼的裁定不可抗辩。 | 1962年日本《行政案件诉讼法》第二十二条规定，第三人参加诉讼须经法院决定。第三人申请参加诉讼被驳回的决定，第三人可以抗告。 | 1. 必要共同诉讼参加第三人，法院依职权裁定参加诉讼的，第三人必须服从；<br>2. 利害关系第三人对行政法院驳回参加诉讼的申请可提出上诉，对法院裁定参加诉讼的必须参加；<br>3. 行政辅助第三人要么根据法院裁定参加诉讼，要么申请参加诉讼，这里的申请不需要通过法院裁定许可。 | 我国《行政诉讼法》第二十七条规定，行政诉讼第三人参加诉讼由法院通知参加或由自己申请参加。第三人对人民法院的一审判决不服，有权提起上诉。 |

（二）几个主要国家和地区相关立法之借鉴

从上表中可以看到我国行政诉讼第三人制度最大的不足就是立法多方面的缺失，在分类、范围、法律地位和诉讼程序四个方面都存在简单和模糊的规定，使得整个行政诉讼第三人制度整体上没有一个框架。因此，我们至少应在如下几个方面借鉴其他地区的成功经验：

第一，借鉴其他国家和我国台湾地区关于行政诉讼第三人的分类的立法，即立法中应明确行政诉讼第三人的种类。这里我们主张对德国及我国台湾地区的相关立法进行借鉴。

第二，应借鉴第三人范围确定的相关立法，明确界定“利害关系”的内涵。我们主张借鉴德国的相关立法，明确“利害关系”为“法律上的利害关系”，但范围不宜作扩大解释，对于与法院裁判结果有影响的公民、法人或其他组织则不应包含。

第三，在明确了第三人种类和范围的基础上，借鉴其他地区关于第三人参加诉讼程序的相关规定，包括时限、参加诉讼的方式、举证责任和相应的救济程序的借鉴。

只有通过比较，发现欠缺，正确认识和分析其他地区的成功之处来弥补我国的不足，才能真正达到比较研究的目的。在对上述的文字及表的比较之后，我们将在下一节中对借鉴后的具体完善措施进行详细介绍。

## 第五节　我国行政诉讼第三人制度的完善

### 一、我国行政诉讼第三人制度的立法缺陷

正是通过前面对行政诉讼第三人制度的比较研究，我国行政诉讼第三人制度在立法层面的不足和缺陷显而易见。如果对立法层面的问题都没有能够很好地进行完善，那么对于越来越复杂的司法实践而言将是巨大挑战。我们认为解决问题的前提是发现问题，因此，对于我国行政诉讼第三人制度的立法缺陷总结必不可少。我们认为至少有以下几个方面足亟待完善的。

（一）行政诉讼第三人缺乏明确的界定标准

我国《行政诉讼法》第二十七条的规定中，基本上确定了行政诉讼第三人的确定标准为“与被诉具体行政行为有利害关系”。然而，这一法条有两处模糊的地方：其一，与被诉的具体行政行为的利害关系应该包括对被诉具体行政行为处

理结果有利害关系，然而被诉具体行政行为的处理结果往往与案件处理结果是重合的，那么是不是说，行政诉讼第三人的确定标准也包含与案件处理结果有利害关系呢？其二，就是关于利害关系的界定是模糊的。利害关系从法律的层面上理解，是指法律上的利害关系，但仍然是一个缺乏操作性的概念，我们认为对于利害关系的界定也应当有相应的法律、司法解释进行完善。

（二）行政诉讼第三人缺乏明确的分类

通过对国外行政诉讼第三人制度的各方面综合分析，我们可以看出，国外行政诉讼第三人制度的建构是建立在对行政诉讼第三人分类的基础上的，正是由于划分出不同种类的第三人，才能根据该第三人的具体特征进行相关立法规定，其中包括对第三人的诉讼地位、程序等的立法规定。正是这一最为基础的分类是我国《行政诉讼法》中没有规定的，天生的缺陷不可避免。我们认为我国一些学者主张的列举式的分类是不合适的。虽然列举式的优点在于能在帮助司法操作中更为便捷地将第三人对号入座，但是列举式却存在着重大缺陷，即实践中具体情况纷繁复杂，任何列举都不可能穷尽所有第三人的分类，一旦有了列举遗漏的新情况出现时，将很可能被错误排除，从而导致某些权利人的合法利益得不到有效的保障。同时，还存在的另一种分类方式就是概括式分类，虽然这种分类方式也存在界限不清等缺陷，但总体来说较之列举式分类有其优势，我们将以概括式的方法试对第三人进行分类。

（三）行政诉讼第三人缺乏科学的范围界定

我国的行政诉讼第三人实质上没有明确的范围界定，这使得在司法操作中没有或缺乏明晰的操作标准。根据我国现行的法律及其司法解释，行政诉讼第三人的范围存在争议，尤其是关于行政机关作为第三人的问题，虽然相关的司法解释确认了行政机关的第三人地位但是仅规定了在一种情形下行政机关可为行政诉讼第三人，即《若干解释》第二十三条第二款的规定。除此之外，我们找不到行政机关作为行政诉讼第三人的法律依据，是不是因为没有法律依据就置之不理呢？正好相反，没有法律明确规定却不断发现司法实践说明的是法律规定的不完善，因此，对于行政诉讼第三人范围的法律层面的科学界定值得研究。

（四）行政诉讼第三人缺乏完善的诉讼程序规定

对于行政诉讼第三人参加诉讼的程序，我国《行政诉讼法》规定的是依法申请或由法院通知。相关的规定是简单概括的，我们在前面也提到了这样规定所带来的一系列问题。相比较国外对于行政诉讼第三人参加诉讼的程序规定，我们更为明确地看到了我国对于第三人参加诉讼程序的立法不足，程序的缺失带来的是司法公正的挑战，更重要的是权利人合法权益不能得到合法完备的救济。显然这些都是与法律的精神相悖的，因此，对于行政诉讼第三人参加诉讼的程序完善是十分必要的。

## 二、我国行政诉讼第三人制度完善

### （一）我国行政诉讼第三人制度完善的必要性和可行性

1．完善的必要性

我国行政诉讼第三人制度的完善十分必要。首先，由于我国目前的法律对于行政诉讼第三人的相关法律规定并没有形成一个完善的法律制度，这方面的缺失导致了在行政诉讼日益复杂的司法实践中对于行政诉讼第三人的法律保护缺陷，显然是与当今社会的法治要求相悖的；其次，从更深层次来说，行政诉讼第三人制度的完善关乎行政诉讼制度的完善，而行政诉讼制度的完善根源于更好地解决行政争议，由于我国法律规定对于行政机关的权限划分不科学，各种利益冲突又进一步导致了矛盾的存在，因此，建立健全行政诉讼第三人制度对于解决行政主体之间的权限争议是有积极意义的。

2．完善的可行性

行政诉讼第三人制度的完善是必然且必要的，一项法律制度的完善已经是众望所归，特别是在我国的理论界中已经对之有了较充分的认识和深入的研究，并形成了较成熟的观点。例如：关于涉及权限争议的行政机关能否作为第三人的问题，有学者提出关于设置机关诉讼类型的办法来解决，等等，我国目前没有机关诉讼，这类设想是可以考虑的。制度的完善需要理论基础和现实基础相结合，我国理论界学者们的不断努力已经为行政诉讼第三人制度的完善搭建了一个很好的理论平台，这些理论的来源是我国现实的司法状况，因此，完善行政诉讼第三人制度不仅是必要的，同时也是极具现实意义的。

### （二）完善的具体建议

1．行政诉讼第三人确定标准的明确

行政诉讼第三人的确定标准在行政诉讼第三人制度的构建中是一个重要内容。从构建行政诉讼第三人制度的目的来看，一方面是对法院在及时处理行政争议以提高司法效率有着重要作用；另一方面对当事人来说，有着充分保护当事人的合法权益，监督行政机关依法行政的重要意义。因此，明晰行政诉讼第三人的确定标准在构建行政诉讼第三人制度中显得举足轻重。

行政诉讼第三人制度源于民事诉讼第三人制度，然而二者又有着极大的区别。民事诉讼第三人制度的确定标准是“与案件处理结果有利害关系”，而之所以有这样的确定标准是由民事诉讼自身的性质所决定的。同样的，行政诉讼第三人的确定标准也应该从其本身所特有的性质出发，而不能简单地套用民事诉讼第三人的相关制度。

根据《行政诉讼法》第二十七条的规定：“同提起诉讼的具体行政行为有利害关系的其他公民、法人或其他组织可以作为第三人申请参加诉讼，或由法院通知参加诉讼。”我们可以得出行政诉讼第三人的确定标准应该是“同提起诉讼的具体行政行为有利害关系”。这一确定标准有两层含义：

第一层是“提起诉讼的具体行政行为”，这是确定行政诉讼第三人标准的核心要素，同时也是与民事诉讼第三人制度的根本区别所在。我们假设行政诉讼第三人的标准是“与行政诉讼案件的处理结果有利害关系”的情况：某行政管理机关吊销了某厂的食品生产许可证，该食品厂不服该具体行政行为向法院提起诉讼，此行政诉讼的处理结果显然会影响到同该食品厂有购销合同关系的某商店的权益。如果按照我们的假设，那么商店则可以作为行政诉讼的第三人参加此行政诉讼，然而商店这个行政诉讼第三人的确定对于被诉的具体行政行为的审判带来了什么影响呢？很显然，该商店不仅没有起到及时处理案件的作用，反而由于该商店的介入，法官需要花费更多的时间去确定这个行政诉讼第三人。法院如果花费过多的时间去处理食品厂与商店之间的民事纠纷，将淡化行政诉讼的目的，使得整个案件的处理本末倒置。实际上是人为地扩大了行政诉讼第三人的范围，违背了行政诉讼是对被诉具体行政行为合法性审查的原则，导致法院主要解决的行政争议与其他纠纷纠缠不清，无形中浪费了诉讼时间，增加了诉讼费用。①

第二层是关于“利害关系”的标准。由于相关的法律中对于“利害关系”的规定过于抽象，我们认为只有“利害关系”得到更为明确的规范才能使行政诉讼第三人确定的标准达到明确具体的目标。对于“利害关系”的确定具体包括三种形式：①第三人与原告之间的行政法律关系。行政诉讼中被告的特殊性决定了在行政诉讼中的原告只能是公民、法人或其他组织。那么第三人与原告之间要形成行政法律关系，只有第三人在行政法律关系是行政行为的作出者才能满足。因此，我们说这里的第三人一般是行政机关。②第三人与被告之间的行政法律关系。在行政诉讼中的被告与第三人之间因为被提起诉讼的具体行政行为而产生的

---

① 李贺霞，刘茵．论行政诉讼第三人的确定标准和范围［J］．北京工业职业技术学院学报，2002（3）．

行政法律关系是较为普遍的情形。③第三人与原告之间的民事法律关系。利害关系中不排除一种情形就是第三人与原告之间的民事法律关系，但这一民事法律关系必须与被诉的具体行政行为相联系，否则不构成行政诉讼中的利害关系。然而直接在法律条文中列举上述三种具体的“利害关系”，一方面显得过于复杂，更重要的是仅上述三种法律利害关系也不尽完善。因此，我们认为对于行政诉讼第三人的界定标准的明确应当采取的具体措施是，第一，修改现有的法律条文，在“利害关系”一词前加上限制定语后改为“法律上的利害关系”，进一步明确是法律上的利害关系而不是一切的利害关系；第二，在行政诉讼法的相关立法解释中明确利害关系的上述三种情形。

2. 完善行政诉讼第三人分类

(1) 行政诉讼第三人分类的意义

对行政诉讼第三人进行分类不是可有可无的，而是有重要意义的立法工作。首先，由于目前社会利益群体日益多元化，大量的诉讼不断涌现，行政诉讼第三人采用列举式的做法很难在司法实践中得到有效操作。通过对行政诉讼第三人的分析并进行概括式分类是有必要的；其次，对行政诉讼第三人进行分类是建构行政诉讼第三人制度的前提，因为只有对行政诉讼第三人进行分类才能有针对地制定相应的制度，有利于司法规范操作。

(2) 行政诉讼第三人分类

对于行政诉讼第三人的分类，学术界有以下分类：

有的学者以“利害关系”为标准，将行政诉讼第三人分为直接利害关系第三人和间接利害关系第三人。①

有的学者则将行政诉讼第三人分为必然性利害关系第三人、或然性利害关系第三人和预决性利害关系第三人②。

有的学者以第三人与被诉具体行政行为的利害关系为标准，将行政诉讼第三人分为权利关系第三人、义务关系第三人、事实关系第三人。③ 权利关系第三人是指由于其权利受到了被诉具体行政行为不利益处分的消极影响，参加到行政诉讼中来，提出自己独立诉讼主张的个人、组织。义务关系第三人是指由于其权利受到了被诉具体行政行为授益处分的积极影响，或者参与了不利益具体行政行

---

① 王红岩. 行政诉讼第三人探析 [J]. 政法论坛，1991 (4).

② 陈光中. 诉讼法论丛：第1卷 [C] 北京：法律出版社，1998：550.

③ 马怀德，解志勇. 行政诉讼第三人研究 [J]. 法律科学，2000 (3).

为，而未被列为被告或不具备适格被告，参加到行政诉讼中来，提出自己独立诉讼主张的个人、组织。事实关系第三人是指与被诉具体行政行为有某种牵连，为了查清事实，由人民法院通知参加到行政诉讼中来，并提出自己独立诉讼主张的个人、组织。

有学者将行政诉讼第三人分为独立第三人、准独立第三人和辅助第三人。① 独立第三人是基于第三人与被诉具体行政行为利害关系有独立的利益而确定的。例如：在行政处罚案件中存在共同被处罚人，当部分被处罚人提起诉讼时，其他没有提起诉讼的被处罚人虽未起诉但实际有着独立的起诉资格，在被提起的诉讼中未起诉的被处罚人则可作为第三人参加诉讼。独立第三人拥有与原告同样的提起诉讼的资格。准独立第三人则是与独立第三人相比较而言的，在本诉不存在的情况下，该第三人不会独立提起诉讼。例如：多个行政主体联合执法时，被处罚人仅对其中一个或几个行政主体提起诉讼，在原告不同意所有的行政主体作为被告时，未被起诉的行政主体则属于准独立第三人。辅助第三人是指与被诉行政行为的处理结果牵连，因有助于查明案件事实而参加到行政诉讼中来的公民、法人或其他组织。

我国《行政诉讼法》对第三人并没有分类，学者们所提出的不管是列举式还是概括式都有其一定的道理。列举式在司法操作中的优点是显而易见的，能够较为直接地将案件与列举的法条对号入座，但遇到与法条没有列举的情形时该如何处理呢？客观存在的司法实践错综复杂，法条的列举是不可能穷尽所有已经发生和即将发生的情况的，所以我们说列举式的缺陷也是很明显的。虽然概括式也存在过于笼统的毛病，但是相对于列举式而言更有优势。

通过对国外行政诉讼法的比较研究，我们可知的是，德国行政诉讼第三人分为必要参加之第三人和普通参加之第三人；日本将第三人分为第三人参加诉讼和行政机关参加诉讼；我国台湾地区将第三人分为必要共同诉讼之独立参加、利害关系人之独立参加和辅助参加以及行政机关之诉讼参加。各种分类不尽相同，同时也有一定联系，即都包含了“第三人与诉讼结果的利害关系”。这一点值得我们借鉴。

对于我国行政诉讼第三人分类的完善需要综合考虑，一方面借鉴国外的先进立法经验，另一方面需要充分考虑我国的实际情况。行政诉讼第三人与民事诉讼第三人虽有联系但并不是相同的诉讼制度，由于行政诉讼第三人对于本诉的诉讼

① 余冠鹏．行政诉讼第三人原理探究［J］．广西政法管理干部学院学报，2004（3）．

标的并没有独立的所有权或形成权，因此，行政诉讼第三人不能套用民事诉讼对第三人的分类，即有独立请求权和无独立请求权的第三人。结合域外立法经验与我国的司法实践，我们倾向于借鉴德国及我国台湾地区关于行政诉讼第三人的分类。一般司法实践中存在两类第三人，一类是行政诉讼直接影响第三人权利义务的情况，这里的第三人是必须参加到诉讼中来才能结案的，这类第三人的诉讼地位相当于原告或被告，我们可将之称为“必要参加诉讼第三人”。相对而言，第三人与具体行政行为之间的利害关系只是间接的关系，没有第三人的参与同样能够结案的情形，我们称该第三人为“普通参加诉讼第三人”。这一类第三人参加诉讼是为了实现保护第三人和节约诉讼成本，防止重复处理同一行政行为可能出现的矛盾的裁判结果。因此，我们认为我国行政诉讼第三人应当进行分类，可分为“必要参加诉讼第三人”与“普通参加诉讼第三人”两类。

3. 科学界定行政诉讼第三人的范围

行政诉讼第三人的概念源自民事诉讼，因此，在讨论行政诉讼第三人范围时与民事诉讼第三人的范围进行比较研究是很有必要的。有些学者认为，民事诉讼第三人的范围大于行政诉讼第三人，理由是民事诉讼中对原、被告争议的诉讼标的有独立请求权或同案件处理结果有法律上利害关系的都可以作为第三人参加诉讼，而行政诉讼则排除了诉讼结果有利害关系的都可以作为第三人参加诉讼的情形。有些学者则认为，行政诉讼第三人的范围并不比民事诉讼中的第三人小，理由是在行政法律关系发生前，行政诉讼案件中的原告与第三人都有一定的民事关系或民事纠纷，当民事关系或民事纠纷不可调和时，导致纠纷双方中的一方与行政机关发生行政争议，所以大多的行政案件中都存在第三人。①

从上面的争论中不难看出，与行政争议的具体行政行为有利害关系的公民或组织作为第三人的观点是没有争议的，争议的焦点在于与诉讼结果有利害关系的第三人是否应列为行政诉讼第三人，我们赞同前一些学者的观点，理由在“关于行政诉讼第三人确定标准”一节中已述。

关于行政诉讼第三人范围中另一个值得我们研究的问题是行政机关作为行政诉讼第三人的问题。行政机关到底是否可以作为行政诉讼第三人呢？我们借助两个案例的分析来揭晓答案。

案例一：1997 年 3 月，张某经某市某区文化局批准，办理了文化部统一印制、盖有文化部套红印章的音像制品出租经营许可证，并经某区工商局登记后领

① 刘净非．行政诉讼第三人若干问题的思考［M］．北京：人民出版社，2004：358.

取了营业执照，从事音像制品零售业务。某日，张某收到市广播电视局的通知，称张某未经该局同意，擅自在区文化局办理执照，违反了省政府及有关部门关于音像制品经营由广播电视部门管理并颁发许可证的规定，限张某在7日内前往该局接受处理。在处理过程中，张某表示再加办一个许可证，但该局则要求必须交出区文化局办理的证件后才能再办，否则将采取措施禁止经营。张某认为市广播电视局违法要求履行义务，向某市中级人民法院提起诉讼。该院在审理过程中出现了不同意见：法院认为区文化局不是第三人，其理由是根据《行政诉讼法》第二十七条的规定，第三人应当是同提起诉讼的具体行政行为有利害关系的公民、法人或者其他组织，区文化局是拥有行政管理权的行政机关，不是公民、法人或者其他组织，且不将区文化局作为第三人并不影响该案的审理，对于市广播电视局是否有管理职权，可通过审查其提供法律依据的方式来确认。此外，将区文化局作为第三人，本案就叫裁判行政机关之间的职权纠纷，这不属于行政诉讼的审查范围，人民法院也无此种裁判权。另一种意见认为市广播电视局对原告的通知，实际上是对区文化局管理权的否定，而区文化局有无职权，该局发给的许可证有效无效直接关系到被告要求原告履行义务是否合法。因此，区文化局同被诉的具体行政行为有法律结果上的利害关系。为此，区文化局应作为本案的第三人参加诉讼。① 本案事实上引出了行政诉讼法理论界所关注的一个热点问题，即行政机关能否成为行政诉讼第三人，以及在何种情况下可以成为行政诉讼第三人。

案例二：赵某与丁某因土地使用权发生争议，县政府将争议土地使用权判给赵某，丁某不服，向县政府的上一级某市政府申请复议。某市政府以县政府的处理决定认定事实不清为由，作出撤销决定，赵某就该复议决定向人民法院提起行政诉讼。县政府认为人民法院的判决与其有利害关系，请求作为第三人参加诉讼。

针对该请求，一种观点认为，县政府不能作为第三人参加行政诉讼。理由有二：①在行政管理过程中，根据行政诉讼法的立法宗旨，只有处在被管理地位的公民、法人或者其他组织才可以成为行政诉讼的原告，处于管理者地位的行政机关或其他组织，因为其行使的是公共权力，始终处于主动地位，不存在需要救济的问题。同理，在行政复议中县政府作为被申请人同样处于这样一个角色，县政府作出的具体行政行为既然已被复议机关撤销，在行政诉讼中，根据《行政诉讼法》的受案原则，人民法院只能对复议机关作出的复议决定本身进行审查，而这

① 方世荣．行政诉讼法案例教程［M］．北京：中国政法大学出版社，1999：165－167.

种审查结果并不对县政府产生直接影响。②“下级服从上级”既是地方人民政府组织法的明确规定，也是行政法的一项基本原则。本案中的复议机关市政府是县政府的上级行政机关，因此，对于市政府作出的复议决定，县政府只有服从的义务，不仅没有提起行政诉讼的权利，也不能申请作为第三人参加诉讼。县政府如果认为市政府作出的复议决定错误，只能向市政府本级机关或更上一级行政机关甚至最高行政机关反映，通过内部程序解决，而不是在行政诉讼程序中作为第三人对市政府的复议决定直接作出否定性评价，那样则违背了在行政管理过程中，行政机关上下政令统一的基本原则。

另一种观点认为，县政府参加诉讼符合法律设定第三人制度的立法目的。县政府与被诉的复议决定有法律上的利害关系，判决结果会对其行政行为的有效与否作出结论，法院在审查复议决定时，不可避免地会涉及县政府行政行为的事实，县政府的参加将有助于事实的查明。法律没有明确禁止行政主体作为第三人参与诉讼。《最高人民法院关于执行〈行政诉讼法〉若干问题的解释》第二十六条规定，同提起诉讼的具体行政行为有利害关系的其他公民、法人或者其他组织，可以作为第三人申请参加诉讼，或者由人民法院通知参加诉讼。从此条字义理解，似乎第三人仅限于其他公民、法人或者其他组织，排除了行政主体作为第三人的情况。但是，《行政诉讼法》相关解释中规定了行政主体可以以第三人身份参加诉讼的情况，实践中，行政主体在多种情况下作为第三人参加诉讼。此种情况主要有，应当追加被告而原告不同意的，两个行政主体的行政行为相互矛盾的，超越职权的，被越权单位可以作为第三人。第三人可分为原告型第三人、被告型第三人、证人型第三人，可见第三人只需与案件有利害关系，即可参加诉讼，不局限于非行政主体方。据此，综合上述两点理由，县政府可以作为第三人参加诉讼。①

行政机关能否作为第三人参加诉讼是一个争议已久的问题，有些学者主张行政诉讼第三人仅包括与被诉具体行政行为有利害关系的公民、法人或其他组织，由于行政机关的性质特殊而不能作为行政诉讼第三人，而有些学者主张行政诉讼第三人不仅包括与被诉具体行政行为有利害关系的公民、法人或其他组织，还包括行政机关。我们同意后一种观点。

由于行政机关在现实生活中的地位特殊，经常以多重身份存在，如行政主体身份和民事主体身份，因此，行政机关成为行政诉讼第三人要分情况来讨论。

---

① http：//www. xfanwen. org/lw/fl/ss/xs/al/193549. html［2010－04－06］.

第一，当行政机关以民事主体身份存在时，只要具备行政诉讼第三人的相关构成要件，就能够成为行政诉讼第三人。如甲行政机关与乙行政机关为同一块土地的使用权发生争议，双方决定将争议提交土地管理部门进行裁决，土地管理部门作出裁决后，甲行政机关不服，以土地管理部门为被告向法院提起了诉讼。此种情况下，法院作出的任何裁决都会对乙行政机关产生利害关系，乙行政机关毫无疑问可以成为行政诉讼第三人参加该项诉讼。①

第二，当行政机关是以行政主体的身份出现时，我们说在一定条件下行政机关也能作为行政诉讼第三人参加诉讼。①行政机关在如今市场经济条件下，也有属于其独立的利益，例如在上述案例中，市广播电视局对原告的通知实际上是对区文化局颁发相应证照行为的否定，如果法院对市广播电视局的具体行政行为的合法性进行确认，那么该判决将对区文化局的利益产生影响，区文化局即要对该无效行政行为承担一定的责任。这样一来，区文化局与被诉的具体行政行为的利害关系就显现出来了，那么在本案中区文化局就是行政诉讼第三人。②1999 年我国《若干解释》出台，其中第二十三条第二款规定："原告所起诉的被告不适格，人民法院应当告知原告变更被告；原告不同意变更的，裁定驳回起诉。应当追加被告而原告不同意追加的，法院应当通知其以第三人的身份参加诉讼。"该法条的规定可以理解为，当两个以上的行政机关共同作出具体行政行为，原告仅起诉一个行政机关，在诉讼中原告不同意追加的情况下，法院为查明事实，保护当事人的合法权益而追加没有被起诉的另一个行政机关作为第三人的情形。例如，甲乙两个行政机关共同作出一个行政决定，相对人不服该行政决定，以其中甲行政机关为被告提起行政诉讼，人民法院认为应当追加乙为被告，但原告因为各种原因不愿意追加乙为被告的，法院可追加乙行政机关作为本诉讼的第三人。然而，此条司法解释显然突破了现行《行政诉讼法》对于行政诉讼第三人的规定，但却是必要合法的，因此，现行的《行政诉讼法》中应对行政机关可以作为行政诉讼第三人进行明确规定。③实践中还存在一些情况没有被法条所规定。主要有两种情况：一是两个行政机关作出相矛盾的具体行政行为时，其中一个行政机关作被告，另一个行政机关能否作第三人；二是在越权之诉中，越权的机关作被告，被越权的机关能否作为第三人。有的学者认为上述两类行政机关不能作为行政诉讼第三人，理由是我国《行政诉讼法》的法条中规定的第三人的范围只是指公民、法人或其他组织，而且其他行政机关作为第三人，等同于在同一事实的行政诉讼

① 邓艳．行政机关可以成为行政诉讼第三人［J］．行政与法，2003（7）．

中出现了两个权益相互冲突的行政主体，法院的审理可能转变成为不同行政权限的冲突的审理，可能导致超越了《行政诉讼法》对于行政诉讼受案范围的规定。

我们认为，对于行政机关作为第三人的情况分析应当从行政诉讼设立第三人制度的目的考虑，由于设立行政诉讼第三人的目的是为了合法、及时解决行政争议，维护公民、法人或其他组织的合法权益，监督行政机关执法，如果我们仅是根据《若干解释》第二十三条第二款对于行政机关作为第三人的情况来看，势必排除了很多的行政机关作为第三人的情况，是不符合行政诉讼建立第三人制度目的的，同时也缩小了行政诉讼第三人的范围。同时，我们也不主张任意扩大行政机关作为第三人的范围，对于行政机关作为第三人的范围应当在法律中得到明确规定，除了《若干解释》第二十三条第二款的规定，还应当包括前述两种情形。

4. 完善行政诉讼第三人诉讼程序适用

行政诉讼第三人是与被诉的具体行政行为有利害关系，以自己的名义参加到已经提起的行政诉讼中的公民、法人或其他组织。由于行政诉讼第三人在诉讼中具有独立的诉讼地位，有依法委托诉讼代理人、申请回避、提供证据、进行辩论、撤诉、上诉等诉讼权利，同时与原告和被告的诉讼权利也不尽相同，因此，在诉讼程序中行政诉讼第三人的程序适用值得探讨。我们认为至少有以下几方面是行政诉讼第三人诉讼程序适用上应该得到完善的。

（1）第三人参加诉讼的时限

对于行政诉讼第三人参加诉讼的时间一般认为是在诉讼开始之后而判决作出之前，理由是如果诉讼判决已经作出等于本诉讼已经完结，那么第三人就没有参加诉讼的必要，换言之，没有第三人出现的前提了。然而，判决的作出是指一审判决还是二审判决却没有定论。有的学者认为应是终审判决之前，也就是在二审作出终审判决之前；有的学者则认为第三人参加诉讼应该是在一审判决作出之前，因为二审是针对一审判决进行的审查，如果一审遗漏当事人的，二审法院可以发回重审，就算不在第二审程序中列举第三人也能保护第三人的合法权益。我们认为后一种意见有不当之处。理由是，第三人参加诉讼是对其合法权益的充分维护，不允许第三人参加二审诉讼程序显然是对第三人合法程序权益的剥夺，这是与行政诉讼制度建立的目的相悖的。再者，只有第三人参加到二审程序中去才能更好地协助法院全面审查案件事实，确定一审中是否遗漏了应当参加诉讼的当事人，如果存在违反法定程序的情形，二审法院应依法发回重审。在二审程序中允许第三人参加是对第三人合法权益的保护。

（2）第三人的举证责任

行政诉讼的举证责任在诉讼程序中有其自身的特点，由于诉讼中的举证责任分配是由诉讼当事人的主体资格有不同性质所决定的，因此讨论第三人的举证责任对于完善第三人参加诉讼的程序有重要意义。

首先，第三人承担与原告相同的举证责任。这里讨论的第三人与原告承担相同的举证责任，实际上指的是与原告具有相同诉讼地位的第三人，如果诉讼中具有与原告相同的举证责任，那么在诉讼中则可以援引我国《行政诉讼法》关于原告举证责任的相关规定，即除了以下情形前述第三人不负举证责任：①证明自身是否符合法定条件；②在一并提起的行政赔偿诉讼中，证明由于被诉具体行政行为的侵害而受到的损害事实；③起诉被告行政不作为的案件中证明提出申请的事实。

其次，与被告承担相同举证责任的第三人。由于该第三人参加诉讼的情形是与被告处于相同诉讼地位的第三人，主要是根据我国《若干解释》的规定，行政机关作为共同被告但原告不同意追加时作为第三人参加诉讼的情形，这里所称的“第三人”，其诉讼地位实际相当于被告，因此其举证责任的分配原则与被告是相同的。

综上，举证责任的分配是诉讼程序中一个不可忽视的方面，对于行政诉讼第三人参加诉讼使用程序的完善是不能不对第三人的举证责任进行明确规定的。我们认为，第三人的举证责任分配主要分为以上两种情形，但是现实中复杂的司法实践使得第三人的举证责任分配不仅仅是由原告和被告两种诉讼地位来确定的，因此，对于其他情形的第三人举证责任分配原则同样有待完善。

（3）行政诉讼第三人的上诉和申诉

行政诉讼第三人的上诉权的问题在法学界尚存争议，多数学者主张所有的行政诉讼第三人有上诉权，因为从权利救济的角度而言，有权利的侵害相应就应当有权利的救济。然而，参加到行政诉讼中的第三人的上诉权问题不能一概而论，理由有两点：①行政诉讼第三人在本诉中虽享有当事人的主体资格，但是第三人与原告、被告相比仍然存在一定的差异，也就是说这三者在诉讼中的身份并不是完全重合的，正是第三人与原告、被告的差异导致了上诉权利问题上的不完全相同；②既然有权利就有权利救济，如果诉讼结果对于第三人只是部分影响而不是损害时，第三人提起上诉将导致滥诉的情形发生，换言之，如果法院的一审裁决没有涉及法律的权利义务，则该第三人不享有上诉权。

我们认为，必要参加诉讼第三人中，由于第三人参加诉讼性质是必要参加的第三人，其诉讼地位相当于原告或被告，因此必要参加诉讼第三人享有上诉的权利，然而在普通参加诉讼第三人中的第三人的性质与必要参加诉讼第三人不相同，如果本诉对普通参加诉讼第三人的法律权利义务没有涉及的，则该第三人不享有上诉权。我国的行政诉讼中笼统地赋予对第三人的上诉权，而当本诉的原告和被告都不上诉，第三人则不管是否涉及其法律上的权利义务都有权提起上诉，将引发滥诉的情形，因此，我们认为在对行政诉讼第三人进行分类的前提下赋予不同的第三人的上诉权十分必要。

行政诉讼第三人的救济问题除了对行政诉讼第三人上诉权的讨论外，还有就是关于行政诉讼第三人申诉的相关程序的规定方面的完善。行政诉讼第三人的申诉权是所有的行政诉讼第三人都拥有的，因为我们前述了不同意笼统赋予所有行政诉讼第三人上诉权，那么必然存在一部分不享有上诉权的行政诉讼第三人，根据法律救济论，这部分行政诉讼第三人的权益应当有相应的程序对其进行救济，这一救济途径就是申诉。所有的行政诉讼第三人都享有申诉的权利是肯定的，值得研究的是如果行政诉讼第三人因故未能参加诉讼，以致其合法权益未得到保护，那么行政诉讼第三人是否可以另行提起行政诉讼呢？我们认为不能另行提起行政诉讼，理由是行政诉讼第三人如果另行提起行政诉讼实际上是对同一个具体行政行为的两次审查，我们认为同一具体行政行为不应该作为两个案件的审理对象，因为法院可能作出两个截然不同、前后不一致的裁判结果，如果审判结果是相同的则又存在浪费司法资源的问题。因此，我们认为行政诉讼第三人因故未能参加诉讼而导致的合法权益没有得到保护的情形下，行政诉讼第三人应通过申诉的途径救济而不是另行提起行政诉讼。

（4）完善行政诉讼第三人参加诉讼的程序

我国《行政诉讼法》中对于行政诉讼第三人参加诉讼的程序只有简单的规定，即行政诉讼第三人参加诉讼的程序为依法申请或由人民法院通知。然而，我们认为仅有这样简单的规定对于司法实践中复杂问题的处理是不完善的，对于行政诉讼第三人合法权益的全面保护也是不完善的，因此，我国《行政诉讼法》需要对第三人参加诉讼的程序除了方式以外的相关规定的补充。例如：第三人申请参加诉讼但法院不同意或法院应该通知却没有通知，那么第三人的权利应如何救济等问题。

我们前面对国外的行政诉讼第三人参加诉讼的程序方面已作了介绍，正是借鉴国外行政诉讼第三人参加诉讼的程序的规定，我国对于这方面的规定至少应有以下两个方面：①人民法院应当依据职权通知必要参加诉讼第三人参加诉讼而没有通知的，第三人有证据证明自己是必要参加诉讼第三人的，可以直接提出申请参加诉讼，人民法院应当对该申请作出裁定，第三人对该裁定不服的可以向上一级人民法院提起上诉。②普通参加诉讼第三人依申请参加诉讼的，人民法院同样应对申请作出裁定，不服该裁定的第三人同样可以向上一级人民法院提起上诉。这里的上诉权是关于程序上的权利，两类行政诉讼第三人在程序上所享有的上诉权是没有差别的。

### （三）行政诉讼第三人制度的法条设计

由于我国现行的《行政诉讼法》对于行政诉讼第三人制度的立法不足，导致我国司法实践中对于行政诉讼第三人的保护不利，这显然是不符合行政诉讼的最终目的的，因此应该及时改变此类现状。然而，改变现状的第一步是从立法着手，即有法可依，之后才能谈得上执法必依的问题。

1. 简析相关修改建议稿

目前我国一些学者对于行政诉讼制度提出了自己的设想，下面我们将我国现有的关于行政诉讼第三人的立法规定与学者所提出的方案列举如下（见表3－2）：

**表3－2 我国目前立法与知名学者建议稿的比较**

| | 行政诉讼法 | 马怀德建议稿 |
|---|---|---|
| 第三人的含义及参加诉讼的方式 | 《行政诉讼法》第二十七条 同提起诉讼的具体行政行为有利害关系的其他公民、法人或者其他组织可以作为第三人申请参加诉讼，或者由人民法院通知参加诉讼。 | 1. 与原告提起诉讼的行政行为有法律上的利益的其他自然人、法人或其他组织，可以作为第三人申请参加诉讼，或者由人民法院通知参加诉讼。<br>2. 自然人、法人或其他组织同原告提起诉讼的行政行为有法律上的利益并将受人民法院裁判影响的，可以作为第三人申请参加诉讼，或者由人民法院通知参加诉讼。<br>3. 自然人、法人或其他组织与原告提起诉讼的行政行为有法律上的利益且基于其利益，人民法院必须合一确定裁判的，人民法院依职权通知其作为第三人参加诉讼。 |

续 表

| | 行政诉讼法 | 马怀德建议稿 |
|---|---|---|
| 第三人的种类 | 无规定。 | 1. 自然人、法人或其他组织同原告提起诉讼的行政行为有法律上的利益并将受人民法院裁判影响的，可以作为第三人申请参加诉讼，或者由人民法院通知参加诉讼。<br>2. 自然人、法人或其他组织与原告提起诉讼的行政行为有法律上的利益且基于其利益，人民法院必须合一确定裁判的，人民法院依职权通知其作为第三人参加诉讼。 |
| 第三人的上诉权 | 《若干解释》第二十四条　第三人有权提出与本案有关的诉讼主张，对人民法院的一审判决不服，有权提起上诉。 | 1. 第三人的诉讼权利和义务与原告、被告相同。<br>2. 自然人、法人或其他组织同原告提起诉讼的行政行为有法律上的利益并将受人民法院裁判影响的，可以作为第三人申请参加诉讼，或者由人民法院通知参加诉讼。该第三人对原告诉讼请求范围内的事项具有独立的请求权，并得就其请求事项有独立的上诉权。<br>3. 自然人、法人或其他组织与原告提起诉讼的行政行为有法律上的利益且基于其利益，人民法院必须合一确定裁判的，人民法院依职权通知其作为第三人参加诉讼。该第三人可提出与原告不同的诉讼请求，并有独立的上诉权。 |
| 行政机关第三人的规定 | 《若干解释》第二十四条　行政机关的同一具体行政行为涉及两个以上利害关系人，其中一部分利害关系人对具体行政行为不服提起诉讼，人民法院应当通知没有起诉的其他利害关系人作为第三人参加诉讼。 | 无规定。 |

资料来源：马怀德．司法改革与行政诉讼制度的完善［M］．中国政法大学出版社，2004：207.

通过上表的列举，可以清晰地看到目前我国关于行政诉讼第三人的立法方面亟待完善。针对我国行政诉讼第三人的立法缺失，马怀德和江必新分别提出修改建议。对于两位学者的建议稿，我们简析如下：

(1) 马怀德主要以设计法律条文的方式提出两个立法方案。

第一个方案与我国现行的《行政诉讼法》第二十七条的规定基本相同，只是在界定上采取了更为广泛的概念，然而相比之下仍然没有将第三人的种类和范围进行进一步的明确。

第二个方案相比之下显得更为具体些，首先对第三人有了一个分类，即普通诉讼参加人和必要诉讼参加人两类，主要是借鉴了德国行政法对于行政诉讼第三人的相关规定。《联邦德国行政法院法》第六十五条第一款规定："只要诉讼尚具既判力地终结或诉讼系属上一审级，法院可依职权或根据裁判影响其权益之人的请求，传唤第三人参加诉讼。"① 对于上述条款台湾学者释义为：法院在诉讼程序确定终局裁判前或者尚在上级审判系属中时，得依职权或申请，命法律上利益将受裁判影响之第三人参加诉讼程序。所谓法律上的利益，不以公法性质为限，私法性质的利益也属于此范围，原则上第三人与当事人之一或仅对诉讼标的处于某种关系，只要诉讼当事人一方败诉，会影响参加人的法律地位，将使其法律上的地位遭受有利或不利的影响即是。至于诉讼参加人是否可以提起诉讼，或其权利、义务是否会因此有所形成、削减或改变，在所不问。②

《联邦德国行政法院法》第六十五条第二款规定："当事人对争议的法律关系介入如此之深，以致判决必须考虑到他的利益一起作出时，必须传唤其参加诉讼(必要传唤)。"③ 上述法条实际上阐述的是关于必要诉讼第三人，之所以称为必要诉讼参加人主要是相对于普通诉讼参加人而言的，即没有该诉讼第三人的参与将无法作出裁判，因此基于法律上的理由，要作出裁判只能将主要诉讼当事人及诉讼参加人合一。所谓裁判必须合一确定，系指法院就诉讼标的所作出的裁判，内容须相同，形式须一致。如果法院对当事人所作出的裁判，其结果超越当事人之间的系争法律关系，而对第三人也有直接法律效果时，该诉讼标的即对第三人必须合一确定。换言之，必要诉讼参加，以第三人的权利直接受到裁判所形成或

---

① [德] 平特纳．德国普通行政法 [M]．朱林，译．北京：中国政法大学出版社，1999：277.

② 马怀德．司法改革与行政诉讼制度的完善 [M]．北京：中国政法大学出版社，2004：207.

③ [德] 平特纳．德国普通行政法 [M]．朱林，译．北京：中国政法大学出版社，1999：277.

确认的效果的影响为要件。裁判必须合一确定，须基于法律上的原因，如仅因事实情况或逻辑推理而有裁判合一确定的事实的需要，还不能说是必要诉讼参加。①

除了借鉴《联邦德国行政法院法》外，还有我国台湾地区的“行政诉讼法”的借鉴。我国台湾地区“行政诉讼法”对于行政诉讼第三人的条款主要有三条，前面已经列举过，主要阐述了关于必要共同诉讼参加人，不同的是增加了所谓辅助第三人的提法。

正是在借鉴参照相关立法经验的基础上，修改稿提出的第二方案将我国的行政诉讼第三人明确分为普通参加诉讼第三人和必要参加诉讼第三人。普通参加诉讼第三人是同原告提起诉讼的行政行为有法律上的利益并将受人民法院裁判影响的自然人、法人或其他组织，可以作为第三人申请参加诉讼，或者由人民法院通知参加诉讼。同时规定了原告诉讼请求的范围。必要参加诉讼第三人，则是法院依职权通知其作为第三人参加诉讼，第三人可以提出与原告不同的单独的诉讼请求，不受制于原告。

（2）对于行政诉讼第三人的完善建议，江必新与马怀德不同，并没有提出具体的法律条文，仅是以文字叙述的方式提出了四点建议：①行政诉讼的第三人应当与具体行政行为有利害关系，但公民、法人或其他组织与裁判结果有利害关系，并不能够作为行政诉讼第三人的充分条件。②我国《行政诉讼法》没有进一步对利害关系进行界定。最高人民法院则在界定原告资格的时候，在“利害关系”一词前增加了“法律”一词。因此，《行政诉讼法》在修改时，可以考虑将“利害关系”改为“法律上的利害关系”②。③对于行政诉讼第三人参加诉讼程序的权利，学术界和实务界没有争议，目前争议较大的是如何理解《行政诉讼法》中“或者由人民法院通知参加诉讼”，法院通知第三人参加诉讼是否是法院的义务。如果是法院有通知第三人参加诉讼的义务而没有通知时应负程序违法责任，如果法院没有义务时则没有通知第三人参加诉讼，不能认为是程序违法。因此，有必要在《行政诉讼法》中对这个问题作进一步的明确。④有必要在《行政诉讼法》修改过程中增加行政主体作为行政诉讼第三人的相关规范。虽然没有将具体的建议以法条的形式列举出来，但江必新提出的四点建议皆为修改法条的细节问题，不容忽视，且应当在立法中给予充分的考虑。

2. 设计相关法条

在比较研究其他地区的行政诉讼第三人相关制度和借鉴马怀德、江必新两位

① 马怀德．司法改革与行政诉讼制度的完善［M］．北京：中国政法大学出版社，2004：208.

② 江必新．中国行政诉讼制度的完善［M］．北京：法律出版社，2005：130－133.

学者建议稿的基础上，我们设计如下法条：

**第一条**　（普通参加诉讼第三人的含义及参加诉讼的方式）

自然人、法人或其他组织同原告提起诉讼的行政行为有法律上的利害关系的，可以作为第三人申请参加诉讼，或者由人民法院通知参加诉讼。

**第二条**　（必要参加诉讼第三人的含义及参加诉讼的方式）

自然人、法人或其他组织与原告提起诉讼的行政行为有法律上的利益，基于该利益人民法院必须合一确定裁判的，人民法院应依职权通知其作为第三人参加诉讼。

**第三条**　（行政机关第三人）

行政机关能够以第三人的身份参加行政诉讼。

行政机关以第三人身份参加行政诉讼时，其举证责任依其在诉讼中的具体诉讼地位确定。

**第四条**　（第三人参加诉讼的时间）

第三人在人民法院作出终审判决之前均可申请参加诉讼。

**第五条**　（第三人参加诉讼的法律文书及救济）

人民法院依职权通知第三人参加诉讼或第三人提出申请参加诉讼的，人民法院均应依法作出裁定。

自然人、法人或其他组织对人民法院作出的裁定不服的，可以向上一级人民法院提起上诉。

**第六条**　（第三人申请参加诉讼）

人民法院应依职权通知第三人参加诉讼而没有通知的，第三人可直接申请参加诉讼。

**第七条**　（第三人上诉权）

普通参加诉讼第三人对原告诉讼请求范围内的事项具有独立的请求权，并就其请求事项有独立的上诉权。

必要参加诉讼第三人可提出与原告不同的诉讼请求，并有独立的上诉权。

对于行政诉讼第三人制度的完善是多方面的，因为一项法律制度的完善是需要许多具体且可行的相关规定补充的，这些法律规定的建构不是仅凭主观认为就可以完成的，是需要根据我国的司法实践多方面论证才可能实现的。我国的行政诉讼第三人制度是有必要且可以建构的，作为法学研究者应当为建构这样一个可行且有重大意义的法律制度而不懈努力。

# 第四章　行政诉讼证据制度的缺失与完善

证据是诉讼程序的重要组成部分，司法公正又集中体现在诉讼中，证据的重要性就体现在它能充分保证司法公正，保障诉讼当事人的诉讼权利。我国现有的诉讼制度有：刑事诉讼、民事诉讼和行政诉讼。行政诉讼和前两种诉讼相比，研究和发展都比较晚，无论在理论还是实践上都显得相当薄弱，尤其体现在证据制度方面。我国在建立行政诉讼之前基本上没有民告官的案件，在古代尤其突出，政府是不能作为被告的，根本就没有行政诉讼，所以对行政诉讼的研究也很少。新中国成立后，随着行政权的不断扩大和民主、自由思想深入人心，为了加强法制建设，我国不少学者开始研究行政诉讼。但是由于本国的研究资料不多和没有实践经验，初期对行政诉讼的研究基本上都是脱胎于民事诉讼，所以行政诉讼从一开始产生就具有民事诉讼的影子，一直参照民事诉讼，没有自己独有的制度特点。行政诉讼证据制度作为诉讼的重要组成部分也不例外的参照民事诉讼法关于证据的规定。但是作为两个不同的诉讼证据制度，必然会有很多的不同之处，比如双方当事人的地位都是不一样的，举证责任等肯定也是不一样的。我国在不断完善行政诉讼证据制度的过程中，对我国《行政诉讼法》进行了具体补充，最高人民法院先后针对《行政诉讼法》关于证据的6条规定先后规定了两个司法解释：《最高人民法院关于执行〈中华人民共和国行政诉讼法〉若干问题的解释》(2000年)（以下简称《若干解释》）和《最高人民法院关于行政诉讼证据若干问题的规定》（以下简称《行政诉讼证据规定》）。一部法律和两个最高人民法院的司法解释现在就是我国行政诉讼在解决证据问题的基本法律依据。由于作为证据规定最基本的法律依据和最权威的《行政诉讼法》对证据的规定过于简单，尚未严谨和完善。司法解释对法律的规定也不具有正式条文的性质，只是对证据规定的探索和具体细化，是对行政诉讼证据立法的补救措施，难免会有不足和不完善的地方。本章通过对我国现行的法律对行政诉讼证据制度的规定来分析现有立法的不足之处，通过分析一些现实生活中法院审理的关于证据出问题而出现错误的案例的分析和研究来探求完善的建议。

## 第一节　我国的行政诉讼证据制度

### 一、行政诉讼证据制度基本范畴

证据是诉讼过程中最为重要的组成部分，是法官判断案件的客观依据。《行政诉讼法》第五章专门规定了证据制度，但只有6个法条。在这6个条文中，分别规定了证据的种类、被告的举证责任、禁止被告在诉讼过程中自行收集证据、人民法院的调查取证权、鉴定及证据保全。由于《行政诉讼法》对证据的规定相对比较简单，所以只有制定相关的司法解释来弥补和完善。这些司法解释主要是：《若干解释》和《行政诉讼证据规定》。其中对行政诉讼证据的规定最全面和最完善的是《行政诉讼证据规定》，该规定较为全面地确立了行政诉讼的举证、调取证据、质证和认证的基本规则。

### 二、行政诉讼证据的若干基本范畴

#### （一）证据与诉讼证据

中外学术界对证据的界定是众说纷纭，没有形成统一的概念。我国学者通常将国外学者对证据的解说划分为下列三种学说：一是原因说。认为证据是使法官确信诉讼案件中的待证事实是否存在的原因，也即是法官形成内心确信的因素。二是方法论。认为证据是在案件中确认待证事实的方法，日本和台湾地区流行此说。三是结果说。认为证据是具有查明真相作用的事实，或者说证据是对待事实是否存在的认定。[①] 另外，我国学者又提出了三种主要学说：一是事实说。认为证据是能够证明案件事实的一切事实。二是两义说。狭义上的证据是指认定争议事实的方法，广义上的证据是指用以确认有关案件情况的事实。三是统一说。认为证据是事实材料（证据内容）和证明手段（证据形式）的有机统一，即证据是

① 孔祥俊．行政诉讼证据规则与法律适用［M］．北京：人民法院出版社，2005：7.

以法律规定的形式表现出来的能够证明案件真实情况的一切事实根据。①

我国目前三部诉讼法中，只有刑事诉讼法明确界定了证据的含义，即《中华人民共和国刑事诉讼法》（以下简称《刑事诉讼法》）第四十二条第一款规定："证明案件真实情况的一切事实都是证据。"在民事诉讼法和行政诉讼法没有界定的情况下，对证据都作同样的理解。据此，我国诉讼法对证据的通常理解是：证据是能够证明案件真实情况的一切事实。②

诉讼证据是指在诉讼程序中用以证明案件事实（待证事实）的证据。具体的有民事诉讼证据、刑事诉讼证据和行政诉讼证据。行政诉讼证据是指在行政诉讼中用以证明案件事实的证据。

### （二）行政证据与行政诉讼证据

行政证据和行政诉讼证据都是行政领域中的证据，两种证据既相互联系又相互区别。

1. 两者相互联系的主要体现

第一，两者都具有证据的基本属性，即"三性"——客观性、关联性和合法性。证据的种类划分也是一致的，都把证据划分为七类，即书证、物证、视听资料、证人证言、当事人陈述、鉴定结论、勘验笔录和现场笔录。

第二，行政诉讼证据的一部分证据来源于行政证据。行政机关在收集证据证明相对人的行为是否合法后作出具体行政行为，进入诉讼程序后，这些证据就是法院审查行政机关的具体行政行为合法与否的依据。通常情况下，法院就是对行政机关收集的证据的复审，所以具有承接性。

2. 两者相互区别的主要体现

第一，含义不同。行政证据也称行政执法证据，指的是行政主体在行政执法程序中为作出具体行政行为，根据行政法律规范所设置的事实要素而收集、运用证明特定相对人法律行为或事实的材料。③ 行政诉讼证据是指在行政诉讼中能够证明具体行政行为是否合法的一切事实和材料。

第二，性质不同。行政证据从定义上可以看出是行政主体在行政执行程序中所收集和依据的，具有行政执行性，属于行政程序制度的内容。行政证据是行政

① 江伟．证据法学［M］．北京：法律出版社，1999：205－206.

② 孔祥俊．行政诉讼证据规则与法律适用［M］．北京：人民法院出版社，2005：7.

③ 张芳，张艳．论行政证据与行政诉讼证据的相异及衔接［J］．黑龙江省政法干部学校学报，2004（5）．

主体作出行政行为的依据，主要证明行政相对人的行为是否合法。行政诉讼证据主要体现在诉讼过程中，由当事人提供或法院依职权和根据当事人的申请调查收集而来的，是复审已经成为行政主体作出的具体行政行为的依据的证据，以此来查明该具体行政行为是否合法。

第三，目的不同。行政证据是行政主体为了在行政程序中证明其行政行为是合法合理的。行政相对人运用证据则是为了保障自己的利益，取得对自己有利的地位对抗行政主体的行政行为。行政诉讼证据则是当事人双方要证明行政主体作出的行政行为是否合法、正确，法院运用证据则是为了查明案件事实，以便准确作出裁判。

第四，对象不同。行政证据的证明对象包括行政实体法规定的事实和行政程序法规定的事实。它具体指行政相对人存在违法行为的事实或符合行政法律规范要求的事实及有关程序义务事实。而行政诉讼证据的证明对象主要包括被告行政机关作出的具体行政行为是否合法。① 它的证明对象范围比行政证据要广泛得多。既包括不属于行政证据的证据也就是法院在进入诉讼程序后向原告和第三人收集的证据，还包括与行政证据相承接的证据，即行政机关向法院提供的作出行政行为时的依据。行政证据主要证明行政相对人的行为是否合法，而行政诉讼证据主要证明行政机关的具体行政行为合法与否。

第五，举证的性质不同。在行政行为作出之前，行政主体收集证据证明行政相对人的行为是否合法是行政主体的职权，也是应当承担的义务。行政相对人在行政程序中提供证据是为了自己的利益，而且也是按行政主体的要求提供能够证明自己行为合法的证据。所以，对行政相对人来说，提供证据既是权利也是义务。在诉讼中，主要由被告也就是行政主体承担举证责任，如果被告不能提供对自己有利的证据则要承担败诉的风险。这种举证责任不是单纯的义务而是一种风险义务，是一种证明责任。相对于行政主体而言，相对人提供证据则是一项诉讼权利。

第六，调查取证的阶段不同。根据行政合法性原则和“先取证、后裁决”原则，行政证据的调查取证只能在行政主体作出具体行政行为之前。而行政诉讼证据则是在行政相对人提起诉讼后到规定的举证期限内提供。

### （三）行政诉讼证据与行政复议证据

关于我国的行政复议证据的规定相较于行政证据和行政诉讼证据来说是比较

① 张芳，张艳．论行政证据与行政诉讼证据的相异及衔接［J］．黑龙江省政法干部学校学报，2004（5）．

少的，法律上也是缺乏详细的规定的，只有少数几个涉及复议证据的法条散见于行政复议和行政诉讼相关的法律、法规和规章中。与行政诉讼证据有着密切联系的同时也存在一些区别。

1. 主要联系有以下几种情况

第一，证据种类的划分相同，都是七类。

第二，都是由被告和被申请人，也就是行政主体承担举证责任。并且举证期限都是一样的，都是自收到起诉状副本和申请书副本后十日内提交证据。

第三，都具有证据的属性，也就是客观性、相关性、合法性。

第四，提交证据的内容相同。都应当包含行政相对人违法的事实证据，作出具体行政行为的法律依据、规范性文件。包括作出具体行政行为的实体内容和程序过程及相关文书。

2. 不同方面主要有以下几种

第一，在诉讼中，被告认为原告的起诉超过诉讼时限的，要求被告承担举证责任。在复议过程中，被申请人认为申请人超出法定期限的，不必承担举证责任。

第二，行政诉讼中规定了被告经过法院的批准可以补充证据，范围主要是在作出具体行政行为之后才收集的证据。行政复议对是否可以补证没有规定。

第三，行政诉讼中法院对证据的审查主要是从客观性、关联性和合法性三个方面来认定的。行政复议没有关于证据的证明能力方面的规定。

第四，在新证据问题上存在的区别。我国诉讼一般是两审终审制，在行政诉讼中，新的证据是指在一审程序中应当准予延期举证而未获准许的证据，当事人在一审中依法申请法院调取而未获批准或未取得，法院在第二审程序中调取的证据；原告或第三人在举证期限后新发现的证据。行政复议实行的是一级复议制，只能复议一次，对申请人、第三人的举证没有任何限制，也就不存在新证据的问题。

## 三、行政诉讼证据的基本特征

证据的基本特征可以概述为证据的“三性”，也就是指证据的关联性、合法性和真实性。“三性”是决定证据与非证据的重要标准，也是定案根据的要求。作为定案根据的证据，应当符合“三性”的要求。证据必须具有关联性，即诉讼中的证据必须与需要证明的案件事实具有客观联系，对案件事实有证明作用；证据必须具有合法性，即证据的形式、来源和获取的方式、程序必须合法，不得违反法律的规定；证据还必须具有真实性，即应当由法院按照法定程序审查证据真实与否，是否能够反映案件是事实。

关联性是指待定事实（信息、材料）对案件待证事实具有证实的作用。这种证实作用包括证明待证事实为真或者证明待证事实为假的作用。关联性反映的是证据和待证事实之间的关系。只有与案件待证事实之间存在联系的事实，才可能成为证据。要成为证据必须和案件待证事实之间存在的联系是指证据可以用以证明案件待证事实的全部或者一部分。与案件待证事实没有联系的，也就没有证据价值。

关于合法性的标准，《行政诉讼证据规定》作了明确的规定，应当从三个角度衡量证据的合法性，一是看证据的形式是否合法，二是证据的取得方法是否合法，三是是否违反法律的禁止规定，即证据的形式和取得的程序都必须符合法律规定，不得侵犯他人的合法权益。合法性能有效地遏止非法证据对法律所保护的其他利益的侵害，要求获取证据必须符合法律规定，不能侵害其他的合法利益。

真实性是指证据是真实存在的而不是伪造和虚拟出来的。真实性又可以分为形式上的真实，即证据的载体是否为真实的；内容上的真实，即是指证据所证明的内容是否为真实的（最终取决于其能否证明真实或者证明伪造）。真实性要求证据无论从诉讼程序或者证据规则上来说都是真实的，只有符合某些具体条件的证据具有证据效力或者能够予以认定，这种证据效力刚好是证据在法律上的真实性的体现。

因为受到传统思想的长期影响，我国不少法律工作者在对待证据的属性时往往只注重证据的真实性而忽略了合法性。甚至在很长一段时间里，证据本身不合法以及通过非法程序获取的证据只要能够证明案件事实的都可以作为判断是非曲直的证据。随着我国行政诉讼制度的不断完善，对证据合法性的属性得到相应的重视，但在目前就法律的规定来说还是存在一定的缺陷。如《行政诉讼法》第三十一条规定：证据经法庭审查属实，才能作为定案的根据。该法条忽略了证据的合法性这一属性，只注意到真实性。最高人民法院《行政诉讼证据规定》弥补了这一缺陷。

## 第二节　举证责任和举证期限

### 一、举证责任

#### （一）关于举证责任的规定

按照通常的解释，举证责任有两层含义，即行为责任和结果责任。行为责任是当事人就其诉讼主张向法院提供证据的责任，又称为主观的举证责任、形式意义上的举证责任；结果责任又称为败诉风险责任、客观的举证责任等，是指负有举证责任的当事人在不能提供足够的证据证明其主张的案件事实时所要承担的败诉风险。行为责任和结果责任一起构成举证责任。二者的区别主要在于行为责任的承担者都可以或者有责任提供证据，不具有排他性，而结果责任的承担者则有排他性，即风险责任只能由一方当事人承担而不能由双方当事人同时承担。《行政诉讼法》第三十二条规定："被告对作出的具体行政行为负有举证责任，应当提供作出该具体行政行为的证据和所依据的规范性文件。"这个法条是对被告行为责任的规定。《行政诉讼证据规定》第六条规定："原告可以提供证据证明被诉具体行政行为违法的证据。原告提供的证据不成立的，不免除被告对被诉具体行政行为合法性的举证责任。"该法条体现的是原告在行政诉讼中对被诉具体行政行为违法的事实只负有形式意义上的举证责任，不负结果意义上的举证责任，在不能提供相应的证据证明该具体行政行为违法的证据时并不会必然承担败诉风险。从形式意义上的举证责任来看，原告和被告都负有举证责任，双方对事实均应当提供相应的证据。但在结果责任上，只能由一人承担，而承担结果责任的当事人一方具有更大的败诉风险。在我国行政诉讼证据制度中，基本上由被告承担结果责任也就是承担更多的风险责任。在原告和被告争议的事实不明、法官无法判定的情况下，就由被告承担不利后果。

### （二）举证责任分配

举证责任分配是指法律规定某一类型的案件由哪一方当事人承担举证责任，如果承担举证责任的当事人不能有效举证，则可能会导致败诉的后果。我国行政诉讼证据制度规定我国主要奉行举证责任倒置的原则，主要由被告承担举证责任，如果被告不能证明自己的行政行为合法，将承担败诉的后果。《行政诉讼法》第三十二条规定："被告对作出的具体行政行为负有举证责任，应当提供作出该具体行政行为的证据和所依据的规范性文件。"这种规定的依据主要有两方面：一是我国行政主体在作出一个具体行政行为时是"先取证，后裁决"，也就是说行政主体是在有了证据之后才作出具体行政行为的，在诉讼中就应该提供相关的证据；二是行政主体相较行政相对人来说，具有取证上的优势，在举证责任的分配上就应当考虑到案件中当事人的具体情况而公平分配。

虽然《行政诉讼法》明确规定了被告负举证责任，但是由于行政诉讼的类型具有多样性，所有的举证责任都由被告承担是不大可能的，这种举证责任不可能适用于所有的行政诉讼。所以在有的行政诉讼领域，不能说原告就完全不承担举证责任，最高人民法院《若干解释》第二十七条规定，原告对下列事项承担举证责任：在起诉被告不作为的案件中，证明其提出申请的事实；在一并提起的行政赔偿诉讼中，证明因被诉行为侵害而造成损失的事实。《行政诉讼证据规定》在《若干解释》的基础上完善了有关被告不作为案件的原告举证责任，规定了起诉被告不作为案件中原告的举证责任的两项例外：一是被告应当依职权主动履行法定职责时，原告不需要提供其在行政程序中曾经提出过申请；二是被告受理原告申请的制度确实不合理不完备，致使无法确定原告是否确实提出过申请的情况下，原告提供合理的理由说明其曾经提出过合理的申请，即可免除原告对被告不作为案件中承担的证明自己提出过申请的举证责任。在行政赔偿诉讼中，《若干解释》规定原告应当对被诉具体行政行为造成损害的事实、损害事实和结果之间的因果关系承担证明责任，《行政诉讼证据规定》在考虑到由原告证明造成的损害和具体行政行为有因果关系对原告来说在现实生活中存在一定的困难，所以在规定中取消了原告对因果关系的证明责任，只要求原告对其受到的损害事实承担举证责任。

## 二、举证期限、延期提供证据

### （一）关于举证期限的规定

举证时限是对当事人提供证据的时间限制，又称为举证时限。《行政诉讼法》规定当事人必须在举证期限内提供证据，超过期限要承担一定的法律后果。我国《行政诉讼法》对举证时限没有规定，司法解释也规定得较为模糊，《行政诉讼证据规定》对被告的举证期限的规定比较明确，规定被告应当自收到起诉状副本之日起 10 日内提供据以作出具体行政行为的全部证据和所依据的规范性文件，逾期提供的，视为被诉具体行政行为没有相应的证据。即不管事实上被告是否有证据和依据，只要没有在举证期限内提供，在法律上就视为没有相应的证据和依据。规定举证期限，可以增强诉讼当事人提供证据的责任心，防止当事人在提供证据上无故拖延，有利于提高诉讼效率，也可以防止当事人不在第一审中提供应当提供的证据而在二审中突然提出，破坏了一审关于证据的规定。《行政诉讼证据规定》在《行政诉讼法》和《若干解释》对原告的举证期限都没有规定的情况下，在第七条作了相关的规定，规定了原告或者第三人的举证期限是应当在开庭审理前或者人民法院指定的证据交换之日提供证据。也就是说如果人民法院规定了证据交换日期，该日期就是原告或者第三人提供证据的最后期限；如果人民法院没有指定证据交换的日期，应当在法院开庭审理前提供证据，也就是开庭审理的前一天是原告或者第三人提供证据的最后期限。第七条还规定了相应的法律后果，即原告如果因为正当理由申请延期提供证据的，经人民法院准许的，可以在法庭调查中提供。逾期提供的，视为放弃举证权利。同时还规定了在一审中原告或者第三人无正当理由未提供而在二审中提供的证据，人民法院不予接纳。

（二）延期提供证据

《行政诉讼证据规定》第一条第二款规定："被告因不可抗力或者客观上不能控制的其他正当事由，不能在前款规定的期限内提供证据的，应当在收到起诉状之日起十日内向人民法院提出延期提供证据的书面申请。人民法院允许延期申请的，被告应当在正当事由消除后十日内提供证据。逾期提供的，视为被诉具体行政行为没有相应的证据。"该法条规定了被告可以申请延期提供证据情况，弥补了《行政诉讼法》和《若干解释》没有规定被告可以延期提供证据的正当理由以及如何提出延期提供证据申请。《行政诉讼证据规定》具体规定了被告可以提出延期提供证据申请的正当理由，如不可抗力等，为被告延期提供证据设定了严格的限制条件，防止随意扩大延期提供证据的范围而使得法律关于举证期限的规定形同虚设。同时也规定了提出申请的时间和形式，延期提供证据的申请必须在法律规定的举证期限内提出，提出申请的行为是要式行为，也就是必须以书面形式提出。得到法院允许延期提出的准许后，被告提供证据的时间也不是随意的，而是在正当事由消除后十日内提供。

《行政诉讼证据规定》第七条第一款规定："原告或者第三人应当在开庭审理前或者人民法院指定的交换证据之日提供证据。因正当事由申请延期提供证据的，经人民法院准许，可以在法庭调查中提供，逾期提供证据的，视为放弃举证权利。"该条规定了原告或第三人延期举证应当符合以下条件：原告或者第三人在举证期限内确实是因为正当事由提供证据确有困难，申请必须在取证期限内提出，并且申请人负有责任提供证据证明确有正当事由；必须经过人民法院的审查和准许；法院准许后，申请人应当在法庭调查中提供证据，当事人没有在法庭调查中提供证据的，视为放弃举证权利。

## 三、证据的调查和保全

（一）人民法院的调查取证

调取证据是指法庭以其自己的名义向特定的个人或者组织调查收集证据。我国对调查举证最早的规定是在《行政诉讼法》第三十四条第二款规定："人民法院有权向有关行政机关以及其他组织、公民调取证据。"该法条规定了法院有调查取证权，但由于规定得很空泛，没有对调取的证据作明确具体的解释和严格的限制，也没有规定调取证据的具体方式，以至于在实践中这一条款被过分扩大的解释，法官也有了可以主动调取证据的权力，由于各人对调查取证权的理解不一样，在司法实践中也出现两种极端的情况：一是一部分法官过多地依据职权任意调取证据，二是有些法官因为拿不准该法条款的规定而对一些需要法院调查取证的证据置之不理。这样既不符合在诉讼中法官居于中立的地位，也不利于发挥当事人的举证积极性，而过多地依赖法院的调查取证。《行政诉讼证据规定》具体规定了人民法院调取证据的范围和方式。从各国行政审判实践可以看出，法院调取证据的方式有两种：以职权主动调取和经当事人申请调取。《行政诉讼证据规定》对两种形式都作了规定，但基本取向是在启动调取的程序上，限制主动调取，一般情况下是由当事人申请调取；在申请调取证据上，尽量控制调取的范围，只有确有必要时才准予调取。①

《行政诉讼证据规定》第二十二条和二十三条分别规定了法院调取证据的两种形式。第二十二条规定：根据行政诉讼法第三十四条第二款的规定，有下列情形之一的，人民法院有权向有关行政机关以及其他组织、公民调取证据：

（一）涉及国家利益、公共利益或者他人合法权益的事实认定的；

（二）涉及依职权追加当事人，中止诉讼、终结诉讼、回避等程序性事项的。

第二十三条规定：原告或者第三人不能自行收集，但能够提供确切线索的，可以申请人民法院调取下列证据材料：

（一）由国家有关部门保存而须由人民法院调取的证据材料；

（二）涉及国家秘密、商业秘密、个人隐私的证据材料；

（三）确因客观原因不能自行收集的其他证据材料。

人民法院不得为证明被诉具体行政行为的合法性，调取被告在作出具体行政行为时未收集的证据。

**（二）证据的保全**

证据保全是指在证据可能灭失或以后难以取得的情况下，由人民法院通过特定的措施将其固定或者保护下来的制度或行为。《行政诉讼法》第三十六条规定："在证据可能灭失或者以后难以取得的情况下，诉讼参加人可以向人民法院申请保全证据，人民法院也可以主动采取保全措施。"但是该规定只是规定了法院可以进行证据保全，并没有规定当事人如何申请保全以及法院对证据保全的具体措

① 孔祥俊．行政诉讼证据规则和法律适用［M］．北京：人民法院出版社，2005：68.

施等。《行政诉讼证据规定》在此基础上具体规定了申请证据保全的期限的相关事项和保全证据的具体方法。具体为《行政诉讼证据规定》第二十七条规定："当事人根据行政诉讼法第三十六条的规定向人民法院申请保全证据的，应当在举证期限届满前以书面形式提出，并说明证据的名称和地点、保全的内容和范围、申请保全的理由等事项。当事人申请保全证据的，人民法院可以要求其提供相应的担保。法律、司法解释规定诉前保全证据的，依照其规定办理。"第二十八条规定："人民法院依照《行政诉讼法》第三十六条规定保全证据的，可以根据具体情况，采取查封、扣押、拍照、录音、录像、复制、鉴定、勘验、制作询问笔录等保全措施。人民法院保全证据时，可以要求当事人或者其诉讼代理人到场。"

## 四、质 证

### （一）质证的内容

质证主要是当事人及其代理人围绕证据的关联性、合法性和真实性，针对证据的有无证明效力以及证明效力大小进行质证。质证的对象是当事人提交给法院和申请法院调查的证据。质证的主要内容有两个：一是证据是否具有证明力，即证据资格的判断；二是具有证据资格的证据的证明力（或称证据力）的判断。① 证据能力解决的是证据的资格问题，不具有证据能力的证据材料，根本不能作为证据提出，更不能作为定案的根据；证明力解决的是具有证据能力的证据对待证事实的证明程度、强弱问题。因此可以说，所谓证据能力，是从形式方面观察其资格；证明力是从实质方面考察其价值。② 我国《行政诉讼法》规定，只有经过法庭质证的证据才能作为定案的根据，未经庭审质证的证据不能作为定案的依据。但这只是原则性规定，在实践中会出现各种各样事件，所以法律也作了一般原则之外的特殊规定，不是所有的证据都需要经过当庭质证。具体规定为："当事人在庭前证据交换过程中没有争议并记录在案的证据，经审判人员在庭审中说明后，可以作为认定案件事实的依据。"这种特殊的可以不经过庭审质证的证据只能是在庭审前已经交换过的证据。庭审交换证据是指争议双方或第三人在法庭开庭审理前，根据法庭的安排，相互交换各自收集的并准备在开庭时出示证明自

① 何家弘．试论证据的概念、内容和方式［J］//证据法学论坛：第四卷．北京：中国检察出版社，2002：33.

② 李学灯．证据法比较研究［M］．台北：台湾五南图书出版公司，1992：464.

己的主张的证据。除了庭审前经过交换、双方对提出的证据都没有异议并且记录在案的证据才可以不必经过质证而作为判决依据，其他的证据都要经过庭审质证，否则不能作为判决的依据。这种证据虽然不需要当庭质证，但是要求审判人员在庭审时必须予以说明，并且记录在案，如果审判人员在开庭审理中对此没有进行公开说明，也不得作为裁判的依据。以上的条件如果不满足，那么当事人提交的证据即使经过了证据交换程序，也不能不经过当庭质证就作为裁判案件的依据。

### （二）质证的主体

行政诉讼质证的主体只是指案件当事人及其诉讼代理人，不包括人民法院。人民法院是居中裁判者，应当居于不偏不倚的位置，不带任何倾向性。根据《行政诉讼证据规定》第三十六条的规定，质证的主体是案件当事人及其代理人。当事人在行政诉讼中应当围绕证据的关联性、合法性、真实性，针对证据有无证据效力以及证据效力大小进行质证。当事人及其代理人经法庭允许也可以向证人、鉴定人、勘验人发问。

### （三）质证的方式

行政诉讼证据制度中的质证是在人民法院的主持下，当事人及其代理人在庭审中围绕证据的真实性、关联性、合法性，针对证据有无证明效力以及证明效力的大小进行对质、辩论、核实、解释和反驳的活动，主要是当事人及其代理人按照法律规定，相互间发问或向其他诉讼参与人发问的方式。质证发问的主体是当事人及其诉讼代理人，对象为有发问权的当事人及其诉讼代理人和没有发问权的鉴定人、证人和勘验人，而且只能在法庭的主持下才能进行。发问人发问的内容应当与案件事实有关联。如果发问的内容与案件没有关联，法官应当及时制止。发问人必须依据法律规定的规则进行发问，不得采用引诱、威胁、侮辱等语言或者方式发问。

## 五、认　证

在诉讼进程中，在当事人完成举证、质证后，法院要对当事人提交的证据是否具备法律规定的证据资格、具有证据资格的证据对案件的证明力大小予以认定，在此基础上认定案件事实。法院对证据材料的证明资格和证明力进行确认的活动就是认证。当然，对于法院自行在诉讼中收集调查的材料也同样存在认证问题。① 认证也就是法官审查判断证据的活动，通过审查判断当事人经过质证的证据来决定是否支持当事人的主张。

（一）认证的主体

认证的主体是法官。和质证不同的是，认证的主体是居于居中地位的法官。认证是法官行使审判权的活动，除法官之外的任何主体都不能作为认证的主体。只有法官对证据的审查判断才能成为认证。

（二）认证的内容

认证的内容与证据的质证内容是一样的，也包括两方面的内容：一是证据是否具有证明能力，即证据资格的判断；二是具有证据资格的证明力（或称证据力）的判断。证据能力是证据是否具有资格的问题，一般主要由法律限制，法官只能依照法律的规定来判断，不能作自由判断；而证明力主要是关于证据对待证事实的证明程度、证明强弱问题，带有极强的主观性，在认定证据的证明力方面，法官具有很大的自由判断空间。证明能力也就是证据资格问题，一般认为是证据具有的三个属性：客观性、合法性、真实性。对证据证明能力的认证就是审查判断证据是否具有这三个属性。证据证明力要解决的是证据对待证事实的证明强弱程度。主要内容有：一是同一事实的不同种类证据证明力大小认定规则。二是电子邮件等数据资料的证明力认定。三是自认的证据的证明力。根据《行政诉讼证据规定》第六十七条规定，在不受外力影响下，一方当事人提供的证据，对方当事人明确表示认可的，可以认定该证据的证明效力；对方当事人予以否认的，但不能提供充分的证据进行反驳的，可以综合全案情况审查该证据的证明效力。四是不能单独作为定案依据的证据。具体的有：未成年人所作的与其年龄和智力状况不相适应的证言；与一方当事人有亲属关系或者其他亲密关系的证人所作的对该当事人有利的证言，或者与一方当事人有不利关系的证人所作的对该当事人不利的证言；应当出庭作证而无正当理由不出庭的证人证言；难以识别是否经过修改的视听资料；无法与原件、原物核对的复制件或者复制品；经一方当事人改动，对方当事人不予认可的证据材料；其他不能单独作为定案依据的证据材料。

认证的对象不是案件事实，而是当事人提交、或者申请人民法院调查收集的

① 汪建成，祁建建．“认证”之议，应当慎行［J］//证据学论坛：第四卷．北京：中国检察出版社，2002：202.

证据。在诉讼中，法官是根据对案件事实的认定来作出判决的，但是对案件事实的认定是需要证据支持的，没有证据支持的案件事实不能作为裁决的依据。法官在认定案件事实之前首先要对证据进行认定，只有具有证明能力和证明力的证据材料才能作为认定案件事实的依据。只有在完成对证据的认定后，才能进入对案件事实的认定。

（三）非法证据排除规则

非法证据排除规则来源于英美法系国家，一般多是在刑事诉讼中探讨，《行政诉讼证据规定》首次在行政诉讼规则中加以详细规定。非法证据排除规则是指那些与案件事实具有关联性的证据，应基于宪法关于人权保护或者其他政策性原则进行考虑，以防止不可靠的证人非基于合法正当的理由获得的证据，从而明确将其予以排除的规则。① 非法证据的非法主要体现在收集或提供的主体不合法、调取证据的程序不合法、证据的内容不合法、表现形式不合法。具体的不能作为证据材料的有：严重违反法定程序收集的证据材料；以偷拍、偷录、窃听等手段获取侵害他人合法权益的证据材料；以利诱、欺诈、胁迫、暴力等不正当手段获得的证据材料；当事人无正当理由超出举证期限提供的证据材料；在中华人民共和国领域外或者中华人民共和国香港特别行政区、澳门特别行政区和台湾地区形成的未办理法定证明手续的证据材料；当事人无正当理由拒不提供原件、原物，又无其他证据印件，且对方当事人不予认可的证据的复制件或者复印件；被当事人或者他人进行技术处理而无法辨明真伪的证据材料；不能正确表达意志的证人提供的证言；不具备合法性和真实性的其他证据材料。

## 第三节 行政诉讼证据制度比较研究

### 一、中外行政诉讼证据制度比较研究

（一）行政诉讼证据的概念

中外各国都没有在行政诉讼法中具体规定什么是行政诉讼的证据，都只是规定了行政诉讼的种类、举证责任和证据规则等问题。

在证据形式上，两大法系均采用言词证据和书面证据的形式。言词证据如证

① 张树义．最高人民法院《关于行政诉讼证据若干问题的规定》释评［M］．北京：中国法制出版社，2002：244.

人证言、当事人陈诉等，书面证据如物证、书证、鉴定、检验结论、勘验检查笔录等。[①] 我国既不属于英美法系也不属于大陆法系，所以在行政诉讼法中没有采用言词证据和书面证据规则，而只是规定了证据的种类。

（二）证据的提供和举证责任方面

各国都规定当事人双方都可以向法院提供证据，各国都遵守“非法证据排除规则”。但是各国对“非法证据排除规则”的规定又是不一样的。最典型的就是美国确立的“毒树之果”的理论，规定了通过非法程序所获得的所有证据都不能作为定案的证据。在调查取证方面，各国都排除了被告可以在行政诉讼中补充调查证据的权利，都规定了在行政诉讼中，被告不得自行向原告和第三人调查收集证据。

在法院是否有权调查收集证据的问题上，各国根据不同的审判方式而有不同的规定。在英美法系国家，基本上是采用对抗式的审判方式，法院处于消极的中间者的地位，主要根据双方当事人提供的证据作出裁判，因此法院不主动收集证据，只需行政机关将行政案卷和记录全部移交有权机关审查。大陆法系国家采用纠问式审判方式，法院可以依职权主动收集证据，但在调查范围上有所区别，如德国法院调查不受参与人提供的陈诉及查证申请的约束，而日本规定法院的调查取证的范围仅限于当事人主张的事实，不能随意扩大调查的内容。我国法院也可以依职权收集证据，但还规定了另一种情况就是法院还可以根据当事人的申请收集证据，但是法院不能为了证明被诉具体行政行为的合法性向原告和第三人收集证据。

各国对举证责任基本上都规定由被告承担较重的责任，但也存在一些区别。英国对公法和私法没有明确的划分，基本上没有进行区别，民事诉讼和行政诉讼程序基本相同，所以在举证责任上也大体一致，都是“谁主张，谁举证”。具体为英国公民、法人认为行政机关侵犯其合法利益，向人民法院申请司法审查，首先负举证责任。即提供相应证据证明行政机关违法或侵害其合法权益，原告举证之后，举证责任转移给被告，行政机关负举证责任，行政机关应负责提供证据，证明不越权或不违法或未侵害当事人的合法权益。被告对其主张承担举证责任，被告予以反驳或提出主张也承担举证责任。[②] 原告、被告相互举证发生碰撞后，在双方势均力敌的情况下，法院难以判断谁的主张更有力时一般由被告承担败诉

① 王学辉．行政诉讼制度比较研究［M］．北京：中国检察出版社，2004：211.
② 王学辉．行政诉讼制度比较研究［M］．北京：中国检察出版社，2004：263.

责任。

美国和英国一样都是英美法系国家，所以举证责任也和英国一样，是“谁主张，谁举证”。但法律和判例另有规定的例外。也就是说“谁主张，谁举证”是美国行政诉讼证据制度中关于举证责任的基本分配，但在有法律和判例规定的情况下适用法律和判例的规定。

法国的行政诉讼相对来说种类较多，可以分为越权之诉、完全管辖权之诉、解释行政行为意义之诉和处罚之诉。这些行政诉讼基本上都适用“谁主张，谁举证”的举证规则。

德国行政诉讼证据的举证责任由原告、被告分担，即原、被告双方各负举证责任。《联邦德国行政法院法》对原告的举证责任作了初步规定。该条规定，起诉状之必须列明原告人、被告及诉讼请求的标的。起诉状的请求必须明确。同时，起诉状内必须指出其所依据的事实和证据，并且附具有其所争议的处分及复议决定的原件和复印件。[①] 德国法律在行政诉讼中还规定了原告的起诉状和被告的答辩状都必须遵守期限法定规则。

日本《行政案件诉讼法》第七条规定：“关于行政案件诉讼，本法律未规定之事项，依民事诉讼法之例。”日本的行政诉讼分为抗告诉讼、当事人诉讼、民众诉讼和机关诉讼。作为抗告诉讼的撤销诉讼是行政案件的代表类型，关于其举证责任的分配，法律上无明文规定，理论界也很不一致。[②] “关于公正程序的遵守，其相对人的程序性权利保障，对于裁量统制具有极其重要的意义，因此，被告应当承担立证责任。”[③] 但最高法院的一个判例认为，在对裁量行政处分的司法审查中，关于裁量权的逾越、滥用的事实的举证责任由原告承担（1967 年 4 月 7 日民事判例集第 21 卷第 3 号第 572 页）。[④]

---

① 王学辉．行政诉讼制度比较研究［M］．北京：中国检察出版社，2004：275.

② 王学辉．行政诉讼制度比较研究［M］．北京：中国检察出版社，2004：288.

③ ［日］盐野宏．行政法［M］．杨建顺，译，姜明安，审校．北京：法律出版社，1999：360.

④ 刘善春．诉讼证据规则研究［M］．北京：中国法制出版社，2000：706；杨建顺．日本行政法通论［M］．北京：中国发展出版社，1998：746.

**表4－1　各国行政诉讼证据制度的不同**

| | 英 国 | 美 国 | 法 国 | 德 国 | 日 本 | 中 国 |
|---|---|---|---|---|---|---|
| 是否主动收集证据 | 采取当事人主义诉讼模式，法院不主动收集证据，根据双方当事人提供的证据作出裁判。 | 采取当事人主义诉讼模式，法院不主动收集证据，根据双方当事人提供的证据作出裁判。 | 采用职权主义诉讼模式，法院不主动收集证据，根据双方当事人提供的证据作出裁判，调查不受参与人提供的陈述及查证申请的约束。 | 采用职权主义诉讼模式，法院不主动收集证据，根据双方当事人提供的证据作出裁判，调查不受参与人提供的陈述及查证申请的约束。 | 采用职权主义诉讼模式，法院认为必要时可以依职权进行证据调查，但是受当事人申请的限制。 | 采用职权主义诉讼模式，法院认为必要时可以依职权进行证据调查，但是受当事人申请的限制。 |
| 审查证据 | 可以用书面审查方式进行，只审查行政案卷和行政记录。 | 强调审查行政案卷和行政记录，主要审查行政程序的正当性和合法性问题。 | 主要是依职权查证规则，法官处于主导地位，不受当事人提供证据的限制，也不受行政案卷和行政记录的限制。特殊的诉讼如越权之诉则适用书面审查方式。 | 有条件地适用书面审查方式。 | | |
| 举证责任分配 | 谁主张，谁举证；谁举证，谁立证；谁立证，谁承担败诉风险。但是在两种特殊情况，即行政机关对于实施影响公民人身自由和财产权利的行政行为，不仅承担提供证据的责任，并且承担不利后果的风险责任。 | 谁主张，谁举证。法律和判例另有规定的例外，即美国法律特别规定举证责任配置的，适用法律的规定。 | 谁主张，谁举证。 | 原告和被告举证责任分担，也就是各负举证责任。法院要求原、被告在起诉状中不仅要写明诉讼请求而且要指出其所依据的事实和证据。 | 举证责任的分配应对应各个案件事实的性质加以判定。 | 举证责任倒置。一般情况下由被告承担举证责任，原告只有在起诉行政不作为和行政赔偿案件中承担相应的举证责任。 |

## 二、我国大陆和香港、台湾地区行政诉讼证据制度的比较研究

### （一）香港地区的行政诉讼证据制度

1．对行政诉讼证据种类的规定

香港没有对证据下明确的定义，但根据英美学者的学术观点，“一切有助于说服调查人相信他所调查的事实或情况是否真实的一切事物都称为证据。它不一定要说服调查人确信他所调查的事实或情况是否真实，只要有助于调查人去了解他所调查的事实或情况，就可以称之为证据”。[①] 香港地区把证据的种类分为事实证据、口述证据、书面证据和意见证据四种，和大陆地区的证据分类不同，并且对四种不同的证据种类规定了不同的取证方法。

事实证据也就是物证，是以证据的存在、外部特征和物质属性来证明待证事实的一切物品和痕迹。口述证据也称证言、口头证供，是指知道待证事实的人（包括目击者、知情者、察觉者等）就自己的感觉器官所感知的事实情况，在依法接受询问的时候，直接向法庭所作的口头形式的陈述。对因说话或听觉方面之缺陷而在任何诉讼中被传召为证人者，其书面或打手势等之陈述，视为口头证供。书面证据也称文件证据、书证，是指用文字、数字、符号、图表等所表达的内容来证明待证事实的物品。意见证据是指证人（或其他鉴定人、专家等）不是叙述事实，而是作出结论的证据，其形式则可能是口述的、书面的、事物的，而不同于前三类，它有其特殊的需要和特点。[②]

2．举证方面的规定

在举证责任方面，香港法属英美法系，实行当事人主义（不干涉主义），双方当事人对等地进行辩论举证。由于香港没有独立的行政法，也没有关于行政诉讼证据的独立规定，对于行政诉讼中的举证责任的规定都参照民事诉讼中有关证据的规定处理。即举证责任由双方当事人承担，法院原则上是处于居中地位，一般不直接询问也不主动调查证据。

### （二）台湾地区的行政诉讼证据制度

台湾地区的行政诉讼没有专门对诉讼证据进行规定，在行政诉讼时则套用民事诉讼的有关规定，主要见于《民事诉讼法》第二编第一章第三节，共99条。它并未明确划分证据的种类，而只是详细地规定了几种证据方法，包括人证、鉴

① 吴志良，费成康．行政诉讼法比较［M］．福州：福建人民出版社，1999：108.

② 吴志良，费成康．行政诉讼法比较［M］．福州：福建人民出版社，1999：109.

定、书证、勘验等。[①] 关于人证，台湾地区主要规定了证人的义务、权利；证人的制裁；证人的询问。证人的义务主要规定了证人到庭是一种必须的义务；证人如实陈述所知道的与案件有关的事实的义务。但是如实陈述义务有一个特殊的规定，如果证人是当事人的配偶、前配偶、未婚配偶或四亲等内的血亲、三亲等内姻亲，或曾有此亲属关系的，或者证人就其职务上或业务上有守密义务的，证人可以拒绝作证。还有一个义务是证人必须对其证言的真实性作出保证。证人的权利主要体现在证人可以在询问完毕后10日内，请求法定的日费或旅费，法院对证人提出的该项请求应当作出裁定，并且证人对法院作出的裁定可以提出抗告；如果证人贫困，无力垫付旅费，法院可以预先酌情给付。同时也规定了证人违反了以上的义务会受到惩罚。对证人的询问也规定得比较详细：首先审判长应询问证人的姓名、年龄、职业及住所，必要时还应询问证人与当事人的关系及其他关于证言信用的事项。然后审判长应告知证人具结的义务，绝无隐匿、修饰、增加、减少等语。随后证人应朗读结文并签字，不能朗读的由书记官朗读并说明意义。审判长询问证人时应与其他证人隔开进行，如必要时，可以对质。当事人也可以对证人作必要的发问，审判长认为不当时，可予禁止；法院如认为当事人在场使证人无法完好陈述时，可命当事人退庭，于证人陈述完毕后再命其入庭，并告之证人陈述的事项。[②] 对鉴定同样规定了鉴定人的义务和权利。关于鉴定人的义务台湾法规定除法律特别规定的情形之外，鉴定人的义务准用有关证人义务的规定。特别规定的情形有：①从事鉴定所需要的学术、技艺、职业或经机关委任有鉴定职务的人，对于他人的诉讼有充当鉴定人的义务；②鉴定人应在鉴定前进行具结，于结文内记载必为公正、诚实的鉴定等内容；③鉴定人不得拘提；鉴定人拒绝鉴定的理由虽不符合有关当事人有亲属关系的条件，但如法院认为正当，亦可免除其鉴定义务。对鉴定人的权利的规定有鉴定人经许可，可以对证人或当事人自行发问，可以调取物证，可以利用法院的有关资料。鉴定人除去的日费、旅费外，还有权请求给付相应的报酬。鉴定人所需的费用，可以申请法院酌情预付。[③] 在台湾行政诉讼中当事人可以向法院提出文书请求，请求法院调查书证。对文书的内容也作了具体的规定。台湾地区的法律在勘验方面仅对勘验等申请、

① 吴志良，费成康．行政诉讼法比较［M］．福州：福建人民出版社，1999：111.

② 吴志良，费成康．行政诉讼法比较［M］．福州：福建人民出版社，1999：112.

③ 吴志良，费成康．行政诉讼法比较［M］．福州：福建人民出版社，1999：112－113.

实施和勘验笔录作了规定，有关勘验等程序则准用书证程序的有关规定。当事人在提出勘验申请时，应当表明要勘验的标的物以及要进行勘验的事项。法院在实行勘验时，可以命鉴定人制作笔录。法院进行勘验时应当制作笔录，必要时将图画或照片附于笔录中。

台湾地区对行政诉讼证据的举证责任同港澳地区一样也是参照民事诉讼证据制度，即举证责任的承担采用“谁主张，谁举证”的原则。在行政诉讼中，原告和被告均应对其主张有利于自己的事实承担举证责任。

**表4－2　中国各个地区行政诉讼证据制度的不同**

| | 香港地区 | 台湾地区 | 大陆 |
|---|---|---|---|
| 证据的种类 | 事实证据、口述证据、书面证据和意见证据，并且取证的方法和大陆不同。 | 并未明确划分证据的种类，而只是详细地规定了几种证据方法，包括人证、鉴定、书证、勘验等。 | 书证、物证、视听资料、证人证言、当事人的陈诉、鉴定结论、勘验笔录及现场笔录。 |
| 调查取证 | 法院原则上是处于居中地位，一般不直接询问也不主动调查证据。 | 没有相关的规定。 | 规定了两种情况：一是人民法院依职权主动收集证据；二是人民法院根据当事人的申请调查取证。 |
| 举证责任 | 参照民事诉讼证据制度，即举证责任的承担采用“谁主张，谁举证”的原则。原告和被告均应对其主张有利于自己的事实承担举证责任。 | 参照民事诉讼证据制度，即举证责任的承担采用“谁主张，谁举证”的原则。原告和被告均应对其主张有利于自己的事实承担举证责任。 | 举证责任倒置，一般情况下由被告承担举证责任，原告只有在起诉行政不作为和行政赔偿案件中承担相应的举证责任。 |
| 是否对行政诉讼证据进行法条规定 | 没有独立的行政诉讼证据规定，对于行政诉讼的证据，都参照民事诉讼中有关证据的规定处理。 | 没有独立的行政诉讼证据规定，对于行政诉讼的证据，都参照民事诉讼中有关证据的规定处理。 | 有独立的行政诉讼法关于证据的规定，对于一些在行政诉讼法中没有规定的，可以参照民事诉讼法关于证据的规定。 |

### (三) 各国行政诉讼证据制度的经验对我国的借鉴之处

1. 西方国家的借鉴之处

证据制度最早是在西方发源的，经历了神示证据制度、法定证据制度和自由心证制度的转变和发展之后基本上稳定和完善，形成了现在比较先进的证据制度。我国的证据制度的起源也比较早，但是古代由于“诸法不分”、“刑民一体”，没有行政诉讼法的发展，对证据的规定一般都是在刑法中，包括新中国成立后，对行政诉讼的研究较少，相对的对行政诉讼证据的研究和规定也很少。随着《行政诉讼法》的制定和相关司法解释的出现，我国行政诉讼证据制度得到了较快的发展，但由于起步较晚和研究的基础较薄弱，所以，西方国家完善的行政诉讼证据制度对我国的行政诉讼证据制度有重要的借鉴意义。

(1) 可以借鉴书面审查规则和简易程序

西方主要发达国家的诉讼制度基本上都规定了行政诉讼证据可以用书面查证方式，也就是说可以只审查行政案卷和行政记录，不需要开庭审理，不需要诉讼双方当事人的辩论，这些国家也都规定了在行政诉讼审判中可以采用简易程序，如英国司法审查原则上适用简易诉讼程序，可以用书面审查方式进行。用简易程序和书面审查一般就可以达到司法审查的目的。美国的司法复审也往往着重审查行政案卷和行政笔录，要求行政机关在行政程序中尽可能制作行政笔录。德国行政法院解决行政争议，一般也有条件的适用书面审查。规定书面审查规则和简易程序可以减少诉讼成本，对于一些争议不大，事实清楚的案件，法官只要通过审查案卷和笔录就可以了，不需要再开庭。相对于西方发达国家来说，我国《行政诉讼法》没有规定行政诉讼可以适用简易程序和书面审查规则。不管是简单、事实清楚的案件还是复杂的案件一律都采用开庭审理，都要过一遍普通程序的过程，在追求效率的现代社会，应当考虑尽可能地节约诉讼成本，不要造成不必要的浪费。所以，在研究西方发达国家关于行政诉讼证据制度的规定时应当借鉴书面审查规则和简易程序的规定。

(2) 当事人举证责任方面的借鉴

英美法系国家司法审查和大陆法系国家行政诉讼中对当事人承担证明责任的范围和程度的规定存在较大的差异。英美国家采用的是辩论原则，当事人双方都要承担举证责任，法院原则上只能就当事人提出的证据进行审查，不能庭外调查证据，更不能依据法庭调查获取的证据材料来作出判决。对法院的职权限制较大，不容易发生法官随意调查取证、影响判决的情况。英美法系国家的司法审查十分强调并重视当事人的举证能力，不要求一定要按照严格的举证责任规则来分配当事人的举证责任。大陆法系国家认为行政诉讼有关公共利益，法院应当依职权调查案件事实，不受当事人主张和提出证据的拘束和限制，也就是说在大陆法系国家中，法院是主动调查证据和查明案件事实，当事人的主张对法院来说显得不是很重要。当事人的举证责任尤其是提供证据的责任相对于英美法系国家来说就轻得多，只有在法院依职权调查的证据和当事人提供的所有证据都不能证实行政机关在行政行为中认定的案件真实与否时，被告才承担结果意义上的证明责任。① 由于法院可以依职权调查取证且不受当事人请求和提供证据的限制，容易使法官随意的调查取证，干涉行政诉讼。相对于两大法系来说，我国的情况比较特殊，所以在举证责任上有自己特有的规定，也就是举证责任倒置。这一规定是我们国家独创的，具有中国特色，也适合中国的国情，但在具体实践中，也存在一些问题，通过比较和分析两大法系国家对于举证责任的规定和分配，查缺补漏，可以借鉴英美国家对法院调查取证权的限制，防止法院在诉讼中的随意取证，违背了法院的中立性质，但也不能一概地否定法院的调查取证权，因为在中国行政机关的行政权相对于诉讼相对人来说是很强大的，很多情况下如果没有法院的协助，相对人根本不可能提供证据。

所以在建设我国行政诉讼证据制度时可以多研究西方发达国家对行政诉讼证据的规定，这样才有利于我们更好地完善和改进我国现有的行政诉讼证据制度。

2. 台湾地区的借鉴之处

台湾地区没有独立的行政诉讼证据规定，未对证据的种类进行划分，只是对人证、鉴定、书证、勘验等 4 种证据作了详细规定，如对鉴定人的规定有：鉴定人的义务和鉴定人的权利，并分别作了具体的规定，明确了鉴定人在诉讼中的地位。从实践来看，这些规定有利于保证证据收集的合法性和证据本身的客观真实性，是值得大陆行政诉讼证据制度借鉴的。因为大陆行政诉讼法没有关于鉴定人、勘验的详细规定。

## 第四节　我国行政诉讼证据制度的不足和完善

最高人民法院于 2002 年 10 月 1 日正式实施的《行政诉讼证据规定》对证据作了比较系统、全面的规定，使人民法院确认认定案件事实，公正、及时地审理行政案件有了可靠的保障。相对于散见于行政诉讼法中和《若干解释》中关于行

① 王学辉．行政诉讼制度比较研究［M］．北京：中国检察出版社，2004：303.

政诉讼证据的规定，《行政诉讼证据规定》比较系统、全面地规定了行政诉讼中证据的种类、举证责任、调取证据、质证和认证等诉讼证据规则，具有很大的进步意义。但在现阶段法院的审判工作中，还是存在很多关于诉讼证据方面的问题，值得去改进和完善。

（一）具体的案例中存在的不足

1. 起诉行政主体不作为的举证责任方面

案例一[①]：原告黄怀玉与其夫蔡贵杰生育两女，长女蔡京男（20 岁），次女蔡京香（19 岁），两女儿均为在校学生。黄怀玉无劳动收入，其夫蔡贵杰每月从单位领取劳保工资。1996 年 12 月 12 日，黄怀玉全家向其户籍所在地居委会申请城镇居民最低生活保障金。经当地居委会审核，报北京市西城区人民政府新街口街道办事处核查同意，被告于 1997 年 1 月 14 日在城镇最低生活保障金申请审批表民政局审批意见一栏中作出审批决定，同意补 340 元（2 人）。黄怀玉自 1997 年 1 月至 1997 年 5 月每月从街道办事处领取 340 元。之后，因北京市最低生活保障线标准调整，黄怀玉自 1997 年 6 月至 1998 年 4 月每月从街道办事处领取 380 元。1998 年 5 月 6 日，西城区民政局根据其夫的工资对黄怀玉作为差额发放对象，批准给黄怀玉一家每月增加 74 元。因北京市最低生活保障线调整，黄怀玉一家于 1998 年 7 月至 1999 年 4 月每月领取 484 元；1999 年 5 月至当年 6 月每月领取 514 元；1999 年 7 月至当年 9 月每月领取 772 元。自 1999 年 10 月起，西城区民政局就将黄怀玉作为全额发放对象，为黄怀玉一家发放了 3 口人的最低生活保障金。黄怀玉自 1999 年 10 月领取了全额最低生活保障金后，认为西城区民政局未依法为其发放最低生活保障金，于 1999 年 10 月 11 日向北京市西城区人民政府申请行政复议。北京市西城区人民政府于 1999 年 11 月 30 日作出行政复议决定，维持被告对黄怀玉作出的具体行政行为。黄怀玉不服，于 2000 年 1 月 6 日向西城区人民法院起诉，要求判决西城区民政局补足 1996 年 7 月至今的最低生活保障金。西城区人民法院认为，黄怀玉不能证明其已经丧失或基本丧失劳动能力，其要求西城区民政局对其按照全额发放的标准，为其补足社会保障金的要求缺乏事实和法律依据。西城区民政局考虑黄怀玉家庭的实际困难，批准其享受一定金额保障金的做法，体现了政府对生活特殊困难居民的关怀与照顾，其做法并不违反国家法律的有关规定。依照《若干解释》第五十六条第（一）项之规定，判决驳回原告黄

① 案件来源于杜晓智，杜一超，王霁霞．典型行政类改判案例精选［M］．北京：中国法制出版社，2005：292－293.

怀玉的诉讼请求。

本案涉及行政诉讼证据制度的举证责任分配问题。我国行政诉讼证据制度规定一般的案件，主要由被告承担举证责任，在行政不作为的案件中，原告负有证明其提出申请的事实的责任，其他争议由被告承担举证责任。也就是说在起诉行政主体不作为时原告承担一定的举证责任。但是根据《行政诉讼证据规定》第四条第二款规定：在起诉被告不作为的案件中，原告应当提供其在行政程序中曾经提出申请的证据材料。但有下列情形除外：一是被告应当依职权主动履行法定职责的；二是原告因被告受理申请的登记制度不完备等正当理由不能提供相关证据材料并能够作出合理说明的。由此可见，行政不作为的案件的举证责任仍应由被告承担，原告只负责证明提出过申请，而且在特殊情况下，原告提出申请的证明责任也可以免除。本案中被诉行政行为属于行政不作为，原告只需证明自己提出过申请即可，其他事实和争议的证明责任应由被告行政机关来承担，北京市西城区人民法院将举证责任分配给了被告，要求黄怀玉提供丧失劳动能力的证明，在原告不能提供的情况下，使原告承担败诉责任，是违反法律规定的。这说明了在现实生活出现的行政诉讼案件中，法院在判决案件的时候，虽然有明确的法律规定，但是还是不按照规定判断是非，在举证责任方面还是存在对法律规定不理解、不考虑法律规定的特殊情况的问题。

案例二①：王某诉称其在参加了中共中央党校在2000级的法律本科专业（函授）的课程学习后获得了中共中央党校的函授文凭（函授学院）颁发的法律本科毕业证。王某拿着中共中央党校的函授文凭到某司法局参加司法考试报名时，司法局却以党校毕业文凭不属于国家教育行政主管部门认可的学历，一律不予受理报名为由，不让王某参加考试，并拒绝出具不予报名的书面答复。王某认为，该司法局不让自己报名参加司法考试的行为没有事实和法律依据，其行为严重侵犯了自己的合法权益为由，一纸诉状将司法局推上法庭，请求法院判令被告履行法定职责，允许原告报名参加司法考试，并承担本案全部诉讼费用。

被告司法局则辩称，王某所诉不属于行政诉讼受案范围，因为根据行政诉讼法的规定，行政诉讼案件受案范围的标准之一是具体行政行为侵犯“人身权、财产权”的，具体行政行为侵犯其他权利的，除非有法律、法规的明确规定，否则不属于人民法院的受案范围。显然，王某的诉讼与该标准不符。另外，根据律师

---

① 案件来源于江必新．中国行政诉讼制度的完善：行政诉讼法修改问题实务研究［M］．北京：法律出版社，2005：149.

法、法官法、检察官法和《国家司法考试实施办法（试行）》等有关规定，王某既不符合报名的程序条件，也不符合报名的实质条件，请求法院驳回王某的诉讼。

区人民法院经审理后认为，原告虽提供了“2003年国家司法考试报名表”和一份调查笔录，用于证明其2003年7月21日曾到被告指定地点报名，但“2003年国家司法考试报名表”上载明该表是从中国普法网下载的，故不能作为认定原告曾到被告指定地点报名的证据，在原告提交的2003年7月21日调查笔录上，没有被调查人的姓名和签名，也没有原告申请报名的内容记载，调查人是本案原告的诉讼代理人，在场人是本案的原告，其两人的陈述不能作为有效的证据予以佐证，故该份调查笔录不能作为认定原告曾到被告指定地点报名的证据。而被告对原告称其两次报名的陈述亦不予认可。综上所述，因原告没有举出其曾向被告提出报名申请的证据，故其认为被告不履行法定职责没有事实根据，不符合提起行政诉讼应当具备的条件，对原告的起诉应予以驳回。宣判后，原告王某向中级人民法院提出上诉。

中级人民法院经审理后认为，上诉人王某证明其曾向司法局提出参加司法考试报名申请的证据不力，故其认为被上诉人司法局不履行法定职责没有事实依据，其不符合提起行政诉讼应具备的条件。上诉人王某上诉理由不能成立，不予支持。依照《行政诉讼法》第六十一条第（一）项之规定，法院依法裁定驳回王某的上诉，维持原裁定。案件受理费100元，由上诉人王某承担。

案例二中也出现了和案例一一样的关于原告在起诉被告不作为的案件中的举证责任问题，本案例中一审、二审法院均以王某证明其向司法局提出参加司法考试报名申请的证据不力，因此其认为被上诉人司法局不履行法定职责没有事实依据，不符合法定的提起行政诉讼应当具备的条件，均驳回了王某的起诉。在举证责任承担上，我国实行的是举证责任倒置原则，即由被告承担举证责任，原告在特殊情况下才承担一部分举证责任。在起诉行政机关不作为的案件中，原告应当提供其在行政程序中曾经提出申请的证据材料，虽然法律是这样规定，但在现实生活中，执行起来还是有一定的困难。行政相对人的取证相对于行政主体来说很困难，处于弱势地位，行政相对人就是要证明曾向行政主体提出申请有时候也是很困难的。因为他无法证明行政主体受理申请的登记制度不完备。法律虽然规定了在特殊情况下，原告提出申请的证明责任也可以免除，但对于哪些情况属于特殊情况法律没有详细的规定，也使行政相对人的免证责任难以得到实现。在现实生活中，行政司法中关于起诉不作为的情况屡有发生，如电话报案公安机关却不出警，行政相对方无法举证曾报案的事实，再有行政相对人提出申请后行政机关未予登记，事后相对人却无法举证，等等。

2. 国家赔偿案件举证责任方面的问题

《行政诉讼证据规定》中规定在行政诉讼赔偿案件中，不论是当事人一并提起的行政赔偿诉讼，还是单独就行政赔偿提起的诉讼，都由原告对被诉具体行政行为造成损害的事实提供证据，也就是体现了民事诉讼中“谁主张，谁举证”的原则。但它只规定了由具体行政行为造成的损害引起的行政赔偿案件的举证责任分配，没有具体的规定由行政事实行为引起的损害赔偿案件的举证责任。但在实践中，一般都是按照具体行政行为的举证责任来进行的，即不论是具体行政行为还是行政事实行为都由原告对行政主体的加害行为是否存在及损害是否由加害行为造成承担举证责任。但有些情况下，原告根本就不具有举证能力，在原告没有举证能力的情况下依然由原告承担，对原告不利，无异于剥夺了原告的国家赔偿请求权。如一些行政机关没有对行政相对人出具书面证明就实施了非法羁押，公民要起诉的却没有任何的证据；还有公民在行政机关的管制下出现死亡，失踪，身体受到伤害的时候，要提出行政赔偿起诉的，举证也是很困难的。

### （二）审查证据方面的问题

案例一①：1999 年 10 月 18 日晚 11 时许，刘某与王某、史某到 A 饭店用餐时与 A 饭店业主之女张某因言语不和发生纠纷，并造成张某、张某之母陈某及 A 饭店的厨师胡某轻微伤害。2000 年 5 月 17 日，某公安分局对刘某作出行政处罚决定。该决定认定：1999 年 10 月 18 日晚 11 时许，刘某与王某、史某酒后到 A 饭店欲继续喝酒，刘某与坐在吧台内的业主之女张某发生争吵并进入吧台，张欲报警，王某便拿服务台上的电话向张砸去，刘某也对张进行殴打，当厨师胡某欲帮张时，王某又对胡进行追打，张之母陈某从楼上下来时也遭到王、史的殴打，致张、陈、胡均造成了轻微伤害，某公安分局遂根据《中华人民共和国治安管理处罚条例》第十九条第（四）项规定，以刘某寻衅滋事为由，对刘某作出治安拘留 15 日的处罚。刘某不服该行政处罚决定，向市公安局申请复议。经复议，市公安局维持了某公安分局作出的行政处罚决定。于是，刘某向法院提起行政诉讼，刘某称，事发当日自己是去 A 饭店用餐，属正常的消费行为，而因为其与史某当时都在从事餐饮经营，A 饭店业主之女张某主观臆断其是为了挑起事端，其与张某因言语不和才导致纠纷发生。因此，其并没有故意上门寻衅滋事的企图，也未实

① 案件来源于张海棠．行政诉讼案例精选［M］．上海：上海人民出版社，2003：46－48.

施寻衅滋事的违法行为。被告某公安分局则认为，刘某实施寻衅滋事违法行为的事实清楚，证据充分，其作出处罚决定适用法律正确，执法程序合法。在法院审理过程中，某公安分局向法院提供了如下的证据：对A饭店业主之女张某的2份询问笔录、对A饭店业主陈某的2份询问笔录、对张某之父的2份询问笔录、对A饭店厨师胡某的3份询问笔录、对A饭店员工王某、单某所作的各1份询问笔录，对路人钱某的2份询问笔录、对王某、史某所作的各1份询问笔录，用来证明1999年10月18日晚11时许，刘某与王、史至A饭店想要继续喝酒，之后刘某与吧台内业主之女张某发生争吵而发生纠纷，刘某、王、史对张实施了殴打，造成张某、陈某、胡某轻微伤的事实。某公安分局并据此认为，饭店系公共场所，张某在刘某等人进入饭店后在言词表述上并无恶意，而刘某认为张某对其三人进入饭店用餐不满，而与张某在吧台附近发生争吵，并进而发生了殴打行为，属于无故挑起事端殴打他人。

对于某公安分局提供的上述证据，刘某认为：当时三人进入饭店发生纠纷时，陈某、张某之父均未在场，是其与张某发生争吵之后二人才从楼上下来，二人在笔录中关于纠纷起因的陈述均是从张某处传来；路人钱某并未看到纠纷发生的起因；纠纷发生时，饭店一方只有张某、胡某、单某、王某在场，单某、王某陈述纠纷的事实与张某、胡某陈述的内容不一致，故认为某公安分局所提供的证据不能证明其有寻衅滋事的违法行为。

一审法院经审理认为，某公安分局对刘某作出的行政处罚认定事实清楚，证据充分，执行程序合法，适用法律正确，判决维持了该行政处罚决定。

本案中依据被告某公安分局所提供的证据，对原告刘某作出的行政处罚决定所认定的事实不符合刘某构成寻衅滋事行为的法定要件，其所提供的证据只能证明原告与其他二人进入饭店用餐时与张某因言语不和争吵后发生了殴打行为，不能证明原告主观上有寻衅滋事的故意，其根据《中华人民共和国治安管理处罚条例》第十九条第（四）项规定，对原告刘某作出拘留15日的行政处罚，应当属于认定事实不清，证据不足，适用法律不当。而法院在对某公安分局提供的证据进行审查时就依据其所提出的观点为依据来判决案件，是不符合对证据正确审查的。法院在对案件的证据进行审查时应当审查证据的三性，即合法性、相关性和真实性。本案中，就证据的相关性没有得到很好的体现。某公安分局所提供的证据是能够证明在A饭店里发生了刘某等人殴打张某、陈某和胡某的事实，但不能证明刘某在这之前就具有寻衅滋事的主观故意，也不能证明刘某具有扰乱公共秩序的故意。既然提供的证据都不能证明刘某寻衅滋事的故意，那么法院依据证据作出的判决就是不正确的。

案例二①：在红枫公路西连路口有四间房屋，某区规划局认为均系违章搭建，遂于2000年5月15日对范某作出限期拆除违法建筑决定。该决定认为：范某在红枫公路西连路口擅自建造混合结构房屋60平方米、铁皮房2间37平方米，共计97平方米的建筑，上述行为违反了《上海市城市规划条例》第三十二条，根据《上海市拆除违章建筑若干规定》第二条第一款、第三条第二款规定，限令范某于2000年5月25日前自行拆除上述违法建筑，逾期不拆，由某区人民政府组织强制拆除。范某对该限期拆除违法建筑决定不服，向法院提出诉讼称，该决定认定事实不清，请求判令撤销某区规划局作出的限期拆除违法建筑决定。

一审中，某区规划局向法院提供了如下证据：

（1）2000年4月12日现场勘查记录，记录上示意在红枫公路西连路口的车站旁有四间建筑，分别为 $S_1=56$ 平方米、$S_2=26.62$ 平方米、$S_3=22.2$ 平方米、$S_4$（铁皮棚）$=17$ 平方米，共计总面积121.825平方米。证明2000年4月12日经现场勘查在红枫公路西连路口车站旁四间建筑共计总面积121.825平方米。

（2）现场照片4张。证明在红枫公路旁房屋建筑的位置。

范某对某区规划局所举的证据（2）真实性未持异议；对于证据（1），认为 $S_1$ 房屋是其从徐某处购得的营业用房，面积为52平方米，$S_2$、$S_4$ 均不是其建造的房屋，承认 $S_3$ 是其本人所建，另外1间由其建造的房屋在图示上没有标示。某区规划局在庭审中承认 $S_1$ 是徐某于1987年所建临时建筑，其所作具体行政行为认定混合结构60平方米即为该间房屋，认定铁皮房2间37平方米即为 $S_2$ 房。

一审法院经审理认为：某区规划局所作限期拆除违法建筑的决定，认定事实清楚，证据充分，遂判决维持某区规划局2000年5月15日作出的限期拆除违法建筑决定。范某不服一审判决，提起上诉称，某区规划局所作限期拆除违法建筑决定将其从他人处购置的52平方米营业用房认定为违法搭建，属认定事实不清，故请求撤销原判决和具体行政行为。被上诉人某区规划局则认为，原审法院判决正确，要求维持原审判决和具体行政行为。

经二审庭审质证，二审法院认为被上诉人所举证据（1）、（2），只能证明在红枫公路车站旁有四间面积为121.825平方米的事实，但不能证实上述建筑均系上诉人所建。证据（1）中的 $S_1$ 房屋，系1987年徐某所建临时建筑，面积为56

① 案件来源于张海棠．行政诉讼案例精选［M］．上海：上海人民出版社，2003：46－48.

平方米，与被上诉人所作具体行政行为认定该房屋是上诉人擅自建造混合结构60平方米的事实不一致；$S_2$图示上面积为26.62平方米1间，未标明铁皮房，与被上诉人所作具体行为认定的该处房为2间铁皮房、面积为37平方米的事实不符。故被上诉人认定上诉人在某区红枫公路西连路口擅自建造混合结构60平方米房屋、铁皮房2间37平方米，共计97平方米的事实不清，证据不足。

二审法院经审理认为：被上诉人某区规划局具有对违法搭建作出限期拆除决定的执法主体资格。但被上诉人对其所作具体行政行为认定范某违法建造的事实，未能提供事实证据，故其所作具体行政行为认定事实不清，证据不足，违反《上海市拆除违章建筑若干规定》第三条第二款“市和区、县规划管理部门应当依照有关法律、法规对违法建筑进行查证和认定，并对违法建筑作出限期拆除的决定”的规定。原审法院认定被上诉人所作具体行政行为合法，属认定事实不清。据此，二审法院根据《行政诉讼法》第六十一条第（三）项规定，判决撤销一审判决和某区规划局所作的限期拆除违法建筑决定。

上述案例中某区规划局在相关事实的认定上证据不足，在违法建筑面积的认定上，其所提供的现场勘验记录和作出限期拆除违法建筑决定中认为的违法建筑面积不一致，在每间房屋的面积上，规划局对认定的平方数也没有相应的证据予以证明。还有在违法建造行为人的认定上，某规划局也没有认真查实$S_1$房是徐某建造就认定是范某所建作出处罚决定。在一审中人民法院没有审查证据的相关性就直接作出判决维持了某区规划局的行政处罚决定是不正确的，说明了目前在我国一些法院还存在人民法院在庭审过程中对行政主体提出的证据一般都存在偏见，认为行政主体提供的证据一般都是正确和确实充分的，不需要对证据进行认真和合法的审查就据以作出判决，反映了我国现阶段法院法官对证据的不重视。

### （三）法官证据意识不强

1995年3月12日晚，广西北海市发生一起交通事故，伤者叫陈小俐，事发时她驾驶一辆两轮摩托车经过此地，随后，广东省雷州市公民刘秋海等人将其送往北海市医院，4月19日，刘秋海再次途经北海，被银海区交警林国兴以3月12日晚肇事逃逸待查为由，将其广东26－01150号农用车暂扣，随后将该车交陈小俐之兄开走，刘秋海不服，认为自己见义勇为反被诬陷，提起行政复议，复议结果维持原责任认定。刘秋海凭现场目击证人秦达辉的证言及其他有利证据向北海市中级人民法院提起行政诉讼。原告刘秋海向法庭诉称：被告北海市银海区公安交警大队的行政行为从程序到内容有多处违法之处。从程序上，使用的是作废的暂扣凭证；没有依法制作笔录；没有在当事人均在场的情况下及时对车辆进行外观的勘查；对车辆被扣时到底有无碰撞痕迹这一关键问题没有经过在场各方当事人签字确认；尤其没对车辆进行保全，却将物证直接交另一方利害关系人开走；在扣车后，于1995年5月25日在广西大学工业测试实验中心对两车是否碰撞进行微量元素鉴定时，样品是由被告提供，鉴定者没有参与取样，此鉴定的证明力仅限于“来样”。从内容上，在扣车前的充分时间内，没有对两车是否碰撞进行必要的调查取证，更没有对此通过鉴定予以确认，而仅以陈小俐之兄的报案材料为依据，也就是在没有充分的事实根据的前提下对刘秋海实施了扣车行为。1997年9月25日，北海市中级人民法院一审判决刘秋海败诉。1999年3月1日，广西高院作出终审判决，刘秋海依然败诉。① 本案中，法院法官在被告北海市银海区公安交警大队没有提交能证明刘秋海肇事逃逸的证据的情况下就维持了行政处罚，体现了有些法官的证据意识不强，在审理案件过程中不依据证据而是凭主观或者不公正地站在对行政主体有利的方面裁判案件。现阶段，由于有些法官的素质不高、法律意识不强，还没有形成证据意识，不重视证据，还没有从传统的重口供轻物证转换为物证为第一证据的意识中来。

### （四）举证时限范围存在的不足

《行政诉讼证据规定》第一条规定：“被告对作出的具体行政行为负有举证责任，应当在收到起诉状副本之日起10日内，提供据以作出被诉具体行政行为的全部证据和所依据的规范性文件。”这条规定仅仅只是规定了被告在举证期限内应当提供的证据是在作出具体行政行为时所依据的全部证据和所依据的规范性文件。对于其他的证据，《行政诉讼证据规定》没有规定，也就是被告要证明原告起诉超出诉讼时效的证据、证明受诉法院没有管辖权的证据和证明其在原告起诉前已自行更改具体行政行为的证据等情况，法律都没有作出规定这些证据应当在什么时候提供。

### （五）证人制度不完善

法律规定证人有出庭作证的义务，即只要是符合法律规定的知道案件事实的证人都必须出庭作证。必须出庭作证的证人如果无正当理由不出庭作证的，他的证言不能作为证据加以认定。但在现实生活中，在庭审过程中，证人出庭作证的情况很少，很多时候，证人都是通过各种方法来使自己符合法律规定的可以不出庭的情况来逃避出庭的义务。主要是因为现阶段我国司法机关对证人的保护不够

① 案件来源于赵凯，刘玲．从一起行政案件看完善我国证据制度的必要性［J］．东北大学学报（社会科学版），2007（3）．

完善，很多证人的人身安全得不到保障，出庭作证所支付的车旅费、生活费得不到补偿，导致了证人不愿意出庭的情况发生。虽然最高人民法院《行政诉讼证据规定》对行政诉讼中证人出庭作证制度作了具体规定，但仍然还有一些关于证人的问题没有涉及。对证人拒不出庭作证所应负的法律责任没有作出明确规定。证人的权益保护制度还没有完全地建立起来。

### （六）行政诉讼的证据制度缺乏可操作性

《行政诉讼法》关于证据的规定十分抽象、缺乏可操作性。《行政诉讼证据规定》确立了行政诉讼中适用证据的一系列具体规则，但其带有很强的民事证据规则色彩，强化了当事人的举证与对抗权利，而弱化了在行政诉讼中人民法院依职权调取、调查证据的权力。在行政诉讼中，作为原告的相对人与作为被告的行政机关的对抗力量悬殊，弱化职权主义无疑是非常不利于作为原告的行政相对人的。

### （七）我国目前法律、法规和司法解释关于证据的规定存在的问题

我国《行政诉讼法》对证据的规定是在第五章单独列出来的，但只用了6个法条规定了证据的种类、被告的举证责任、禁止被告在诉讼过程中自行收集证据、人民法院的调查取证权、鉴定及证据保全，证据制度是内容比较多、比较复杂的一个制度，只用6个法条是不能概括所有与证据有关的内容的。例如：《行政诉讼法》第三十二条规定了被告对作出的具体行政行为负有举证责任，应当提供作出改变具体行政行为的证据和所依据的规范性文件。该规定明确了被告应当对其具体行政行为承担举证责任，但是在审判实践中，因为会出现不同的情况，所以完全由被告承担有时候是不合理的，还是应该规定一些特殊的情况。又如《行政诉讼法》第三十四条关于法院调取证据的权利的规定，只是规定了法院有调查取证权，但没有规定具体的范围和启动的方式，这样就会在实践中造成法院调查取证的恣意性。《若干解释》和《行政诉讼证据规定》作为行政诉讼证据制度的司法解释，补充了行政诉讼法对证据的规定，但是《若干解释》也只是用了6个法条规定了被告的举证责任和举证期限、原告承担举证责任的具体情况、被告可以补充证据的情况、人民法院依职权调查取证的情况和不能作为定案依据的证据的情况，规定得也不是很全面。《行政诉讼证据规定》是目前我国关于行政诉讼证据最全面的司法解释，但仍存在一定的问题。例如：在原告和第三人提交在行政程序中没有提交的证据，法院允许被告补充证据时，如果出现取证和举证难的情况，被告是否可以通过书面申请人民法院出面调查取证。也就是没有规定被告是否有与原告和第三人一样的权利。

## 第五节 我国行政诉讼证据制度的完善

### 一、举证责任方面的完善

#### （一）起诉行政不作为案件的举证责任

在起诉被告不作为的案件中，有必要再次强调被告承担举证责任的重要性，特别是不能将原告提供证据的义务视为举证责任。不强调原告的举证责任，并不等于不允许、不鼓励原告提供证据。原告有证据证明被诉行政行为不合法的，仍可以向法庭提供证据，法庭采信的，可以抵消或部分抵消被告的举证。但必须明确即使原告提供证据不成立的，并不承担败诉的后果，也不免除被告的举证责任，因为承担举证责任的主体仍然是被告。在起诉行政主体不作为的情况下，原告承担的证明被告不作为的责任不能把它完全归为原告的举证责任。因为在现实生活中，行政相对人处于弱势地位，很多时候不能提供法律规定要提供的证据材料，如果就行政相对人不能证明其向行政主体曾提出申请而行政主体的登记制度不完备的情况，就丧失了起诉资格的，不利于保护相对人的合法权益。正如以上王某起诉某市司法局的案件，在网上报名系统清除后没有留下证据的时候，王某就丧失了起诉的资格。再如上述黄怀玉起诉北京市西城区民政局的案件中，在黄怀玉不能提供自己丧失劳动能力的情况下，就应当由民政局来举证，法院直接判决黄怀玉败诉是不符合法律规定的。在举证责任中，法院工作人员应该分清楚主要责任还是由被告承担，原告提供证据的责任应该不属于举证责任，而是一种证明责任，在不能行使这种证明责任时，法律就应该设置相应程序保障相对人的权利，比如设置不作为的见证制度，由两个以上的无利害关系人在场见证，记录下被告不作为的事实来作为法定的证据形式。

总之，行政不作为诉讼中的举证责任应与一般的行政作为诉讼有所区别。那种认为凡提起行政不作为诉讼一律由原告负举证责任，或者一律由被告负举证责任的观点与做法是不全面的。应根据行政不作为诉讼审理的不同内容，分别确定举证责任。对于是否构成行政不作为，应按行政作为诉讼的举证原则，由被告负举证责任。对于行政不作为是否构成损失的事实及后果与被诉具体行政行为是否存在因果关系等问题则按“谁主张，谁举证”的举证规则，由原、被告对各自的主张负举证责任。

### （二）行政赔偿案件中举证责任的完善

在行政赔偿案件中，应当适当改变现在规定的所有的起诉赔偿的案件的举证责任均由原告承担的强制性规定。应当作出在特殊的情况下应当由被告承担证明加害行为是否存在、损害是否由加害行为造成的举证责任。具体的规定有：一是在公民提出关于行政机关实施了非法剥夺、限制其人身自由的行为的赔偿案件中，应当由行政机关承担举证责任，证明其没有实施违法羁押行为或者羁押行为是合法的；二是公民在处于行政机关监管的过程中死亡、失踪、身体受到伤害的，应当由行政机关就公民的死亡、失踪、身体受到伤害不是由自己的行政行为造成的承担举证责任，如果不能证明不是由自己的行为造成的或者有其他免责事项的，就应该认定是由行政机关的行为造成的，就由行政机关承担赔偿责任。

## 二、证据审查方面

证据的审查主要是审查证据的三个属性，即关联性、合法性和真实性。一直以来我国因为受到传统思想的影响，对证据的合法性重视不够，以前基本上都不审查证据的合法性。要对这一方面进行完善就要在《行政诉讼法》中对不合法和违法取得的证据不应该作为判案的依据作出规定，现在我国只在司法解释中作了相关的规定。把“排除非法证据规则”体现在《行政诉讼法》的法条中能够增加它的权威性和重要性，使得法院不敢忽视，从而在审查案件证据时更注重审查其合法性。

## 三、加强法官的证据意识

加强法院对行政诉讼程序的重视，证据是诉讼程序中最重要的组成部分，要在各个法院中逐步改善法官一直以来就认为实体程序更为重要的意识，确立诉讼程序的主要和重要地位。要让法官改变对程序法的不重视，要加大对程序法的建设和完善，制定一个完备的诉讼程序制度，让法官能充分地认识到程序合法的重要性。

## 四、举证时限方面的完善

《行政诉讼证据规定》第一条规定：“被告对作出的具体行政行为负有举证责任，应当在收到起诉状副本之日起 10 日内，提供据以作出被诉具体行政行为的全部证据和所依据的规范性文件。”该条规定了被告在举证期限内应当提供的证据仅仅是在作出具体行政行为时的证据和所依据的规范性文件，对其他被告应当举证的证据是否在举证期限内提供没有作出规定。为了弥补这个法律的空白，应当规定要求被告提供全部证据，不仅包括作出具体行政行为的证据、所依据的规范性文件，还应当包括一切理应由被告提供的证据。

## 五、证人出庭制度方面的完善

### （一）要完善证人的出庭制度，首先要完善对证人的保护制度

要对证人的人身安全予以特别保护。《行政诉讼证据规定》附则部分规定证人及其近亲属的人身和财产安全受法律保护，对证人的住址和联系方式应予以保密，证人出庭作证支付的合理费用由败诉方予以补偿，对证人及其近亲属实施威胁、侮辱、骚扰或者打击报复的，依照《行政诉讼法》第四十九条的规定追究法律责任。[①] 法律对此虽然有明文规定，但是在实际操作过程中，司法机关对证人的保护力度明显不够，证人出庭作证受到打击报复的情况时有发生，有的甚至家属的人身也受到威胁，在这样的情况下，证人一般选择逃避出庭作证而只愿意出示书面证明，针对这些情况，司法机关应当加大对证人及其近亲属的保护力度，在审判前对证人的姓名、地址、电话等一些个人信息保密，在庭审结束后也要对一些重要证人的人身和财产进行保护，防止当事人或者与案件有关的人打击报复。

### （二）应当明确规定证人无正当理由不出庭作证所应负的法律责任

目前法律虽然规定证人具有出庭作证的义务，但对于不出庭作证的法律责任没有明确规定。证人所知道的与案件事实有关的证言有时可能是法官裁判案件的主要依据，所以法律应当明文规定证人在无正当理由的情况下拒不出庭作证的法律责任后果。可以把无正当理由拒不出庭作证看做是妨碍司法程序的行为，可以依据该行为的严重程度给予罚款、拘留等司法裁决，并可以像拒不出庭的当事人一样适用拘传，由司法警察强行将其带入法庭，还可以增设“藐视法庭罪”，严重的可以追究刑事责任。

## 六、加强行政诉讼法律关于证据规定的可操作性

可以根据案件的不同性质和情况，确立以“明显优势证明标准”为原则，

---

① 张树义．最高人民法院《关于行政诉讼证据若干问题的规定》释评［M］．北京：中国法制出版社，2002：183.

“优势证明标准”和“排除合理怀疑证明标准”为补充的证明标准。在证据的调取、调查方面，应强化职权主义，加大法院的证据调取权和证据调查权，弥补原告对抗能力的先天不足，真正实现行政诉讼中的实体正义。把空泛的法条具体化和易操作化，让法官在实践中能更好地把握和应用。

## 七、完善现行法条关于行政诉讼证据的规定

### （一）我国《行政诉讼法》对证据的规定和我国一些学者对行政诉讼证据制度的一些修改建议

我国《行政诉讼法》对证据的规定只有6条，较为简单和空泛，最高人民法院的司法解释对《行政诉讼法》也作了相应补充。但是总体来说，我国《行政诉讼法》对证据的规定较为简单和不完善，虽有司法解释作为补充，但在诉讼过程中最主要的判案依据还是《行政诉讼法》，所以一些学者就提出相应的建议稿，希望国家能够制定一部对行政诉讼证据规定具体和完善的法律。最具有代表性的就是马怀德在《司法改革与行政诉讼制度的完善——〈行政诉讼法〉修改建议稿及理由说明书》中对行政诉讼证据制度作了法条修改，主要是在现有的《行政诉讼法》和最高人民法院的司法解释的基础上结合《民事诉讼法》对证据的相关规定，查缺补漏，提出来一些法条修改建议。

和现行的行政诉讼法相比较，马怀德的法条修改建议稿规定得比较具体，基本上和最高人民法院对证据的司法解释是一致的，但也有不相同的地方。具体来说，马怀德的法条较司法解释更简洁，例如，对被告举证时限的规定，马怀德用了一款作了简洁而全面的总结，而司法解释第一条用了两款来规定，相对比较繁琐；而且还有一个区别是司法解释规定被告的举证期限和申请延期提供证据的时间都是在收到起诉状副本之日起10日内向人民法院提交或者提出申请，但马怀德的建议稿是自被告收到起诉状副本之后的20日内，延长了被告的举证期限。

**表4－3 具体的规定的建议稿**

| | 行政诉讼法 | 马怀德建议稿 |
|---|---|---|
| 证据种类 | 第三十一条 证据有以下几种：<br>（一）书证；<br>（二）物证；<br>（三）视听资料；<br>（四）证人证言；<br>（五）当事人的陈诉；<br>（六）鉴定结论；<br>（七）勘验笔录、现场笔录。<br>以上证据经法庭审查属实，才能作为定案的根据。 | 第三十八条 证据有以下几种：<br>（一）书证；<br>（二）物证；<br>（三）视听资料；<br>（四）证人证言；<br>（五）当事人的陈诉；<br>（六）鉴定结论；<br>（七）勘验笔录、现场笔录。<br>以上证据经法庭审查属实，才能作为定案的根据。 |
| 举证责任 | 第三十二条 被告对作出的具体行政行为负有举证责任，应当提供作出该具体行政行为的证据和所依据的规范性文件。 | 第三十九条 被告对作出的具体行政行为负有举证责任，应当提供作出该具体行政行为的证据和所依据的规范性文件。<br>第四十三条 原告起诉时，应提供符合法定起诉条件的证据材料。被告认为原告起诉超过法定起诉期限的，由被告承担举证责任。<br>在起诉被告不作为的案件中，原告应提供其在行政程序中提出过申请的事实的证据材料。因被告受理申请的登记制度不完善而无法提供证明材料的，推定原告提出过申请。 |
| 被告调查取证的限制 | 第三十三条 在诉讼过程中，被告不得自行向原告和证人收集证据。 | 第四十一条 在诉讼过程中，被告及其诉讼代理人不得自行向原告、第三人和证人收集证据。 |

**续 表**

| | 行政诉讼法 | 马怀德建议稿 |
| --- | --- | --- |
| 人民法院的调查取证权和允许补充证据的规定 | 第三十四条　人民法院有权要求当事人提供或者补充证据。<br>人民法院有权向有关行政机关以及其他组织、公民调取证据。<br>对补充证据没有规定。 | 第四十六条　原告、第三人提出其在行政程序中没有提出的反驳理由或证据的，经人民法院准许后，被告可以在人民法院规定的期限内补充相应的证据。<br>第五十条　人民法院应当根据原告或者第三人的申请调查收集证据。但涉及国家利益和社会公共利益的事项以及人民法院认为审理案件所必须的程序性事项，人民法院可以依职权调取证据。<br>人民法院不得为证明被诉行政行为的合法性，调查收集被告在作出行政行为时没有收集的证据。<br>第五十一条　符合下列条件之一的，原告、第三人及其诉讼代理人可以申请人民法院调查收集证据：<br>（一）申请调查收集的证据属于国家有关部门保存并须人民法院依职权调取的档案材料；<br>（二）涉及国家秘密、商业秘密、个人隐私的材料；<br>（三）原告、第三人及其诉讼代理人提供了证据线索，但无法自行收集的；<br>（四）应当提供而无法提供原件或原物的；<br>（五）确因客观原因不能自行收集的其他材料。<br>第五十二条　原告、第三人及其诉讼代理人申请人民法院调查收集证据的，应当在不迟于提供证据之日前7日提交书面申请。申请书应当载明被调查人的姓名或者单位名称、住所地等基本情况，所要调查收集的证据的内容、需要由人民法院调查收集证据的原因及其要证明的事实。<br>人民法院对调查收集证据的申请不予准许或经调查未能取得相应证据的，应当及时通知申请的当事人。 |

续 表

| | 行政诉讼法 | 马怀德建议稿 |
|---|---|---|
| 证据鉴定 | 第三十五条　在诉讼过程中，人民法院认为对专门性问题需要鉴定的，应当交由法定鉴定部门鉴定；没有法定鉴定部门的，由人民法院指定的鉴定部门鉴定。 | 没有相关的建议稿。 |
| 证据保全 | 第三十六条　在证据可能灭失或者以后难以取得的情况下，诉讼参加人可以向人民法院申请保全证据，人民法院也可以主动采取保全措施。 | 第五十三条　在证据可能灭失或以后难以取得的情况下，当事人可以向人民法院提出保全证据的申请。申请书应当载明申请人的姓名或名称、住址等基本情况、证据的名称和地点、保全的内容和范围、申请保全的理由等事项。<br>人民法院也可以依职权主动采取保全措施。<br>第五十四条　人民法院进行证据保全，可以根据具体情况采取查封、扣押、拍照、录音、录像、复制、鉴定、勘验、制作笔录等方法。<br>进行证据保全，人民法院可以要求当事人或者诉讼代理人到场。 |
| 原告的举证责任 | 没有规定。 | 第四十二条　原告可以提供证明行政行为不合法的证据。原告提供的证明行政行为不合法的证据不成立的，并不免除被告的举证责任。 |
| 证据交换 | 没有规定。 | 第四十四条　人民法院对于证据数量较多或者案情复杂的案件，应当组织当事人在第一次开庭审理前交换证据。<br>第四十五条　人民法院组织当事人庭前交换证据的，原告或者第三人应当在法院指定的交换证据之日提供证据；人民法院没有组织当事人庭前交换证据的，原告或者第三人不提供或无正当理由且未经法院准许逾期提供的，视为原告或第三人没有证据。 |

续 表

| | 行政诉讼法 | 马怀德建议稿 |
| --- | --- | --- |
| 法院的认证 | 没有规定。 | 第四十七条　下列事实，人民法院可以直接认定：<br>（一）众所周知的事实；<br>（二）自然规律及定理；<br>（三）根据法律规定或者已知事实和日常生活经验法则，能推定出另一事实；<br>（四）已为人民法院发生法律效力的裁判所确认的事实；<br>（五）已为仲裁机构的生效裁决所确认的事实；<br>（六）已为有效公证文件所证明的事实；<br>（七）没有争议的生效行政法律文书所认定的事实；<br>（八）行政执法人员在适用简易程序中或在紧急情况下目睹或发现的且事后无法取证的事实；<br>除第（二）项外，对于其他各项，当事人有相反证据足以推翻的除外。<br>第五十八条　下列证据，不能作为认定案件事实的根据：<br>（一）被告严重违反法定程序收集的证据；<br>（二）以侵害他人合法权益的方法收集的证据；<br>（三）违反法律禁止性规定的方法收集的证据。<br>第五十九条　被告在行政程序中按照法定程序要求原告提供证据，原告无正当理由拒不提供，而在诉讼程序中提供的证据，人民法院不予作为认定案件事实的根据。<br>第六十条　有证据证明被告持有证据无正当理由拒不提供的，如果原告主张改证据的内容不利于被告，可以推定该主张成立。 |

续 表

| | 行政诉讼法 | 马怀德建议稿 |
|---|---|---|
| 原告、第三人要求行政执法人员出庭作证的 | 没有规定。 | 第五十七条　原告或者第三人要求被告的行政执法人员就事实问题出庭作证的，法庭应予准许。 |
| 人民法院的认证 | 没有规定。 | 第五十五条　证据应当在法庭上出示，由当事人质证。未经质证的证据，不能作为认定案件事实的根据。但涉及国家秘密、商业秘密和个人隐私或者法律规定的其他应当保密的证据，是否公开质证，由人民法院决定。人民法院决定不公开质证的，未经公开质证的证据，可以作为认定案件事实的依据。<br>当事人在行政程序中无异议并记录在卷的或证据在交换过程中认可并记录在案的证据，经审判人员庭审中说明后，可以作为认定案件事实的证据，无须质证。但当事人在诉讼过程中提出异议的，仍需质证。<br>第五十六条　质证时，当事人应当围绕证据的真实性、关键性、合法性，针对证据证明力有无以及证明力大小，进行质疑、说明和辩驳。 |
| 对勘验的规定 | 没有规定。 | 第四十九条　被告向人民法院提供的或人民法院制作的勘验笔录、现场笔录，应当记录制作的时间、地点、制作人、在场人、制作的过程、结果，由制作人、在场人签名或者盖章。对于绘制的现场图应当注明绘制的时间、方位、测绘人姓名、身份等内容。<br>当事人对勘验结论有异议的，可以在提供证据的期限内或举证期限内申请重新勘验，是否准许，由人民法院决定。 |

续 表

| | 行政诉讼法 | 马怀德建议稿 |
| --- | --- | --- |
| 当事人的知情权 | 没有规定。 | 第四十八条　人民法院应当在受理案件通知书和应诉通知书中，告诉当事人提供证据或举证的责任、范围、时限、不提供或逾期提供证据或举证的法律后果、延期提供证据的条件及申请人民法院调查取证的条件，促使当事人在合理期限内积极、全面、正确、诚实地完成举证。 |

## （二）我们对行政诉讼法关于证据法条的设想

表4－4

| | 关于行政诉讼法法条的设想 |
| --- | --- |
| 被告诉讼中取证限制 | 第一条　在诉讼过程中，被告及其诉讼代理人不得自行向原告、第三人和证人收集证据。自行收集的证据不能作为定案根据。 |
| 增加原告提供证据的规定 | 第二条　原告可以通过证据证明具体行政行为不合法。原告提供的证明具体行政行为不合法的证据不成立的，并不免除被告对被诉具体行政行为的举证责任。 |
| 增加原告在起诉被告不作为案件中承担举证责任的规定 | 第三条　原告在起诉被告不作为的案件时应当提交证明向行政机关提出申请的证据。<br>因为被告的登记制度不完备而原告无法提供提出申请的证明时，应当推定原告向被告提出过申请。 |
| 增加对原告或者第三人要求行政执法人员出庭的规定 | 第四条　原告或者第三人要求被告的行政执法人员就本案有关事实问题出庭作证的，法庭应当予以准许。 |
| 对不能作为定案依据的证据应当写入行政诉讼法 | 第五条　在以下情况下收集到的证据不能作为定案的证据：<br>（一）被告严重违反法定程序收集到的证据；<br>（二）使用了侵害他人合法利益的方法收集到的证据；<br>（三）违反了法律关于收集证据禁止性规定的方法收集到的证据。 |
| 增加书面审查规则 | 第六条　对于案件事实清楚、案情简单的行政诉讼案件，法院可以只审查行政案卷和行政笔录，可以不开庭审理。<br>增加简易程序的规定：<br>第七条　对于案件事实清楚、案情简单的行政诉讼案件，法院可以适用简易程序，实行法官独任制，诉讼程序简易进行。 |

诉讼证据制度是一个内容比较多也比较复杂的制度，涉及证据的种类、举证责任和分配、证明力以及定案标准等，在我们的以上论述中不可能把整个行政诉讼证据制度全部、完备地叙述出来。再者，我国行政诉讼的建设也不过十几年，还有很多问题需要我们在以后的工作和实践中去发现和解决。在现有的研究基础上，我们就较为明显的问题进行了分析和研究，也给出了一些意见作为参考。希望我国的行政诉讼证据制度在众多的研究者的研究中能够越走越好，越走越远。

# 第五章 行政诉讼法律适用的缺失与完善

行政诉讼法律适用是行政诉讼理论体系中的一个重要环节。它上承行政机构已经作出的行政行为，下接即将对上述行政行为进行审查的法律、行政法规等规范性文件，行政诉讼法律适用的后果直接关系到行政主体作出的行政行为的“生命力”，直接关系到行政相对人的现实利益。不仅如此，行政诉讼法律适用还与中国的司法审查、宪法监督等问题存在着复杂的联系。因此，对这一问题的研究具有重要的理论价值和现实意义。

## 第一节 行政诉讼法律适用概述

### 一、法律适用的界定

法律适用，在法理学上一般也称法的适用。根据《法学大辞典》的解释，法的适用有广义和狭义之分。广义的法的适用是指国家机关及其工作人员以及被授权的单位依照其职权范围和法定方式把法律规范的一般规定应用于处理具体事项的活动。适用法的主体包括行政机关和司法机关，以及适用某项法而特别授权的有关社会组织和单位。而狭义的法的适用仅指拥有司法权的国家机关按照诉讼程序应用法律规范处理案件的活动，通称为“司法”①。

而《中华法学大辞典》则没有对法的适用作广义、狭义之分。其对“法的适用”解释为“国家专门机关依法运用国家权力，把法律规范用于具体的人和事解决具体案件的活动，活动的结果是产生、变更或消灭一定主体之间权利义务关

① 曾庆敏．法学大辞典［G］．上海：上海辞书出版社，1998：1085.

系，以及保证权利义务的实现，适用法律制裁"[①]。但是，"国家专门机关"究竟何指？是一个还是数个？这种解释并没有明确。

第三种观点则是把法律适用仅仅理解为司法机关的活动。"一般指拥有司法权的国家机关及其司法人员，依照法定职权和法定程序，把法律规范应用于具体案件的专门活动。"[②] 显然，这里的法律适用是狭义的法律适用。

我们认为，广义的法律适用，由于其外延过于宽泛，使其难以将行政行为与司法行为区别开来，因此不具有独立的理论价值。我们主张法律适用仅指司法机关的专门活动，是司法机关将法律规范运用于具体案件以解决各种纠纷的活动。本章对行政诉讼法律适用的研究也是在对法律适用作这种界定的基础上展开的。

## 二、行政诉讼法律适用的含义及特征

### （一）行政诉讼法律适用的含义

行政诉讼法律适用有广义和狭义之分。广义的行政诉讼法律适用贯穿于行政诉讼全过程，是法院依据法律规范处理行政纠纷时所进行的各种活动的总和。在这个意义上的法律适用是一个动态过程，包括事实的认定、法律的判断和选择、将特定的法律适用于特定的事实并作出裁判的全部内容。它既体现为一种活动又构成一种制度。狭义的行政诉讼法律适用，仅指行政诉讼过程中，在进入案件审理阶段后，法院选择适用具体法律规范于特定案件事实，判断具体行政行为合法性的特定过程和活动[③]。其实质就是行政诉讼中依照何种规则来判断具体行政行为的合法性。这一规则应包含两个层面的内容：首先，是为法官选择何种规范性文件提供标准；其次，如果不同法律规范性文件都对同一行政行为进行调整，法官如何选择的规则，即法律适用冲突规则。本章正是从狭义的概念上使用行政诉讼法律适用的。

### （二）行政诉讼法律适用的特征

行政诉讼法律适用不同于法院在民事诉讼、刑事诉讼活动中的法律适用，也不同于行政机关在行政执法活动中的法律适用，它具有以下特点：

---

① 中华法学大辞典［G］简明本．北京：中国检察出版社，2003：224.

② 李步云．法理学［M］．北京：经济科学出版社，2000：606.

③ 姜明安．行政法与行政诉讼法［M］．北京：北京大学出版社，高等教育出版社，2005：566.

1. 行政诉讼法律适用的主体具有特定性

行政诉讼法律适用的主体是人民法院，这一特点使行政诉讼的法律适用与行政行为的法律适用区别开来。在行政执法活动中，行政机关是法律适用的主体；而在行政诉讼中，只有人民法院才能成为法律适用的主体，行政机关不能成为法律适用的主体。

2. 行政诉讼法律适用是第二次法律适用，具有监督性

行政诉讼法律适用是人民法院对行政机关在具体行政行为中进行的法律适用的审查，是针对同一行政管理事项的第二次法律适用，此次法律适用是对第一次法律适用的监督。①

3. 行政诉讼法律适用的范围具有广泛性

行政诉讼法律适用的范围极为广泛，涉及我国行政法的多种法源，不仅包括法律，而且还包括行政法规、地方性法规、自治条例和单行条例以及规章；不仅包括行政实体性的法律规范，而且还包括行政程序性的法律规范。

4. 行政诉讼法律适用的形式具有多样性

行政诉讼法律适用形式的多样性，具体表现在既有“依据”又有“参照”，“依据”是指根据《行政诉讼法》第五十二条的规定，人民法院审理行政案件，以法律、行政法规、地方性法规、自治条例和单行条例为依据。“参照”包括两个方面的内容：一是根据《行政诉讼法》第五十三条的规定，人民法院审理行政案件，参照行政规章；二是根据《若干解释》第九十七条的规定，人民法院审理行政案件，对于《行政诉讼法》没有规定的，可以参照《民事诉讼法》的有关规定。法院在行政诉讼中对规章及其他规范性文件的“参照”适用，是行政诉讼法律适用最主要的特点。

5. 行政诉讼法律适用的效力具有终局性

行政诉讼法律适用是对法律法规的最终适用，具有最终的法律效力。其法律效力不仅高于行政执法机关的法律适用，而且高于行政复议机关的法律适用。行政诉讼法律适用效力的终局性，体现了国家司法权在法律适用上的终局效力。②

---

① 行政法学界也有人对“第二次适用”的提法持有异议，认为行政诉讼法律适用应为“审查适用”，见刘东亮．论行政诉讼法律适用是审查适用［J］．行政与法制，2002（10）．

② 姜明安．行政法与行政诉讼法［M］．北京：北京大学出版社，高等教育出版社，2005：567.

（三）行政诉讼法律适用与行政机关法律适用的区别

行政诉讼法律适用的主体与行政机关法律适用的主体不同。行政审判的法律适用主体是人民法院。《若干解释》第六条规定：“各级人民法院行政审判庭审理行政案件和审查行政机关申请执行其具体行政行为的案件。专门人民法院、人民法庭不审理行政案件，也不审查和执行行政机关申请执行其具体行政行为的案件。”因此行政审判法律适用的主体是除专门人民法院以外的人民法院。行政机关的法律适用是行政机关在行政执法活动中的法律适用，是各级各类行政机关，包括法律、法规授权的组织。

行政诉讼法律适用的对象与行政机关法律适用的对象不同。行政诉讼法律适用依据法律、法规，参照规章，审查行政机关的具体行政行为的合法性。这一法律适用过程既体现了作为国家司法机关的人民法院对行政机关的监督，一定程度上也体现了作为国家司法机关的人民法院对行政立法的监督。一方面人民法院作为行政法制监督主体，通过行政审判的法律适用对具体行政行为的合法性进行审查，撤销违法的具体行政行为，变更显失公正的行政处罚行为，以实现其监督职能。另一方面人民法院在行政审判的法律适用中，适用与法律、法规相一致的规章，不适用其认为与法律、法规不一致的规章。因此，人民法院行政诉讼的法律适用也是对行政立法的监督。通过对行政规章是否合法、有效地认定和选择适用，而并不是直接予以撤销、变更或废止来进行监督。而行政机关的法律适用则是行政机关对公民、法人和其他组织作出行政决定的过程中，选择适用法律、法规、规章及其他规范性文件的活动。

行政诉讼法律适用的形式与行政机关法律适用的形式不同。根据《行政诉讼法》第五十二条、第五十三条的规定，人民法院审理行政案件，以法律、行政法规、地方性法规、自治条例和单行条例为依据，参照规章。因此，行政审判法律适用的形式具体表现为既有“依据标准”，又有“参照标准”。行政机关在作出具体行政行为的过程中，根据依法行政的要求，要以规范性文件为依据，因此行政机关法律适用的形式具体表现为法律、法规、规章以及规章以下的规范性文件，而且这些规范性文件均可以是依据。

行政诉讼法律适用的效力和行政机关法律适用的效力不同。行政机关的法律适用是对行政事项的第一次法律适用，其适用是否正确，要受到人民法院的审查。人民法院对具体行政行为的合法性进行审查，是对行政机关法律适用的审查，是对同一事项的第二次法律适用。行政审判的法律适用是终局性的法律适用，具有最终的法律效力，其法律效力高于行政机关法律适用的效力。

## 第二节　行政诉讼法律适用的现状及存在的问题

### 一、行政诉讼法律适用的现状

#### （一）行政诉讼法律适用中作为依据的规范认识

行政诉讼的实质是人民法院对行政机关作出的具体行政行为合法性进行审查。一个合法的具体行政行为至少应包含以下两层含义：一是具体行政行为的依据是合法的，二是具体行政行为是符合合法的依据的。因此，人民法院对行政机关作出的具体行政行为合法性的审查，也应包含对行为依据的审查和行为是否符合依据的审查。具体行政行为的合法与否，要根据一定的法律标准加以确定，因此人民法院行政诉讼法律适用的前提是行政审判法律适用的规范有明确的范围。只有对适用的规范的范围进行明确界定，人民法院在行政审判过程中，才能有明确的法律标准，否则就不能正确确认所诉具体行政行为的合法性，进而解决行政机关和行政相对人之间的行政争议。行政诉讼法律适用规范范围是我国行政审判制度的一个重要问题，它的明确界定，有利于人民法院依法进行行政审判，有利于司法机关对行政机关行政行为的监督，有利于对公民、法人和其他组织合法权益的保护，有利于促进行政机关依法行政。

《行政诉讼法》第五十二条规定，人民法院审理行政案件，以法律和行政法规为依据。地方性法规适用于本行政区域内发生的行政案件。人民法院审理民族自治地方的行政案件，以该民族自治地方的自治条例和单行条例为依据。《行政诉讼法》第五十三条第一款规定，人民法院审理行政案件，参照国务院部、委根据法律和国务院的行政法规、决定、命令制定、发布的规章以及省、自治区、直辖市和省、自治区的人民政府所在地的市和经国务院批准的较大的市的人民政府根据法律和国务院的行政法规制定、发布的规章。由此可见，现行法律规定行政诉讼适用的法律规范包括：

1. 法律

法律指由全国人民代表大会及其常务委员会根据宪法，依照法定立法程序制定的规范性文件。《立法法》第七条规定，全国人民代表大会和全国人民代表大会常务委员会行使国家立法权。全国人民代表大会制定和修改基本法律，全国人民代表大会常务委员会制定和修改除应当由全国人民代表大会制定的法律以外的其他法律。在行政诉讼法律适用的规范体系中，法律的效力等级最高。

2. 行政法规

行政法规是指由国务院根据宪法和法律的有关规定，为领导和管理各项行政工作，依照法定程序制定的各类规范性文件。《立法法》第五十六条规定，国务院根据宪法和法律，制定行政法规。应当由全国人民代表大会及其常务委员会制定法律的事项，国务院根据全国人民代表大会及其常务委员会的授权决定先制定行政法规。行政法规的法律地位仅次于法律，在全国范围内具有普遍的约束力。

3. 地方性法规

地方性法规是指由省、自治区、直辖市和省、自治区人民政府所在地的市，以及经国务院批准的较大的市和经济特区市的人民代表大会及其常务委员会，根据法律、行政法规和本行政区域的具体情况及实际需要，按照法定程序制定的各种规范性文件。《立法法》第六十三条规定，省、自治区、直辖市的人民代表大会及其常务委员会根据本行政区域的具体情况和实际需要，在不同宪法、法律、行政法规相抵触的前提下，可以制定地方性法规。省、自治区的人民政府所在地的市，经济特区所在地的市和经国务院批准的较大的市的人民代表大会及其常务委员会根据本市的具体情况和实际需要，在不同宪法、法律、行政法规和本省、自治区的地方性法规相抵触的前提下，可以制定地方性法规。

4. 自治条例和单行条例

自治条例是民族自治地方的人民代表大会根据宪法和法律的规定，结合本民族的政治、经济、文化特点而制定的规范性文件。单行条例是民族自治地方的人民代表大会适应当地民族的特点，为解决某一方面的专门性问题而制定的规范性文件。《立法法》第六十六条规定，民族自治地方的人民代表大会有权依照当地民族的政治、经济和文化的特点，制定自治条例和单行条例。自治条例和单行条例都带有明显的民族性，在本民族区域内具有普遍的约束力。

应该指出的是，尽管《行政诉讼法》规定，人民法院在适用法律时以法律、行政法规、地方性法规及其民族自治地方的自治条例和单行条例为依据，但必须注意法律、法规的层次效力。在行政审判实践中，人民法院必须明确，低层级的规范只有符合高层级的规范才有效，据此作出的具体行政行为才合法。

（二）行政诉讼法律适用中作为参照的规范认识

1. “参照”规章的内涵

所谓“参照”是指人民法院审理行政案件中法律适用的一种独具特色的提法。从立法本意上看，“参照”就是指人民法院在审理行政案件时可以参考、依照规章的有关规定，对符合法律、行政法规规定的规章，要参照适用，作为审查具体行政行为是否合法的依据；对不符合或不完全符合法律、法规原则精神的规章，人民法院有灵活处理的余地，可以不予适用。

规章是行政性法律规范文件，主要指国务院各组成部门及直属机构，省、自治区、直辖市人民政府及省、自治区人民政府所在地的市和经国务院批准的较大的市的人民政府，在它们的职权范围内，为执行法律、法规需要制定的事项或属于本行政区域的具体行政管理事项而制定的规范性文件。《行政诉讼法》第五十三条第一款规定："人民法院审理行政案件，参照国务院部、委根据法律和国务院的行政法规、决定、命令制定、发布的规章以及省、自治区直辖市和省、自治区的人民政府所在地的市和经国务院批准的较大的市的人民政府根据法律和国务院的行政法规制定、颁布的规章。"2004 年 5 月 18 日最高人民法院公布的《关于审理行政案件适用法律规范问题的座谈会纪要》进一步规定："规章制定机关作出的与规章具有同等效力的规章解释，人民法院审理行政案件时参照适用。"

2. "参照"规章的原因分析

《行政诉讼法》没有规定规章作为审理行政案件的依据，而只是作出参照的规定。行政规章在行政审判中应当居于何种法律地位，在行政诉讼法起草过程中，曾有两种截然不同的意见。

意见一：行政规章应与法律、行政法规、地方性法规，自治条例和单行条例一样，在行政审判中处于"依据"的地位。其理由是：①在我国目前的法制状况下，法律、法规均较为抽象、原则，可操作性较强；②行政机关的具体行政行为通常情况下是依据行政规章作出的，而在行政诉讼中又不承认行政规章的"依据效力"，必然使具体行政行为失去法律的依据，从而无法判断该具体行政行为是否合法；③行政规章是我国法律体系的一个重要组成部分，应当作为审判依据。

意见二：行政规章在行政审判中不能居于"依据"的地位。其理由是：①行政规章是国务院各部委及地方政府规定的，由我国体制所决定，对法院没有约束力；②行政诉讼的一方当事人所制定的行政规章作为解决双方当事人争议的意见，不符合法治原则的一般要求；③在我国，制定行政规章的主体较多，且层次较低，又夹杂着部门利益和地方利益，在实践中，行政规章无论在内容上或是形式上都存在较多问题。[①]

立法者考虑到上述两种意见各自的合理性，在《行政诉讼法》中规定了"参照"行政规章这一颇具中国特色的规定。

---

① 张正钊．行政法与行政诉讼法［M］．北京：中国人民大学出版社，2004：437.

### （三）规章以下的其他规范性文件在行政诉讼中的地位

除去上述法律、法规和规章之外，我国的规范性文件体系中还包括所有行政机关制定的决议、命令等具有普遍约束力的行政规范性文件，如县、市政府等行政机关基于行政管理的需要，根据法律、法规所制定的规范性文件。它们在行政诉讼中的地位，《行政诉讼法》未予以考虑，既没有“参照”地位，更无审理“依据”地位，直到《最高人民法院关于执行〈中华人民共和国行政诉讼法〉若干问题的解释》出台后，才赋予了“合法、有效的规范性文件”可以被裁判文书“引用”的地位。

## 二、行政诉讼法律适用中存在的问题

### （一）“依据”和“参照”的困惑

“依据”和“参照”的困惑主要体现在两个方面：一方面是“依据”和“参照”本身含义的问题，另一方面是“依据”和“参照”的规范问题。从“依据”和“参照”本身的含义来看，《行政诉讼法》将法律、法规规定为“依据”，将规章规定为“参照”以及在最高人民法院作出的关于执行《行政诉讼法》的司法解释中将行政规范性文件规定为“引用”。“依据”、“参照”、“引用”的含义是什么？作为“依据”的法律和法规出现冲突时，法院是“依据”法律规范还是“依据”冲突规范的一般处理原则选择适用法律并不清楚，如果选择适用法律的话，那么“依据”法规就和“参照”法规并无异同；当其他规范性文件和法律、法规并无冲突，并合理、适当，那么此时“引用”其他规范性文件就和“参照”其他规范性文件并无差异。由于这种对“依据”、“参照”、“引用”的含义法律中并无清楚明确的界定，理论上也缺乏一致的认识，在实践中操作也不统一，人为地增加了法官适用法律规范的难度，不利于行政诉讼中法院审判权的行使。从“依据”和“参照”的规范来看，“依据”意味着人民法院在审理行政案件时要以法律和法规为依据，在审理地方性行政案件及民族自治地方的行政案件时要分别以地方性法规和自治条例及单行条例为依据，人民法院不得加以选择并拒绝适用，这里把法律作为“依据”，在我国现有的政治体制下并无不妥。但把行政法规作为依据本身就存在矛盾。行政诉讼的功能就在于通过审查具体行政行为的合法性，纠正不合法的具体行政行为，实现司法对行政的监督，最终保护行政相对人的利益。如果以行政法规为“依据”，那么当行政法规本身不合法时，就会出现以“违法”的规范来判断具体行政行为的合法性，这样，行政诉讼的功能和目的就很难实现，也违背了行政诉讼制度建立的初衷。

（二）对行政机关制定的一切规范认识不清

第一，同为行政机关，其所制定的规范性文件在行政诉讼中却具有不同的地位，其道理何在？就行政诉讼法的规定看，国务院的行政法规具有审理依据的地位，各部委制定的规章处于参照地位，至于其他国家行政机关制定的规范性文件却难登大雅之堂。形式上如此处理是依据宪法和有关组织法，实质上却是根据行政机关的级别。文件制定机关的级别不同，文件在行政诉讼中的地位就不同。这就产生了一个问题：级别不同的行政机关所制定的规范性文件能否具有不同的法律效力，或者说同等级的行政机关所制定的规范性文件能否具有同等的法律效力。① 应当说，行政机关等级和法律效力无论如何是不能画等号的。两者间虽然存在一定的联系，但毕竟属于两个不同的范畴。无论是中央政府还是地方政府，他们都是行政机关，其所制定的规范性文件在性质上都属于行政性法规这一类。行政机关内部虽有上下级之分，但它们所制定的规范性文件对外部的被管理者都具有法律效力，都不得与法律相抵触。我们实际上是根据行政机关等级来决定规范性文件的法律效力等级，分别赋予不同等级的行政机关所制定的规范性文件在行政诉讼中以依据、参照和不予考虑地位。这样，行政性法规所存在的问题就被硬性的法律规定掩盖起来了，造成行政案件审理中的种种困难。

第二，更为重要的是，规定与实际情况相分离。在行政诉讼法中，行政级别越高的行政机关所制定的规范性文件的效力越高。而在实际的行政活动中，级别越低的行政机关所制定的规范性文件越适用、越有实效。按《行政诉讼法》，在实际中起作用的规范性文件在法律上却不能用。而在实际中，法律上必须适用作依据的规范性文件却不好用。这种理论和实际的分离，立法和实际的脱节给行政诉讼带来很多困难，使行政活动进退两难。②

（三）法院在行政诉讼法律适用中不享有最终决定权

《行政诉讼法》、《立法法》等现行法规的相关规定表明，法院在行政诉讼法律适用中不享有最终决定权，在地方政府规章与部门规章，地方性法规与部门规章之间，行政法规之间发生矛盾与冲突时，自己无权作出判断，应当报请全国人民代表大会与国务院进行解释或裁决。实质上是由国务院和全国人民代表大会来

① 张树义．冲突与选择——行政诉讼的理论与实践［M］．北京：时事出版社，1992：187.

② 张树义．冲突与选择——行政诉讼的理论与实践［M］．北京：时事出版社，1992：188.

决定法院应适用何种法律规范。这是对司法独立权的严重侵犯，不利于行政诉讼目的和功能的实现。

（四）法律规范冲突严重

法律规范的冲突严重。就我国而言，立法主体的多元性是法律冲突的首要原因。根据我国现行宪法和法律的规定，全国人民代表大会及其常委会、国务院及其部委、省或直辖市的人民代表大会及人民政府、民族自治区地方的人民代表大会及人民政府、省会市和国务院批准的较大的市的人民代表大会及人民政府、经济特区的权力机关及人民政府，都行使着范围不同、等级不同的立法权限。不同立法机关在立法时只考虑部门利益、地方利益，对同一事项作出不同立法是产生法律冲突的重要原因。其次，新旧体制转型，社会关系变化急剧，必然产生新旧法律的矛盾。与此同时，我国有关法律文件的清理、修改、补充等规定并未形成制度，实际工作远远落后于现实需要。在李慧娟事件中《河南省农作物种子管理条例》落后于《种子法》就是一个明证。①

## 第三节 行政诉讼法律适用问题的解决思路

### 一、正确认识我国宪法体制下司法权和行政权的关系

我国的权力结构中行政机关和司法机关由国家权力机关产生，行政权和司法权的行使必须对权力机关负责，并受权力机关的监督制约，这种权力结构决定了我国的权力制约不同于西方资产阶级国家。就行政权而言，国家权力机关不仅自己直接主动监督、制约行政权的行使，而且还赋予司法机关监督制约行政权的行使，这样对行政权的行使构成了多维的监督制约形式。从行政诉讼的视角看，行政权与司法权不再是相互监督制约关系，而是一种单向制约关系，也就是说，只有司法权监督制约行政权，而行政权不能再反向监督制约司法权。这种单向的监督制约主要在于实现行政诉讼的双重目的，即维护行政管理相对人的合法权益，监督、促使行政机关依法行使职权，其方式是人民法院对具体行政行为的审查。在行政诉讼中，司法权对行政权的监督制约是通过行政管理相对人提起的行政诉讼请求而介入的，因此这种监督制约具有被动性。

---

① 韩哲．关于司法审查制度的思考——以法官李慧娟、赵广云受处分事件为视角［J］．中国青年政治学院学报，2004（4）．

司法权对行政权的监督制约符合权力运行的客观规律。权力作为支配人的力量，从本质上看具有膨胀的属性，在未受到控制时，总是无限地扩张，其效果具有破坏性。权力自身也有两重性，一方面它与整个社会需要和共同利益相联系，权力行使者可以运用权力维护公共利益，推进社会各项事业的发展。另一方面它使掌权者的群体利益和个人利益相联系，权力行使既能维护掌权者的群体利益，巩固其地位，又能给掌权者个人带来荣誉、地位、利益，因而权力又潜藏着腐蚀性，可能诱发各种腐败现象。权力潜在的扩张性和腐蚀性决定了权力行使应当有一定的界限和范围。可见，一切有权力的人都容易滥用权力，这是万古不易的一条经验。有权力的人们使用权力一直到遇有界限的地方才停止。因此，权力行使不仅要在量上确定一定的范围和标准，而且还必须以权力约束权力才能防止权力的滥用。行政权力是国家赋予行政机关组织和管理社会公共事务的权力，是国家为了维护公共利益和公共秩序而配置的，它是一种具有强制性的指挥、命令、支配力量，与一般权力具有共同的属性，同样潜藏着某种可能的扩张性和腐蚀性。但是行政权力还有特殊性，它包括的内容较多，涉及的领域广泛，运用的频率很高，可以说行政管理权渗入了当今社会各个领域，没有一种权力的行使会像行政权的行使那样广泛、经常。同时行政权的行使过程实际是对社会政治、经济、文化等资源利益的分配过程，会直接影响公民、法人和其他组织的合法权益，因此，通过司法权对行政权的监督以保护行政管理相对人的合法权益，保证行政机关依法行政是非常必要的。

我国司法权和行政权都是独立的国家权力，没有权力大小之分，不存在从属关系，这是司法权监督制约行政权的前提条件。司法机关经常与法律打交道，精通法律条文和立法精神，了解整个法律体系的内部逻辑联系，具有熟练运用法律的技能，并且在长期实践中积累了丰富的司法经验，因此，司法权监督制约行政权具有很大的优势，并能发挥独特的作用。首先，它具有公正性。司法机关不创制法律，不为行政管理相对人设定权利和义务、不直接行使对社会公共事务的管理权，无疑将自己置于当事人的权利和义务、社会资源利益分配的矛盾冲突之外，在行政诉讼中能以独特的身份处于超然的居间地位，这是司法监督客观公正的基础。司法机关审理行政案件依据客观、公正、法定的行政诉讼程序，这为行政诉讼获得公正、合理的结果提供了重要保证。其次，它具有权威性。民主制度常常与法治相联系，法治的社会以法律为最高准则。司法活动严格按照法定程序进行，并且依照法律判断是非，决定了司法监督制约具有权威性。无论是国家行政机关还是公民、法人和其他组织，只要是以诉讼当事人的身份进入行政诉讼过程，都必须服从司法权威，无视这种权威就是无视法律，就要追究其法律责任。最后，它具有补救性。司法审查是司法机关针对行政主体执行法律行政法规以及行政规章所产生的某种法律后果而实施的审查，与行政系统内部实施的监督制约有很大的不同，它侧重于权力行为反馈后果的矫正与补偿，能起到亡羊补牢的作用。

由此可见，将行政权置于司法权的监督之下，以法律制度约束行政权的行使，这是实现行政法治化的根本方向。我国尚未完全建立起完整的司法审查制度，只有通过行政诉讼来实现司法对行政的监督。就我国的行政诉讼制度来看，法院只能对具体行政行为的合法性进行审查，抽象行政行为的审查和监督显得十分有限和微弱，这与当今的法治要求和我国宪政体制下司法权和行政权的关系是不相吻合的。为了实现司法权对行政权的监督以促进行政权依法运行，有必要“发掘”我国宪法体制下司法权的“潜能”，以行政诉讼法律适用为突破口，实现司法权对行政权的全面监督，将对抽象行政行为的审查纳入行政诉讼法律适用的间接司法审查当中。

## 二、明确“依据”和“参照”的含义

依据行政诉讼法及相关司法解释，在行政诉讼法律适用当中，有的规范处于“依据”地位，有的规范处于“参照”地位，还有的规范处于“引用”地位①。那么要研究不同规范在行政诉讼法律适用当中的地位，前提就是要厘定“依据”、“参照”和“引用”的含义。

有的学者认为，“依据”是指人民法院在审理行政案件时，确认被诉具体行政行为是否合法的标准和尺度。② 也有的学者认为，行政案件的审判依据，是指人民法院在审理行政案件的过程中，据以判断被诉具体行政行为的合法性与适当性，并以之为基础作出行政判决或者裁定的法律依据的标准，它是行政判决的法律基础。依据可以分为强制性依据和任意性依据。强制性依据是指人民法院在审理和判决时不能对其进行合法性判断以决定是否适用，而是必须直接适用的规范性法律文件；任意性依据是指人民法院审理和判决时，可以根据其对被诉具体行

① 《最高人民法院关于执行〈中华人民共和国行政诉讼法〉若干问题的解释》第六十二条第二款规定：“人民法院审理行政案件，可以在裁判文书中引用合法有效的规章及其他规范性文件。”

② 叶必丰．行政法与行政诉讼法学［M］．北京：中国人民大学出版社，2003：353.

政行为和被参照的法律文件的合法性的评价，以裁量决定是否适用或者以之作为审理某一具体行政案件的法律依据。① 本章认为，“依据”就是判断行政行为合法性的标准和尺度，是必须直接适用，不得加以审查选择并拒绝适用的。所谓“任意性依据”类似于“参照”，并无独立的研究价值，并且使本来就很复杂的“依据”、“参照”和“引用”变得更为混乱，所以这种分法不可取。

“参照”出现在《行政诉讼法》第五十三条，是一个有特殊含义的法律用语，权威的解释是：关于《中华人民共和国行政诉讼法（草案）的说明》中指出，“对符合法律、行政法规规定的规章，法院可以有灵活处理的余地……某些情况下也可以不予适用”②。有的学者则不同意上述观点，认为这种说法虽然接近立法机关的原意，但有两个问题不能解决。一是法院对规章进行审查的标准，是法律、行政法规，还是法律、行政法规的原则精神？如果行政法规和法律相冲突，但是规章却符合法律，法院当如何处理？二是其中的“可以”和“灵活”的含义不明确。对于符合法律、行政法规的规章可以不适用？对于不符合或者不完全符合的法律、行政法规原则精神的行政规章，法院如何处理才算“灵活”？因此，该学者认为这种观点不能解决司法实践中对规章适用的问题。③ 姜明安教授则认为，“参照”规章是指人民法院进行司法审查，在没有法律、法规对相应问题作出明确具体的规定，且法院适当的审查，认为相应行政规章对相应问题作出的规定是明确具体的且不与法律、法规、法理相违背的情况下，依据此种行政规章对具体行政行为进行审查、评价，确定其合法性与有效性。④ 居于通说的观点认为，所谓“参照”，即参考、依照之意。“参照”与“依据”不同，“依据”是指人民法院在审理行政案件时，必须直接适用，对其不得加以审查选择并拒绝适用；“参照”是指人民法院可以根据具体情况决定是否适用。“参照”实质上是赋予了人民法院对被“参照”的规范进行审查和选择适用权。⑤ 本章赞成通说，主张“参照”就是在审查、判断的基础上选择适用，但法院无权对“参照”规范宣布违法或无效。也就是承认法院在行政诉讼法律适用中对被“参照”规范的间接司

① 胡玟鸿．行政诉讼法教程［M］．北京：法律出版社，1997：304－305.

② 胡锦光，杨建顺，李元起．行政法专题研究［M］．北京：中国人民大学出版社，1998：327.

③ 吴鹏．行政规章“参照”研究［J］．首都师范大学学报，2003（4）．

④ 姜明安．行政诉讼法学［M］．北京：北京大学出版社，2001：130.

⑤ 叶必丰．行政诉讼法学［M］．北京：中国人民大学出版社，2003：356；姜明安．行政与行政诉讼法［M］．北京：北京大学出版社，高等教育出版社，1999：371.

法审查权①。

## 三、重新认识行政法规的地位

在《行政诉讼法》实施的早期，行政审判理论与实践对行政法规的行政审判依据地位均予以认可。近年来，有学者对行政法规的行政审判依据地位提出质疑②，有学者甚至明确提出行政法规不能成为行政审判依据的论断。③ 行政法规在民事审判理论与实践中长期被奉为审判依据规范，但它的审判依据地位在审判实践中也已经开始动摇。④

### （一）外国的行政审判理论与实践以及对我们的启示

在英国、法国、美国和德国等国家，法院在审理行政案件时也经常会面临如何适用行政立法的问题。在法学方法论上，比较法被誉为"真理的学校"，是"解决方案的仓库"。⑤ 通过考察其他国家尤其是法治发达国家如何处理相同或者类似的问题，可以为我们提供有益的参考。通过比较，可以扩大法学视野，对我国相关法律制度的正确性、妥当性进行检验，形成全面、开放的认识。

1. 英国

在英国，行政机关没有固有的立法权，其制定的法律规范被称为"委任立法"，由于奉行议会至上原则，法院对议会制定的法律无权非议。但是，对于委任立法（包括中央行政机关的立法在内），法院在审理案件时必须根据越权原则来判定其合法性。即使是那些必须得到议会两院批准始能生效的委任立法，由于该立法仍然属于从属立法的性质，法院仍然可以审查其有效性。⑥ 英国的审判理论与实践均认为，除了极特殊的情况以外，不得规定旨在排除法院对委任立法的

---

① 本文涉及"间接司法审查"用语时与"参照"同义。

② 张树义．寻求行政诉讼制度发展的良性循环［M］．北京：中国政法大学出版社，2000：279－280.

③ 刘松山．人民法院的审判依据［J］．政法论坛，2006（4）．

④ 参见最高人民法院于2003年1月6日发布的《最高人民法院关于参照〈医疗事故处理条例〉审理医疗纠纷民事案件的通知》。

⑤ ［日］大木雅夫．比较法［M］．范愉，译．北京：法律出版社，1999：60.

⑥ ［英］威廉·韦德．行政法［M］．徐炳等，译．北京：中国大百科全书出版社，1997：577－578.

合法性进行审查的条款。①

2. 法国

在法国，总统和总理作为国家最高行政机关，有权制定条例。② 行政法院在行政诉讼中可以审查条例的效力，撤销违法的条例。条例不论其效力如何都是行政机关的行为，行政机关的行为除少数情况以外，都受行政法院管辖。总统根据全民投票所通过的法律而制定的条例也受行政法院管辖。唯一不受行政法院管辖的条例是一部分紧急情况条例。法院认为这种条例，如果它所规定的事项属于法律权限范围以内，不受行政法院管辖，如果属于宪法规定的条例范围内的事项，仍然受行政法院管辖。③

3. 美国

在美国，总统作为最高行政首脑，可以以政府机关和官员或者社会公众为对象发布行政命令。④ 法院有权审查国会制定的法律是否违反宪法，当然也有权审查包括行政命令在内的所有行政立法是否符合宪法和法律。在行政立法已经颁布，但尚未正式实施或尚未对行政相对人造成实际损害之前，法院可以应行政相对人的请求发布禁止令。在行政立法已经颁布，并已经实施和已实际造成了对行政相对人的损害时，法院可以应行政相对人的请求对行政立法进行审查，宣布被指控的行政立法无效和撤销该行政立法。⑤

4. 德国

在德国，联邦政府、联邦部长和各州政府有权根据议会法律的授权制定法规，自治组织有权根据法律的授权制定规章。由于上述机关没有固有的立法权，它们制定的规范均属于“委任立法”。对于委任立法，宪法法院和行政法院均有权进行审查。其中，宪法法院对委任立法的审查属于直接审查，即宪法法院直接受理当事人对委任立法违宪的指控案件，审查其是否符合宪法。行政法院对委任立法的审查属于间接审查，即行政法院在审理行政案件中附带地审查委任立法是否越权。⑥

---

① ［英］威廉·韦德．行政法［M］．徐炳等，译．北京：中国大百科全书出版社，1997：596 – 597.

② 王名扬．法国行政法［M］．北京：中国政法大学出版社，1988：59 – 60.

③ 王名扬．法国行政法［M］．北京：中国政法大学出版社，1988：145.

④ 王名扬．美国行政法［M］．北京：中国法制出版社，1995：140 – 141.

⑤ 姜明安．外国行政法教程［M］．北京：法律出版社，1993：260.

⑥ 姜明安．外国行政法教程［M］．北京：法律出版社，1993：105.

从上述四个国家的行政审判理论与实践来看，对于行政立法，无论其制定主体、效力层级、形式或者性质如何，法院均可以对其合法性、有效性进行审查，只是审查方式有别而已，有的可以直接针对行政立法进行审查，有权宣告该行政立法无效；有的只能在审查具体行政行为时对作为其依据的行政立法进行间接、附带的审查，在认为该行政立法违法时，虽然无权宣告其无效，但有权拒绝适用。在这些国家，各种效力层级不同的行政立法对法院都没有绝对的约束力，因而都不属于审判依据规范。我国《行政诉讼法》规定法院在审理行政案件时对行政法规和规章应当采取完全不同的态度，并赋予行政法规行政审判依据地位，其正确性、妥当性不无疑问。

**（二）行政法规的应然地位是“参照”**

1. 审查行政法规合法性的必要性

行政法规是国务院根据宪法和法律，按照法定程序制定的法律规范①。国务院制定行政法规是其行使行政权力的重要表现形式。行政机关依法制定规范性文件的行为在行政法理论上称之为抽象行政行为。不管是抽象行政行为还是具体行政行为都是行政权力的运行方式，区别仅在于时间的先后和对象的多寡，没有本质的区别，他们在法律效力上属于同一个层次，均具有拘束力、确定力、执行力。无论是抽象行政行为还是具体行政行为，一经作出都会在特定的法律关系双方当事人之间形成一种行政法上的权利和义务关系，而就公民、法人和其他组织来说，其权利和义务都有可能受到这种具有法律效力的行政行为的侵犯。② 可见抽象行政行为和具体行政行为一样也具有行政权力的一般特性，违法的可能性是不可避免的。事实上，“一切有权力的人都容易滥用权力，这是万古不易的一条经验”，“从事物的物质来说要防止滥用权力就必须以权力约束权力”③。因此抽象行政行为同样需要监督，行政法规也不应例外。在我国宪政体制下，国务院是最高国家权力机关的执行机关，其权力的行使应符合最高国家权力机关的要求，即权力的行使不能违反法律的规定。因此，国务院制定的行政法规应当有法律依据，不能与法律相违背。我国《宪法》第六十七条第（七）项规定：“全国人大常委会有权撤销国务院制定的同宪法、法律相抵触的行政法规、决定和命令。”

① 参见方世荣．行政法与行政诉讼法［M］．北京：中国政法大学出版社，1999：160.

② 陈华文．抽象行政行为可诉性探讨［J］．青海社会科学，2001（4）．

③ ［法］孟德斯鸠．论法的精神：上［M］．北京：商务印书馆，1961：154.

可见我国全国人大常委会是有权对行政法规的合宪性、合法性进行审查的。

2. 由立法机关对行政法规合法性审查的不足

立法机关对行政法规的监督自身存在很大的局限性，使得在实践中难以发挥应有的作用。首先，权力机关的监督是一种非经常性的监督，而行政规范都具有很强的实践性和现实性，需要适应社会的不断发展和变化而不断修改和补充，这就使立法机关的监督不能及时满足社会的实际需求。其次，在立法监督中，没有行政行为的利害关系人参与，缺少外部力量的启动和制约。法律规范的生命是在实践和运用中体现的，没有实践和运用，法律的不足及存在的问题将很难发现，而立法机关的监督主要是事前监督，通过备案的方式来实现的，而备案审查制度尚没有积极主动性，造成备案只备不查，法规只定不清的局面，使监督流于形式，行政法规违法事项很难得到有效的纠正。最后，从实际的情况来看，立法机关对行政法规监督权的行使并不理想，不仅这些年来几乎没有一件法律、法规被其宣布为违法而予以撤销，而且根本就没有一部可供操作的实施监督的程序法律。[①] 可见，立法机关对行政法规的监督是不理想的，这就需要寻求其他方式来监督行政法规，防止违法的行政法规侵犯行政相对人的合法权益。

3. 通过间接司法审查的方式对行政法规进行监督

《行政诉讼法》确立了对具体行政行为合法性审查的原则，而不直接审查抽象行政行为的合法性，同时规定行政法规是对具体行政行为合法性审查的标准，这种规定不仅造成作为依据或标准的行政法规逃避司法监督，更为可悲的后果是依据违法的行政法规所作出的具体行政行为也有可能被不得不认为有“合法”的依据得到司法判决的承认。当然在我国当前的政治体制下，人民法院是无权对行政法规直接评价并作出撤销决定的，但人民法院在审查具体行政行为合法性时，是否可以对行政法规进行间接的司法审查呢？回答应该是肯定的。这里有一个前提要明确，行政法规必须具有合法性，违法的行政法规依据我国宪法是无效的，不能作为具体行政行为的依据，更不能作为司法审查的依据。如果不对行政法规的合法性进行审查，那么，又凭什么说据以作出的具体行政行为是合法的呢？我国宪法规定，全国人民代表大会常务委员会有权撤销国务院制定的同宪法、法律抵触的行政法规、决定和命令。这是否说明只有全国人大常委会才是对行政法规进行合法性审查的唯一机关？宪法本身对此并未予以明确，但宪法也未明确禁止司法机关对行政法规进行审查，况且，这种情况在世界上有很多例子可以借鉴。

① 董皞．论行政审判对行政规范的审查与适用［J］．中国法学，2000（5）．

法院通过行政诉讼对具体行政行为进行合法性审查的同时，实际上必然会触及据以作出具体行政行为的抽象行政行为（包括行政法规）的合法性问题。在发现抽象行政行为是否合法这一点上，司法机关最为敏感，事实上，法院对具体行政行为实施司法监督的同时，绝不可回避据以作出具体行政行为的抽象行政行为的合法性问题，虽然它有可能“依法”视而不见，但它是心知肚明的，由此可见，由法院在行政诉讼法律适用中对行政法规进行间接的司法审查是必要的，也是可行的。

4. 法院在行政诉讼法律适用中对行政法规进行间接司法审查的宪法分析

首先，根据我国的宪政体制结构，审判机关与行政机关（包括国务院在内）之间并无从属关系，这就使得行政法规不可能成为审判依据规范。根据宪法的有关规定，行政机关和审判机关均从属于国家权力机关。但是，行政机关和审判机关之间在法律上是相互独立的，彼此之间没有从属关系，也不存在一方在地位上优于另一方的问题。一方面，行政法规是国务院根据宪法和法律赋予的行政立法权制定的法律规范，人民法院作为行使审判权的国家机关，对国务院行使行政立法权的行为应当给予充分的尊重；另一方面，国务院虽然有权制定行政法规，但其调整对象限于具有从属关系或者管辖关系的行政机关或者社会公众，并不包括与其无从属关系的审判机关在内。在法理学上，法律规范是普遍及于一切接受对象的规范。① 由于国务院不能以审判机关为调整对象制定法律规范，故其制定的行政法规对人民法院审理案件并无当然的约束力。所以，人民法院在审理案件适用法律时，应当尊重行政法规，但不应当受其拘束，将其作为审判依据规范予以适用。

其次，根据宪法关于人民法院依照法律规定独立行使审判权的规定，行政法规同样不能成为审判依据规范。《宪法》第一百二十六条规定：“人民法院依照法律规定独立行使审判权，不受行政机关、社会团体和个人的干涉。”在这里，“依照法律”是指人民法院应当以全国人大和全国人大常委会制定并依法公布施行的法律作为审判依据规范。根据“举轻明重”的法律解释规则②，宪法更应当是审判依据规范。当然，“依照法律”旨在强调人民法院对法律的服从，并不是说与法律不相抵触的有效行政法规等规范人民法院均得排斥不用。但是，为了贯彻人民法院依照法律规定独立行使审判权的宪法规范意旨，人民法院在适用行政法规

① ［德］魏德士. 法理学［M］. 丁晓春，吴越，译. 北京：法律出版社，2005：59－60.

② 翁岳生. 行政法［M］. 北京：中国法制出版社，2002：213.

等法律规范之前，必须依据法律对其合法性、有效性进行审查，只有在确认其符合法律的情况下才能承认其效力并予以适用。鉴于我国的审判机关在国家政治生活中地位比较低，在审判实践中经常出现行政机关干涉人民法院审判案件的情形，为了确保人民法院依照法律规定独立行使审判权的规范意旨得以实现，《宪法》第一百二十六条特别强调，人民法院行使审判权的活动不受行政机关的干涉。在这里，“行政机关”显然是指包括国务院在内的所有行政机关。这进一步排除了行政法规作为审判依据规范的可能性。试想，如果赋予行政法规审判依据地位，就意味着人民法院在审理案件时得服从国务院的行政立法权，也意味着国务院有权通过制定行政法规的方式干涉人民法院的独立审判，这显然与《宪法》第一百二十六条明确表达的规范意旨相违背。

从主要发达国家的行政审判理论与实践来看，法院对待效力层级不同的行政立法的态度并无本质的差异，均不承认行政立法的行政审判依据地位。我国行政诉讼法规定，法院在审理行政案件适用法律时，对行政法规和规章应当区别对待，将前者奉为审判依据规范，将后者作为审判参照规范，这种做法是非常罕见的。在行政诉讼法立法时，立法者考虑到规章的地位和效力层级较低，容易产生违法的问题，故将规章作为审判参照规范对待。但是，行政法规也是行政机关制定的法律规范，其在法律秩序中的地位和效力层级同样在法律之下，也会存在违反法律的问题，其对人民法院的规范性拘束力与规章之间并无本质的差别。行政法规在法律秩序中的地位和效力层级比规章高，这就意味着人民法院在审理案件适用法律时对行政法规应当给予较规章更多的尊重，但无论如何也不能将行政法规奉为审判依据规范。行政诉讼是一项通过比较正式和严格的诉讼程序来监督行政权、保护行政相对人合法权益的法律制度。若赋予行政法规行政审判依据地位，那么行政诉讼所具有的监督行政权以及保护行政相对人合法权益的功能就会被严重削弱，行政法治的实现就会面临难以克服的障碍。

因此，行政法规在行政审判法律适用中不应当具有行政审判依据地位，应当接受法院审查具体行政行为合法性时的间接司法审查，其地位应是行政审判参照规范，当人民法院在行政诉讼法律适用中发现行政法规违法的，可以不予适用。

## 四、其他规范性文件在行政诉讼法律适用中的地位

### （一）其他规范性文件的地位之争

其他规范性文件是指有行政立法权的行政机关制定的除行政法规、规章以外的具有普遍约束力的行政决定、命令等规范性文件，以及不享有行政立法权的机

关制定的具有普遍约束力的行政决定、命令等规范性文件的总称。[①] 其他规范性文件制定主体复杂、数量庞大、涉及面极广，在立法滞后或尚无立法的情况下具有替代行政法规实现社会管理的重要功能。[②] 我国《行政诉讼法》第五十二条、第五十三条规定了人民法院审理行政案件以法律、行政法规、地方性法规为依据，参照规章的法律适用原则，但对其他规范性文件在行政诉讼中到底处于何种地位没有作出规定，因此，学者对这一问题的看法也是众说纷纭。

1. 完全否认说

这种观点认为，其他规范性文件不属于法的范畴，对法院没有强制约束力。对所有依据其他规范性文件作出的具体行政行为均不予承认其合法性，或者不作为行政案件来审查。根据《行政诉讼法》第五条和第五十四条的规定，在被诉具体行政行为仅仅依据其他规范性文件作出，而没有更高层级的法律、规范性文件支持的情况下，没有必要进行适用法律、法规方面的司法审查。行政机关要依法行政，就应当依据法律、法规、规章，既然作出的具体行政行为没有引用法律、法规、规章，还有何审查的必要呢？人民法院无须进行合法性审查，直接认定具体行政行为适用法律法规错误，判决予以撤销。

2. 参考说

大多数学者认为，其他规范性文件应该在行政诉讼中占有一席之地。胡建淼教授认为，虽然其他规范性文件在行政诉讼中既不是法院审理行政案件的依据，也不具有像规章那样的参照地位，但是其对人民法院审查具体行政行为的合法性有一定的参考意义。在其他规范性文件有明确的法律、法规和规章依据，同时不违反相关的法律、法规和规章的情况下，人民法院应对其他规范性文件予以参考。[③]

3. 察考说

有学者认为，虽然从法理学的角度和立法法的规定来看，一般规范性文件不属于法的范畴，但行政诉讼法不应一概否定一般规范性文件的法律效力。论者分别从法律依据、立法角度、行政管理三方面对这一观点进行了论证。首先，从法律依据分析，法律、法规赋予了国家行政机关制定一般规范性文件的权力。因

① 胡建淼．行政诉讼法学［M］．北京：高等教育出版社，2003：186.

② 周卫昕．对行政裁判文书中引用其他规范性文件问题的思考［J］．华东政法学院学报，2001（5）．

③ 胡建淼．行政诉讼法学［M］．北京：高等教育出版社，2003：186.

此，排斥一般规范性文件就意味着压制和剥夺行政权。其次，从立法角度分析，一般规范性文件应视为法律规范性文件对社会关系进行调整、维护的合理、必要的补充，因此，它具有法律“补丁”的功能。最后，从行政管理分析，一般规范性文件符合客观存在和实际行政管理的需要，它对落实行政法律制度，加强行政管理，推动行政效率等方面具有重要意义和现实基础。因此，该学者建议，在行政诉讼现有的“依据”法律、法规，“参照”规章之后，增加“察考”一般规范性文件的规定，给予其应有的法律地位。①

4.“有限依据说”

李杰法官认为，尽管其他规范性文件不属于法的渊源，但也应该像对待规章那样对待其他规范性文件。只要其他规范性文件不与上位法相冲突，就应当承认其效力，并可以在裁判文书中引用。另外，论者还认为，对于负担性行政行为，必须有法律、法规、规章作依据，而对于授益性行政行为，无须要求须有法律、法规、规章作为依据，其他规范性文件可以作为依据。此外，对于规定“国家标准”的地方性法规文件原则上不承认其效力，而应适用全国统一的“国家标准”，这种国家标准事实上属于其他规范性文件的范畴。②

（二）其他规范性文件在行政诉讼中应处于“参照”地位

我们认为，由于我国目前法制建设还不完备，就立法意义上讲，大量的行政行为还缺乏严格意义上的法律、法规依据，其直接依据就是其他规范性文件。制定并执行其他规范性文件是行政机关行使职能对社会进行管理的重要形式，如果将依据这些规范性文件而作出的具体行政行为一律认为因为没有法律依据而认定其违法的话，那么很多行政机关的职能将无法实现。因此，完全忽视其他规范性文件的客观存在是不现实的。但是，正如规章一样，其前提是首先要接受法院对其合法性进行的司法审查，合法的承认其效力，不合法的则不予适用，也就是说其他规范性文件在行政诉讼法律适用中应处于“参照”地位。2004年5月18日，最高人民法院公布的《关于审理行政案件适用法律规范问题的座谈会纪要》中指出：“行政审判实践中，经常涉及有关部门为指导法律执行或者实施行政措施而作出的具体应用解释和制定的其他规范性文件，主要是国务院部门以及省、市、

① 胡小践．对拓展行政诉讼法律适用和行政判决方式的思考［EB/OL］．［2010－04－06］http：//www. chinacourt. org/public/detail. php？ id＝116349.

② 李杰．其他规范性文件在司法审查中的地位及效力探析［J］．行政法学研究，2004（4）．

自治区和较大的市的人民政府或其主管部门对于具体应用法律、法规或规章作出的解释；县级以上人民政府及其主管部门制定发布的具有普遍约束力的决定、命令或其他规范性文件。行政机关往往将这些具体应用解释和其他规范性文件作为具体行政行为的直接依据。这些具体应用解释和规范性文件不是正式的法律渊源，对人民法院不具有法律规范意义上的约束力。但是，人民法院经审查认为被诉具体行政行为依据的具体应用解释和其他规范性文件合法、有效并合理、适当的，在认定被诉具体行政行为合法性时应承认其效力。”显然，最高人民法院在司法实践中基本上也持上述观点，一定程度上确立了其他规范性文件在行政诉讼法律适用中的“参照”地位。

但应当明确的是，对其他规范性文件在行政诉讼法律适用中的“参照”同对行政法规、行政规章的“参照”含义是有区别的。“参照”行政法规和行政规章是指，在审查具体行政行为的合法性时间接审查行政法规和行政规章是否合法，是否和上位法相违背。对行政法规和行政规章的审查只限于其合法性，合法的予以适用，不合法的不适用。但对其他规范性文件的审查不仅要审查其合法性，同时要审查其合理性、适当性，这就赋予了法院对其他规范性文件更大的审查自由裁量权。但法院审查自由裁量权的扩大，并不否认对其他规范性文件“参照”这一事实。

### 五、地方性法规在行政诉讼法律适用中应处于“参照”地位

《行政诉讼法》第五十二条第一款规定：“人民法院审理行政案件，以法律和行政法规、地方性法规为依据。地方性法规适用于本行政区域内发生的行政案件。”根据该规定，地方性法规是地方各级人民法院审理行政案件的依据。但是，地方性法规的行政审判依据地位并不稳固。1993 年 3 月 11 日，最高人民法院作出了“人民法院审理行政案件，对地方性法规的规定与法律和行政法规的规定不一致的，应当执行法律和行政法规的规定”的司法解释。① 这实际上已经动摇了地方性法规的行政审判依据地位。2003 年 4 月 29 日，最高人民法院在一个司法解释中又明确：“人民法院在审理行政案件时，认为地方性法规违反行政法规的，应当根据《立法法》第六十四条第二款、第七十九条第二款规定的精神选择适用

---

① 参见《最高人民法院关于人民法院审理行政案件对地方性法规的规定与法律和行政法规不一致的应当执行法律和行政法规的规定的复函》。

行政法规。"① 这实际上已经明确否定了地方性法规的行政审判依据地位。

关于地方性法规在人民法院审理案件法律适用中的地位问题，学者之间的理解存在较多分歧。早期，由于受《行政诉讼法》以及最高人民法院有关规定的影响，学者多认为应当赋予地方性法规审判依据地位。近年来，有的学者开始对地方性法规的审判依据地位提出质疑②，有的学者明确提出地方性法规不能成为审判的依据。③ 本书认为，地方性法规在人民法院审理案件法律适用中的地位问题，涉及权力机关和司法机关的关系，我们需从宪法出发予以评价才能得出正确的结论。

《宪法》第三条第三款规定："国家行政机关、审判机关、检察机关都由人民代表大会产生，对它负责，受它监督。"第一百二十八条规定："地方各级人民法院对产生它的国家权力机关负责。"根据上述规定，理论界和实务界很多人认为，我国"地方各级人民法院由相应的地方人大产生，对它负责，受其监督"的宪政体制，决定了地方性法规是本行政区域内的地方各级人民法院的审判依据。《行政诉讼法》以及最高人民法院的有关规定赋予地方性法规审判依据地位，就是基于上述理解。其实，对地方性法规能否作为地方各级人民法院的审判依据的问题，不能仅从上述宪法条款的字面含义来理解，而应当联系整部宪法的规定及其体现的精神予以评价。

首先，根据《宪法》第一百二十六条和第五十七条的规定，只有全国人大和全国人大常委会制定或者认可的法律规范，才能取得审判"依据"地位。《宪法》第一百二十六条规定："人民法院依照法律规定独立进行审判权，不受行政机关、社会团体和个人的干涉。"故全国人大和全国人大常委会制定并依法公布施行的法律，人民法院应当将其作为审判的依据。根据"对宪法中不同部分的同一文字或词组作同一解释"的宪法解释规则④，这里的"法律"不包括"宪法"在内。但是，我们不能因此得出宪法不是审判依据的结论。宪法是国家最高权力机关——全国人大制定的法律规范，具有最高的法律效力；既然法律是审判的依据，根据"举轻明重"的法律解释规则⑤，宪法也应当是审判的依据。此外，根据《宪法》第五

---

① 参见《最高人民法院对人民法院在审理盐业行政案件中如何适用国务院〈食盐专营办法〉第二十五条规定与〈河南省盐业管理条例〉第三十条第一款规定问题的答复》。

② 应松年．当代中国行政法：上册［M］．北京：中国方正出版社，2005：33.

③ 刘松山．人民法院的审判依据［J］．政法论坛，2006（4）．

④［美］詹姆斯·安修．美国宪法判例与解释［M］．黎建飞，译．北京：中国政法大学出版社，1999：21－22.

⑤ 翁岳生．行政法［M］．北京：中国法制出版社，2002：213.

十七条的规定，全国人大和全国人大常委会代表了国家至高无上的权力，其他国家机关必须服从它们的意志。对国际条约、自治区的自治条例和单行条例而言，根据《宪法》第六十七条第（十四）项、第一百一十六条的规定，它们须经全国人大常委会批准后方能生效。在全国人大常委会履行批准手续后，人民法院在审理案件时不得无视全国人大常委会的意志作出相反的判决，这就使国际条约、自治区的自治条例和单行条例也取得了审判依据地位。至于地方性法规，根据《宪法》第一百二十六条和第五十七条的规范意旨，并不能取得审判依据地位。

其次，我们联系宪法的其他条文来理解《宪法》第三条第三款、第一百二十八条时，就会发现地方性法规不能取得审判依据地位。在理解宪法某条文时，不得孤立地理解，而必须联系宪法的其他条文来理解。任何宪法条文都是整部宪法的一个组成部分，必须从整部宪法出发来确定某个宪法条文的含义。① 如果宪法的不同条文之间似乎相冲突，必须努力协调似乎冲突的部分，使整部宪法均有效力。② 一般来说，法院的活动可以分为两类：一类是审判活动，包括审判活动本身、审理前的准备程序和审判后的执行程序在内；另一类是组织活动，包括法官的任命、晋升、纪律处分等行为。③ 从《宪法》第三条第三款、第一百二十八条的字面含义来看，地方各级人民法院所有的活动都必须服从地方人大的意志。但从《宪法》第一百二十六条的规定来看，地方各级人民法院在进行审判活动时应当依照法律进行，无须服从地方人大的意志。显然，《宪法》第三条第三款、第一百二十八条与第一百二十六条的规定不一致：前者可以视为一般规定，要求人民法院所有的活动必须服从地方人大的意志；后者可以视为特别规定，认为人民法院进行审判活动时无须服从地方人大的意志。宪法的特别规定与一般规定之间不一致的，根据“协调似乎冲突的部分，使整部宪法均有效力”的宪法解释规则，我们应当尽可能地对特别规定与一般规定均予以尊重，使显然冲突的一般规定与特别规定都有效——特别规定限定并作为一般规定的例外。④ 也就是说，地方各级人民法院在进行审判活动时，无须服从地方人大的意志，包括其制定的地

---

① ［美］詹姆斯·安修．美国宪法判例与解释［M］．黎建飞，译．北京：中国政法大学出版社，1999：27－28.

② ［美］詹姆斯·安修．美国宪法判例与解释［M］．黎建飞，译．北京：中国政法大学出版社，1999：30－31.

③ 王名扬．法国行政法［M］．北京：中国政法大学出版社，1988：570－571.

④ ［美］詹姆斯·安修．美国宪法解释与判例［M］．黎建飞，译．北京：中国政法大学出版社，1999：31.

方性法规在内；但在进行组织活动时，应当服从地方人大的意志。这就意味着，地方性法规不能成为人民法院的审判依据。

最后，我们对宪法文字应作出合乎情理的解释并避免荒谬的结果。当对宪法文字作字面解释会得出不合情理的结论或者产生不能接受的结果时，就不能对宪法文字作字面解释，必须发掘其精神，实现其目的。我们从《宪法》第三条第三款、第一百二十八条的字面含义出发，可以得出地方性法规是地方各级人民法院审理案件的依据的结论。但是，如果这样理解，就会产生不合情理，甚至荒谬的结果。试想，如果承认地方性法规是地方各级人民法院审理案件的依据，就会使地方各级人民法院成为地方化的审判机关。这明显违反了《宪法》第一百二十三条所体现的“司法权国家化”的宪法原则和精神。而且，如果承认地方性法规是地方各级人民法院审理案件的依据，就会导致同一地方性法规对地方各级人民法院和最高人民法院具有不同约束力的后果：地方性法规可以成为地方各级人民法院的审判依据，但却不能成为最高人民法院的审判依据，这将会严重破坏我国法制的统一适用性。目前，我国司法存在着较为严重的地方保护主义，形成了“司法权地方化”的格局，在很大程度上就是对《宪法》第三条第三款、第一百二十八条的规定误读所致。

通过以上分析，不难发现地方性法规不能作为地方各级人民法院审理案件的依据，而应对其“参照”适用。

## 六、行政诉讼法律适用中的法律规范冲突及对其的选择与适用

法律规范冲突，指就同一事项，不同法律规范有不同内容的规定，导致在效力上的相互抵触。就冲突的多个规范，适用法律的主体必须选择其一予以适用，处理具体案件。[①] 法律冲突的现象在世界各国普遍存在，并不是中国法制特有的。不过，各国法治发展的历史长短不同、立法技术优劣不同、法治发达程度不同都一定程度地影响着法律冲突现象严重与否。就我国而言，立法主体的多元性是法律冲突的首要原因。根据我国现行宪法和法律的规定，全国人大及其常委会、国务院及其部委、省或直辖市的人大及人民政府、民族自治区地方的人大及人民政府、省会市和国务院批准的较大的市的人大及人民政府、经济特区的权力机关及人民政府，都行使着范围不同、等级不同的立法权限。不同立法机关在立法时只

① 姜明安．行政法与行政诉讼法［M］．北京：北京大学出版社，高等教育出版社，2005：574.

考虑部门利益、地方利益，对同一事项作出不同立法是产生法律冲突的重要原因。其次，新旧体制转型，社会关系变化急剧，必然产生新旧法律的矛盾。与此同时，我国有关法律文件的清理、修改、补充等规定并未形成制度，实际工作远远落后于现实需要。在李慧娟事件中《河南省农作物种子管理条例》落后于《中华人民共和国种子法》（以下简称《种子法》）就是一个明证。① 可见，法律规范冲突往往导致法官在适用法律时无所适从。

### （一）法律规范冲突的类型

1. 层级冲突

层级冲突是指发生于不同位阶的法律规范之间的冲突，又称为法律规范的纵向冲突。法律规范的位阶，也即法律规范的效力等级，处于不同位阶的各种渊源的法律规范——法律、法规、规章等在内容上会发生抵触和矛盾。如法规、规章与法律的冲突，规章与法规之间的冲突等。其表现主要是上下级规范之间的内容相左。更经常的情形是，下级规范超越上级规范的规定或与上级规范的规定相抵触，即下级规范越权，进行创设性规定或加重相对方负担的规定。此时下级规范因越权而归于无效，适用法律的主体不得选择它进行法律适用，处理案件。有时法律规范的层级并不完全由渊源决定，还可能因为制定主体的地位的不同而决定。如《立法法》第六十三条第二款规定："较大的市的人民代表大会及其常委会根据本市的具体情况和实际需要，在不同宪法、法律、行政法规和省、自治区的地方性法规相抵触的前提下，可以制定地方性法规，报省、自治区的人民代表大会常务委员会批准后施行。"可见，法律渊源上虽同为地方性法规，但较大市的人民代表大会及其常务委员会制定的，其效力等级就低于本省、自治区制定的，前者与后者相违，前者无效。《立法法》第六十三条第三款规定："省、自治区的人民代表大会常务委员会在对报请批准的较大市的地方性法规进行审查时，发现其同本省、自治区的人民政府的规章相抵触的，应当作出处理决定。"第八十六条第二款规定："根据授权制定的法规与法律规定不一致，不能确定如何适

① 2003年1月25日，洛阳市中级人民法院开庭审理一起因种子纠纷引起的赔偿案件。此案经过法院、市人大等有关单位的协调，法院根据全国性法律作出了判决。30岁的助理审判员李慧娟写道："《种子法》实施后，玉米种子的价格已由市场调节，《河南省农作物种子管理条例》作为法律阶位较低的地方性法规，其与《种子法》相冲突的条（原文如此，应为条款）自然无效……"。李慧娟宣告了河南省人大通过的地方性法规不再具有法律效力，这引起了河南省人大的不满，后来在河南省高级人民法院的直接要求下，洛阳市中级人民法院撤销了李慧娟的审判长职务，并免去其助理审判员资格。

用时，由全国人民代表大会常务委员会裁决。”此时，规章并不必然因为与地方性法规相冲突而无效，法规也并不必然因为与法律相抵触而无效。①

2. 同级冲突

同级冲突指位阶相同的法律规范之间的冲突，又可称为法律规范的横向冲突。它可以分为效力等级相同的同种法律渊源之间的冲突和效力等级相同的不同渊源之间的冲突。前者如法律之间、法规之间、规章之间发生冲突；后者如相同等级的不同部门制定的规章之间、部门规章与地方政府规章之间、地方性法规与规章之间等的冲突。

3. 新旧冲突与种属冲突

它们一般是在确定为同级冲突之后，发生在新旧规范之间、特别规范与一般规范之间的冲突。新旧冲突又称时际冲突，一般而言，新的规范制定并开始实施之后，旧的规范自然归于无效，但当两个规范为不同的立法主体所制定时，这种自然失效并不必然发生。不同部门分别于不同时间制定和发布的不同规章往往在同一时空并存。种属冲突又可称为总分冲突，也就是一般法律规范与特别法律规范之间的冲突。

4. 地域冲突

地域冲突是指不同地域范围内的法律规范之间就相关内容的规定发生的冲突，各地域的规范都有适用的可能，但各自规定又不相同的情形。它主要是指同属国内法的不同地区的法律规范之间的冲突，学界一般称为区际的冲突。发生区际冲突的原因主要在一国内部，不同的地区依法实行不尽相同的法律制度，各制度的有关规定又不尽相同，特定案件中，适用法的主体必须先进行选择，然后才能予以适用。就我国来讲，区际冲突主要包括三种情形，即港澳台地区与大陆地区、经济特区与其他地区、国内不同行政区域之间的冲突。学界一般将我国不同地区划分为四个法域，即大陆、台湾、香港、澳门。这四个法域分属于三个不同的法系，即大陆的独特法系，台湾和澳门的大陆法系，香港的英美法系；在四个法域中，又实行两种根本不同的社会和法律制度，即社会主义制度和资本主义制度。另外，我国经济特区与其他地区也会存在一定的法律冲突。如深圳特区与广州市，或者与广东省的法律规范，其各自相关规定之间常存在一定的冲突。我国大量的地方性立法也导致国内不同行政区域之间法律规范冲突的普遍存在。实践

① 姜明安．行政法与行政诉讼法［M］．北京：北京大学出版社，高等教育出版社，2005：575.

中，适用法律的主体对这类冲突规范的选择、适用也面临许多的困难和不确定。

5. 人际冲突

对少数民族公民，对在大陆投资经营的港澳台同胞，以及对外国的公民、法人或者其他组织，我国行政管理法律规范往往都有一些特别的措施和规定。这些规范与其他一般的规范也可能发生冲突。

6. 国际法与国内法的冲突

国际法与国内法的冲突是指作为国际法规范的国际条约、协议等规定与国内法律规范的相关规定发生冲突的情形。就这一冲突，不同国家规定不同的优先原则。但往往一国通过国内法律规范对相应国际法进行转化，这时国际法与国内法的冲突会转变成国内法的冲突。①

**（二）现行法律规范冲突的解决规则**

从上面的介绍中，我们可以看出法律冲突是不可避免的。正如世界上没有完善的制度一样，立法上出现法律冲突是自然的现象。通过明确的立法权力划分、立法技术的完善可以减少冲突，但有时减少了一方面的冲突，另一方面的冲突又增加了。因此，问题的关键在于如何构建一套富有成效的冲突解决机制，以化解冲突并为相关人员提供救济。

在行政诉讼中，当法律规范发生冲突时，适用法律的主体，即人民法院有根据法定规则或法理规则选择正确的法律规范进行适用的义务。而关于最终应选择哪一个法律规范，《立法法》作了相应的原则性规定。

1. 层级冲突，上位法优先

行政法律规范较其他部门的法律规范更具多样性、复杂性，在适用或解释的时候更易发生竞合、冲突，以致无所适从。所以，研究行政法律规范有必要先明确行政法律规范之间的位阶对法律适用的作用和影响。这样才能使行政行为的法律适用在法律规范位阶秩序井然的条件下进行和运作，也只有这样才不致发生紊乱。法律位阶理论主要是对成文法的位阶或等级的研究，法律规范的位阶一般由其制定或发布机关的层级决定，但有时依据授权进行的立法的位阶可能会有所不同。如行政主体依宪法或全国人大授权制定法律规范，其位阶就不能单纯依行政主体的位阶决定。

法律规范在效力等级上的冲突，即不同位阶的法律规范发生冲突时，以高位

① 姜明安．行政法与行政诉讼法［M］．北京：北京大学出版社，高等教育出版社，2005：576.

阶法律规范优于低位阶法律规范为原则予以适用。其含义为：低位阶的规范与高位阶的规范发生冲突时，适用高位阶的规范。其中各种法律规范的位阶的排列顺序依《立法法》第七十八条到第八十条所作的规定，即法律的效力高于行政法规、地方性法规和规章；行政法规的效力高于地方性法规和规章；地方性法规的效力高于本级和下级的地方政府规章；省、自治区的人民政府的规章的效力高于本行政区域内的较大的市的人民政府制定的规章。

2. 同级冲突，由有权机关决定或裁决

《立法法》第八十二条规定："部门规章之间、部门规章与地方政府规章之间具有同等效力，在各自的权限范围内施行。"第八十六条规定，地方性法规、规章之间发生冲突时，由特定机关进行裁决。地方性法规与部门规章之间对同一事项的规定不一致，不能确定如何适用时，由国务院提出意见，国务院认为应当适用地方性法规的，应当决定在该地方适用地方性法规的规定；认为应当适用部门规章的，应当提请全国人民代表大会常务委员会裁决。部门规章之间、部门规章与地方政府规章之间对同一事项的规定不一致时，由国务院裁决。根据授权制定的法规与法律规定不一致，不能确定如何适用时，由全国人民代表大会常务委员会裁决。

3. 新旧冲突，新法优先

同一等级的法律规范，其新、旧规定之间发生冲突的，应当优先适用新的规范。《立法法》第八十三条规定："新的规定与旧规定不一致的，适用新的规定。"一般在制定新法时，都将导致旧法的自然失效，但有时由于新的规范只是对旧规范中特定部分而非全部的更新，此时旧规范仍有效，但对于新规范已作变动的规定的，应自然适用新规范，旧规范相应内容自动失效。新法优于旧法是法律规范不溯及既往原则的体现，但这一原则也有例外。《立法法》第八十四条规定："法律、行政法规、地方性法规、自治条例和单行条例、规章不溯及既往，但为了更好地保护公民、法人和其他组织的权利和利益而作的特别规定除外。"这条规定，可以概括为"从新兼从优原则"。

新的一般规定与旧的特别规定的冲突，由有权机关裁决。《立法法》第八十五条规定："法律之间对同一事项的新的一般规定与旧的特别规定不一致，不能确定如何适用时，由全国人民代表大会常务委员会裁决。行政法规之间对同一事项的新的一般规定与旧的特别规定不一致，不能确定如何适用时，由国务院裁决。"《立法法》第八十六条规定，地方性法规、规章之间不一致时，由有关机关依照下列规定的权限作出裁决：同一机关制定的新的一般规定与旧的特别规定不一致时，由制定机关裁决。新旧冲突中，一般的情形是新的规范制定后，旧的规范便宣告失效或自然归于失效。但有时，当新规范只是就旧规范的个别或特定的内容作出相异规定时，旧规范不因此而失效。此时的这种新旧冲突其实是类似于特别规范冲突。发生特别冲突时，一般规范仍为合法的、有效力的法律规范，只是不适用于特定案件而已，并且这种优先以特殊规范与上位法的一般规范不相冲突或违背为前提。所以，这种优先与位阶冲突中的优先有所不同，只是个案适用时效力上优先，而不涉及法律规范是否合法或无效的判断。

4. 种属冲突，特别法优先

一般规定与特别规定冲突，优先适用特别规定，即指调整一般社会关系的规范与调整特定社会关系的规范发生冲突时，特别规定优先适用于一般规定。《立法法》第八十三条规定，特别规定与一般规定不一致的，适用特别规定。如根据《行政诉讼法》第三十八条第二款的规定："申请人不服复议决定的，可以在收到复议决定书之日起15日内向人民法院提起诉讼。复议机关逾期不作决定的，申请人可以在复议期满之日起15日内向人民法院提起诉讼。法律另有规定的除外。"而根据现已废除的《治安管理处罚条例》第三十九条的规定，不服上一级公安机关对治安行政案件的裁决的，可以在接到通知后5日内向当地人民法院提起诉讼。可见《行政诉讼法》第三十八条属于普通法规范，《中华人民共和国治安管理处罚条例》第三十九条属于特别法规范，人民法院在审理治安行政案件时应当适用特别法规范。

5. 地域冲突，以属地为原则

《立法法》第八十一条作了规定，自治条例和单行条例依法、经济特区法规依授权，对法律、行政法规、地方性法规作变通规定的，在本自治地方、本经济特区适用自治条例和单行条例、经济特区法规的规定。人际冲突，以属人为原则。属地法与属人法冲突的，应优先适用属地法（即行为地法），即行政相对人所在地法与行为地法相冲突时，应优先适用行为地法。根据《行政诉讼法》第五十二条的规定，地方性法规适用于本行政区域内发生的行政案件。如果被诉的具体行政行为与受诉的人民法院不在同一地区，人民法院审理行政案件适用地方性法规，应当以作出具体行政行为的行政主体所在地的地方性法规为依据，而不应该适用受诉人民法院所在地的地方性法规。

6. 国际条约的位阶和适用

针对国际条约的适用，一般认为，条约应具有国内法的效力；条约的效力等级介于一国宪法与基本法律之间，条约与国内法抵触时，宜优先适用条约。各国根据自身的不同情况也有不同的规定。如法国规定，条约的效力高于法律。但美国法则规定，条约与法律效力等级相同，后立者优先。原则上，一国政府有义务不制定与条约相违背的法律规范，所以在解释上尽可能推定立法机关不愿制定与条约有抵触的立法。一般而言，对于我国已接受或承认的国际条约，在行政主体处理与国际相关的行政管理案件来说，其适用优先于国内的一般法律规范。如《行政诉讼法》第七十二条规定："中华人民共和国缔结或者参加的国际条约同本法有不同规定的，适用该国际条约的规定。中华人民共和国声明保留的条款除外。"可见，我国法院对国际条约或规则可以直接适用，且作为特殊性规范优先适用。我国承认国际法优先的原则，但这种优先适用必须以维护国家主权和人民利益为前提，并且我国声明保留的条款除外。同时对于由国际法转换而来的法律规范，其位阶同于所转换的法律渊源的位阶。国际法上有关行政行为、行政审判的原则和规定，是我国行政诉讼法律适用的重要内容，是审判行政案件（不仅是涉外行政案件）的重要依据。这一点在我国加入世贸组织、引入大量世贸组织规则之后将变得更为明显。

（三）法律冲突解决的对策

1. 提高立法人员的立法素质

法律的制定是否较少漏洞或缺陷，综合反映立法程序设置、立法主体素质、立法分析投入以及立法技术手段等，一言以蔽之，综合反映一国法律文化发展的水平。法律漏洞或缺陷出现的原因是多方面的，包括法律规定和解释违反逻辑规则、法律语言的不足以及自然语言的不明确、法律规范的概括性与社会现象的复杂性之间的矛盾、法律的相对稳定性与社会的变动性之间的矛盾、立法者的利益冲突和价值冲突等。[①] 行政立法是特定的国家机关依照法定的权限和程序，制定、修改和废止有关行政管理方面的行政法规和规章等规范性文件的活动。而立法机关法权的实现，是通过立法人员的立法活动来实现的，因而立法人员的立法素质极为重要。由于行政法律规范制定的广泛性和复杂性，特别是规章及规章以下的其他规范性文件的制定比较混乱，尽管2001年11月16日《规章制定程序条例》颁布实施，规章及规章以下的其他规范性文件的制定仍不容乐观，这都关乎立法人员的立法素质问题，而行政机关在执行具体行政行为时，大部分是以规章及其他规范性文件为依据，所以，提高立法人员的立法素质至关重要。

① 浪佩娟．我国行政立法存在的问题及其解决［EB/OL］．［2010－04－06］http：//www.yuhuai.com/Article/ShowArticle.asp？ArticleID＝1088.

2. 提高法官的司法素质，增强法官准确把握法律真谛的能力

司法从产生起就被当做调解息争的手段，用于解决社会矛盾，实现社会的公平与正义。随着社会的发展，法律作为分配正义的重要方式越来越为人们所倚重，人们要求司法公正，因为它是社会稳定的最重要、最起码的基础。作为司法的主体的法官是法律问题的专家，对行政机关适用法律是否正确有最终的发言权。[①] 法官的使命是适用法律，裁决纠纷，实现社会正义，其职业实质是通过法律手段，居间对法律和事实进行沟通，使共性的法律与个性的案件相结合，作出个案裁决，实现司法所追求的公正目标。[②] 因此，法官在审判中的裁决活动的内容主要是法律适用的运作过程，随着我国民主法制进程的不断前进，人民群众对法院整体司法水平的要求愈来愈高，这就需要加强法官的职业化建设，提高法官的司法能力。而法官的主观能动性在处理冲突规范时是必要的，同时，法官作为法律的具体操作、适用者，决定了法官的眼光、境界和视野必须高出普通人一筹。法官这一职业的神圣性、崇高性，决定了法官必须拥有高尚的精神生活、健康的生活态度和情感。法官的权威，不仅来自法律授权，也来自法官对法律正义这一价值目标的不懈追求。我国《立法法》和《行政诉讼法》都规定了当不能确定如何使用规范时，要交由有权机关解释和裁决。这无疑会造成诉讼时效的拖沓，而且容易造成立法权、行政权、司法权、辩护权的混淆。如果法官有高深的法律涵养，能把握法律的真谛，作出准确权威的判断，必能减少诉讼的拖沓，提高诉讼时效，有效地处理冲突。

3. 抓紧清理法规，废除旧的行政法律规范，减少法律规范冲突

清理意味着彻底整理或处理。行政法规、规章清理含有对立法主体在其立法权限范围内的四个方面的要求，即审查过去所发布的行政法规、规章，并确定哪些行政法规、规章已全部或部分失去效力，应予全部或部分废止；修正下位法律规范与上位法律规范相抵触之处；清除同一效力层级法律规范之间的不和谐或相互矛盾之处；发现行政法规、规章与国际惯例的脱节之处等。行政法规、规章清理的目的在于克服行政立法的混乱，使行政立法适应已经发展的社会现实和法律变化，特别是适应中国加入 WTO 的重大经济体制变革。

---

① 薛刚凌，王霁霞．论行政诉讼制度的完善与发展——《行政诉讼法》修订之构想 [J]．政法论坛，2003 (1)．

② 陈启华．行政审判中法律适用问题的初探 [EB/OL]．[2010-04-06]．绵竹法院网．

### （四）区分非法冲突和合法冲突

行政法律规范载于不同位阶的、各种渊源的规范性文件之中，如果其中两种或两种以上的具有法律效力的规范性文件对同一社会关系作了不同的规定，适用这些不同的规定将带来不同的法律后果，即确立当事人之间不同的权利义务关系，这种不一致现象就叫做法律冲突。法律冲突可依据冲突是否为法律允许而分为合法冲突与非法冲突。尽管“合法冲突”这一表述看起来似乎有些矛盾，法律冲突好像应该都是非法的才对。但实则不然，事实上我们在使用法律冲突这个概念的时候经常是同时在两种意义上使用的，只是很多人没有意识到而已。比如，通常我们都把特别法优于一般法作为法律冲突的重要选择适用规则之一，但这个规则的适用是有条件的，那就是冲突必须是合法的，即它们之间的冲突是法律允许的。在法律冲突非法的情况下，比如行政法规的特别规定与法律的一般规定不一致的情况下，这个规则是不能适用的。

简而言之，合法冲突即法律允许存在的法律规定之间相互不一致，如相同层级法律中特别法与普通法之间的冲突，只需按照冲突的一般解决规则选择适用法律即可；不合法冲突即法律不允许存在的冲突，只能是承认一方有效，另一方无效，如通常情况下行政法规与法律的冲突。非法冲突表现多样，危害法律权威和行政、司法公正，其产生有立法观念、立法体制、立法技术等方面的原因，其选择适用规则亦有所不同。尽管对法律适用带来危害的主要是非法冲突，但是从理论上区别合法冲突与非法冲突，还是有意义的，尤其在明确法律的选择适用规则本身的适用条件方面。

### （五）法院对非法冲突规范的适用

1．非法冲突的现象描述

在层级冲突即不同位阶的规范性文件之间的冲突，除少数有法律授权的为合法冲突外，其余都是非法冲突。非法冲突的种类繁多，大概有以下几种[①]：①行政法规与法律相冲突；②地方性法规、规章与法律相冲突；③部门规章与法律相冲突；④行政规范性文件与法律发生冲突；⑤法律解释与被解释法律之间的冲突；⑥部门规章与行政法规之间的冲突；⑦地方性法规与行政法规之间的冲突。

2．选择适用规则

通过立法预防和监督修正机制，即通过“清源”和“治流”，固然可以减少

---

① 下述各类冲突都有不少实例为证，参见姜明安．行政诉讼与行政执法的法律适用［M］．北京：人民法院出版社，1995：545－548，628－630.

非法的法律冲突，但不合法的法律冲突并不能被完全消灭，况且这个治理过程也是个需要时日的过程。因此众多的法律冲突我们仍然要面对，行政案件还是要解决，这就要求人民法院面对相互冲突的行政法律规范作出正确的选择。依据法学理论概括出法律选择的常用规则，一则可以指导行政机关和人民法院准确高效地从相互冲突的行政法律规范中选择出行政和审判的法律依据，二则可帮助行政相对人预见自己行为的法律后果，从而增加法律上的安全感，一定程度上减轻非法冲突的危害。

不同层级法律冲突指不同位阶的法律规范之间发生了冲突，也就是下位法不符合上位法的规定，从而构成非法冲突。这种情况下只要引入了法律位阶的一般理论，判断出各法律规范的位阶，这类冲突是容易解决的，即依据高位阶法优于低位阶法的原则选择适用法律。值得一提的是，其他行政规范性文件的效力等级并非总是低于规章，而应视其发布主体的级别而定，上级行政机关的其他规范性文件在效力上高于下级行政机关制定的规章。

具体来说，在行政诉讼中，下位法的规定不符合上位法的，人民法院原则上应当适用上位法。但行政机关的许多具体行政行为是依据下位法作出的，并未援引和适用上位法。在这种情况下，为维护法制统一，人民法院审查具体行政行为的合法性时，应当对下位法是否符合上位法一并进行判断。经判断下位法与上位法相抵触的，应当依据上位法认定被诉具体行政行为的合法性。①

对于法律、行政法规或者地方性法规修改后，其实施性规定未被明文废止的情况，人民法院在适用时应区分下列情形：实施性规定与修改后的法律、行政法规或者地方性法规相抵触的，不予适用；因法律、行政法规或者地方性法规的修改，相应的实施性规定丧失依据而不能单独施行的，不予适用；实施性规定与修改后的法律、行政法规或者地方性法规不相抵触的，可以适用。②

通过本章的分析可知，除由全国人民代表大会及其常务委员会制定的法律是行政诉讼法律适用的“依据”外，行政法规、地方性法规、规章及其他规范性文件在行政诉讼法律适用中都处于“参照”地位。人民法院在对具体行政行为合法性进行审查时，首先要对处于“参照”地位的规范性文件的合法性进行审查，合

① 参见2004年5月16日《最高人民法院关于审理行政案件适用法律规范问题的座谈会纪要》中“关于法律规范冲突的适用规则”一节的第3自然段。

② 参见2004年5月16日《最高人民法院关于审理行政案件适用法律规范问题的座谈会纪要》中“关于法律规范冲突的适用规则”一节的第4自然段。

法的适用，不合法的不予适用。因此对处于“参照”地位的规范性文件出现下位法不符合上位法的规定，即出现非法冲突时，人民法院可以直接运用上位法优于下位法的原则来判断、选择适用的法律规范。在这种情况下，法院享有适用法律规范的最终决定权。

（六）法院对合法冲突规范的适用

1. 合法冲突的现象描述

合法冲突是法律允许存在的冲突，主要包括同一制定主体制定的规范之间的冲突、区际规范冲突、处于同一效力层次的规范冲突和效力层次在法律体系中不明确的规范之间的冲突。其中前两者的冲突比较容易处理，通过冲突法规范的一般适用规则就可以解决，而后两者比较复杂。本章准备只对后两者进行探讨。

2. 合法冲突规范的适用现状及存在的问题

我国《行政诉讼法》第五十三条第二款规定：“人民法院认为地方人民政府制定、发布的规章与国务院部、委制定、发布的规章不一致的，以及国务院部、委制定、发布的规章之间不一致的，由最高人民法院送请国务院作出解释或者裁决。”类似的2000年通过的《立法法》还对行政法规之间、部门规章与地方性法规不一致的情况如何适用法律作出了规定，《立法法》第八十五条第二款规定：“行政法规之间对同一事项的新的一般规定与旧的特种规定不一致，不能确定如何适用时，由国务院裁决”；第八十六条第一款第（二）项规定：“地方性法规与部门规章之间对同一事项的规定不一致，不能确定如何适用时，由国务院提出意见，国务院认为应当适用地方性法规的，应当决定在该地方适用地方性法规的规定；认为应当适用部门规章的，应当提请全国人民代表大会常务委员会裁决。”这些规定表明，当冲突规范不能通过一般适用原则解决时，法院就丧失了规范选择的最终决定权，这种制度安排无论在理论上还是实践操作上都存在问题。

首先，它造成了理论上的混乱。根据我国宪法的安排，全国人大是最高立法机关，国务院是最高行政机关，法院和检察院是司法机关。法律适用本质上是司法问题，可是，根据上述《行政诉讼法》和《立法法》的规定，司法在法律适用中却无权根据自己的意志作出判断，而必须报请立法机关和行政机关作出解释或裁决。显然，这是立法权和行政权对司法权的侵犯。更严重的问题是，作为司法监督对象的行政机关——国务院，却成了法律适用的主体，这种既是运动员又当裁判员的状况违背了最基本的“自己不能做自己案件的法官”的程序正义原则。不仅如此，它还违背了法不溯及既往的原则。立法机关的解释实质上是一种立法行为，这种立法行为却对其立法之前的个案适用，这就不能不有溯及既往的嫌疑。

其次，在实践上，这种安排缺乏可操作性。其一，送请发生在诉讼过程中，诉讼程序中止，等待解释或裁决。这往往是一个比较漫长的过程，影响诉讼效率。其二，送请解释或裁决发生在个案，其解释或裁定会受到个案因素的影响，其效力的普遍性，适用的连续性、一贯性和稳定性会大打折扣。①

3．确定法院对合法冲突规范的最终选择适用权

合法冲突规范的适用问题本应由法院自己判断，但立法却将其交给最高国家权力机关和行政机关裁决，这显然是不合理的。既侵犯了法院的司法独立权，又不利于司法公正的实现，还在理论和实践中存在种种弊端。相反，作为司法机关的法院最适合承担这一职能。它由具有较高法律素养的法官组成，与作为代议机关的人大和作为行政机关的国务院相比，人民法院具有专业上的优势。因此，从应然的角度来讲，应该赋予法院对合法冲突规范的最终选择适用权。当规章之间、行政法规之间、规章和地方法规之间出现不一致时，如果法院可以确定适用哪一个规范时，由法院直接选择相应的规范予以适用；当法院认为自己无法确定如何适用时，可以提请相应的机关对该冲突进行说明，而该说明不能对法院有绝对的约束力，法院可以以该说明为参照，自己判断应该适用哪一规范。

## 七、立法建议

### （一）专家学者的观点、建议及司法实践

《行政诉讼法》关于行政案件审理的依据问题规定不明确，且不利于实现行政诉讼司法权监督行政权最终保护行政相对人权益的这一目的，还违背了司法权独立行使这一原则，有违宪之嫌。对此，很多专家和学者提出了不同的观点，最高人民法院也出了相关的司法解释，以下列表予以明示：

| 专家学者 | 关于行政诉讼法律适用的建议和观点 |
|---|---|
| 张树义 | 行政机关制定的一切规范性文件在对外的效力上是一样的，都是行政机关行使国家行政权的行为，能否作为行政审判依据不在于制定机关级别的高低，关键是看其是否符合法律的规定。符合的对司法机关有约束力，不符合的没有。② |

① 董皞．论行政审判中对行政规范的审查与适用［J］．中国法学，2000（5）．

② 张树义．冲突与选择——行政诉讼的理论与实践［M］．北京：时事出版社，1992：193－202.

**续表**

| 专家学者 | 关于行政诉讼法律适用的建议和观点 |
|---|---|
| 傅思明 | 人民法院审理行政案件，对具体行政行为是否合法进行审查中的“法”应该是狭义上的法，即法律。因此，为了使人民法院有效地行使对行政法规、地方性法规、规章等规范性文件的监督，行政诉讼法应该赋予人民法院审理行政案件得参照行政法规、地方性法规和规章，其与宪法和法律相冲突时不予适用。① |
| 宋炉安 | 在行政审判中，对行政法规、行政规章和行政规范性文件的审查，理论上的必要性要远远高于对其他立法的审查的必须性。行政机关既是执法者又是立法者，通过立法权为自已设定各种各样的权力的问题已相当严重，没有司法审查，就不可能实现真正的依法行政。如果行政机关的立法不能接受司法审查，对具体行政行为的司法审查在很多时候就不能有效进行。② |
| 董　皞 | 在行政诉讼中，人民法院对抽象行政行为（包括行政法规）的合法性不能审查，就会出现以“违法”的抽象行政行为来判断具体行政行为合法的悖论。 |
| 胡建淼 | 《中华人民共和国行政诉讼法》建议修改稿：<br>第四十九条　人民法院审理行政案件，适用法律、法规和规章。在没有法律、法规和规章规定的前提下，行政规定可以参考适用（人民法院对它们只有适用权，没有合宪性和合法性的直接审查权，也没有对冲突法律的直接裁决权）。<br>第五十一条　人民法院在审理行政案件中，发现不同位阶的法之间不一致时，优先适用位阶高的法，但具体实施性的下位法与上位法不抵触的，下位法可以优先适用和援引；发现同一机关制定的法之间规定不一致的，应当按后法优于前法、特别法优于一般法规则处理；发现不同机关制定但其法律效力相同的法之间规定不一致的，应当中止诉讼，按照《中华人民共和国立法法》规定的程序处理。③ |
| 马怀德 | 《中华人民共和国行政诉讼法》建议修改稿：<br>第八十八条　人民法院审理行政案件，以法律和行政法规、地方性法规为依据。地方性法规适用于本行政区域内发生的行政案件。<br>人民法院审理民族自治地方的行政案件，并以该民族自治地方的自治条例和单行条例为依据。<br>主张把规章及规章以下的规范性文件纳入行政诉讼受案范围。④ |

① 傅思明．中国司法审查制度［M］．北京：中国法制出版社，2002：134.

② 马怀德．行政诉讼原理［M］．北京：法律出版社，2003：404.

③ 胡建淼．行政诉讼法修改研究——《中华人民共和国行政诉讼法》法条建议及理由［M］．杭州：浙江大学出版社，2007：271－283.

④ 马怀德．司法改革与行政诉讼制度的完善——《行政诉讼法修改建议稿及理由说明书》［M］．北京：中国政法大学出版社，2004.

**续 表**

| 专家学者 | 关于行政诉讼法律适用的建议和观点 |
| --- | --- |
| 江必新 | 人民法院对抽象行政行为没有司法审查权，但有选择适用权，在行政审判中要取得好的社会效果，就要充分重视选择适用权的适用。人民法院应对所有的规范性文件都要主动审查与更高层次的规范是否一致，是否超越了它的权限范围，在程序上是否符合《立法法》的有关规定。主张将规章及以下的规范性文件纳入行政诉讼的受案范围。① |
| 最高人民法院 | 《最高人民法院关于人民法院审理行政案件对地方性法规的规定与法律和行政法规不一致的应当执行法律和行政法规的规定的复函》<br>（1993年3月11日法函〔1993〕16号）<br>福建省高级人民法院：<br>你院闽法行其〔1991〕017号请示收悉。经研究并征求全国人大常委会法制工作委员会和国务院法制局的意见，答复如下：<br>一、《中华人民共和国渔业法》第三十条规定："未按本法规定取得捕捞许可证擅自进行捕捞的，没收渔获物和违法所得，可以并处罚款；情节严重的，并可以没收渔具。"这一条未规定可以没收渔船。《福建省实施〈中华人民共和国渔业法〉办法》第三十四条规定，未取得捕捞许可证擅自进行捕捞或者伪造捕捞许可证进行捕捞，情节严重的，可以没收渔船。这是与渔业法的规定不一致的，人民法院审理行政案件，对地方性法规的规定与法律和行政法规的规定不一致的，应当执行法律和行政法规的规定。<br>此复。<br>《最高人民法院对人民法院在审理盐业行政案件中如何适用国务院〈食盐专营办法〉第二十五条规定与〈河南省盐业管理条例〉第三十条第一款规定问题的答复》<br>河南省高级人民法院：<br>你院豫高法行请〔2000〕4号《关于〈河南省盐业管理条例〉第三十条第一款与国务院〈食盐专营办法〉第二十五条规定是否一致问题的请示》收悉。经研究，答复如下：<br>根据《中华人民共和国行政处罚法》第十一条第二款关于"法律、行政法规对违法行为已经作出行政处罚规定，地方性法规需要作出具体规定的，必须在法律、行政法规规定的给予行政处罚的行为、种类和幅度的范围内规定"的规定，《河南省盐业管理条例》第三十条第一款关于对承运人罚款基准为"盐产品价值"及对货主及承运人罚款幅度为"1倍以上3倍以下"的规定，与国务院《食盐专营办法》第二十五条规定不一致。人民法院在审理有关行政案件时，应根据《中华人民共和国立法法》第六十四条第二款、第七十九条第二款规定的精神进行选择适用。 |

① 江必新．中国行政诉讼制度的完善——行政诉讼法修改问题实务研究［M］．北京：法律出版社，2005.

（二）立法建议

通过上表可以看出，当前理论和实践中对行政诉讼法律适用问题仍未形成统一的认识和观点。依据本章的分析并结合相关司法解释，我们提出以下对《行政诉讼法》的修改建议：

第一，将《中华人民共和国行政诉讼法》第五十二条修改为：人民法院审理行政案件，以法律为依据。人民法院审理民族自治地方的行政案件，并以该民族自治地方的自治条例和单行条例为依据。①

第二，将《中华人民共和国行政诉讼法》第五十三条修改为：人民法院审理行政案件，参照行政法规、地方性法规和国务院部、委根据法律和国务院的行政法规、决定、命令制定、发布的规章以及省、自治区、直辖市和省、自治区的人民政府所在地的市和经国务院批准的较大的市的人民政府根据法律和国务院的行政法规制定、发布的规章。

由国家行政机关制定的除行政法规和规章以外的各种行政规范性文件如果不违反上位法规定且适当、合理的，法院也该当参照。

人民法院审理行政案件，人民法院认为地方人民政府制定、发布的规章与国务院部、委制定、发布的规章不一致的，以及国务院部、委制定、发布的规章之间不一致的，或国务院部、委制定、发布的规章与地方性法规不一致的，可以由最高人民法院送请国务院作出解释，人民法院参照解释确定适用规范。②

现行《行政诉讼法》关于行政诉讼法律适用的问题规定过于原则化，同时存在很多问题。在实践中也不易操作。随着中国依法治国方略的逐步推进，这一形势迫切需要我们对此问题进行解决。

---

① 《中华人民共和国行政诉讼法》第五十二条规定：人民法院审理行政案件，以法律和行政法规、地方性法规为依据。地方性法规适用于本行政区域内发生的行政案件。

人民法院审理民族自治地方的行政案件，并以该民族自治地方的自治条例和单行条例为依据。

② 《中华人民共和国行政诉讼法》第五十三条规定：人民法院审理行政案件，参照国务院部、委根据法律和国务院的行政法规、决定、命令制定、发布的规章以及省、自治区、直辖市和省、自治区的人民政府所在地的市和经国务院批准的较大的市的人民政府根据法律和国务院的行政法规制定、发布的规章。

人民法院认为地方人民政府制定、发布的规章与国务院部、委制定、发布的规章不一致的，以及国务院部、委制定、发布的规章之间不一致的，由最高人民法院送请国务院作出解释或者裁决。

基于以上认识，本章对行政诉讼的法律适用问题从以下几个方面进行了系统的阐述：

第一部分对行政诉讼法律适用的含义和特点作了基本的介绍，并对行政诉讼的法律适用与行政执法的法律适用进行了比较，指出了两者之间的区别。

第二部分分别论述了法律、法规、规章以及行政规范性文件在行政诉讼中的实然地位。我们通过对现行法律规定的分析，发现了行政诉讼法律适用中存在的诸多问题并对其进行了论述。

第三部分论述了解决行政诉讼法律适用中诸多问题的对策。首先论述了我国现行政治体制下行政权和司法权的关系，明确了行政诉讼的功能在于通过司法权监督行政权，从而实现保护公民、法人和其他组织合法权益的目的，同时促进行政权的依法运行。其次理清了“依据”和“参照”的含义，“依据”就是必须直接适用，不得加以审查选择并拒绝适用；“参照”就是审查、选择适用，法院对“参照”规范有间接审查权。接着从我国宪法规定和社会现实出发，论述了行政法规、其他规范性文件、地方法规在行政诉讼法律适用中应处于“参照”地位。最后论述了行政诉讼法律适用中法规冲突的问题，区分了“合法冲突”与“非法冲突”，并明确了法院在冲突规范的选择适用中应享有最终决定权。

# 第六章 行政判决制度的缺失与完善

行政判决作为人民法院对行政诉讼案件所有程序、实体和适用法律的最终结果，是行政审判权的集中体现，在行政诉讼中具有特殊的地位和作用。对于同一行政诉讼案件，经人民法院对被诉行政行为合法性审查之后，采用不同的判决方式作出判决将会对行政行为产生不同的影响，并对行政诉讼原告的诉讼请求产生不同的回应。不同诉讼类型的行政案件对行政判决方式有着不同的适用条件。我国《行政诉讼法》首先确立了行政判决制度，对维持判决、撤销判决、履行判决和变更判决及其适用情形作出了规定。《最高人民法院关于执行〈中华人民共和国行政诉讼法〉若干问题的解释》（以下简称《若干解释》）对行政判决方式作出了补充规定，又增加了确认判决和驳回诉讼请求判决两种判决方式，弥补了《行政诉讼法》的不足。但是，现有的行政判决方式已不能完全适应日益增长的行政案件多样化的要求。而且，现有行政判决方式存在适用范围过窄（如变更判决）、适用条件含糊不宜操作（如驳回诉讼请求判决）、行政判决脱离原告诉讼请求（如维持判决）等需要进一步改革完善的问题。因此，对我国现行的行政判决制度进行反思、整合与重构不可或缺。本章首先将从理论上对行政判决的含义、特征等进行分析，从不同视角对行政判决进行分类，并将对行政判决的效力进行初步的研讨。其次，我们有必要对现有行政判决方式重新审视，对其适用问题进行检讨，厘清不同行政判决方式在适用范围、适用条件上的差别，更好地指导行政审判司法实践，也为重构我国行政判决制度提出意见和建议。

# 第一节 行政判决的理论基础

## 一、行政判决的概念、含义及性质

学术界对行政判决的界定大致有两种观点。通说认为，行政判决是人民法院审理行政案件终结时，根据事实和法律，就行政案件实体问题所作的处理决定。① 另一种观点认为，行政判决是指人民法院审理行政案件，在查清事实的基础上，依照法律、法规，参照规章，对被诉具体行政行为的合法性进行审查，并对当事人实体的权利义务所作的结论性判定的审判行为。② 上述两种观点，其主要的差别在于前者强调行政判决是对案件的最终处理决定，后者则着重说明行政判决是人民法院对当事人权利义务作出评判的审判行为。

我们认为，上述观点只是从不同角度对行政判决作出界定，行政判决从其性质上讲是人民法院行使行政审判权的结果，但从行政判决本质来说就是对案件的最终处理决定。因此，行政判决是指人民法院审理行政案件，在查清事实的基础上，依照法律、法规，参照规章，审查被诉行政行为是否合法、原告诉讼请求是否成立所作出的实体性处理决定。行政判决具有法院判决的权威性、终局性、强制性等特点。同时，通过对行政判决的界定，其应包括以下含义：

首先，行政判决是对行政争议案件的实体处理结果。我们知道，人民法院在审理行政案件过程中要对程序、实体和其他事项作出判断或者意思表示，对程序问题的处理通常采用裁定的方式，对实体的权利义务作出判定就必须使用判决。行政判决就是对行政争议实体问题的处理，在每一审程序中只有一个判决，且在程序终结时作出。

其次，行政判决是人民法院对行政机关行政行为的评判。我国《行政诉讼法》第五条规定，人民法院审理行政案件，对具体行政行为是否合法进行审查。行政判决应就行政机关作出的被诉行政行为在职权依据、事实认定、行政程序和法律适用等方面作出是否合法、是否有效的评判。

最后，行政判决是对原告诉讼请求的回应。有诉必有判，判与诉相对应，人

① 应松年．行政诉讼法学［M］．北京：中国政法大学出版社，2002：202；胡建淼．行政诉讼法学［M］．北京：法律出版社，2004：215.

② 刘艺，罗军．行政诉讼法精要与依据指引［M］．北京：人民出版社，2005：311.

民法院对原告的诉讼请求不得拒绝裁判。行政判决不仅对行政机关的行政行为是否合法进行评判，而且，通过这种合法性评判来回应原告的诉讼请求，如行政行为合法有效，原告诉讼请求不能成立，就应驳回原告诉讼请求；如行政行为违法，侵害了原告的合法权益，就应予以撤销或确认违法，以此支持原告诉讼请求。

行政判决是人民法院行政审判权运行的结果，它反映了司法权对行政权与公民权之间的利益平衡调整关系。一方面，人民法院通过撤销、确认、禁止和履行等判决方式调控制约行政机关的行政行为，防止或减损行政权对公民权的违法侵害，并通过这些判决达到对公民权利的救济。另一方面，为了维护公共秩序和公共利益，人民法院通过维持合法行政行为或驳回原告诉讼请求的判决，依法支持行政权的合法行使。因此，人民法院作出的行政判决既具有保护公民合法权益，又有保障行政机关依法行政的作用。

行政判决最初缘于民事判决①，其与民事判决有许多相似之处，但又有自己的特点。二者的相同之处表现在二者都是国家审判权运行的结果，都是对争议的解决，都是为了确保法律的执行。② 二者的主要区别在于：

第一，二者解决争议的性质不同。民事判决解决的是平等主体之间涉及私权利的权利义务关系，其具有平息社会纷争，促进社会和谐发展的作用；行政判决是通过对具体行政行为是否合法的评判来解决私权利与行政权之间的争议，其不仅仅为了解决行政争议、保护公民合法权益，而且还具有监督制约行政权的作用。

第二，二者解决争议的来源不同。民事判决所解决的争议是原始争议，即在当事人之间发生了民事争议。一般情况下，不经其他程序处理而直接向人民法院起诉，由人民法院予以判决；行政判决所解决的争议通常情况下在行政机关对行政相对人作出的具体行政行为中已对行政争议作出过处理，或是经过行政机关的行政裁决、行政复议程序的处理。行政机关的具体行政行为是对行政争议的处理，而行政判决则是对具体行政行为是否合法作出评判，因此，行政判决解决的争议并非原始争议。

第三，二者能否直接为当事人设定权利义务不同。民事判决通过对争议案件的法律事实确认，从而确定当事人间的权利义务关系；行政判决不能为行政相对人直接设定行政法上的权利义务，而只能通过对具体行政行为是否合法的评判，

---

① 1982年《中华人民共和国民事诉讼法（试行）》第三条第二款规定：法律规定由人民法院审理的行政案件适用本法规定。

② 马怀德．行政诉讼原理［M］．北京：法律出版社，2003：416.

监督制约行政机关为行政相对人设定权利义务。即使行政机关的具体行政行为违法，行政判决只能撤销该行政行为，由行政机关重新作出处理。

第四，二者的判决方式不同。民事案件因其纷繁复杂，判决也因个案而不同。但是，从判决是否支持原告诉讼请求的角度，我们可以将民事判决划分为肯定判决和否定判决（驳回诉讼请求）。而行政判决现有维持判决、撤销判决、变更判决、履行判决、确认判决和驳回诉讼请求等判决方式。

人民法院审理行政案件，除了适用行政判决对实体问题作出最终的处理决定之外，通常还以行政裁定的方式对诉讼中的一些程序性问题作出处理。行政裁定与行政判决同为人民法院具有同样法律效力的裁判形式，都是人民法院行使行政审判权的结果。与行政判决所具有的实体性、单一性的特征相比较，行政裁定则具有程序性和多样性的特征。具体而言，行政判决与行政裁定的主要区别表现为：

第一，适用对象不同。行政判决是对实体问题的处理，是对被诉具体行政行为合法性的评判，也是对原告实体诉讼请求的回应；而行政裁定则是对程序问题的处理，是对当事人程序请求的答复，或人民法院依职权对诉讼中的程序问题作出处理。

第二，适用阶段不同。一般情况下，行政判决在案件审理的最终阶段作出，具有终结程序的意义；而行政裁定在诉讼的任何阶段都可以作出，其适用范围更广泛。

第三，表现形式不同。行政判决必须以书面形式作出。通常情况下，一个行政诉讼案件在某个审级程序中只能有一份判决；而行政裁定不局限于书面形式，也可以口头形式作出，但应向诉讼当事人宣告，并记入笔录。一个行政诉讼案件在某个审级程序中可以有一份或多份裁定。

第四，受监督的程度不同。行政判决涉及当事人实体性权利，必须赋予其上诉救济的权利。当事人对一审判决不服，均可提起上诉；而行政裁定中有部分裁定涉及当事人的程序性权利，对于这部分裁定，当事人可以上诉，如人民法院对行政案件不予受理、驳回起诉或管辖异议的裁定。对于人民法院仅对程序性事项作出的裁定，当事人不能上诉，如诉讼保全、中止诉讼等裁定。此外，当事人对行政判决不服的上诉期限为 15 日，而对行政裁定不服的上诉期限为 10 日。

## 二、行政判决的分类

行政判决因行政争议案件的复杂性、多样性而呈现出形式多样化的特点，这就有必要从不同视角对行政判决分类归纳，总结出行政判决分类的规律和特点，从理论上充实和丰富行政判决制度。因此，我们从不同视角，依据不同的标准，可以将行政判决作以下分类：

第一，根据《行政诉讼法》和《若干解释》的规定，可以将行政判决划分为维持判决、撤销判决、履行判决、变更判决、重作判决、确认判决、驳回诉讼请求判决、行政赔偿判决和情况判决等。

这类划分的主要意义在于各类判决在适用范围、适用条件上存在差异，可以针对不同案件的需要，适用不同的判决。而且，这类划分也说明法院可以行使行政审判权限的大小，满足不同诉讼请求的要求。

第二，根据诉讼理论上将诉的种类划分为形成之诉、变更之诉和给付之诉为标准，可以将行政判决划分为形成判决、给付判决和确认判决。

形成判决是建立、改变或消灭行政法律关系，直接对人有绝对效力的判决。行政诉讼原告提起形成之诉的目的是通过法院将现在的法律关系变更为另一新的法律关系。原告胜诉的形成判决在确定时，无须强制执行就自动发生法律关系变动的效果，通常是既存的法律关系解除或消灭。依上所述，变更判决应归属为形成判决。至于撤销判决应否归属为形成判决存在不同意见。① 我们认为，“在撤销之诉中，决定撤销行政行为的判决是形成判决。法院的撤销决定自判决产生既判力的那一刻起，就取消了行政行为的效力”②。但是，形成判决与形成之诉是不同的概念，原告提出形成之诉，而法院作出的判决不一定就是完全满足原告请求的形成判决。如果原告败诉的，即法院否定了原告变更或撤销的请求，实际上是维持了法律关系的现状，所以此判决为确认判决。

给付判决就是法院判决行政机关履行一定法定义务或不得为某种行为的判决。如我国现有的履行判决、重作判决和行政赔偿判决等都属于给付判决。但是，并非原告提起给付之诉所作出的判决都属于给付判决。原告提出给付之诉，如果胜诉，其判决才是给付判决，具有执行力；如果法院判决原告败诉，即否定了原告诉求的法律关系的存在，从而原告败诉的判决为消极的确认判决。

行政诉讼中的确认判决就是指人民法院确认行政机关的行政行为是否合法、是否有效或确认某种法律关系是否存在的判决，如我国现有的维持判决、违法确

① 有学者认为，撤销判决是行政诉讼所特有，与形成判决、确认判决、给付判决相并列的判决分类。参见马怀德．行政诉讼原理［M］．北京：法律出版社，2003：417.

② ［德］弗里德赫尔穆·胡芬．行政诉讼法［M］．第5版．莫光华，译．北京：法律出版社，2003：588.

认判决、情况判决中的违法确认、确认行政行为无效等。在确认之诉中，不论原告胜诉与否，法院作出的判决均为确认判决。因为确认判决只限于确认，所以判决对于个案来说是不能执行的，只有宣告的性质和证明的效力。

以诉的种类进行划分的意义在于明确各类判决的效力，如形成判决具有撤销或变更行政行为的效力；确认判决一般情况下不具有执行力，只有宣告的性质和证明的效力；通常情况下给付判决都具有执行力。

第三，根据判决对原告诉讼请求的回应程度的标准①，可以将行政判决划分为肯定判决、否定判决和情况判决。②

肯定判决是指法院对原告诉讼请求予以支持的判决，如撤销判决、变更判决、确认违法判决等；否定判决是指法院作出对原告诉讼请求不予支持的判决，如维持判决、驳回诉讼请求判决、确认合法判决和确认有效判决；情况判决③是指撤销诉讼中，虽然被诉具体行政行为违法，但撤销它对国家利益或公共利益产生明显障碍时，法院在考虑原告受损害程度、损害赔偿或防止程度等情况的基础上，可以采用宣告被诉具体行政行为违法的判决方式。可以说，情况判决就是基于特别情况作出的驳回原告诉讼请求的判决，但又不完全等同于驳回请求的判决，因为其确认了被诉具体行政行为的违法性。

上述分类划分的意义在于说明法院行使行政审判权时，要有针对性地对原告诉讼请求作出回应，同时要通过利益衡量的方法维护公共利益和公法秩序。

第四，根据判决在某一审级中是否具有终结程序的意义的标准，可以将行政判决划分为中间判决和终局判决。

中间判决是相对于终局判决而言的。中间判决是指法院对于一个或者数个个别的争点（先决问题）作出判决，而非对诉讼标的的全部或者一部分作出判决。凡是当事人所主张的各种独立的可导致法律上效果的一切攻击或者防御方法，达到了可以作出判决的成熟时机，而诉讼尚未全部终结时，为了使诉讼程序和法律关系变得简单明了，法院可以作出中间判决。中间判决，主要是就诉讼进行中产

---

① 马怀德．行政诉讼原理［M］．北京：法律出版社，2003：418.

② 日本行政诉讼中有类似的行政判决分类法，其主要以判断请求的适当与否为标准，将行政判决划分为支持请求判决、驳回请求判决和事情判决。这里的情况判决也就是“事情判决”。参见杨建顺．日本行政法通论［M］．北京：中国法制出版社，1998：753－754.

③ 参见《最高人民法院关于执行〈中华人民共和国行政诉讼法〉若干问题的解释》第五十八条之规定。

生的争执进行的裁判，为终局判决作准备，并无给付内容，无执行力可言。终局判决指法院依实体法上的理由，就诉讼的全部或一部，以终结该审级之程序为目的所作出的判决。目前我国民事诉讼和行政诉讼中尚未有这种分类，但在德国、日本和我国台湾地区法律中均对中间判决和终局判决作出了规定。

此类划分的意义在于中间判决将当事人之间不涉及诉讼标的的一些争议焦点先行确定下来，为后续争议的解决奠定基础，为法院作出终局判决作准备。

第五，根据判决在行政诉讼中的地位作用的标准，可以将行政判决划分为主判决和从判决。

主判决是指不依附其他判决方式而独立存在，且能对原告诉讼请求作出回应的判决种类。如我国现有判决方式中的维持判决、撤销判决、变更判决、确认判决、驳回诉讼请求判决等主判决。主判决须是针对原告诉求作出不同程度回应的判决方式。从判决是指依附于主判决而存在，主要针对行政机关履行法定职责或给付义务作出的判决。如附于撤销判决之后的重作判决、附于确认判决之后的行政赔偿判决、附于确认不作为违法之后的履行判决。从判决的特点是依附于主判决而作出，即须以主判决为判决前提，是为了解决撤销判决、确认判决之后产生的问题而由附带作出的辅助性判决。如诉具体行政行为违法造成损害且请求赔偿，行政赔偿判决作出的前提就得首先确认具体行政行为是否违法。如判决确认具体行政行为合法，那么行政赔偿的判决就不可存在。

行政判决划分为主判决和从判决的意义在于理顺各种判决方式之间的联系，便于法院针对不同的诉讼请求选择不同的判决方式。

当然，行政判决还可以依照审判程序，划分为一审判决、二审判决、再审判决；依照判决是否生效，划分为生效判决和未生效判决；依照双方当事人是否出庭应诉，可划分为对席判决和缺席判决；等等。

### 三、行政判决的效力

行政判决的效力直接涉及行政诉讼功能的发挥，研究行政判决的效力在于从理论上就行政判决对当事人、法院和其他人所产生的影响予以分析界定，保证法院作出的行政判决得到尊重和执行，树立行政判决的司法权威。特别是行政判决涉及司法权与行政权的关系，其如何体现这种关系并保证司法终局原则得到贯彻，这就是行政判决效力所要研讨的问题。

关于行政判决的效力，并无法律上的规定，学界更多地参照民事判决效力的理论对其研究。为此，我们也将借鉴民事判决效力的理论结合行政诉讼的特点对行政判决效力进行研讨。

行政判决的效力是指生效行政判决对当事人、法院及其他人所产生的约束力。行政判决一经成立即不容许再轻易地加以改变，而作为行政争议也被视为得到了最终解决，一般情况下就不能再次成为司法审查的对象，这种性质就是判决的终决性。行政判决的终决性就体现在其所具有的形式上的确定力、拘束力、实质上的确定力（既判力）、执行力、形成力等效力之中。对于判决的上述效力，有学者认为，拘束力与形式上的确定力属于判决的形式效力，而既判力、执行力、形成力则属于判决的实质效力。①

（一）行政判决的形式确定力

作出判决的法院虽然不能变更或者撤销判决，但根据当事人的上诉或者提出的异议申请，经过上级法院的审查，有撤销判决的可能性。但是，即便是上级法院也不能随意以职权改变判决，只有在当事人对该判决提出不服声明后法院才有可能以职权撤销原判决。如果这些通常的方法已用尽，就意味着该判决在其诉讼程序中已失去撤销的机会。这种判决已达到同通常的不服声明、不能剥夺其存在的状态，称之为确定。确定判决的这种不可撤销性叫做形式（或外部的）上的确定力。②

行政判决具有确定力是无疑的，因为生效判决终局性缘于司法权的最终性，对当事人、社会公众、法院均具有不可变更力。行政判决的形式确定力就是指当事人不能以通常上诉的方法请求撤销或变更确定判决的效力。确定判决指在法定上诉期限内未提起上诉而生效的判决，或经二审终审生效的判决。当事人在法定上诉期限内未主张上诉权，期限过后就不得再主张，或经人民法院二审终审，当事人就不得就行政判决所解决的行政争议再进行争辩。该行政判决就发生不可争力，所以形式确定力又称为“不可争力”。形式上的确定力是判决对行政诉讼当事人的效力。对当事人来说，一般情况下，确定力发生的时间是自判决确定之时起，即当事人签收一审判决的15天后未提起上诉的时间，或二审判决作出之时。因此，行政判决的实质确定力（既判力）依赖于形式确定力，即行政判决只有经过上诉期限或终审判决后才能对当事人发生拘束的法律效果。

如上所述，行政判决的形式确定力是针对行政诉讼当事人，当然也包括行政

① 肖建国．民事诉讼程序价值论［M］．北京：中国人民大学出版社，2000：532.

② ［日］兼子一，竹下守夫．民事诉讼法［M］．白绿铉，译．北京：法律出版社，1995：154.

机关。而行政机关的行政行为也具有形式上的确定力，行政判决的形式确定力与行政行为的形式确定力之间存在一种什么关系？行政相对人对行政机关作出的行政行为在法定救济期限内未通过行政复议、行政诉讼主张权利，在期限过后就不得再主张，该行政行为发生不可争力，即行政行为的形式确定力。行政行为自作出之时就对当事人产生拘束效果，即实质上的确定力，其形式确定力并不是促使行政行为产生实质确定力效果的条件。行政行为的形式确定力一旦发生法律效果，其就排除了司法审查的可能性，也就不存在行政判决的形式确定力的问题。另一方面，行政行为的形式确定力因行政相对人提起行政复议或行政诉讼请求救济而不发生法律效果，但行政行为在未被依法撤销之前始终具有实质上的确定力。

### （二）行政判决的拘束力

拘束力也称为羁束力，是指判决一经作出并向当事人宣告后，除非有特殊理由，法院不得随意撤销或变更该判决。同样的，行政判决的拘束力是针对法院自身而言的，是指在诉讼的最后阶段，法院必须基于已形成的诉讼资料对行政争议作出权威性的判断，该判断一旦生效，则作出该判断结论的法院便受此拘束，除非有特殊理由，否则不能任意加以变更或取消。判决是法院运用审判权的判断，一旦对外宣告，就不得任意撤销或变更。这种羁束力对作出判决法院的约束力，又被称为自我拘束力、自缚力。拘束力的产生时间为判决向当事人宣告之后，是判决首先产生的法律效力。

行政判决的拘束力是维持判决稳定性、权威性和安定性的需要。行政判决一旦作出，对行政争议解决具有终局性和权威性，如果允许随意撤销或变动，势必将影响到判决的稳定和权威，间接地影响到法院的行政审判功能的发挥。更重要的是，行政判决涉及公法领域，对维护公共利益和稳定公共秩序起到积极的作用。法院随意改变判决的内容将会影响到公法秩序的稳定。

我们认为，行政判决的拘束力对法院的约束应体现在以下几个方面：①行政判决一经成立，即具有相对稳定性，不经法定程序和法定事由不得撤销或变更；②依司法权被动性的原理，作出生效行政判决的法院不应主动提出撤销或变更判决；③如确有法定事由需要撤销或变更生效判决，必须经过与作出原判决同样的程序，以保证对撤销或变更判决而受到不利影响的当事人充分的救济。

### （三）行政判决的既判力

既判力是大陆法系国家普遍使用的概念，其理论最早可以追溯至罗马法上的"一事不再理"原则。"终局判决一旦确定，判决的内容就拘束当事人及法院。当事人及法院不得就同一事项，在后诉的裁判中，作出与此矛盾的主张或判断。这种判决内容的效力称为既判力（或实质确定力）。"① 可以看出，既判力是判决确定后，在实体内容上对于当事人和法院具有的约束效力，即当事人受到判决的约束就是不得就已判决的内容再行提出争议，法院受到判决的约束就是不得就同一事项作出矛盾的判断。

既判力的作用或效果主要表现在两个方面：①既判力具有禁止重复起诉和“一事不再理”的效力。如《若干解释》第四十四条第（八）项、第（十）项规定，对于重复起诉或诉讼标的为生效判决的效力所羁束的诉讼不应受理或驳回起诉，这就是行政判决既判力的重要体现。②既判力从程序和实体上最终确定了当事人之间的权利义务关系。当然，行政判决因为涉及行政机关的行政行为，判决确定的可能只是一种间接的权利义务关系，而不像民事判决一样直接判决确定当事人之间的实体权利义务关系。

行政判决的既判力具有上述法律效果的意义，首先，可以有效地维护司法裁判的权威性。社会冲突和纠纷通过司法救济得以最终解决是各国所遵守的基本司法原则。司法终局性不仅表现为法院对自己已经裁判的事项不得再进行审查，而且也表现为法院的裁判事项不受其他部门和机关的审查。行政诉讼的一个重要目的就在于监督和制约行政机关行政权力的行使，如果不确立行政判决的既判力效果，那么行政机关便可以不停地对行政争议提出新的主张和观点，法院的行政判决的权威性就会受到损害。其次，确立行政判决既判力的法律效果有利于维护法律状态的稳定性。如果缺少了判决既判力，那么发生法律效力的行政判决随时都可能被推翻，对已经有了结论的行政争议可以随意进行审查，势必造成纠纷长期不能获得彻底解决，当事人之间的法律关系长期不稳定。这种情形对于行政相对人的合法权益将是一大危害，也将妨害行政机关依法有效地对国家和社会事务进行管理。

但是，行政判决的既判力能否完全适用民事判决既判力的理论尚需进一步研究。毕竟，行政判决涉及司法权与行政权之间的关系。司法权强调司法活动的被动性、保守性、稳定性，而行政权更多地追求行政效率，强调行政活动的主动性、灵活性。如果过于强调行政判决的既判力，势必将限制行政机关为了公共利益对行政法律关系适时进行调整，这也不利于行政机关服务行政、责任行政的法

① ［日］室井力．日本现代行政法［M］．吴微，译．北京：中国政法大学出版社，1995：255.

治要求。

(四) 行政判决的形成力

只有形成判决才具有形成力。判决的形成力，又称判决的创设力、判决的变更力。行政判决的形成力是指确定生效的形成判决具有使争议的行政法律关系发生变更或消灭的效力。我国现有的判决中的撤销判决和变更判决属于这类形成判决。判决的形成力于判决确定之时发生，但是，形成判决一旦确定，其效力可溯及到行政行为发生之时。“撤销判决一旦作出，由于其形成力的效果，该行政处分当然地失去效力，并且，由于该行政行为而产生的一切效果都随之消灭。”① 一般情况下，形成判决的形成力及于当事人和任何第三人，具有对世的效力。形成判决所形成的撤销行政行为或变更行政行为的效力对包括行政机关和行政相对人在内的任何人都有效。

行政判决中的形成判决所确立的形成力直接体现了司法权对行政权的监督制约关系，但它并非是全部行政判决所具有的共同效力。

(五) 行政判决的执行力

行政判决的执行力是指具有给付内容的行政判决生效后，义务人应主动履行判决所确定的义务，如拒不履行的，人民法院可以根据权利人的申请或依照职权强制执行的效力。具有给付内容的判决才具有执行力，如履行判决、行政赔偿判决、变更判决等。要想实现“行政法治”目标，切实保障行政相对人的合法权益，仅由法院作出判决还不够，还要保证行政判决能够得到及时、有效的执行。确立行政判决执行力的意义在于树立法院行政审判的权威，保障法院的判决得到有效的执行，以此维护公法秩序的稳定。

行政判决的给付义务，大部分是针对行政机关作出，因而就涉及对行政机关的执行。如果行政机关拒绝履行判决所确立的给付义务，应采取哪些执行措施？我国《行政诉讼法》规定了具有金钱给付内容的可以采取划拨、处予罚款的措施，对于其他给付内容的可以采取司法建议等措施。② 但是，这些措施在实践中并没有取得预期的效果。对于判决行政机关履行法定职责、责令行政机关重新作出行政行为等非金钱给付义务的判决，如果行政机关不按照法院的判决履行期限作出具体行政行为，除可以作出司法建议之外，法院不可能采取强制手段迫使行政机关作为，也不可能代替行政机关作为。因此，目前的执行措施并不能保证行

① 杨建顺．日本行政法通论［M］．北京：中国法制出版社，1998：757.

② 详见《中华人民共和国行政诉讼法》第六十五条的规定。

政判决执行力得以完全实现，部分地影响到法院的司法权威。如何提高行政判决的执行力是我们今后研究的重要课题。

## 第二节 现行行政判决的适用及完善

根据我国《行政诉讼法》第五十四条、第五十五条和《若干解释》第五十三条至第六十条及第六十二条之规定，行政诉讼一审判决有维持判决、撤销判决、履行判决、变更判决、驳回诉讼请求判决、确认判决六种主要判决方式，以及在撤销判决基础上的重作判决。本章拟就上述判决方式的适用条件、适用范围及各种判决方式存在的问题、如何完善等作一些粗浅的探讨。

### 一、维持判决的适用及取舍

维持判决，指人民法院经审查，确认被告具体行政行为合法，并维持其效力的判决方式。根据《行政诉讼法》第五十四条第（一）项之规定，人民法院作出维持判决必须具备具体行政行为证据确凿，适用法律、法规正确，符合法定程序三个条件。证据确凿是对具体行政行为认定事实的要求，即只有达到了法律、法规预先设定的事实要件的要求，才能认为事实清楚；只有每一个事实要件都有相应的证据予以证明，才能称为证据确凿。适用法律、法规正确要求被诉具体行政行为适用了与该行为所认定的事实相适应的法律、法规及条款。符合法定程序要求行政机关按照法定的方式、手续、步骤、顺序和时限作出具体行政行为。以上三个条件是充分必要条件，即要维持行政机关的具体行政行为，上述三个条件必须同时具备，否则不得作出维持判决。当然，从第五十四条撤销判决、变更判决的适用条件看，对行政机关的具体行政行为作出维持判决，还必须不超越职权、无滥用职权和显失公正的情形。否则，相应具体行政行为就应撤销或变更。

维持判决作为行政诉讼中特有的判决方式，其在监督和维护行政机关依法行政方面起到极为重要的作用。但是，随着行政审判实践和行政诉讼理论研究的深入，维持判决越来越凸显出其在行政判决制度中的局限性和不合理性。在《若干解释》增加了驳回原告诉讼请求的判决方式之后，越来越多的人认为应当以驳回诉讼请求的判决方式取代维持判决。因此，目前关于维持判决是取消还是保留大致形成了两种观点，一种观点认为维持判决存在不合理性，既限制了行政机关进行行政管理的主动性，又与行政诉讼的机理不符，主张取消或以驳回诉讼请求的判决代替维持判决。① 另一种观点认为，维持判决在适用上的误区并不能说明维持判决本身存在错误，只能说其在适用条件、标准上还不完善，主张保留维持判决，但应严格审查标准，谨慎适用维持判决。②

我们认为，维持判决是我国计划经济条件下权力体系中“行政优位”的产物，是行政诉讼法“维护行政机关依法行使职权”的价值体现。但是，经过十多年的行政审判实践表明，维持判决方式不仅影响了人民法院的司法权威，而且，也阻碍了行政机关依法行政的主动性和积极性。我们主张取消维持判决方式，同时以驳回诉讼请求的判决方式代替之。理由如下：

第一，域外无此判决方式。维持判决是我国行政诉讼所特有的判决方式。而且，在世界各国行政诉讼立法中也属罕见。无论是行政法发达的法国、德国等大陆法系国家，还是注重行政程序法，主张“控权论”的英国、美国等普通法系国家都没有维持判决这种判决方式。正是因为维持判决存在种种不足，所以大陆法系国家和普通法系国家都没有设定该类判决。③

第二，维持判决偏离了原告诉讼请求，与诉讼机理不符。依诉讼原理，判与诉相对应，法院的审理活动和判决都应围绕原告的诉讼请求而展开。行政诉讼中，原告不仅有权通过启动诉讼程序来请求法院对自己的权利加以保护。而且，原告还有权通过提出诉讼请求来约束法院的审理行为，即法院对行政案件的审理应围绕诉讼请求而展开，诉讼的每个程序都应当是对原告诉讼请求的回应。虽然，行政诉讼中，法院审理的实质对象是具体行政行为，但法院对具体行政行为的审查是经过当事人的诉讼请求而塑造的。诉讼终了，法院理应对原告的诉讼请求作出回应。而维持判决则表现为法院越过了诉讼请求对具体行政行为直接审查。原告起诉之后就变成了法院对具体行政行为是否符合公法秩序的审查，并对此作出结论。因此，对具体行政行为的维持并不是一种对当事人诉讼请求的回应，而纯粹是法官对公法秩序的维护。以当事人为获得司法救济启动行政诉讼，而结论却变成了对公法秩序的审查和维护，这与行政诉讼的内在机理不相吻合。

第三，从行政行为的效力看，人民法院作出维持判决并无实际法律意义。行政机关作出的行政行为是具有法律效力的行为。行政机关作出的行政行为一经成

---

① 相关观点可参见甘文．行政诉讼法司法解释之评论［M］．北京：中国法制出版社，2000：159－160.

② 梁凤云．行政执法与行政审判：第10集［C］．北京：法律出版社，2004：68－73.

③ 马怀德．行政诉讼原理［M］．北京：法律出版社，2003：431.

立，除有法律规定之外①，非经有权国家机关依照法定程序撤销，其就具有公定力、确定力、拘束力和执行力。行政行为的这种效力源于法律规定。作为行政行为的公定力是其他效力的前提，它是指行政行为一旦正式作出，就应被推定为合法有效，并要求行政相对人及任何第三人予以尊重的效力。确立行政行为的公定力是维护行政机关依法有效行使行政职权、保证行政执法活动的有序进行的需要。假如行政相对人可以以行政行为违法为由或者以其他借口，对抗或者拖延行政行为的执行；假如任何人都可以任意主张行政机关的行政行为违法或无效，那么，行政机关也就无所谓行政执法权威，其行政活动将无法进行，公法秩序也将无法维护。因此，确立行政行为的公定力为国家行政机关行使国家行政职权提供了可靠的法律保障。行政机关的行政行为一经作出，在法律上允许行政相对人获得行政复议或诉讼救济途径的基础上，首先应推定该行政行为合法有效②，具有法律效力。

既然有效的具体行政行为未被法院或其他有权机关撤销或者变更之前，应当一直视为有效而具有约束力，那么法院判决维持一个有效的具有拘束力的具体行政行为，实属没有必要。③ 只要法院的判决不阻断或消灭具体行政行为的效力，具体行政行为的效力就最终对外确定有效。因此，维持判决对该被诉具体行政行为的法律效力并不产生实质性影响。如果被诉具体行政行为合法，人民法院作出维持被诉具体行政行为的判决，并没有任何积极的法律意义。

第四，维持判决限制了行政机关行使行政职权的主动性。"从行政法理论上讲，维持判决的实质效果基本上相同于驳回诉讼请求，唯一不同的是，经法院维持判决的行政行为，行政机关不能轻易变更。这不是维持判决的优点，而是其缺点。因为，这限制了行政机关根据条件的变化和行政管理的需要作出应变的主动性。"④ 从行政判决的既判力理论看，我们知道法院的生效判决一经确定便对法院、行政机关和行政相对人产生约束，非经法定程序不得撤销或变更。维持判决同样地对行政机关产生约束，行政机关作出的行政行为不仅仅具有行政行为的公

① 我国《行政处罚法》中有关行政处罚无效和行政处罚决定不能成立及当事人有权拒绝违反法定程序的处罚等规范，为无效行为不具有公定力提供了制定法上的依据。

②《行政复议法》第二十一条、《行政诉讼法》第四十四条都规定了行政机关作出的具体行政行为在复议期间或诉讼期间原则上不停止执行，从而确定了行政行为所具有的公定力。

③ 甘文．行政诉讼法司法解释之评论［M］．北京：中国法制出版社，2000：160.

④ 甘文．行政诉讼法司法解释之评论［M］．北京：中国法制出版社，2000：159.

定力，而且受到判决既判力的约束。如果不受维持判决对行政行为的拘束，行政机关可以根据行政管理和社会发展形势的需要适时地对行政行为作出变动。但是，一旦行政行为被法院的维持判决予以确定，行政机关欲对行政行为适时作出变动反倒成了问题。如法院对行政合同争议进行审理并作出维持判决，判决之后因公共利益之需要行政机关要对行政合同进行变更，但因法院对行政合同的维持，限制了行政机关行使行政合同变更权的主动性。

第五，有些案件无法适用维持判决。如上所述，维持判决的适法条件为：被诉具体行政行为证据确凿，适用法律、法规正确，符合法定程序，无超越职权、滥用职权和显失公正的情形。但是，在行政审判实践中会遇到符合上述适法条件，而又适用不了维持判决的情形。这些情形主要有：①原告诉讼请求无理的。即原告提出诉讼请求不符合法定予以保护的条件，包括原告诉讼请求不合时宜和原告与诉讼请求标的没有利害关系。②被诉行政行为合法，但属于自由裁量权范围或在现实情况下需要变更或废止的。③对已经履行完毕的非要式具体行政行为，经审查认定合法，也不宜适用维持判决形式[①]。④被诉具体行政行为没有法律、法规或规章的调整，行政机关依规章以下的规范性文件作出，且规范性文件不与法律、法规的精神、原则相违背，为尊重行政机关对具体行政行为适时变动，此情形也不宜适用维持判决。⑤被诉具体行政行为合法成立，但缺少“次要证据”，因不符合维持判决证据确凿的要求，也不宜适用维持判决。⑥对于行政机关合法的事实行为，不以书面或口头形式作出，仅仅表现为一种客观状态，如何维持?

当然，在行政审判实践中还存在一些适用不了维持判决的情形，理论上还难全部加以概括。我们认为，就目前而言，维持判决应当采用“无瑕疵”的严格审查标准。经法院审查具有合法性的具体行政行为，如不宜适用维持判决的情形的，应采用驳回诉讼请求的判决方式。在条件成熟或《行政诉讼法》修改之时，最终以驳回诉讼请求的判决方式完全替代维持判决。

## 二、撤销判决和重作判决的适用及完善

撤销判决是指经人民法院审查认为行政机关的具体行政行为部分或全部违法，从而撤销行政机关作出的具体行政行为的部分或全部，并可判令行政机关重新作出具体行政行为的判决方式。从其外在表现形式上看，可以分为全部撤销判决、部分撤销判决（限于具体行政行为可以分立的情况）、撤销并附带判决行政

① 张忠斌，刘曙军．现行行政判决形式的不足与完善［J］．人民司法，1999（7）．

机关重作的判决。撤销判决对于原告来讲，是支持其诉讼请求的判决，为肯定判决；而相对于被告来讲，其是对被告作出具体行政行为的否定，为否定判决。

撤销判决是对行政机关行政行为的否定性评价，其能够直接有效地纠正行政机关的违法行为，使行政行为溯及既往地失去效力。因此，行政诉讼中撤销行政行为的诉讼请求最多，撤销判决适用范围最广，其也是世界各国行政诉讼中广泛采用的判决方式。法国行政法院从长期审判判例中总结出越权之诉的四项撤销理由，即无权限、形式上的缺陷、权力滥用、违反法律。① 英国普通法院可以撤销行政机关程序上越权、实质上越权和违反自然公正原则的行政决定。② 德国行政诉讼上也将撤销之诉作为经典诉讼种类③，并以撤销作为重要的判决方式。日本、我国台湾地区的撤销诉讼也在行政诉讼中处于核心地位，撤销判决是一种广泛适用的裁判方式。在美国，依照《联邦行政程序法》的规定，行政机关作出的行政行为具有专断、反复无常、滥用自由裁量权或者其他不符合法律等情形的都可以判决撤销。④

从国外的立法和审判实践可以看出，撤销判决是行政诉讼中最核心的一种判决。为此，我国《行政诉讼法》第五十四条和《若干解释》第五十四条、第六十条对撤销判决适用作出了规定。《行政诉讼法》规定判决撤销的适用条件为：主要证据不足；适用法律、法规错误；违反法定程序；超越职权；滥用职权。撤销判决的五个适用条件系选择条件，只要被诉具体行政行为具有上述条件之一即可予以撤销。兹分别阐述如下。

**（一）主要证据不足**

主要证据是指能够证明行政机关作出具体行政行为所依据的基本事实的证据。行政机关作出一定的具体行政行为必须基于一定的事实根据，而行政机关认定一定的事实必须有必要的证据。这种必要的证据在诉讼阶段应该达到两方面的要求：①认定事实的证据从“质”上来讲，必须是客观、真实、合法的，与案件事实具有关联性；②认定事实的证据从“量”上来讲，必须达到充分，足以证明待证事实。如果被诉具体行政行为从“质”或“量”上不能达到上述要求，就应当认定为主要证据不足，人民法院就可以作出撤销判决。与主要证据相对应的是

---

① 参见王名扬．法国行政法［M］．北京：中国政法大学出版社，1988：685.

② 参见王名扬．英国行政法［M］．北京：中国政法大学出版社，1987：151.

③ 参见［德］弗里德赫尔穆·胡芬．行政诉讼法［M］．第5版．莫光华，译．北京：法律出版社，2003：211.

④ 参见美国《联邦行政程序法》第七百零六条。

"次要证据"，那么，如果被诉具体行政行为缺少"次要证据"是否也可以撤销？我们认为，次要证据仅起到进一步证明行政机关对相应事实的认定，但缺少"这些证据"也不影响被诉具体行政行为的成立。因此，被诉具体行政行为缺少"次要证据"不应成为撤销判决的理由。但缺少次要证据属于行政行为的瑕疵，与适用维持判决要求证据确凿的条件不相符合，也不宜适用维持判决。如上所述，对这类情况最好适用驳回诉讼请求的判决方式。

行政审判实践中，具体行政行为主要证据不足表现为：①具体行政行为认定的事实无合法有效的证据予以证实。行政机关在实施具体行政行为的过程中没有取证或遗失必要的证据，或是在一审诉讼阶段的举证期限内没有提交证据而被认定为无证据。②认定事实不清。这种情况表现为有一定的证据，但在认定事实的性质、行政相对人行为的违法性、危害后果、处理结果等主要事实或情节上缺少必要证据支持。③具体行政行为认定的责任主体错误或证据不足。即将非责任主体认定为责任主体，未将责任主体作为责任主体认定，或认定的责任主体缺少有关证据加以证明。④对行政相对人的身份、责任能力认定错误。如将个体工商户认定为私营企业主，将未成年人认定为成年人等。⑤主要证据欠缺合法性或证据有瑕疵。如取证程序违反了"先取证，后裁决"的原则，在作出具体行政行为后才拼凑证据。⑥定案证据与待证事实之间无关联性。虽然行政机关提交了证据，但这些证据与不能证明行政机关认定行政相对人具有违法行为的事实，二者之间没有必要的联系。

**（二）适用法律、法规错误**

所谓适用法律、法规错误，是指行政机关在作出具体行政行为时适用了不应适用的法律、法规。具体表现为：①应适用甲法律、法规，而行政机关错误地适用了乙法律、法规。②应适用甲法律、法规的乙条款，而行政机关错误地适用了丙条款。③相应具体行政行为应同时适用两部或几部法律、法规，而行政机关仅适用了某一部法律、法规，或该行为只应适用某一法律、法规，而行政机关却另适用了其他不应适用的法律、法规。④相应具体行政行为应同时适用法律、法规的两个或几个条款，而行政机关仅适用了其中某一条款，或该行为只应适用某一法律、法规的某一条款，而行政机关却另适用了其他不应适用的条款。⑤具体行政行为适用了过时的、已被废止、撤销或尚未生效的法律、法规。⑥具体行政行为应适用一部或几部法律、法规的多个条款，而行政机关只适用了一个或少数条款。⑦具体行政行为应适用特别法中的条款，而行政机关却适用了一般法中的条款。

关于撤销判决的该项适用条件，我们还须注意以下几个问题：

第一，是否所有“适用法律、法规错误”的情况都属于可撤销情形。我们认为，主要是分析行政机关适用法律、法规错误的原因。如果是对事实性质认定错误，忽略事实的有关情节，对法律、法规理解错误等主观原因造成的，人民法院应坚决予以撤销。因某些技术类错误（记录笔误、打印校对错误等）就不宜以适用法律错误为由撤销。如果没有其他可撤销的理由，可以考虑适用驳回诉讼请求的判决，并可以司法建议要求行政机关予以补正。

第二，如果不是适用法律、法规错误，而是适用规章错误，是否属于可撤销情形。适用规章错误可能存在两种情况：其一，被诉具体行政行为同时适用了法律或法规以及规章。如果仅只是适用规章错误，因法院对规章“参照”适用，而不是“依据”，不属于可撤销情形。其二，被诉具体行政行为没有适用法律、法规，只适用了规章，且适用规章错误。此类情况因为适用规章错误，而又没有法律、法规来支持被诉具体行政行为的合法性，应视为没有法律依据，属于可撤销的情形。当然，对于适用规章以下的规范性文件错误的，也应按照上述原则区别对待。

第三，行政机关作出的要式具体行政行为没有在书面行政处理决定上适用任何法律、法规或规章及规章以下的规范性文件，但在举证期限内又提交了相关的规范性文件。此种情况应如何认定？我们认为，行政机关作出具体行政行为时没有适用法律、法规等规范性文件，应属于具体行政行为内容要件上的欠缺而不生效。即使行政机关在诉讼阶段提交了正确的适用依据，也不能改变其内容不合法的状态。因其是不生效的具体行政行为，应按照《若干解释》第五十七条第二款第（三）项之规定，判决确认被诉具体行政行为无效。

第四，行政机关在作出具体行政行为时适用了错误的法律、法规，但在一审举证期限内提交了正确的法律、法规。此种情况应如何认定？依照行政法的一般原理，适用法律、法规是具体行政行为内容的重要组成部分，改变适用的法律、法规应属于改变具体行政行为。按照《若干解释》第五十条之规定，对被告在一审期间改变具体行政行为的，应分别根据不同情况作出判决。如当事人对改变后的具体行政行为不服的，人民法院对改变后的具体行政行为进行审理；如当事人对原具体行政行为不服的，人民法院经审理后认为违法的，应作出确认违法的判决；认为合法的，应作出驳回原告诉讼请求的判决。

### （三）违反法定程序

违反法定程序，指行政机关在实施具体行政行为时违反了法律规定的作出该行为应当遵循的步骤、顺序、方式和时限等要求，它是作出撤销具体行政行为判决的一个独立存在的理由，不依附于其他任何条件，只要具体行政行为违反程序，不管决定正确与否，都构成撤销该具体行政行为的理由。

违反法定程序作为撤销判决的一项适用条件，对于监督行政机关遵循程序法制，保护行政相对人的程序权利具有重要意义。但是，是否一切违反法定程序的具体行政行为都必须予以撤销。这个问题在学术界和实务界大致形成了三种意见。一种意见认为，程序违法而实体合法的，不应判决撤销，可在判决书中或在司法建议书中要求行政机关改正。第二种意见认为，只要违反了法定程序，不论轻重与否，也不论是否已侵犯了相对一方的合法权益，均应判决撤销。第三种意见认为，违反可能影响正确作出具体行政行为的程序或违反法律、法规中的一些重要程序，可以判决撤销；对于一些轻微程序违法的，并非一定要撤销，可以要求行政机关改正。

第一种意见显然与《行政诉讼法》的规定不相符，不可取；第二种意见采取严格法治主义，虽然符合法律条文的字面含义，但与目前我国缺少统一行政程序规范、行政机关执法中程序意识不够强的现实不符。如果不加区分地将所有违法程序的行政行为予以撤销，一方面降低了行政效率，增加了执法成本，影响公法秩序的稳定；另一方面，对于一些任意性程序、内部程序等不影响相对人合法权益的“程序瑕疵”，如果坚持撤销具体行政行为，势必将增加当事人的诉讼负担，未必能够起到社会效果。

我们基本上同意第三种意见，但在具体操作时应严格把握。其主要问题是如何界分严重程序违法和轻微程序违法。行政程序中基本程序、外部程序、羁束行政程序、负担行政行为程序等都赋予了相对人一定的程序权利。相对人享有的程序权利是用以保护自我合法权益不受行政机关违法侵害的有效手段，具有制约行政机关违法行政的作用。如果行政机关在行政执法程序中没有给予相对人充分有效的行使程序权利，就应认定为严重程序违法，如行政机关不听取相对人的陈述意见就作出处罚决定等。因此，严重程序违法是以该程序影响了行政相对人的程序权利为标准。严重违反法定程序的行政行为一律撤销。至于行政机关违反了内部程序、自由裁量程序的选择适用等，只要行政机关没有剥夺、限制、取消相对人的程序权利，对于相对人来讲也许就是一个轻微的程序违法。而且，这些轻微程序违法或者可以通过行政机关补正，或者判决撤销行政行为反而增加相对人的负担。因此，对于行政行为轻微程序违法的并非一定要撤销，可以采取其他补救措施，可能会达到更好的社会效果。

### （四）超越职权

“越权无效”是各国行政法和行政诉讼制度中所确立的一项基本原则。越权原则是英国普通法院进行司法审查的重要根据。行政机关的越权行为是无效行为，法院可以宣告它无效或撤销它。[①]"越权之诉"是法国行政法上的重要制度。"越权之诉"的作用在于撤销违法的行政决定，使它不发生法律效力。[②]美国普通法院可以对行政机关超越法定的管理范围、权力和限度，或者缺少法定权利的情形予以判决撤销。[③]我国台湾地区"行政诉讼法"也规定行政机关逾越权限所作行政处分，行政法院得予以撤销。[④]当然，由于各国法治模式和法治传统不同，决定了各国对超越职权的内涵与外延也有较大差别。在我国，一般认为超越职权是指国家行政机关，法律、法规授权的组织，行政机关委托的组织或个人超越了法律、法规明确规定的权限范围行使职权。超越职权是一个客观评价标准，不论行政机关是否存在故意或是过失，行为动机、目的是否合法、正当，只要行为客观上超越了法定权限即构成超越职权。

超越职权的认定，根据我国行政管理的现状以及行政审判实践，可以从以下几个方面认定行政机关是否超越职权：①横向超越职权。其具体表现为同一地域内无隶属关系的行政机关超越业务主管范围，行使了属于其他行政机关权限的职权，或是行政机关超越地域管辖范围行使职权。②纵向超越职权。其具体表现为无法律、法规、规章的授权，下级行政机关行使了上级行政机关的职权，或是上级行政机关超越行使了法律、法规、规章明确授权下级行政机关的职权[⑤]。③超越授权或委托范围内的超越职权。其表现为法律、法规、规章授权的组织超越授权范围的越权行为，或是受委托的行政机关超越委托范围的越权行为。④内容上的超越职权。这种情形是指行政机关在行使职权时，超越了法律、法规规定的范围、幅度、手段、方式、时限等。

行政审判实践中，人民法院对超越职权的情形主要从两个方面进行审查。首先，审查行政执法主体资格的合法性。具体行政行为合法的首要条件就是行政主体资格合法，或者说具有行政执法主体资格。一般来讲，行政机关，法律、法规授权的组织或受委托的组织能够对外行使行政职权，作出具体行政行为，应有法律、法规或规章的授权依据。诉讼中由被诉行政主体举证证明其主体资格上的权

---

① 参见王名扬．英国行政法［M］．北京：中国政法大学出版社，1987：150.

② 参见王名扬．法国行政法［M］．北京：中国政法大学出版社，1988：671.

③ 参见美国《联邦行政程序法》第七百零六之规定。

④ 参见我国台湾地区"行政诉讼法"第二百零一条之规定。

⑤《最高人民法院关于执行〈中华人民共和国行政诉讼法〉若干问题的解释》第二十条、第二十一条已确认了规章授权下的行政主体资格。

源依据。如不能举证证明，就属于不具备行政主体资格，其所实施的具体行政行为无效，依法应予以撤销。其次，审查合法行政主体是否有权实施某项行政行为。虽然被诉行政主体具有在某个行政管理领域的行政执法主体资格，但如在纵向、横向或内容、形式、手段、时限等上超出其权力界限疆域，其所作出的具体行政行为也不具有合法性，应予以撤销。

（五）滥用职权

无论是大陆法系的德国、法国，还是普通法系的英国、美国都将滥用职权作为法院控制行政机关行使自由裁量权的重要手段。如法国以行政机关行使权力违反法律目的为权力滥用的标志，并以此作为撤销行政决定的理由；在英国，法院的任务不仅要制止行政机关超越权力的范围，而且要防止行政机关滥用权力。行政机关滥用职权，已被我国的立法和行政法理确定为行政违法行为之一，并且是人民法院撤销行政机关具体行政行为的重要理由。但迄今仍没有对滥用职权的内涵作出定论。依大多数学者的意见认为，滥用职权是指行政机关在自由裁量权范围内实施的具体行政行为虽然在形式上合法，但在实质上却不符合法律的目的、精神和原则。滥用职权与超越职权的最主要区别在于，前者强调行政机关在作出行政行为时虽在外在形式上合法，但因主观上的过错而造成的违法；而后者强调行政机关在客观上的“违法”，也就是从行政行为的外在形式所表现的违法性。

至今为止，我国制定法上没有对滥用职权的表现形式作出规定。如何判断行政机关滥用职权，这对于行政审判的法官来讲确实是一件困难之事。但我们可参照、借鉴域外经验①，并结合司法实践中表现出来的一些情形，滥用职权可具体表现为：

① 根据英国法院判例，权力滥用主要为：(1) 不符合法律规定的目的。(2) 不相关考虑。考虑不应当考虑的事情，或者不考虑应当考虑的事情。(3) 不合理的决定。（参见王名扬．英国行政法［M］．北京：中国政法大学出版社，1987：171.）根据法国行政法院判例，权利滥用的表现方式：(1) 行政机关行使权力的目的不是出于公共利益，而是出于私人利益或所属团体的利益。(2) 行政机关行使权力的目的符合公共利益，但不符合这种权力的特别目的。(3) 程序滥用是权力滥用的一种方式。（参见王名扬．法国行政法［M］．北京：中国政法大学出版社，1988：692.）美国最高法院对滥用自由裁量权只指出了抽象的原则，下级法院和学术界总结认为，行政机关滥用自由裁量权的表现为：(1) 不正当目的。(2) 忽视相关因素。(3) 不遵守自己的先例和诺言。(4) 显失公平的严厉制裁。(5) 不合理的迟延。（参见王名扬．美国行政法［M］．北京：中国法制出版社，1995：686.）

第一，目的不正当，与法律原则、精神相悖。行政机关行使职权表面上看在其权限范围内，如果不符合法律规定的目的，或追求不正当的目的，就是明显的滥用职权。通常表现为行政机关及其工作人员实施行政行为的目的和动机不是为了社会利益和公共利益，而是为了团体利益或个人利益。如以权谋私、打击报复、利用职权为本单位创收；等等。

第二，忽视相关因素。行政机关及其工作人员在实施行政行为时，偏离法律的原则和精神，任意作为，明显应当考虑的因素没有考虑，而明显属于不应考虑的因素考虑了。如对未成年人实施行政处罚应当从轻或减轻处罚，但行政机关并未加以考虑；又如对劳动模范交通肇事的行为给予警告的行政处罚，这就表现为不应考虑的因素考虑了。

第三，违反同一性、平等性原则。行政机关应对同样情况同样对待，作出同样的处理，这是对行政机关行使职权一贯性、连续性和平等性的要求。行政机关实施具体行政行为时，无任何确定的标准，对待同类事件的处理变化无常，今天这样，明天那样；对待同样性质的违法行为当事人采取不同的标准，作出不同的处理。虽然这些处理都在法律规定的行政职权范围内，但行政机关通常表现出专横、武断、反复无常，具有明显滥用职权的特征。

第四，违反比例原则。行政机关针对行政相对人实施行政行为要达到的目的与所要采用的手段、措施、种类之间不成比例，而且造成相对人不必要的利益损害，或增加相对人不必要的负担，就应认为是滥用职权。

第五，故意拖延。行政机关在法律、法规未规定作出行政行为期限的情况下，行政机关应当在合理的期限内作出，但如果超出同类性质行政行为的期限不作为的就应认为是行政机关故意拖延。如行政机关故意拖延告知相对一方行使诉权或复议权，致使超出复议或起诉期限。

正如前面所述，撤销判决的上述五项适用条件是各自独立的，被诉具体行政行为只要具备其中一项就足以成为撤销的理由。如果同一被诉具体行政行为存在多项撤销事由，如主要证据不足、超越职权、程序违法等，那么法院是否就其中一项事由而撤销具体行政行为？从行政诉讼理论的角度讲，五项事由为选择条件，各自独立，具备其中之一便可作出撤销判决。但我国行政诉讼实践中遵循的是全面审查原则，通常要对被诉具体行政行为的主体资格、事实证据、法定程序、适用法律与法规等各方面进行全面审查清楚后再撤销。全面审查有利于查清事实，全面纠正行政机关违法行为。但这种做法增加了诉讼成本，不利于对行政相对人的及时救济保护。

与撤销判决相关联的是重作判决。但重作判决的适用条件是什么？人民法院在何种情况下有适用重作判决的必要性？判决被告在多长期限内重作具体行政行为？这些问题在立法上没有作出明确规定，在执法与司法实践中却亟待解决。

在行政审判实践中，重作判决的适用条件有：①被诉具体行政行为已被依法撤销。重作判决是撤销判决的从判决，具有依附性、补充性，被诉具体行政行为已被依法撤销是重作判决的前提条件。②被诉具体行政行为所处理的问题需要重新处理。被诉具体行政行为一旦被撤销之后，先前存在的行政法律关系就归于消灭。但先前行政法律关系所解决的问题仍未得到解决，需要通过行政机关重新对相对人的违法行为予以制裁，或给予相对人合法权益的保护。③有重作的必要性和现实性。如果人民法院撤销被诉具体行政行为之后，行政机关与当事人之间的法律关系处于一种不稳定状态，就有必要通过行政机关行使职权重新作出具体行政行为稳定这种关系。同时，重作事项必须是行政机关现实可以重作的，如行政相对人一方死亡、所要解决的问题已经通过其他方式得到解决等，就没有必要判决行政机关重作。④需要重新处理的问题在被告的职权范围之内。如果被诉具体行政行为系因被告超越职权而被撤销，而所要解决问题的行政职权属于其他行政机关，或法院判决时，原先行政机关的行政职权已由其他行政机关行使。此类情况，如再判决被诉行政机关重作已经成为不可能。就目前立法上的规定来讲，法院不可能追加真正行使职权的机关为诉讼当事人，也就无法判决由这些机关来重作。司法实践中，主要是根据《若干解释》第五十九条的规定，向有权机关发出司法建议。

我国《行政诉讼法》第五十四条第（二）项规定，人民法院“可以”判决行政机关重作。那么，是否在具备重作判决的条件下，人民法院也不是必须判决被告重作具体行政行为，而是由人民法院作出选择？我们认为，人民法院是否需要判决行政机关重新作出具体行政行为，这主要取决于行政法律关系是否业已稳定、所要解决的问题是否得到最终解决。只要符合上述重作判决条件的，都应作出重作判决，以恢复正常的行政法律关系，否则不利于法律关系的稳定。

《若干解释》第六十条规定了人民法院判决被告重新作出具体行政行为，可以限定重新作出具体行政行为的期限。但是，如何确定重作期限却没有作出规定。应当说，人民法院的重作判决确定履行期限才是一个完整的判决。否则，行政机关以没有履行期限而故意拖延不履行，一方面致使应当及时解决的问题长期得不到处理，不利于公法秩序的维护和行政相对人合法权益的保护；另一方面，法院的判决不能有效地执行，将影响司法权威。为此，我们认为，在判决被告重作的同时应当判决指明履行的期限。首先，在法律、法规和规章中规定了行政机关作出具体行政行为的期限的，则人民法院可依此规定来确定被告重作具体行政行为最长期限。[①] 如《行政许可法》第四十二条规定，一般情况下行政机关应在20日内作出行政许可决定。如果法院判决行政机关重新对行政相对人的许可申请作出具体行政行为，就可以同时判决在20日内作出决定。其次，如果法律、法规和规章中没有规定行政机关作出具体行政行为期限的，可以参考其他规范性文件或行政机关内部办事规则规定的时间，为被告确定重作具体行政行为的期限。如果其他规范性文件或行政机关的内部办事规则中也没有规定行政机关作出具体行政行为的期限的，可以为被告确定一个"合理期限"，如适用简易程序的以1个月为宜；适用普通程序的，以2个月为宜；适用听证程序的，以3个月为宜。[②] 最后，如果情况紧急，不立即重作具体行政行为，会给国家利益、公共利益或者他人的合法权益造成不可弥补的损害的，应判决被告立即重作具体行政行为。

## 三、履行判决的适用及完善

履行判决指人民法院经对行政案件审理，确认被告不履行或者拖延履行法定职责的情形，从而作出责令行政机关在一定期限内履行法定职责的判决。根据《行政诉讼法》第十一条第（四）项、第（五）项、第（六）项和第五十四条第（三）项之规定，要作出履行判决应满足以下几个条件：

第一，行政相对人向被诉行政机关提出过合法申请，要求行政机关为一定行为，且这种申请符合法律规定的条件和形式。应该指出的是，行政相对人要求行政机关所为的行政行为，既包括依相对人申请而为的行为，也包括行政机关依职权而为的行为。

第二，被诉行政机关具有某项法定职责。法定职责从字面上理解应为"法律规定的职责"之意，但这里的"法律"应作何种界定？司法实践中，一般认为应作广义理解，即指法律、法规、规章等所规定的行政机关的职责。但是，即使这样界定，在实践中仍显得履行判决的适用范围有限，不能更有效地保护相对人的合法权益。比如规范性以下的文件设定的职责或行政义务，如行政机关不履行，是否可以适用履行判决？此外，还有行政合同、行政承诺中为行政机关设定的行

① 关于重作判决确定期限的具体论述参见石佑启．判决被告重作具体行政行为探析［J］．上海市政法管理干部学院学报，2001（5）．

② 梁凤云．行政执法与行政审判：第11集［C］．北京：法律出版社，2004：37.

政义务，若其不履行，也涉及能否适用履行判决的问题。我们认为，作为行政义务的概念比法定职责更广，更有利于保护相对人获得有效救济。因此，在今后修改行政诉讼法时将法定职责修改为行政义务，扩大履行判决的适用范围。

第三，被诉行政机关有不履行或拖延履行法定职责的事实存在。履行判决必须查明的事实就是，行政机关在相对人提交了合法申请之后存在不履行或拖延履行的情形。所谓不履行，是指行政机关对相对人的申请不给予答复或超过法定期限而未履行法定义务。超过法定期限虽然属于违法法定程序，但此种情况不能适用撤销判决，因为并无行为可撤销。即使将这种不作为视为消极行为，适用确认违法判决，也不能给予相对人有效救济。因而，此种不作为，适用履行判决是最适当的。所谓拖延履行，是指行政机关对法律、法规没有规定具体履行期限的事项故意拖延办理，或者对于某些紧急事项不及时办理。拖延履行从性质上讲，其具有滥用职权的特征，但也不能适用撤销判决，只能适用履行判决。如履行无意义，则可适用确认违法的判决。

第四，被诉行政机关不履行或拖延履行法定职责没有法律上的正当事由。如果行政机关能够提供证据，证明其不履行或拖延履行法定职责具有法律上的正当事由，且该项事由成立，法院就不应作出履行判决。如因发生不可抗力，行政机关无法开展工作；或是行政机关的职权已由其他机关、组织行使；等等。

第五，判决行政机关履行法定职责还具有现实意义。履行判决的一项重要功能就在于充分有效地保护相对人合法权益的实现。如果相对人的这些合法权益已经实现或不可能再实现，即使法院查明行政机关不履行或拖延履行事实存在，判决行政机关履行法定职责已经失去了现实意义。当然，这种情况下人民法院可以作出确认判决。

履行判决因其涉及司法权对行政权监督的广度和深度而颇受人们的关注。然而，我国《行政诉讼法》上对履行判决的规定既简单又模糊，在理论界和实务界对其形成了不同的认识。其争议的主要问题是履行判决的适用范围和履行判决的内容应否具体明确。

（一）关于履行判决的适用范围

有学者认为，不履行和拖延履行都属于不作为的消极行政行为，可适用履行判决。但是，对于行政机关明确拒绝相对人申请的行为，不属于不作为的行政行为。行政机关的拒绝行为实际上就是行政机关在履行法定职责，而不是不履行法定职责，因而属于作为的行政行为，对此法院不应适用履行判决，而应适用撤销判决，并可判决行政机关重新作出具体行政行为。①

我们认为上述观点既不符合行政不作为的实质含义，也不符合行政诉讼法的立法精神。如按照上述观点操作，将不利于保护行政相对人合法权益的及时救济和保护。

第一，行政行为按照行为的方式可以分为行政作为和行政不作为，这主要是从行政程序（形式意义）的角度加以区分的。如果从这一角度对“不履行”和“拒绝履行”予以区分，二者显然有差别。不履行表现为行政机关在程序上“不为”，在结果上也表现为“不为”；拒绝履行表现为行政机关在表面形式上“作出”答复，但实质上仍为“不履行”。上述观点显然是从形式意义上来理解行政不作为的，其只有学理上的价值。但是，从行政相对人角度来讲，行政机关的不履行和拒绝履行给其带来的结果都一样，即都没有能满足行政相对人的请求。因此，应从实质意义上来认定行政不作为可能更为妥当。如果从实质意义角度讲，不履行和拒绝履行都属于行政不作为的范畴。而对于行政不作为，因为没有可撤销的行政行为存在，也就不能适用撤销判决。

第二，从行政诉讼法规定的受案范围和判决之间的逻辑关系看，拒绝履行法定职责应适用履行判决，而不是撤销并重作判决。我国《行政诉讼法》第十一条第（四）项、第（五）项、第（六）项主要是针对行政不作为的受案范围的规定，而该法第五十四条第（三）项恰好是对行政不作为应当如何判决的规定。因而二者之间存在一种相互对应的关系。也就是说履行判决主要适用于《行政诉讼法》第十一条中第（三）项关于行政不作为的规定。如果按照上述学者的观点，将该法第十一条的第（三）项规定中拒绝履行和不予答复区别开来，分别适用撤销判决和履行判决，这将造成法律适用上的严重混乱，也是当初立法者所不愿看到的。因此，从法律规范之间的对应关系看，不履行也就是拒绝履行。行政机关不履行法定职责的当然适用履行判决。

第三，适用撤销并重作的判决，不利于行政相对人的权利救济和权益保护。如按照上述观点，将行政机关的拒绝履行行为予以撤销，并判令行政机关重新作出具体行政行为。相对人的请求能否得到满足取决于行政机关的反应。假如行政机关对法院的重作判决置之不理，或者重新找一个理由再次拒绝相对人的请求，实质上相对人的请求仍未得到满足。而且，其对行政机关的再次拒绝提出新的诉

① 罗豪才. 中国司法审查制度［M］. 北京：北京大学出版社，1993：169－179；章剑生. 判决重作具体行政行为［J］. 法学研究，1996（6）.

讼，因为是拒绝履行，按照该主张仍然适用撤销并重作判决。案件重又回到了初始状态。如此反复，行政争议始终悬而未决，极不利于相对人权利的及时救济和权益的有效保护。

综上所述，只要是行政机关不履行、拒绝履行或拖延履行法定职责或行政义务的行政不作为争议，都属于履行判决的适用范围。

**（二）关于履行判决的内容**

履行判决，即法院作出的要求被告履行某种职责的判决，其实质是对被告不履行法定职责行为的一种强制。那么，人民法院判决在一定期限内履行的内容应当如何确定呢？这就涉及履行判决的判决限度。而这种限度的宽泛与否将关系到司法权与行政权之间的关系，并最终影响到履行判决的效果。

如何确定履行判决的内容，是原则判决，还是具有具体内容的判决？目前主要存在三种观点：①原则判决说。该观点认为，从权力分立的角度出发，司法权和行政权分别由法院和行政机关行使。司法权应当在其权力疆域内中立的行使裁判权，对属于行政权范畴的事项，司法权不应介入，否则就是司法权侵越行政权。法院判决行政机关履行法定职责或行政义务，这是法律赋予司法权对行政权的监督制约。但是，这种判决的内容不应过于具体，如果这样的话，那就意味着司法权代替了行政权。因此，履行判决的内容只需原则载明履行某种法定职责即可。②具体判决说。该观点认为，履行判决的内容应具体明确，不仅从程序上要求行政机关履行法定职责，而且还应包括履行事项、履行要求、履行数额、履行期限等具体内容。履行判决内容具体化有利于纠纷的彻底解决，减少不必要的诉讼资源的浪费，及时保护相对人的合法权益。③情况判决说。该观点认为，履行判决的内容是否应具体化应根据案件的具体情况分析。行政机关不同的法定职责需要不同的履行内容，通常为第三人设定义务或属于行政机关自由裁量权的法定职责，应作出原则判决；而给予相对人受益性的、羁束性的行政法定职责，应采用具体判决说。①

履行判决的内容是否具体化，应从两个方面予以考虑。首先，要从行政诉讼对公民权益保护的首要目的出发，对能够在履行判决中明确的权利义务内容一定

① 关于履行判决内容是否具体化的三种观点可参见 王彦．行政不作为案件与不履行法定职责案件辨析［EB/OL］．［2010－04－06］www. law－lib. com/lw/lw_ view. asp? no＝704 －22k；刘忠发．行政不作为诉讼案件如何判决［EB/OL］． ［2010－04－06］www. chinacouirt. org. .

要具体化，避免造成相对人不必要的重复诉讼和权利再次遭到侵害。其次，既要发挥司法权对行政权的监督制约功能，又要保持司法权对行政权的尊重，谨防司法权对行政权的侵越。因此，我们基本同意上述第三种意见。对于行政机关享有自由裁量权和专业性较强的行政领域，履行判决可以作出原则性判决，但可以在判决中为行政机关提出指导性的法律意见。而对于那些受益性、羁束性的行政领域，人民法院的履行判决应尽可能具体化。

## 四、变更判决的适用及完善

变更判决是指人民法院对于行政机关作出显失公正的行政处罚决定通过司法裁判直接予以改变的判决。

变更判决涉及司法权与行政权之间的关系。人民法院直接变更行政机关的行政行为是否侵犯了行政权？人民法院是否拥有司法变更权？这些问题在行政诉讼法制定前后是学界颇有争议的问题。《行政诉讼法》最后采取了“有限变更权”的观点。① 该法第五十四条第（四）项规定，行政处罚显失公正的，可以判决变更。目前学界几乎都认可了人民法院拥有司法变更权。

很显然，变更判决在我国行政诉讼中是极为有限的，其适用范围仅局限于行政机关作出的行政处罚具体行政行为显失公正的情形。行政诉讼法之所以赋予人民法院这种有限的司法变更权，主要是从以下几个方面予以考虑：①行政处罚是我国长期以来行政机关使用最多、范围最广的行政管理手段。同时，它也是对公民权利侵害最多，应给予更多救济的行政行为。②显失公正的行政处罚因是行政行为的合理性问题，不宜采用撤销判决。即使法律规定可以撤销，撤销之后行政机关在法律规定的种类、幅度范围内重作行政处罚也可能还存在显失公正的问题。法院对显失公正的行政处罚决定直接变更更有利于法律关系的稳定。③判断显失公正的行政处罚并不需要专门的知识、技术或经验，而是只需一般的公正标准和具有理性常识的人都可以作出的判断。人民法院能够胜任这项工作。通过《行政诉讼法》实施十五年来的行政审判实践表明，人民法院以有限的司法变更权及时维护了受到不公正行政处罚侵害的当事人的合法权益，有效地监督行政机关依法行政。

但是，变更判决适用条件的模糊性和适用范围的有限性越来越制约着变更判

① 张尚鷟．走出低谷的中国行政法学［M］．北京：中国政法大学出版社，1991：541－543.

决在行政判决制度中作用的发挥。目前，变更判决需要完善的主要问题：一是将显失公正的标准具体化，便于人民法院在实务中操作；二是要逐渐拓展变更判决的适用范围，便于某些纠纷得到全面解决。

（一）显失公正的界定

显失公正就是明显的不公正，只要具有通常法律和道德水准的人都可以发现和认定的不公正。总结行政审判经验，行政处罚显失公正主要表现为以下情形：①处罚畸轻畸重。这是指行政处罚虽在法定处罚的种类、幅度范围内，但处罚对于相对人的违法行为来说，明显的存在过轻或过重的情形。如行为人将他人殴打，致轻伤，公安机关仅给予行为人罚款100元的处罚，这就明显过轻；某饮食个体经营户仅出售了几只不符合食品卫生的烤鸭，并未造成实际损害后果，卫生行政机关即给予1 000元的罚款处罚，就属于明显过重。如果处罚畸轻畸重已经超出了法律规定的处罚种类和幅度，就不再是显失公正的问题，而是违法处罚的问题。对于违法处罚只应适用撤销判决。②同等情况，不同处罚；不同情况，相同处罚。前者是指两个以上的违法行为人违法行为和情节等情况完全相同，但处罚结果却不相同。在此情况下，即使法律、法规对处罚幅度规定较为具体、细密，也可认为是显失公正。后者是指两个以上违法行为人的违法行为和情节不同，甚至完全不同，但处罚结果却完全相同。③处罚与违法行为不相对称，甚至超出了行为人的承受能力。法律、法规创设行政处罚的目的是为了纠正违法行为，维护社会秩序。行政处罚本身是手段，而不是目的。行政机关在实施行政处罚时不仅仅要考虑违法行为的事实和法律规定，而且更为重要的是要考虑处罚是否符合法律目的、处罚力度是否与违法行为本身成比例。如果处罚与违法行为之间失调，不相对称，甚至处罚超出了行为人承受的能力范围，不仅处罚无法执行，影响处罚的法律效果和社会效果，也会影响到行政机关的执法形象。④行政机关因对违法事实的性质、情节、数额等方面认定的错误导致的显失公正。如公安机关对互殴行为认定为一方过错；文化稽查部门对零售盗版影碟认定为批发；违法行为情节轻微被认定为情节严重；工商机关将个体户的违法所得5 000元认定为7 000元等，上述情况本来也属于行政行为的事实不清、证据不足的情形，可适用撤销判决。但我们认为，从程序上看上述情况确属事实问题，但对于相对人来讲受到何种处罚更重要。况且，因事实认定上的错误导致处罚显失公正是行政机关造成的，不应由相对人承受诉讼成本的增加。为减少不必要的诉讼成本和纠纷的最终解决，法院在查明事实的基础上完全可以采用变更判决。

在对显失公正的判断过程中，最容易与滥用职权相混淆。诚然，显失公正与滥用职权都是对行政行为合理性审查的主要方面。但二者最明显的差别在于：其一，在适用范围上，显失公正只适用于行政处罚，而滥用职权可以适用于一切具体行政行为。其二，判决方式不同。显失公正的适用变更判决，滥用职权的适用撤销判决。其三，二者对行政行为合法性或合理性的考察角度不同。滥用职权主要是从行政机关行使权力的过程加以考察行政行为的，如行政机关是否存在动机不良、为集团利益或个人利益考虑、作出的行为与法律规定的目的是否相符。显失公正主要是对行政机关作出行政处罚的结果加以考察的，如处罚结果是否过重、处罚力度是否与违法行为相称等等。当然，因行政机关滥用职权进行处罚造成显失公正的情形也必然存在。对这类情形，法院应适用哪一种判决方式呢？我们认为，如为维护国家利益、公共利益的需要，人民法院不宜直接变更的，可适用撤销判决，并责令行政机关重新作出具体行政行为；如为相对人提供及时的救济，又不影响国家利益、公共利益的维护的，可由法院直接判决变更。

### （二）变更判决适用范围的拓展

变更判决适用的有限性是制约其发展的重要因素。因而，学界和实务界都在不断地探讨变更判决适用范围的拓展。

第一，有必要将变更判决适用于行政裁决为被诉对象的案件。[①] 行政裁决是行政机关依照法律的授权，对平等民事主体之间与行政管理密切相关的特定民事争议进行审查并作出裁决的具体行政行为。行政裁决从本质上讲是准司法的行为，是行政机关以中立居间者的身份对平等主体的民事争议作出裁断。只不过法律授予了行政机关行使这样的准司法权力，才使得行政裁决具有行政行为的特征。行政相对人对行政裁决不服而起诉的原因，在于其民事权利义务受到了行政裁决的拘束。其所追求的结果不仅是行政裁决的撤销，而更为重要的是其民事争议得到解决。然而，行政审判实践中人民法院对违法的行政裁决适用撤销判决，并判令行政机关重作。行政机关在法院判决后长时间不作出裁决，致使相对人的民事争议久拖不结。正所谓“官了民不了”。有的行政机关重新作出裁决仍然错误，法院只得撤销并判令行政机关重新处理。如此反复，不仅相对人的民事争议解决不了，反而增加了诉讼成本。最高人民法院如果将变更判决适用于行政裁决为被诉对象的案件，不仅能有效地监督行政机关依法裁决，而且将民事纠纷一并解决，达到“官了民也了”。赋予人民法院对行政裁决的变更权并不发生司法权对行政权的侵越，因为行政裁决所处理的问题正好是司法权行使的范围，法院对

① 江必新．中国行政诉讼制度之发展［M］．北京：金城出版社，2001：236.

这些民事争议的解决更具有优势。法院就平等主体之间的民事争议一并解决并不侵犯行政权或代替行政权。将变更判决拓展到行政裁决案件，法院即可在查清事实的基础上直接作出判决，从而使行政争议和民事争议一并得到解决。既方便了当事人，减少了诉讼成本，也为法院节约了诉讼资源。

第二，将变更判决适用于行政合同案件。行政合同，又称行政契约，是指行政机关与相对人双方意思一致，所缔结发生行政法上法律关系的合同。① 行政合同除了具有公法合同的法定性、行政性、强制性等特点之外，也具有私法合同的任意性和合意性。行政合同具有的私法特性决定了其可以对双方的权利义务，甚至是合同的变更、解除、违约责任等方面作出约定。因此，人民法院在审理行政合同案件时，不能刻板地局限于适用行政法规范。除法律有特别规定外，人民法院审理行政合同案件应该享有一定的司法变更权，可以灵活地选择适用民商法规范。对于行政机关违约或违法的，人民法院可以根据合同约定或法律规定对行政合同作出解除或变更的判决。

第三，涉及金钱的羁束行政行为的案件。如征税、纳税的行政案件。行政相对人对税务机关的征税行为不服起诉，经法院审查后认为税务机关所认定的事实除了纳税数额不符合法律规定外，其他事实清楚。对于这类案件适用变更判决的理由在于符合诉讼经济的原则。涉及金钱的羁束行政行为因不涉及行政裁量因素，在案件事实明确清楚的情况下，其结果是确定唯一的，即使撤销之后行政机关重新作出具体行政行为所得到的最终结果，与法院根据法律直接作出变更判决的结果都一样。法院是根据法律的具体规定作出的变更判决，并不存在侵犯行政权或代替行政权的问题。法院适用变更判决直接改变原行政行为，避免了发回行政机关重新作出行政行为可能出现的波折，减少了程序运作的成本，符合诉讼经济的原则。

### 五、驳回诉讼请求判决的适用及完善

驳回诉讼请求判决是指人民法院对行政案件审理后，认为原告诉讼请求无事实或法律依据，从而作出不予满足原告诉讼请求的一种行政判决。该判决除了具有其他行政判决的强制性、权威性、终结性、实体性、合法性的特点之外，其最大的特点就在于对原告诉讼请求的否定性。

驳回诉讼请求判决并非《行政诉讼法》规定的判决方式，而是为适应行政审

① 陈新民．中国行政法学原理［M］．北京：中国政法大学出版社，2002：175.

判实践的需要，最高人民法院在《若干解释》中新增加的一种判决方式。增加这种判决方式主要基于以下几个方面的考虑：①《行政诉讼法》所规定的维持判决、撤销判决、履行判决和变更判决四种判决方式是以行政行为为中心而设置，缺少对原告诉讼请求回应的判决方式。而行政审判实践中，若缺少了驳回原告诉讼请求的判决方式，有些案件就无法下判。如诉行政机关履行某项法定职责，但经查该行政机关并无此项法定职责，法院无法适用履行判决，也因无任何行政行为存在，也不能适用维持判决。②在有些情况下，适用驳回诉讼请求的判决方式比适用维持判决的社会效果更好，更容易实现社会效果与法律效果的统一。[①] 驳回诉讼请求判决与维持判决从法律效果上讲，都是对原告诉讼请求的否定。但二者之间还有一定的差别，维持判决是对行政行为作出的评判，判决的既判力拘束行政机关不得轻易改变行政行为；而驳回诉讼请求判决是针对原告诉讼请求作出的评判，判决的既判力并未针对行政行为。驳回诉讼请求为行政机关纠正不适当的行政行为留有余地，以便发挥其行政管理的主动性。③驳回诉讼请求这种判决方式在民事诉讼中得到了普遍适用，人民法院审理行政案件，《行政诉讼法》没有明确规定的，参照《民事诉讼法》的有关规定。况且，《行政诉讼法》第四十一条第（三）项规定，提起行政诉讼应当有具体的诉讼请求和事实依据，人民法院经过审理，认为原告的诉讼请求没有相应的事实依据时，其诉讼请求就得不到法律保护，人民法院对原告的诉讼请求应当作实体上驳回处理。因此，虽然《行政诉讼法》没有明确规定驳回诉讼请求这种判决方式，但上述条款中隐含着驳回诉讼请求的意思。行政审判实践中，一些人民法院已经采用了这种判决方式。

综合以上几个方面的考虑，最高人民法院在司法解释中规定了驳回诉讼请求这种判决方式，但对其适用范围作出了限定。根据《若干解释》第五十六条的规定，驳回诉讼请求判决可以适用以下情况：

第一，起诉被告不作为理由不能成立的。行政机关不作为是指行政机关依法应当履行一定职责或作出某种行为而没有履行或没有作出的情形。如果行政机关不作为正确、合法，如相对人申请不符合法定条件、相对人的申请缺少形式要件、因不可抗力行政机关无法履行、行政机关已依法履行但没有达到相对人追求的效果等等。在原告起诉被告不作为理由不能成立的情况下，法院作出维持判决显然不合适，因为不作为本身不具有可维持的内容，而判决驳回诉讼请求就是一个合理的结果。在行政审判实践中，原告起诉被告不作为理由不能成立的，大致

① 江必新．中国行政诉讼制度之发展［M］．北京：金城出版社，2001：90.

有两方面的原因：一是被诉的行政机关无原告请求履行的某项职责。这里包括行政机关始终无法律授权的某项职责，也包括行政机关原先有，后因法律、法规的变动或政府部门职能变动而没有的情形。二是因原告条件不具备，行政机关不作为正确、合法。如原告要开办私人诊所，但因其没有执业医师资格证，行政机关拒绝颁发执业执照。

第二，被诉具体行政行为合法但存在合理性问题的。根据《行政诉讼法》的规定，人民法院对具体行政行为的合法性进行审查。也就是说，人民法院审理行政案件，只审查行政行为的合法性，不审查行政行为的合理性。在行政诉讼中，人民法院对合法但不合理的具体行政行为，不能适用撤销判决，因为合法但不合理的具体行政行为并不是撤销判决的适法条件，而且不合理也未达到违法的程度；也不能判决维持，因为一旦维持，行政判决既判力就拘束了行政行为，则有支持肯定不合理的具体行政行为之嫌，也给行政机关纠正自己的不合理行政行为造成障碍。因而可以判决驳回原告的诉讼请求。行政机关在法院判决生效后仍可以改变被诉具体行政行为，给被告提供自行纠正错误的机会，从而使相对人的合法权益得到充分保护。

第三，被诉具体行政行为合法，但因法律、政策变化需要变更或者废止的。这主要是指被诉具体行政行为作出的当时是合法的，但因法律修改、政策变动，需要变更或终止其效力，人民法院不宜判决维持。因为如果法院判决维持这种具体行政行为，“实质上是在维持一种即将被宣布废止或者变更的法律规范。这种判决显然与司法的正义性原则相违背”[①]。同时，由于受当时的法律规范的制约，法院也不能以现在的法律规范来评判当时的具体行政行为违法，而作出撤销判决。为了给行政机关根据情势变更作出适当处理留有余地，可以采取驳回原告诉讼请求的判决方式。

第四，有关失业保险金申领和发放程序的其他应当判决驳回诉讼请求的情形。《若干解释》第五十六条第（四）项规定了这项兜底条款，主要是考虑到行政诉讼中的情况非常复杂，难以把所有应当判决驳回诉讼请求的情形一一列举出来，是为了避免法院在审理行政案件中，遇到应当判决驳回原告诉讼请求的情形无法可依的问题发生。如《若干解释》第五十条第三款中规定，被告改变原具体行政行为，原告不撤诉，人民法院经审查认为原具体行政行为合法的，应当判决驳回原告的诉讼请求。法院因此种情况作出判决驳回原告诉讼请求的，亦属于

① 甘文．行政诉讼法司法解释之评论［M］．北京：中国法制出版社，2000：158.

《若干解释》第五十六条第（四）项规定的范畴。该项规定是否也要求被诉具体行政行为以合法性为前提才能适用？我们认为未必如此，虽然《若干解释》第五十六条第（二）项、第（三）项的规定是以具体行政行为合法为前提，但是第（一）项的规定不能因为原告诉讼理由不成立而认定行政机关不作为合法。而且，如果作出这样的限制性解释将缩小驳回诉讼请求在实践中的适用范围，也不利于行政审判的需要。

虽然最高人民法院通过司法解释规定了驳回诉讼请求的判决方式，但并不是基于判决分类标准的考虑，而是为解决有些案件缺少这种判决无法下判所作出的规定。目前，将驳回诉讼请求的判决方式定位于一种主体判决不准确。严格地讲，法院判决受到原告诉讼请求的制约，判决只应以原告请求法院判决的内容为标准进行分类。现行的行政判决方式的分类是以法官对具体行政行为采取处理措施而作出的，而不是根据原告请求法院判决的内容而进行的分类。虽然撤销判决、履行判决、变更判决、确认违法或无效判决从形式上的确也肯定或部分肯定了原告的诉讼请求，但实质上仍是法官对具体行政行为进行否定性评判后作出的处理措施。相应的，维持判决、确认合法、有效的判决则是对具体行政行为进行合法性的肯定，而不是对原告诉讼请求的回应。因此，这种以具体行政行为合法性判断为核心的行政判决方式分类标准，导致在司法实践中对原告诉讼请求的漠视。如果以原告诉讼请求的内容为标准进行分类，则在每一种诉的种类中，对原告诉讼请求的否定，都应作出驳回诉讼请求的判决，而不再是维持或确认合法、有效的判决。最高人民法院的司法解释将驳回判决定位于与其他判决同为行政诉讼中的主体判决，更加混淆了行政判决方式的分类标准。如上所述，驳回诉讼请求可以适用于任何一种行政诉讼“诉”的种类中，原告请求撤销具体行政行为，法院审查后认为不具备撤销理由，则应当驳回原告诉讼请求。从这个意义上讲，驳回诉讼请求判决只是一种辅助性判决。而且，在司法实践中，原告起诉的诉讼请求可能不止一个，如请求撤销具体行政行为，并要求行政机关赔偿。经法院审理认为具体行政行为违法，具备撤销理由，但请求赔偿的事实依据不足。这时法院作出撤销判决的同时就应对赔偿请求不成立作出回应，即驳回原告赔偿请求。此种情形之下，驳回诉讼请求的判决具有辅助性的功能。

如何认识驳回诉讼请求判决与对被诉具体行政行为合法性审查之间的关系也值得我们关注。驳回诉讼请求判决从判决结果看，是对原告诉讼请求的否定性评判。虽然从诉讼原理来讲，这种判决方式回归了判决与诉讼请求之间的对应关系，针对原告诉讼请求作出了否定性回应，但驳回诉讼请求判决是否又偏离了行政诉讼对具体行政行为合法性审查的基本原则呢？我们认为，适用驳回诉讼请求判决并不意味着不对具体行政行为的合法性进行审查判断。人民法院审理行政案件以审查具体行政行为合法性为基本原则，而不是直接审查原告诉讼请求在实体上的合法性。民事诉讼驳回诉讼请求判决是通过对原告的直接实体审查作出的，而行政诉讼中的驳回诉讼请求判决则与其不同，原告的诉讼请求只是驳回诉讼请求判决的最终落脚点，而不是首先审查判断的对象。原告的诉讼请求在实体上是否成立要通过对具体行政行为的合法性进行审查来判断，而不是完全抛开对具体行政行为合法性审查而直接审查原告在实体上的合法性。从诉、诉讼请求与判决结果之间的逻辑关系来看，驳回诉讼请求判决也隐含着对具体行政行为的合法性审查。原告对具体行政行为选择何种之诉，是撤销之诉、变更之诉或确认之诉，在所选择的诉之中当然地包含着具体的诉讼请求。不管原告选择何种之诉，其诉讼请求都围绕被诉具体行政行为展开，或主张具体行政行为违法侵权，或主张具体行政行为无效，等等。人民法院最先审查原告起诉是否符合程序上的起诉条件，在符合的情况下，对被诉的具体行政行为进行合法性审查。被告在诉讼过程中也不可能抛开自己作出的具体行政行为进行答辩，其要为维护其行政行为的合法性进行抗辩。因此，具体行政行为的合法性成为行政诉讼的诉讼标的。原告诉讼请求能否得到满足、肯定、支持并不依靠其提供证据来证明，而是通过人民法院审查行政机关能否提供充分、合法、有效的证据证明其行政行为合法。若违法，人民法院充分考虑原告的诉及具体诉讼请求，并按照法律规定，作出撤销判决、确认判决或变更判决，满足或部分满足原告的诉讼请求；若合法，原告请求判决撤销、确认或变更的要求显然不能满足，只好判决驳回其诉讼请求。因此，从应然角度来说，驳回诉讼请求的判决可以适用一切诉的形式，只要原告对具体行政行为请求撤销、确认、变更的请求不能满足的，都可以适用驳回诉讼请求的判决形式。而且，人民法院无论针对何种诉作出驳回诉讼请求判决都不可能偏离对被诉具体行政行为的合法性审查。只不过驳回诉讼请求判决的裁判对象表现为原告诉讼请求，而原告诉讼请求被驳回的裁判结果是通过对具体行政行为的合法性审查得出的结论。

### 六、确认判决的适用及其完善

确认判决无论在大陆法系及受大陆法系影响的国家和地区的行政诉讼中，还是在普通法系的英美国家的司法审查中，确认判决一直得到广泛的应用。在德国，法院针对原告提出的确认之诉，如果该诉适法且具备理由，法院就通过判决具有约束力地确认某种法律关系存在与否。[①] 在日本，当事人可以就行政处分或者裁决是否存在或其效力，以及行政厅的不作为违法而进行确认诉讼，法院就当事人提出的确认之诉作出确认判决。[②] 我国台湾地区“行政诉讼法”也将确认之诉作为三大诉讼种类之一，法院可针对行政处分无效、违法或法律关系成立或不成立作出确认判决。[③] 在美国的司法审查中，确认判决起初源于衡平法上的一种制度，即法院对于某种法律关系只确认其是否存在，是否合法，而不伴随强制执行的效果。1934 年《确认判决法》将确认判决赋予法定形式。该法规定联邦任何法院对在其管辖范围内的现实的、非假想的争议，除少数税务案件外，都可以根据利害关系人的申请，确认其权利或某种法律关系是否合法存在。[④] 在英国，“确认判决是法院只宣告某种法律关系或法律地位是否存在而不伴随强制执行的判决”。[⑤]

从以上国家和地区对确认判决的规定分析来看，确认判决具有与其他判决方式不同的三个显著特点：①宣示性。确认判决与撤销判决、变更判决最大的不同就在于它不在当事人之间创设、变更或消灭任何法律关系，其主要的意义就在于对已经存在的某种法律关系予以确认、宣告，是对既有法律事实的澄清，不赋予权利，不给予身份，也不课以义务。②判决既判力的对世性。一般来讲，法院判决的既判力对当事人和法院具有约束力，即当事人不得就已经审理后的确定判决提出争执，提出新的主张；法院也不得任意改变确定判决的结果。但确认判决不仅对当事人和法院具有约束，而且对当事人之外的任何第三人都产生效力。任何人不得对经法院确认的法律关系提出新的主张和争执。③不可执行性。确认判决不赋予权利、不课以义务，并不具有可以执行的内容。其作用就在于对法律关系的宣示、证明，也是对行政机关执法上的监督。

我国行政诉讼的确认判决并非《行政诉讼法》所规定，而是最高人民法院在《若干解释》中增加的判决方式。增加确认判决的必要性和可行性在于：一是为弥补《行政诉讼法》所规定的判决方式不足，有的案件缺少确认判决而无法下判的问题。如已经执行的行政拘留违法行为，因已履行不可适用撤销判决，只能考

① ［德］弗里德赫尔穆·胡芬．行政诉讼法［M］．第 5 版．莫光华，译．北京：法律出版社，2003：592.

② 杨建顺．日本行政法通论［M］．北京：中国法制出版社，1998：722.

③ 参见台湾地区“行政诉讼法”第三条、第六条之规定。

④ 转引自马怀德．行政诉讼原理［M］．北京：法律出版社，2003：428.

⑤ 参见王名扬．英国行政法［M］．北京：中国政法大学出版社，1987：192.

虑确认该行为违法，然后对当事人进行赔偿处理最为妥当。二是为与国家赔偿制度相衔接。《中华人民共和国国家赔偿法》（以下简称《国家赔偿法》）规定行政赔偿以确认侵权行为违法为前提。在一并提起的行政赔偿案件中，通过确认判决先行确认行政行为违法再决定是否赔偿，这比较符合《国家赔偿法》的规定。三是世界大多数国家和地区的行政诉讼中都规定了确认之诉及确认判决制度，这些国家的经验证明确认判决在行政诉讼中必不可少。而且，我国民事诉讼中也存在确认之诉及确认判决制度。为行政诉讼提供了有益的经验。

正是因为行政审判实践的需要，最高人民法院在《若干解释》的第五十条第三款、第五十七条和第五十八条规定了确认判决的相关内容。根据上述条款之规定，我国行政诉讼确认判决是指法院经对被诉具体行政行为审理后，依法确认该具体行政行为合法、有效、违法或无效的一类行政判决。确认判决按照确认的内容可以划分为积极确认判决，包括确认合法、确认有效两种判决；消极确认判决，包括确认违法、确认无效两种判决。

### （一）积极确认判决的适用条件及范围

依照《若干解释》第五十七条之规定，人民法院认为被诉具体行政行为合法，但不适宜判决维持或者驳回诉讼请求的，可以作出确认其合法或者有效的判决。从此规定，我们可以看出积极的确认判决适用条件是：其一，被诉的具体行政行为必须合法、有效。具体行政行为是否合法，是在人民法院经过审查以后才能予以确定的，被诉的具体行政行为合法是法院作出积极确认判决的前提。其二，该合法的被诉具体行政行为人民法院不适宜作出维持判决或判决驳回原告诉讼请求。从该条司法解释的规定看，维持判决、驳回诉讼请求判决、确认合法、有效判决之间有一种适用范围递减关系。对于合法的具体行政行为，首先考虑适用维持判决，当具体行政行为存在合理性问题或不宜维持的情形的，可以适用驳回诉讼请求的判决；如果也不适宜适用驳回诉讼请求判决的，就应当考虑适用确认合法或确认有效的判决。但何谓“不适宜”，司法解释并没有作出明确的规定。按照通常文义理解，不适宜就是不妥当、不合适、不恰当之意。我们认为确认合法、确认有效判决的适用范围相当有限，仅局限于审查行政合同的合法性、有效性。有人主张对已经实施并已执行的合法具体行政行为、非要式的合法具体行政行为、不履行行政职责正确合法、合法的事实行为等具体行政行为应适用确认判决，而不宜适用维持或驳回判决。① 我们认为，如被诉具体行政行为合法，但存

① 郑福广．行政审判中的确认判决及相关法律问题［J］．人民司法，2000（9）．

在合理性或其他不宜维持的情形的案件完全可以适用驳回诉讼请求的判决。上述所列举的案件并非不能适用驳回诉讼请求判决。或许适用驳回诉讼请求的判决因不拘束行政行为的效力，给行政机关调整自己有瑕疵的行政行为留有余地，这样的社会效果比简单地确认合法或有效更好。

### （二）消极确认判决的适用条件及范围

行政审判实践中运用较多的是消极的确认判决。《若干解释》第五十七条第二款、第五十条第三款、第四款已经作了较明确的规定。其适用的前提条件是被诉具体行政行为违法。确认被诉具体行政行为违法、无效或者不成立的判决方式，主要适用于下列情形：

第一，行政机关不履行法定职责，但判决责令其履行法定职责已无实际意义的。如公安机关对发生入室盗窃案件不及时出警，造成公民甲某家的财产被盗，甲某起诉到法院要求公安机关履行法定职责。对于这类案件判决公安机关履行职责已经失去了现实意义。如查明公安机关对法定职责确有懈怠，就可以适用确认违法判决。

第二，被诉具体行政行为违法，但不具有可撤销内容的。实践中，有许多行政行为不具有可撤销性。撤销一个行政行为，理论上是假定该行政行为是具有法律效力。而撤销判决的功能，正在于使一个具有法律效力的决定失去效力，而且是自始失去效力，从而使行政相对人从行政行为的拘束力中解脱出来。但事实上，有些诉至法院的行政行为本身就无法律拘束力，用撤销判决显得很牵强。这类行为主要是与行使职权有关的事实行为。① 如《国家赔偿法》第三条第（三）项、第（四）项所规定的情形。对这类与行使行政职权有关的事实行为属于确认判决适用的范围。

第三，被诉具体行政行为依法不成立或者无效的。具体行政行为不成立就是说这个行为在法律上还不存在。具体行政行为的成立必须经过法定程序，具备必备形式，缺少任何一个形式要件都可能造成具体行政行为不成立。一般来讲，具体行政行为还不成立，其就不可称之为具体行政行为，当事人起诉到法院，法院应当考虑裁判时机不成熟而不受理。但是，我国行政处罚法已经使用了不成立的行政行为的概念②，将严重违法的行政行为视为行政行为不成立。此情形又是属于人民法院可裁判的行政行为。而且，实践中确实存在不成立的“具体行政行

① 江必新．中国行政诉讼制度之发展［M］．北京：金城出版社，2001：92，106.

② 参见《中华人民共和国行政处罚法》第四十一条之规定。

为”产生了实际效果并对当事人造成损害的情况。如公安机关使用没有加盖公章的格式处罚决定书对行政相对人进行罚款处罚。因行政行为在法律上还不存在，故不具有可撤销性，因此只能适用确认判决。行政行为的无效是指行政机关作出行政行为时，因存在重大且明显的情形而自始不具有法律效力。一般情况下，行政机关一旦作出行政行为就具有公定力，在法律上被推定为合法、有效。但如果具有一般理智的人都能判断出行政机关作出的行政行为有违法的，其被认为是重大且明显违法，该行政行为不具有公定力，对行政相对人自始不发生法律效力。我国《行政处罚法》、《土地管理法》① 等法律法规中，已经明确使用无效的概念，如《行政处罚法》第三条规定，没有法定依据或不遵守法定程序的，行政处罚无效。对这类行为，应当采取确认判决确认其无效。撤销判决的适用前提是行政行为有效，通过撤销判决使行政行为失去效力，不再拘束当事人。但行政行为无效则没有撤销判决的适用前提，故对这类无效的行为只能适用确认无效的判决。

第四，被诉具体行政行为违法，但撤销该行政行为将会给国家利益或者公共利益造成重大损失的，即适用情况判决的案件。日本和我国台湾地区对情况判决也作出了规定②，他们所适用的是驳回诉讼请求的判决，而不是确认判决。但在判决主文中应宣告处分或裁决违法。从判决结果来看，他们的情况判决也具有确认判决的性质。就司法解释所确立情况判决的适用条件为：①被诉具体行政行为具有违法性；②被诉具体行政行为的违法情形也符合撤销判决的适用条件；③如果适用撤销判决将给国家利益或者公共利益造成重大损失。情况判决是特定条件下的确认判决形式，其是利益衡量理论在行政审判实践中的运用。法院在审查被诉具体行政行为的过程中，认为被诉具体行政行为违法，并都不适用撤销的判决。如撤销被诉具体行政行为，虽然保护了个人的利益，但牺牲了较大的国家利益或公共利益。因此，法院在判决之前，应权衡不同利益需要保护程度，如果国家利益或公共利益不是明显大于个人利益，则应当判决撤销，如果前者明显大于后者，则应当适用确认违法的情况判决。情况判决在实践中应当谨慎适用，决不能以维护公共利益或国家利益为由，以牺牲个人利益为代价作出情况判决。

---

① 参见《中华人民共和国行政处罚法》第三条、《中华人民共和国土地管理法》第七十八条第一款之规定。

② 日本将此类判决称为事情判决或基于特别情况下的驳回判决。(参见杨建顺．日本行政法通论[M]．北京：中国法制出版社，1998：754) 我国台湾地区对情况判决采用的也是驳回判决，参见台湾地区“行政诉讼法”第一百八十九条。

第五，被告在诉讼进程中改变被诉具体行政行为，原告不撤诉，法院经审查认为原具体行政行为违法的。对于这类具体行政行为，因其已经被后来的具体行政行为取代而失去了法律效力。即使人民法院审查认为违法，其已不再有撤销的意义。因此，对行政机关改变前的违法具体行政行为适用确认违法判决较为恰当。

第六，不作为案件，诉讼中被告作出具体行政行为，原告不撤诉的。当事人针对行政机关不作为起诉的目的就在于通过法院判令行政机关作为。在诉讼中，被告认识到自己不作为违法而作出具体行政行为，实质上已经达到了原告起诉的目的。但为尊重原告的诉权，法院仍可以对其所诉的不作为进行审查，如果审查认为被告不作为违法，判决被告作为也没有必要，因为被告已经作出了具体行政行为，采用确认违法的判决较为合适。

当然，行政机关执法涉及社会众多领域，作出的行政行为形态各异，多种多样。上述司法解释所列举可以适用确认违法、无效判决的情形无法将可以适用的范围穷尽。在行政审判实践中，要对具体案件进行具体分析，保证消极确认判决的准确适用。

自《若干解释》实施以来，确认判决被广泛地运用于行政审判实践，而且也取得了较好的法律效果和社会效果。但与行政诉讼制度较为发达的国家与地区相比较，《若干解释》所规定的确认判决则显得不够精细。其中的不足主要表现为：

第一，积极确认判决的适用条件及范围不明确。《若干解释》第五十七条第一款规定的确认合法、确认有效是作为维持判决、驳回诉讼请求判决的补充性判决。但被诉具体行政行为合法，不宜维持或驳回的，在何种情况下适用确认合法，又在何种情况下适用确认有效？司法解释并未予以区分，由法官选择适用。行政行为合法与有效属于不同的法律概念，合法必定有效，但有效就未必合法，如有瑕疵的行政行为虽属轻微违法行政行为，但它是有效的行政行为。我们认为，一般情况下，应首先考虑适用确认合法的判决，因为确认了具体行政行为合法，也就认可了其有效性。只有当事人对行政合同的有效与否提出争议时，法院才可以适用确认行政合同有效的判决。

第二，消极确认判决列举适用范围存在逻辑上的重复。《若干解释》第五十七条第二款列举了三项确认违法、确认无效适用范围。但第（三）项规定适用的情形实际已被第（二）项所包含。如上所述，被诉具体行政行为不成立或者无效，因为在法律上不认可这两类行政行为而不具有可以撤销的内容，所以才适用确认违法或确认无效的判决。而被诉具体行政行为违法，但不具有可撤销内容的正好是第（二）项所规定的情形。

第三，确认合法的判决违背诉讼法理和行政法原理。确认合法判决和维持判决都是对被诉具体行政行为的肯定，对原告诉讼请求的漠视。按照诉讼一般法理，法院审理案件并作出实体上的判决都应围绕原告诉讼请求而展开。诉与判应相互对应，“无诉讼请求即无判决”，这是原告诉权对法院行使审判权的制约。行政诉讼因原告起诉而启动，以诉讼请求所指向的被诉具体行政行为合法性而展开，以回应原告诉讼请求的判决而终结。确认被诉具体行政行为合法完全偏离了原告诉讼请求。而且，依照行政法的一般原理，行政行为一旦作出，除非属重大且明显违法情形外，其具有公定力。在有权机关依法予以撤销或变更之前，该行政行为被推定合法、有效。法院审查后认为该行政行为不存在违法情形不予撤销，那么该行政行为自然会继续合法生效。法院确认一个具有法律效力的行政行为合法实属没有必要。如果法院审查被诉具体行政行为合法，完全可以适用驳回诉讼请求判决请求回应原告。

在《行政诉讼法》修改之时，从理论上对确认判决的适用条件和适用范围重新审视、厘清、界定，完全有这个必要。我们认为，应当总结这些年对确认判决适用的经验，结合我国实际情况，并借鉴德国、日本和我国台湾地区关于确认判决制度的相关法律规定，可以将确认判决适用范围归纳为：行政行为无效的案件、特定行政行为（包括不作为）违法的案件、行政法律关系存在与否的案件、其他行使行政职权行为违法的案件、规章以下规范性文件合法性审查的案件。

## 七、现行行政判决方式在制度上的不足及完善

以上对我国现行六类主要行政判决方式在各自具体适用条件、适用范围及需要完善的问题进行了探讨。但从宏观的行政判决制度层面上看，我国现行行政判决方式还缺少诉讼类型的支撑，也缺少几种必要的判决方式。

### （一）现行行政判决缺少诉讼类型在制度上的支撑

行政诉讼类型化是20世纪以来世界各国行政诉讼制度发展的共同趋势。行政诉讼的类型又可称之为行政诉讼的种类，意指“公民、法人或者其他组织可以行政诉讼请求救济且法院仅在法定的裁判方法范围内裁判的诉讼形态”①。行政诉讼类型化是行政诉讼中一项重要的制度，不同种类的诉讼对原告资格、起诉条件、法院审理规则、判决方式等的要求都有所不同。诉讼类型化的建构有助于满足不同行政争议对不同判决方式的要求。在很大程度上，行政判决方式的多寡取决于

① 蔡志方．行政救济法新论［M］．台北：台湾元照出版公司，2000：170.

诉讼类型的设置和划分。虽然诉讼类型与行政判决并非一一对应，同一类型的诉讼可能会有多种不同形式的判决，而同样形式的判决完全可能出现在不同类型的诉讼中，但诉讼类型化为我们提供了解决不同行政争议较为妥当有效的裁判方式，我们应当在类型化的诉讼中寻找判决。

在我国，由于行政诉讼类型化的缺失，法院无法对不同性质的诉讼作出灵活的处理，往往只能在有限的几类裁判中无奈地进行取舍。如对违法的行政裁决案件，按照现有判决方式，法院对违法的行政裁决只能予以判决撤销，或者在撤销的同时判令行政机关重作。而法院不得直接裁判当事人之间的民事争议，待由行政机关重新裁决。程序的反复和诉讼资源的浪费，当事人的纠纷得不到及时解决，使得这类判决方式脱离了社会现实的需要。如果我们把涉及行政机关对平等主体之间民事争议进行行政处理的案件归纳为一类行政诉讼——当事人诉讼①，并在设置这类诉讼时赋予法院可以直接对民事争议作出裁判的权力。如此就达到了“官了民也了”的法律效果和社会效果。

应该说，行政判决方式是诉讼类型化的产物，而不是有了某些判决方式就能够确立起行政诉讼的类型。目前我国现行的判决方式是建立在对具体行政行为合法性审查的基础之上，与诉讼类型化没有实质上的关联。正是因为缺少诉讼类型对行政判决制度的支撑，也就必然造成行政判决方式适用上的混乱和困境。

在将要修改的《行政诉讼法》中，为行政判决方式构建一个制度性基础，我们可以借鉴日本、德国的成功立法经验，根据原告诉讼请求、诉讼标的和案件争议的性质，大致可以设立撤销诉讼、确认诉讼、给付诉讼、规范性文件审查之诉、当事人诉讼、机关诉讼、公益诉讼等诉讼类型。

**（二）缺少几种必要的判决方式**

首先，缺少中间判决和部分判决。“中间判决只包括一个似乎被‘分割出来’的特定争议点。”② 它是指法院对于一个或者数个争议焦点在案件终结之前作出的判决。当事人所主张的各种独立的可导致法律上效果的一切攻击或者防御方法都可以成为中间判决的裁判对象。③ 目前，越来越多的行政案件涉及民事、刑事法律关系，在实践中处理起来有相当的难度。司法实务界普遍感到，法院必须有一

① 日本行政诉讼的其中类型之一。

② 参见［德］弗里德赫尔穆·胡芬．行政诉讼法［M］．第5版．莫光华，译．北京：法律出版社，2003：579.

③ 参见台湾地区“行政诉讼法”第一百九十二条。

种处理审判前提问题的判决方式。这就有必要增加中间判决。另外，在将来修改的《行政诉讼法》中人民法院可以对某些规范性文件进行审查。[①] 如果当事人对行政机关依据这些规范性文件作出的行政行为不服起诉，虽然当事人争议的诉讼标的是行政行为，但规范性文件是否合法就成为争议的焦点问题，也是审理诉讼标的的审判前提问题。法院首先通过中间判决先行确认规范性文件的合法性，将后续的诉讼程序和实体问题变得简单明了。行政诉讼中，有时当事人提出多项诉讼请求，而且，这些诉讼请求能否成立还涉及当事人其他民事争议的解决。如果法院对全部诉讼请求所涉及的行政行为进行审查之后再作出判决，可能延误了当事人对其他纠纷的解决。因此，当事人申请或法院依职权就某些诉讼请求先行作出部分判决，既保证了诉讼的效率，又使得当事人的权利得到及时救济。总之，增加中间判决和部分判决适应新时期行政诉讼多样化、复杂化的需要。

其次，缺少禁令判决。禁令制度最早起源于英美法系国家的司法判例。在英国的行政诉讼制度中，禁令是高等法院王座分院对低级法院和行政机关所发出的特权命令，禁止它们的越权行为。禁令适用于作出前和在执行过程中的决定。[②] 其作用在于防止、阻止和制止行政机关的侵权行为。我国现行的判决方式是针对已经发生的行为而言的，而对于正在发生的行为或即将发生的行为缺乏相应的救济措施。如对违法行政拘留、责令停产停业等行政行为，虽然法院可以通过确认判决来确认这类行政行为违法，但不能为当事人提供及时的、直接的救济。增设禁令判决就能有效地阻止正在发生或将要发生的侵权行为，防止行政行为对相对人造成不必要的损害。

再次，缺少对程序瑕疵的补正判决。人民法院经审查发现行政行为仅存在轻微程序瑕疵，且不影响相对人权益的，因程序不合法不宜维持；判决驳回原告诉讼请求就意味着法院对行政机关违法行为的漠视；判决撤销虽能够暂时满足原告的诉讼请求，也符合法律规定。但被告又可能重新作出同样的具体行政行为。这必将导致“循环诉讼”的发生，增加了当事人的诉累，浪费了司法资源。如果增设补正判决，法院判决责令被告对程序的不足作出补正。对于被告一方而言，补正判决既肯定了其所作行政行为的效力，同时又增加了其补正程序不足的义务；对于原告来说，补正判决既部分地满足了其所提出的诉讼请求，也节省了其不必要的诉讼支出。

---

① 参见行政诉讼法“大修稿”出笼 民告官可调解［N］. 法制日报，2005－05－26.

② 参见王名扬. 英国行政法［M］. 北京：中国政法大学出版社，1987：184.

因此，为行政审判解决纷繁复杂之行政争议的需要，也为及时保护当事人的合法权利，我们认为有必要在行政诉讼制度中增加以上几种判决方式。

## 第三节　行政判决制度的重构

现行行政判决方式在我国行政审判解决行政争议方面发挥了重要作用，但也因为其存在诸多不足与缺陷使其不能完全适宜行政案件多样化、复杂化和纠纷解决合理化的需要。为即将修改的《行政诉讼法》设定科学化、合理化的行政判决方式，我们有必要对我国行政判决制度进行重构。

### 一、影响设定行政判决方式的因素

设定多少行政判决方式，设定哪些类型的行政判决？这就需要考虑行政诉讼的立法目的、原告的诉讼请求、行政诉讼的类型化、司法权与行政权的关系、利益衡量、纠纷的合理解决和司法救济的需要等相关因素。

#### （一）行政诉讼的立法目的

行政诉讼的立法目的对行政判决方式的设定有着重要影响。我国现有的判决方式是在行政诉讼维护和监督行政机关依法行使职权的立法目的之下设立的，具有明显的“行政权优益”的倾向。如维持判决、确认合法判决等就是维护行政机关依法行政的具体反映。但是，从世界各国行政诉讼的立法目的看，行政诉讼的立法目的只应当是为保护公民、法人或其他组织提供必要的司法救济手段，维护其合法权益不受行政机关行政行为的侵犯。在此立法目的之下，现有的维持判决、确认合法判决等都应当予以取消。

#### （二）原告的诉讼请求

按照一般的诉讼原理，判与诉相对应，判决实质上就是法院对原告诉讼请求的回应。从理论上说，在行政诉讼中，原告可能提出的诉讼请求应当包括：①撤销行政行为的请求。请求人民法院对行政机关已经作出的行政行为予以撤销或部分撤销。当然，其中也包含原告要求行政机关重新作出授益性行政行为的请求。②变更行政行为的请求。原告请求人民法院对行政机关的部分违法行为或不合理行为予以变更。③给付性请求。其中包括要求行政机关履行法定职责、法定义务、为一定行为的请求；也包括要求行政机关给付一定金钱或财物的请求，如请求判令行政机关发放失业救济金、抚恤金等。④确认性请求。请求人民法院判决确认某种法律关系是否存在或行政机关的行政行为是否违法。这类请求针对行政机关的行政行为不具有可撤销内容，或当事人只请求确认，不要求撤销的情形。⑤禁止性请求。请求人民法院判令行政机关禁止作出一定的行为。这类请求主要针对行政机关正在实施或即将要实施的行为。⑥赔偿性请求。通常情况下，赔偿性请求附带于其他请求，如请求撤销或确认行政机关行政行为违法，并请求对违法行为造成的损失给予赔偿。行政判决应当围绕原告的这些诉讼请求而设立，而不应当考虑被告行政机关的要求。如果法院主动去裁判超越当事人诉讼请求的问题，其中立、公正的形象会因此而受损，也会使当事人丧失利用行政诉讼制度维护自身权益的信心，这就阻碍了行政诉讼功能的发挥。

（三）行政诉讼的类型

毕竟在不同类型的行政诉讼中，要解决的纠纷性质不同，对当事人的救济也不同，这便要求行政判决方式不尽相同。通常情况下，行政诉讼类型以原告的诉及诉讼请求来构建，如撤销之诉。如果原告的撤销之诉成立，法院作出的判决可能是撤销判决，也可能是确认判决。如果原告撤销之诉不成立，法院就应当作出驳回诉讼请求的判决。因此，诉讼类型与行政判决并非一一对应，但不同的诉讼类型对行政判决方式有着不同的要求。另外，行政诉讼类型的多寡，将会影响当事人权利获得保护之机会的增多或减少，可以说，它对于为当事人权利提供完整、迅速、有效的保护具有重要作用。因而各先进法治国家多广泛承认行政诉讼类型，从诉讼类型中寻找判决的方式。

（四）司法权与行政权的关系

行政判决是人民法院运用司法权对行政权进行调控的结果。不同的判决方式反映出司法权对行政权监督审查的广度和深度。司法权应当在法定权限范围内，针对原告诉讼请求对社会中已经发生的争议作出裁判。法院不应超越原告的诉讼请求去主动审查原告没有诉讼的行政行为，否则就超越了中立裁判者的角色。甚至会造成对行政权的侵越。法院也应当恪守司法权的疆域，在监督、制约行政机关的行政行为时，不得轻易地代替行政权对行政管理活动的事项作出判断。当然，除非有法律授权法院可以对某些行政行为直接作出判断，法院可以作出自为判决。因此，在设立行政判决方式时应当充分考虑司法权与行政权这两者之间权力平衡的关系。

（五）利益衡量的考虑

这里主要是指当行政行为涉及国家利益、公共利益和个人利益之间的利益冲突时，人民法院应通过什么样的行政判决方式来体现其中的利益衡量关系。虽然公共利益和个人利益之间存在着协调一致之处，但也不可避免地存在着矛盾冲突之处。法院在审理行政案件时，既要考虑公共利益的需要，又要切实保障当事人个人利益的实现。在设立行政判决方式时就应当注意，人民法院行政判决不是简单地对原告诉讼请求的支持或不支持。在某些诉讼中，由于特殊情况的需要，采用特殊的判决方式以兼顾公共利益和个人利益，如情况判决即属此类。

（六）纠纷的合理解决和完整救济的需要

行政判决的设立要考虑尽可能地将纠纷最终彻底解决和对当事人完整救济。现有的行政判决方式对当事人的救济不完整，对纠纷的解决也不彻底。如缺少行政附带民事诉讼判决方式，在行政判决中不得对与行政行为关联的民事争议作出裁判。一旦行政行为违法被撤销，有待于行政机关重新处理，既增加了当事人的诉讼成本，又降低了行政判决的权威性。

## 二、构筑回应当事人诉讼请求的判决方式

在即将修改的《行政诉讼法》中，应当规定哪些行政判决方式，许多学者提出了富有见地的观点和理论。① 完善现行行政判决方式，吸纳司法解释现有的合理性的规定，并在此基础上，对判决形式作全面的整理，本着回应当事人诉讼请求的原则，构筑行政诉讼的判决方式。具体地说，我国行政判决方式应重构如下：

（一）主体判决

主体判决是指根据原告诉讼请求设置，不同的诉讼请求适用不同的判决。主体判决根据原告诉讼请求可分以下六类：

第一，撤销判决。适用于原告请求撤销对其产生拘束力的行政行为。法院通过审查认为行政行为具有违法性，且具有可撤销内容，撤销又不损害国家利益或公共利益时，可以适用撤销判决。撤销判决使违法的行为自撤销之日起失去效力。法院可以根据违法行政行为是否具有可分性，如具有可分性，则对那些部分违法的行政行为作出部分撤销的判决；如不具有可分性，则作出全部撤销的判决。法院在作出撤销判决的同时，对那些具有重作判决条件的，应当判决行政机关重新作出行政行为。

第二，给付判决。适用于行政机关不履行义务或行政机关具有给付金钱或财物的法定义务时，法院判决行政机关履行义务或支付一定金钱或作出一定的行为。法院在判决行政机关履行义务时，出于保护相对人权益及诉讼经济考虑，可

① 本章在撰写该部分内容时，主要参考了薛刚凌．行政判决制度研究［J］．河南省政法管理干部学院学报，2003（2）．

以根据自由裁量权的大小，规定履行的具体条件。在自由裁量权缩减为零时①，法院可以明确规定行政机关应如何具体履行。在涉及给付金钱或财物的给付判决中，如果行政机关行使的是羁束性行政行为，法院可以根据法律规范的规定，直接判决行政机关应如何具体的履行给付义务。

第三，禁令判决。适用于原告请求法院判令行政机关禁止实施正在实施或即将实施的对其产生危害的行政行为。禁令判决，对正在进行的违法行为起到阻止作用，防止违法行为完成后适用撤销等判决救济的滞后、保护不利。

第四，确认判决。适用于当事人请求法院判决某种法律关系是否存在或行政行为是否违法或无效的情形。原告提出确认之诉时，经法院审理认为被诉行政行为违法、无效或法律关系不成立，可以作出确认违法、确认无效或确认法律关系不成立的判决。另外，在当事人请求撤销行政行为的情况下，当行政行为违法，但不可撤销或撤销已无意义，或请求履行义务时判决行政机关履行也无意义时也可适用确认判决。确认判决的适用范围较广，也包括部分事实行为，其往往是赔偿判决的前提。因此，确认判决也可以是中间判决，通过确认行政机关的行政行为违法，从而为相对人获得赔偿提供依据。

第五，变更判决。适用于需要法院直接改变当事人行政法上的权利义务的情形。变更判决不仅适用于显失公正的行政处罚行为，也可以适用于行政裁决、行政合同和涉及金钱的羁束行政行为。

第六，赔偿判决。赔偿判决是对违法行为造成损害进行救济的判决方式，一般以确认或撤销判决为前提，且其适用范围广泛，包括部分事实行为。在原告提出撤销之诉或确认之诉的同时提出了赔偿之诉，这时法院将两个合并审理，可以一并判决，也可以分别判决。

**（二）辅助判决**

辅助判决是相对主体判决而言，根据行政诉讼的其他需要设置。辅助判决主要有以下四类：

第一，驳回诉讼请求判决。适用原告上述各种诉讼请求不能成立时对原告诉讼请求的否定性回应，可以涵盖以前的维持判决。但其不是一种独立的判决方式，处于次要的地位。此外，驳回诉讼请求还应适用于对超过诉讼时效（起诉期

① 即行政机关在具体案件中选择余地可能压缩到一种处理方式，只有这一种处理方式没有裁量瑕疵。（参见［德］哈特穆特·毛雷尔．德国行政法总论［M］．高家伟，译．北京：法律出版社，2000：132.）

限）、起诉被告不适格而原告拒绝变更的情形也应适用驳回诉讼请求的判决。

第二，情况判决。情况判决发源于日本的事情判决，在我国台湾地区也存在。情况判决的适用基于公共利益或国家利益，对本应撤销、变更或禁止的行为不作上述处理，而是作出确认违法判决，并同时判令行政机关采取补救措施或给予赔偿。情况判决作为考虑公共利益或利益权衡的判决，其应当谨慎适用。只有当撤销、变更或禁止原行为对公益有重大损害而不得不牺牲个人利益时才能考虑适用。

第三，补正判决。补正判决适用行政行为仅存在轻微程序瑕疵，且不影响相对人权益的案件。补正判决适用条件为：①被诉行政行为实体上合法，即行政机关对相对人的权利义务关系的处理符合法律规定。②被诉行政行为仅存在程序上的轻微瑕疵。如果属于一般性违法或重大且明显违法的情形就不再适用补正判决。③作出补正判决并不影响相对人的合法权益。④程序的补正具有必要性和可行性。

第四，中间判决及部分判决。中间判决是对诉讼程序进行中产生的独立的争议点进行的判决，并不是对诉讼标的本身作判断。法院的终局判决受中间判决的约束。部分判决是对诉讼标的的数项、其中一项或几项已达到可以裁判的程度，法院就这部分作出终局判决。中间判决及部分判决的增设是出于诉讼效率及便利的考虑，对先决问题或部分诉讼标的先行作出裁判。

综上所述，行政判决是人民法院运行行政审判权的结果，其承载着依法有效地保护公民、法人或其他组织的合法权益，监督和制约行政权力依法行使的诉讼功能。科学合理的行政判决种类、判决方式不仅能促使这种诉讼功能的发挥，而且也将提升行政审判工作的地位和司法权威，发挥其在民主法治建设中的重要作用。

现行判决方式在实践中经常发生不能适用或适用混乱的情形。而且，各种判决方式自身存在的缺陷，也制约了其适用范围。现有维持判决存在的不必要性、重作判决的不明确性、履行判决的非确定性、变更判决的有限性、驳回判决和确认判决的非法律规定性，以及一些必要的判决方式的缺失，这些缺陷和不足越来越难以适应新时期复杂疑难行政案件判决的需要。因此，在将要修改的《行政诉讼法》中，我们有必要继续完善和增加各类判决方式，以适应纷繁复杂的各类行政案件的需要，使我国行政判决制度更具有科学性、合理性、实用性。

完善和增加各类判决方式有必要对行政判决的理论基础进行研究。在现有的一些研究成果中大多以民事判决的一些理论来加以阐述，但毕竟它们是两种不同性质的判决制度，其中肯定存在一些差别。行政判决所解决的是公权力与私权利之间的矛盾冲突关系，不仅要考虑对私权利的保护，而且也要注意公法秩序的稳定和维护。因此，如何衡量二者之间的紧张关系就是行政判决理论应加以关注的问题。行政判决的效力涉及行政行为的效力问题，二者之间存在一种什么样的效力关系？不同的判决方式所产生的效力对行政行为将产生什么不同的影响？这些都有待于我们进一步研究。此外，行政判决与诉讼类型、行政判决与行政诉权之间的关系、制约法官选择不同判决方式的因素等问题都值得我们继续探讨。

如何构筑科学化、合理化的行政判决制度？这就要求我们对制约或影响设定行政判决方式的一些因素进行思考。构筑回应当事人诉讼请求的判决方式已经成为我们行政判决制度的发展方向。但是，如何厘清诉讼请求与被诉行政行为合法性审查之间的关系，法院判决应以原告诉讼请求，还是以被诉具体行政行为为裁判对象？这些问题都值得我们作进一步探讨。

# 第七章　行政赔偿制度的缺失与完善

保护人民合法权益不受行政权的非法侵犯和损害，是现代民主宪政制度对国家行政权行使的基本要求之一。要实现这一目标，首先，行政权的享有者必须按照现代法治的要求，依法行使行政职权，主动维护行政相对人的合法权益；其次，在出现可能损害行政相对人权益的情形时，应当通过各种手段积极防范；最后，如果在行使行政职权的过程中，确实对行政相对人的合法权益造成了损害，则要及时地予以消除，使行政相对人遭受损害的权益得到有效的恢复和补救。正是在这种理念的指导下，世界各国纷纷建立了各具特色的行政救济制度①，行政赔偿制度就是其中一项重要内容。

## 第一节　行政赔偿制度的基本理论

### 一、行政赔偿的概念和特征

行政赔偿是行政机关及其工作人员在行使行政职权过程中违法侵犯公民、法人或其他组织的合法权益并造成损害，国家对此承担的赔偿责任。②

通过对行政赔偿概念的分析，我们可以了解到行政赔偿主要有以下特点：

第一，行政赔偿的侵权行为主体是特定的，只限于国家行政机关及其工作人员，这一侵权行为主体的特定性是行政赔偿区别于其他赔偿形式的主要根据。例如，民事赔偿是平等的民事主体之间因民事侵权行为而产生的。另外，与行政侵权同属国家赔偿范畴的司法赔偿的侵权行为主体则是行使国家司法职权的国家司

① 一般来说各国行政救济制度都包括了行政诉讼、行政复议和行政赔偿这三个部分。

② 马怀德．国家赔偿问题研究［M］．北京：法制出版社，2006：112.

法机关及其工作人员。总之，正是由于行政侵权主体方面的特定性，使得行政赔偿在赔偿的构成要件、归责原则以及赔偿范围方面有别于民事赔偿，而在赔偿请求人、赔偿义务机关以及赔偿程序等方面又区别于司法赔偿。

第二，行政赔偿是对行政过程中的国家侵权行为造成的损害所给予的赔偿，也就是说，行政赔偿是由行政机关及其工作人员违法行使职权的行为引起的行为。这其中包含了两层含义：一是引起行政赔偿的行为必须是行政机关及其工作人员行使职权过程中的行为，包括具体行政行为和事实行为。二是引起行政赔偿的行为是违法的侵权行为，而其他更多种类的行政职权行为却因为多种现实的原因暂时无法被行政赔偿所囊括。

第三，行政赔偿的请求人是因行政机关及其工作人员违法行使职权而导致其合法权益受损的公民、法人或其他组织。首先，行政赔偿请求人只能是作为行政相对人的公民、法人或其他组织，但不局限于具体行政行为所指向的对象，凡是合法权益受行政机关及其工作人员违法行使职权行为侵害的人都可请求赔偿。其次，只有合法权益受到实际损害的人才能提出赔偿请求，无损害就无所谓赔偿。最后，请求人受到损害的权益须是合法权益，违法权益不受法律保护。

第四，行政赔偿的责任主体为国家。国家作为行政赔偿的责任主体是由国家与行政机关及其工作人员的关系所决定。行政机关及其工作人员是代表国家，以国家的名义实施行政管理的，因而无论是合法的行为还是违法的行为，其法律后果都归属于国家，违法侵权造成的损害要由国家承担赔偿责任。① 行政赔偿是一种国家赔偿，责任主要表现在，赔偿费用由国家支出，列入各级财政预算。至于具体的赔偿事务，如收集证据、确定是否赔偿和赔偿数额、出庭应诉、决定是否和受害人和解，以及最后支付赔偿金等，都是由行政赔偿义务机关来完成的。

对于学界给行政赔偿所下的普遍定义，我们认为其界定的行政侵权主体“行政机关及其工作人员”并不能包含司法实践中可能存在的其他侵权主体。从严格意义上来讲，我国行政机关仅指依宪法或行政组织法的规定而设定的行使国家行政职能的国家机关，它们只是行使国家行政职能的一类行政法主体，在实践中还存在大量的法律、法规授权的组织，这些非国家机关组织由于有了法律、法规的授权也能行使特定的行政职能，具有行政职权，因此在行使特定的行政职权时也是一类行政法主体，且在授权范围内能就自己的行为独立承担责任。除了授权组

① 姜明安．行政法与行政诉讼法［M］．北京：北京大学出版社，高等教育出版社，2003：402.

织外，还有行政机关委托的组织，这些受委托的组织在委托范围内也行使一定的行政职权，尽管它们不能独立承担行政责任，但并不能就此否认它们也是一类行政法主体的事实。除了上面提到的情况外，行政机关的工作人员、被授权组织的工作人员以及受委托组织的工作人员在履行自己的职责，代表所属机关行使行政职权的过程中，他们的行为就被视为其所属机关或组织的职权行为，都是代表国家行使公权力的行为，如果这些行为侵犯了相对人的合法权益，就会出现行政赔偿，国家就应当就这些侵权行为承担赔偿责任。然而，在《国家赔偿法》的规定以及其他很多学者撰写的有关行政赔偿的著作中，在给行政赔偿下定义时，对于行政赔偿侵权主体都只是规定了“行政机关及其工作人员”，这就缩小了行政侵权主体的范围，一旦出现法律、法规授权组织及其工作人员或者行政机关委托的组织及其工作人员因违法、过错行使行政职权侵犯了相对人的合法权益的情况时，很可能会因为法律规定上的缺失导致受害人得不到赔偿。因此我们认为，在给行政赔偿下定义时，一定要将可能的行政侵权主体都包含在内，这样才能和《行政诉讼法》、《行政复议法》的规定保持一致，也才能更好地保护受害人的合法权益。

## 二、行政赔偿制度的理论基础

行政赔偿作为国家赔偿的主要形式，其产生的理论基础应当说与国家赔偿责任理论基础大体相同，对于这一问题，国内外学术界大体形成了一些比较有代表性的学说，在此只作简单的介绍。

### （一）法律拟制说

该学说认为，国家是一个拟制的法人，它和普通私人一样，对其不法行为应当承担同样的责任，受同样的法律支配，国家赔偿在性质上与一般私人民事责任没有什么差别。英国和美国的国家赔偿法正是在这样的观点影响下产生的，这也是英美等普通法系国家行政赔偿制度适用与民事赔偿相同规则的主要原因。

### （二）公平负担平等学说

公平负担平等学说是法国关于国家赔偿的一个重要理论①，现在逐渐得到了其他国家的肯定。该学说认为，政府的活动是为了公共利益而实施的，因而应由社会全体成员平等地分担费用。行政活动对公民造成的损害，实际上是受害人在一般纳税负担以外的额外负担，这种负担不应当由受害人个人承担，而应当平等

① 胡建淼．国家赔偿法教程［M］．杭州：浙江人民出版社，1994：29.

地分配于全体社会成员，即由全体社会成员来填补损害，这才符合公平与正义原则。① 这一理论实际上是综合了“危险责任说”、“保险责任说”、“特别牺牲说”、“分配正义说”等四种学说。一是危险责任说，该学说认为国家在创造收益的同时，必然会产生侵权的风险，该风险也应当由社会成员公平负担，即所谓的“社会危险人人平等”。二是保险责任说，该学说把国家视为保险人、公民为投保人。社会成员向国家纳税实际上是向国家投保。国家机关及其工作人员在行使职务过程中侵害公民权益，属于保险事故，国家应当负责赔偿。三是特别牺牲说，认为国家活动给公民造成的损害使受害人承受了额外负担，国家应当通过税收弥补受害人为公共利益所遭受的特别损害，从而将这种额外负担平等地分配于社会全体成员。四是分配正义说，认为无论工作人员是否具有过错，其职权行为是否违法，对个别性和异常性的损害，按照一般平均标准，给予受害人赔偿或者补偿，是分配正义的要求。②

（三）人权保障说

一方面，该学说主张法治国家的任务是保护人权，国家机关及其工作人员的违法行为给公民造成的损害，应当予以赔偿。另一方面，建立国家赔偿制度，也有利于保护公务员的创造性和积极性，提高国家行政机关的工作效率。

（四）法律责任说

该学说认为，国家赔偿是国家和其他公权力主体对违法行为承担的一种法律责任。国家应当在法律规定的范围内活动，国家在行使公权力的过程中违反法律，给人民造成损害的，应当按照法律规定的方式、范围和程序补救。法律责任说的法理学来源，是以考察法律内部结构为核心任务的规范实证主义理论。

## 三、行政赔偿制度在世界各主要国家发展状况概述

### （一）国外行政赔偿制度发展的历史沿革

在人类历史上，行政赔偿制度从无到有，经历了一个从“完全否定、有限肯定再到全面肯定”的发展过程。在专制社会制度下，国王或君主具有至高无上的地位和权威，统揽国家立法权、行政权和司法权，“朕即国家”、“王言即法”、“君命即令”、“国王不可能为非”、“国王不可能授权为非”。因此，国王可以为

① 姜明安．行政法与行政诉讼法［M］．北京：北京大学出版社，高等教育出版社，2003：416.

② 高家伟．国家赔偿法［M］．北京：商务印书馆，2004：36.

所欲为，且永远是正确的，绝无责任可言。[①] 随着欧洲文艺复兴运动的兴起、人本思想的复苏以及人权思想的普及，国家主权命令说逐渐地被抛弃，国家及政府对其侵权行为应当负有侵权责任的理论也就应运而生。此时，人们开始意识到，当国家权力对公民的合法权益造成非法侵害时，便是背弃了国家保护人权自由的宗旨，因而，国家应当承担赔偿责任。在资本主义初期，封建的专制制度为民主制度所取代，人民主权原则、人权和法制的思想通过资本主义国家的法律纷纷确立，这就为行政赔偿法律制度的产生奠定了基础。正是在这样的背景下，各主要资本主义国家先后建立起了自己的行政赔偿法律制度。当然，由于这些国家在政治体制、法律文化传统以及历史上的不同，它们的行政赔偿制度也不尽相同。下面，我们仅选取几个比较有代表性的国家进行介绍。

法国是最早建立行政赔偿制度的国家，其行政赔偿制度是通过判例确立的，这个案例就是 1873 年的“布朗哥案件”[②]。法国权限争议法庭在“布朗哥案件”的判决中，开始承认国家的赔偿责任。判决指出：“国家由于其使用人在公务中对私人造成的损害的责任，不能受民法中私人相互间关系所规定的原则支配……这个责任既非普遍性的，也非绝对性的，它有其本身的特殊规则。这些规则根据公务的需要，和平衡国家权力与私人权利的必要而变化。”[③] 在这一案件中，法庭确立了三项原则，即：①国家应当为其公务员的过错承担责任；②行政赔偿责任应当适用不同于民法的特殊规则；③行政赔偿责任的诉讼属于行政法院管辖。[④] 20 世纪以来，法国行政法院通过判例不断扩大行政赔偿的范围。发展到今天，除了对有限的政府行为国家不负赔偿责任外，在其他行政活动领域，国家都要承担赔偿责任。此外，国家不负行政赔偿责任的行为，也仅限于法律明文规定以及由最高行政法院判例所确认的事项。

---

① 房绍坤，毕可志．国家赔偿法学［M］．北京：北京大学出版社，2004：3.

② 法国纪龙德（Gronde）省国营烟草公司雇佣的工人在开翻斗车作业时，不慎将布朗哥的女儿撞伤。布朗哥向普通法院提出诉讼，要求国家赔偿。法国权限争议法院在 1873 年 2 月 8 日裁决此案件归行政法院管辖，并确立了法国行政法上的公法与私法管辖标准：因国家在公务中雇佣的人对私人造成损害的事实而加在国家身上的责任，不应受在民事法典中为调整私人与私人之间关系而确立的原则所支配，这种责任不是通常的责任，也不是绝对的责任，这种责任有其固有的特殊原则，依公务的需要和调整国家权力与私权利的必要而变化。

③ 林准，马原．国家赔偿问题研究［M］．北京：人民法院出版社，1992：7.

④ 房绍坤，毕可志．国家赔偿法学［M］．北京：北京大学出版社，2004：54.

从19世纪后半叶起，德国仿效法国，在普通法院之外，设置了专门负责处理行政案件的专门行政法院。在德国的法律中，我们可以看到有关国家或其他公法人承担赔偿责任的规定，最早是在1896年制定的著名的《德国民法典》第八百三十九条中作了规定："公务员故意或过失违背其对于第三人应执行的职务者，应对第三人赔偿由此而造成的损害。"然而这时的损害赔偿责任是由公务员个人来承担的。到了1910年的《德国为其公务员承担责任法》中则规定了由国家承担代位责任，而真正确立国家承担赔偿责任则是1919年的《魏玛宪法》。该法第一百三十一条规定："官吏行使所受委托的公权时，对于第三者违反其职务上义务，其责任由该官吏所服役之国家行政机关负担，不得起诉官吏。"① 1949年，《德意志联邦共和国基本法》再次对行政法院和国家赔偿作了确认。该法第三十四条对国家赔偿问题作了规定："任何人执行职务时，如违反其对第三人应负之职务上义务，原则上由其所服务之国家或公共团体负责，但有故意或重大过失时，国家或公共团体对其有求偿权。"② 在这里，法律不但再次肯定了国家对其公务人员执行职务的行为承担赔偿责任，同时也对国家或公共团体在一定情况下享有的追偿权作了规定。这不能不说是国家赔偿制度发展进程中的一个里程碑。此外还需了解的是德国还曾在1981年制定了统一的法典——《国家赔偿法》，但公布后不久就被宣布无效了。

在英国的法律传统中，没有国家的概念，英王是国家权力的象征，遵循"国王不能为非"③ 的原则。根据这一原则，"英王不可能有侵权行为。英王也和一般的雇佣人不一样，不对雇佣人的侵权行为负责。既然英王不能为非，英王也就不可能授权英王的公仆实施侵权行为。一切侵权行为的责任只能由行为人自己承担"④。然而，随着时代的发展，人民主权理念的勃兴，英国逐渐放弃了传统的国家豁免观念，对国家赔偿责任给予了肯定，1947年颁布的《王权诉讼法》正是其主要标志，它使得代表中央政府的英王放弃了赔偿责任豁免特权，"开始像有责

---

① 袁明圣，罗文燕．行政救济法原理［M］．北京：中国政法大学出版社，2004：19.

② 袁明圣，罗文燕．行政救济法原理［M］．北京：中国政法大学出版社，2004：19.

③ "国王不能为非"是一项十分古老的普通法原则，按照这一原则，国王不受其所属法的审判，也不承担任何实体法上的责任。英美法系国家的国家赔偿法之所以迟迟不能得以确立，也主要是受"国王不能为非"这一根深蒂固的普通法观念的影响。

④ 王名扬．英国行政法［M］．北京：中国政法大学出版社，1987：235.

任能力的成年人一样，按照约束私人间关系的法律规则承担赔偿责任”①，这标志着英国国家赔偿制度在法律上最终得以确立，同时也形成了一种不同于大陆法系国家行政赔偿制度的规则，即英国的行政赔偿主要适用民事赔偿原则。

美国和英国一样，同属于普通法系国家，深受普通法“国王不能为非”原则的影响，非经政府同意，不得对政府提起诉讼。因此，其在19世纪前半叶也长期奉行国家主权豁免原则，直到“二战”后才放弃主权豁免，确立了国家行政赔偿制度。美国是典型的三权分立国家，立法、行政、司法三权都有侵权的可能。其行政赔偿主要是指联邦行政侵权赔偿，美国称为“政府责任”或“政府侵权责任”，它主要是由《联邦侵权求偿法》以及行政侵权特别法来规定，《联邦侵权求偿法》是1946年由国会制定的，它作为美国行政赔偿制度方面的基本法律，正式承认了国家可以作为被告参加诉讼。此外，由于美国又是联邦制国家，各州都有自己独立的立法、行政、司法系统，因而，在行政赔偿制度上，联邦与州之间以及州与州之间，在赔偿范围、赔偿方式、赔偿标准、赔偿程序上各不相同，各具特色，在此不展开论述。

日本的法律制度经常被人们描述为兼受英美法影响的大陆法制度。这种大陆法和英美法相互交融的特点在日本的公法领域尤为明显，这无疑也影响到了日本国家赔偿法律制度的构建。和英国、美国一样，日本的国家行政赔偿制度也是在第二次世界大战后才确立的。1946年，日本制定了新的《宪法》，该宪法第十七条规定：“任何人因公务员的侵权行为受到损害时，依法律规定，向国家或公共团体请求赔偿。”② 基于宪法的这一规定，1947年日本制定了《国家赔偿法》，至此，《宪法》第十七条和《国家赔偿法》共同构成了相对较完备的日本国家赔偿制度。纵观日本国家行政赔偿制度的发展历史，我们可以很清楚地发现，其行政赔偿制度的确立和发展实际上是建立在解决行政领域损害赔偿责任由谁来承担这一问题的基础上，即解决因违法行政活动给国民造成损害时由谁来承担的问题。关于这一问题，理论界基本上形成了一致的观点：

第一，由受害人自己负担所受的损害。“二战”之前，在明治宪法时期，日本不存在承认国家赔偿的法律规定，对于因违法行政作用所产生损害的国家和地方公共团体的赔偿责任，明治宪法本身没有作出任何规定，当然也不存在专门规定该责任的法律，而且旧的《行政法院法》第十六条规定：“行政法院不受理要

① 林准，马原．外国国家赔偿制度［M］．北京：人民法院出版社，1992：49.

② 房绍坤，毕可志．国家赔偿法学［M］．北京：北京大学出版社，2004：68.

求损害赔偿的诉讼"，明文拒绝受理因行使行政权造成损害而请求国家赔偿的诉讼，否定行政损害赔偿责任。[①] 在这种情况下，权益受到损害的国民要想对国家或公共团体请求损害赔偿，只能依据民法上的规定，作为一般民事案件向普通法院提起诉讼，而且值得注意的是，依据民法一般规则提起的诉讼也只能针对"私经济性行政活动"，国家权力活动是被排除在外的。

第二，由实施加害行为的公务员个人承担赔偿责任。之所以出现这种情况是基于这样的观点，即只有公务员行使职务时的合法行为才是公务行为，违法的行为则不是公务行为，因此国家自然不必对与自己无关的行为负责，而应当由实施该加害行为的公务员个人来承担。

第三，由国家或公共团体来承担行政损害赔偿责任。

由此可见，日本行政赔偿制度正是在逐步解决了行政损害责任归属主体的过程中最终得以确立和发展的。

### （二）我国行政赔偿制度发展的历史沿革

一个不容回避的事实是，古代社会行政侵权的事实司空见惯，在绝对主权占统治地位的专制社会，官僚机构横征暴敛、恣意妄为造成百姓倾家荡产、生灵涂炭的事例屡见不鲜[②]，然而，官府在履行公务过程中对百姓的人身或财产造成侵害几乎没有道德上的可谴责性，立法上更不可能将其视为违法而追究其责任。古代社会国家的最高象征——国王、皇帝——拥有至高无上的统治地位，他们只享有权利而不承担任何义务，因此在这种情况下，建立国家行政赔偿制度是不可想象的。尽管在中国古代也存在对官吏的惩戒制度和对受害人的平反冤狱的史例，但那更多的只是统治者为了维护其统治地位而施行的仁政，体现的是国王或皇帝对少数受害人的一种恩赐，而且这些制度大多具有随意性，是凭统治者的"高兴"而定，并不是一种固定的有据可依的制度，因此与我们今天所提及的行政赔偿制度相去甚远。

1．我国大陆地区行政赔偿制度发展确立的基本情况

目前所能见到的我国历史上最早承认行政机关赔偿责任的立法，是1930年国民党政府颁布的《土地法》。该法第三十九条规定："因登记错误，遗漏或虚伪致受害者，由地政机关负损害赔偿责任。但地政机关证明其原因应归责于受损害人

① 杨建顺．日本行政法通论［M］．北京：中国法制出版社，1998：620.
② 王世涛．行政侵权研究［M］．北京：中国人民公安大学出版社，2005：4.

时不在此限。"① 此外，还有1914年《行政诉讼条例》、1932年《行政诉讼法》、1933年《警械使用条例》、1934年《戒严法》、1944年《国家总动员法》等法律法规。② 1947年1月1日，国民党政府又颁布了《中华民国宪法》，该宪法第二十四条规定："凡公务员违法侵害人民之自由或权利者，除依法律受惩戒外，应负刑事及民事责任。被害人就其所受损害，依法向国家请求赔偿。"③ 然而尽管该宪法首次规定了国家赔偿责任的问题，但并没有制定相关的具体法律法规，因而当时并没有建立起真正意义上的行政赔偿制度。

新中国成立以后，国家行政赔偿制度也随着我国法制建设的进程逐渐发展起来。1954年1月颁布的《中华人民共和国海港管理暂行条例》是当时所能见到的最早的立法，此外，还有1959年交通部颁布的《交通部关于海损事故的几项规定》，对国家在海损方面的损害赔偿责任作了较为具体、明确的规定。当然，这些都只是针对个别行政机关的赔偿责任所作的规定，并不能表明我国的行政赔偿制度已正式确立。直到1989年，七届全国人大二次会议审议通过了《中华人民共和国行政诉讼法》，其设专章规定了"行政侵权赔偿责任"，还较为系统地规定了行政赔偿问题，率先确立了较为完善的行政赔偿制度。此后随着1994年《中华人民共和国国家赔偿法》的颁布以及1997年《最高人民法院关于审理行政赔偿案件若干问题的规定》的发布，我国的行政赔偿制度开始逐步趋于完善。

2. 我国台湾地区行政赔偿制度概况

从范围上说，台湾地区的行政赔偿主要包括行政侵权行为以及公有设施设置与管理上的瑕疵致使人民利益损害等两大类。台湾地区"国家赔偿法"第二条和第三条分别规定："公务员于执行职务行使公权力时，因故意或过失不法侵害人民自由或权利者，国家应负损害赔偿责任。""公有公用设施因设置或管理有欠缺，致人民之生命、身体或财产受损害者，国家应负损害赔偿责任。"④ 此外，台湾地区的行政赔偿法律制度还对包括归责原则、赔偿程序等行政赔偿在适用中的一系列具体问题作了明确的规定，同时要肯定的是，在某些具体制度的设置上台湾地区行政赔偿制度要远比大陆地区相应制度的设置更科学、合理，便于操作。

---

① 袁明圣，罗文燕．行政救济原理［M］．北京：中国政法大学出版社，2004：21.
② 高家伟．国家赔偿法［M］．北京：商务印书馆，2004：49.
③ 袁明圣，罗文燕．行政救济原理［M］．北京：中国政法大学出版社，2004：22.
④ 袁明圣，罗文燕．行政救济原理［M］．北京：中国政法大学出版社，2004：40.

## 第二节　我国行政赔偿制度的现状及存在的主要问题

我国行政赔偿制度的建立是在广泛借鉴了世界各国已有的行政赔偿制度，并吸收了国内外有关赔偿法理论优秀成果的基础上完成的，但由于我国的行政赔偿制度确立时间不长，立法上不可避免地会存在一些不合理或是考虑不周全的地方，因此很多具体制度的设置和操作都存在不少的问题。在此，我们仅针对存在的几个主要问题作分析。

### 一、我国行政赔偿归责原则存在的主要问题

归责原则是国家赔偿制度结构的晴雨表，是国家赔偿法立法基本立场的试金石，是国家赔偿法的调节器，是法律适用解释的指南针，是国家赔偿法修改和完善的突破口，因而备受学界和实务界的关注。①

法律上所谓的“归责”（imputation），就是确认和追究侵权行为的法律责任。国家赔偿上的“归责”就是指法律上以何种根据确认和追究国家赔偿法律责任。换句话说，国家赔偿的归责原则是解决国家为什么要对某一行为承担赔偿责任的问题，其法律上的可责性是什么?② 几乎在所有的侵权行为法领域，侵权行为的归责原则都是一个争议很大的问题，那么究竟有哪些归责原则被广泛应用于国家赔偿制度中呢?

第一，过错责任原则。在侵权行为法的归责原则上一直贯穿着一个古老的法律原则，即“无过错即无责任”（no liability without fault），它和“有过错即有责任”相对应而存在。③ 过错归责原则是在侵权领域占统治地位的归责形式，它的基本含义就是，有过错是加害人承担相应的侵权责任的基础，如果加害人在主观上没有过错，就不承担责任。过错责任原则强调行为人的主观可谴责性，区分不同心理状态下的不同的法律后果，最大限度地实现了公正价值。过错责任原则作为一项法律原则，能够在其发挥作用的领域纯化道德风尚，确定行为标准，协调

① 高家伟．国家赔偿法［M］．北京：商务印书馆，2004：98.
② 马怀德．国家赔偿问题研究［M］．北京：法律出版社，2006：52.
③ 刘嗣元，石佑启．国家赔偿法要论［M］．北京：北京大学出版社，2006：31.

利益冲突，预防损害的发生。[1] 美国在1946年制定的《联邦侵权赔偿法》中确立了过错责任，后来于1948年将该法整理于《联邦司法法》之中，规定了凡政府之任何人员在职务范围内因过失、不法行为或不作为，致人民财产的损害或损失、人身伤亡或死亡，美国联邦政府处于私人地位，承担赔偿责任。日本的《国家赔偿法》第一条规定："行使国家或公共团体公权力之公务员，就其职务，因故意或过失，违法损害他人者，应由国家或该公共团体负赔偿责任。"此外，奥地利、英国、韩国等国家的法律中也对此原则作了规定。

第二，无过错责任。无过错责任实际上是过错责任的延续，是为了弥补过错责任的不足而设定的原则，其主要从损害的结果出发，至于侵权行为人主观上究竟是故意还是过失则在所不问，一律实行客观归责。在责任特征上主要是根据法律的规定，从行为后果上来判断国家是否应对一定的侵权行为负赔偿责任，而不考虑行为人主观上是否有过错，也就是说，行为人有过错且其行为造成了损害后果要负赔偿责任；行为人没有过错，但其行为造成了损害，也要承担赔偿责任。法国国家赔偿制度中的"危险责任"、"高度危险活动责任"、"异常危险活动责任"实质上就是一种无过错责任。这样的归责原则尽管能最大限度地保障相对人的合法权益，但无形中也会把一部分按照过错原则本应当由受害人自己承担的损失和风险转移到行为人或其他加害人身上。

第三，违法归责原则。违法归责原则是指，国家只对违法行使行政职权的行为承担赔偿责任，如果行使行政职权的行为是合法行为，国家则不承担赔偿责任。违法归责原则主要是在行政法学界中讨论国家赔偿的归责原则时才被使用，而在民法学界则基本不被认为是一种归责原则。

第四，瑕疵归责原则。这一标准一般只在公共设施致人损害国家赔偿中存在。瑕疵归责原则强调共有公共设施设置或管理上客观存在的危险和瑕疵，并且当这种危险或瑕疵给当事人的权益造成损害时，国家就应当承担责任。

那么对这个问题，我国法律的规定又是怎样的？

《国家赔偿法》第二条规定："国家机关和国家机关工作人员违法行使职权侵犯公民、法人和其他组织的合法权益造成损害，受害人有依照本法取得国家赔偿的权利。"从条文所使用的"违法行使职权"这一表述可以看出，我国国家赔偿法主要采用的是违法归责原则（包括行政赔偿和司法赔偿），国家机关及其工作人员在执行职务过程中，违反法律造成他人权益损害的，由国家承担赔偿责任，

---

① 马怀德．国家赔偿问题研究［M］．北京：法律出版社，2006：67.

即以行为违法为归责原则，而不论行为人主观上有无过错，它是一种客观判断标准，而不是主观标准。一方面，国家赔偿法对归责原则的确定直接关系到国家赔偿的范围，体现着国家对公共权力与公民权利关系的态度，应当考虑到国家财政承受能力和民主政治发展的状况，最后才能作出符合国情的选择。我国《国家赔偿法》正是在充分借鉴了国外赔偿制度的有益经验的基础上，选择了违法归责原则作为归责原则，这在一定程度上也反映了立法当时的社会经济发展和民主政治发展的状况，具有一定的合理性。另一方面，和其他归责原则相比较，违法归责原则也有其优点。首先，违法归责原则实现了行政侵权责任认定标准的客观化，其在摆脱过错原则羁绊方面无疑比公务过错理论更彻底，不再带有丝毫主观虚拟的色彩①；其次，采用违法归责原则与《宪法》的规定一致，也与《行政诉讼法》的规定相协调；再次，违法归责原则简单明了，易于理解和操作；最后，采用违法归责原则，还能避免因采用过错原则而可能导致的对主观认定的困难，等等。当然，违法归责原则的适用在实践中也有不足，比如在我国目前法制还很不健全的情况下，很大一部分国家机关及其工作人员尽管能做到依法执政，但在行使自由裁量权时就可能因为考虑不周或其他原因而作出明显失当的行为进而损害了行政相对人的合法权益，这些行为在事实上给相对人的权益造成了损害，但相对人却会因这些行为在法律上并没有违法而不能得到行政赔偿救济，这显然是不合理的。不仅如此，将违法原则作为唯一的归责原则，也排除了对危险责任原则适用的可能，实际上否认了公务员追偿责任中的过错。总之一句话就是，由于法律规范的普遍性、抽象性与社会现实多样性、多变性的矛盾的存在，依据违法归责原则构建起来的国家赔偿制度也有覆盖不到的地方，公民、法人和其他组织在某些特定情况下遭受损害不能获得救济。② 因此，将违法归责原则作为国家行政赔偿的唯一归责原则存在不少的弊端，概括起来主要有以下一些问题：

第一，现行的行政赔偿制度规定违法归责原则，原意是要便于受害人获得赔偿。但近十年来的实践证明，违法归责原则过于严格地限制了受害人获得赔偿的权利，反而使受害人难以得到应有的赔偿。违法归责原则侧重的是对国家行政机关及其工作人员行为的法律评价，而不侧重于对公民、法人和其他组织是否受到损失以及这种损失是否应当由该行政机关承担的考虑，违法归责原则把对责任的追究与否定位于对造成损失行为的评价上，结果就使得一些权益无辜受到损害的

① 王世涛．行政侵权研究［M］．北京：中国人民公安大学出版社，2005：129.

② 肖峋．论国家赔偿立法的几个基本问题［J］．中国法学，1994（4）．

个人得不到应有的弥补或赔偿，缩小了国家赔偿的范围，无端增加了受害人获得赔偿的难度，使得赔偿责任变成了评价责任和追究责任。

第二，违法归责原则在实践中常常被狭义地理解为《行政诉讼法》第五十四条规定的违法形式，即主要证据不足、适用法律法规错误、违反法定程序、超越法定职权、不履行或拖延履行法定职责、行政处罚显失公正、滥用职权。可是我们都知道，《行政诉讼法》第五十四条所列出的违法标准，只是司法审查的标准，是法院在确认某一行政行为是否应当维持、撤销或变更时适用的标准，两者之间不能画等号，更何况在行政赔偿实践中，行政赔偿所适用的违法归责原则所包含的违法形式也明显少于《行政诉讼法》第五十四条的规定。

第三，违法归责原则不应当排除国家行政机关工作人员在损害行为中的过错。国家行政机关工作人员行使职权的行为当然应被视为是该工作人员所属的国家行政机关本身的行为，在对外的情况下，该工作人员的过错当然也就是该行政机关的过错，但由于国家行政机关行使职权都是由其具体的工作人员来完成的，从理论上来说，对于国家行政机关行为的合法要求，也就是对该国家机关工作人员行为的合法要求，是最基本的也是最起码的要求，但并不是全部。从各国行政法的原则来看，国家行政机关行使职权的行为不仅要合法，还必须合理、正当，符合公平正义的原则。由于国家行政机关职权的特殊性，法律赋予了行政机关较大的自由裁量权，在这种情况下，国家行政机关工作人员行使职权的行为尽管内容和形式合法，但在具体操作中很可能会出现懈怠、拖延，漫不经心、加重损害等情况，这些情况实际上就是工作人员的过错，这种在合法形式下的过错也同样会造成相对人合法权益的损害，这也是违背法的基本精神和原则的。通过以上分析，行政赔偿采用违法归责原则作为唯一的归责原则很明显在实践中并不能囊括过错的范围，使得很大一部分应当赔偿的事项得不到赔偿。

第四，对于行政事实行为所导致的损害赔偿，不可能完全适用违法归责原则。理由很简单，有些事实行为，是法律有明确规定的，因而就能适用违法归责原则。但是现实生活中很多的事实行为，法律本身并没有对其作出任何规定，又或者这些事实行为并没有违反法律的规定，只是它们存在的仅仅是诸如不适当、不应当等合理性问题。举个最简单的例子来说，行政机关工作人员在执法过程中，由于不注意，损害了当事人的贵重物品，应不应当赔。依照侵权法的精神，有损害就有赔偿，对于给当事人造成的财产损害应当给予赔偿，然而在司法实践中只能依照民事侵权来提起诉讼，而不能根据行政赔偿法，因为根据行政赔偿所采用的违法归责原则来分析，该工作人员是在合法地履行自己的职责，只是在行使职权过程中没有尽到合理的注意义务。从这个简单的事例就可以看出仅将违法归责原则作为行政赔偿的归责原则是极不合理的。

## 二、我国行政赔偿范围现状及主要问题

国家赔偿范围的宽窄，直接影响到国家对公民权益救济程度的大小，人们往往将国家赔偿范围作为衡量一个国家民主程度和人权状况的主要标准，因此世界各国都很重视国家赔偿范围的问题，并通过法律予以明确规定。同样，对于作为国家赔偿主要内容之一的行政赔偿制度来说其赔偿范围的规定对整个行政赔偿制度而言其所具有的作用也是举足轻重的。

从近十年来行政赔偿的实践来看，行政赔偿范围较窄，这就是我国行政赔偿范围存在的一个最大的问题。行政赔偿的范围与国家赔偿的范围一样，主要是从三个方面来确定：一方面是致害行为的范围；另一个方面是致害行为所侵害的客体的范围；第三个方面是致害行为所造成的损害的范围，具体结合我国《国家赔偿法》中的规定来看：

第一，致害行为的范围。在这个问题上，法律主要是通过概括式和列举式相结合的方式来作规定。《国家赔偿法》第二条规定："国家机关和国家机关工作人员违法行使职权侵犯公民、法人和其他组织的合法权益造成损害，受害人有依照本法取得国家赔偿的权利。"这是对国家赔偿范围的概括性规定，具有指导和统率全法的地位和作用。此外，在《国家赔偿法》第二章涉及行政赔偿的规定中，又以肯定列举和否定列举相结合的方式对行政赔偿范围作了明确的规定，该法第三条规定："行政机关及其工作人员在行使行政职权时有下列侵犯人身权情形之一的，受害人有取得赔偿的权利。"归纳起来包括行政强制措施；拘禁行为；其他方法剥夺公民人身自由的行为；殴打等暴力行为；使用武器、警械行为；造成身体伤害或者死亡的其他行为；行政处罚行为；征收财物、摊派费用的行为以及造成财产损害的其他行为。否定列举的规定则体现在该法第五条中，主要涉及个人行为；自己致使损害发生的行为；法律规定的其他情形。很明显，法律采用这样的方式来对行政赔偿的范围作出规定，最大的优点和好处就是便于大家理解和操作，然而仔细分析就不免会产生这样的疑问，如果某一行为恰好就是列举事项中的一种，那么很简单，依照法律规定进入行政赔偿程序就可以了，可是如果该行为并不属于列举事项中的任何一种又该如何处理呢？有人可能马上会提出反驳意见，说不是还有第二条的规定嘛，完全可以依照这一条的规定将不属于列举事项中的"行使职权的行为"纳入行政赔偿范围中。然而实践中却并非如此，因为

《国家赔偿法》第二条规定的可以进行行政赔偿的只能是“国家机关和国家机关工作人员违法行使职权的行为”，这样一来，很多在生活中事实上造成了当事人权益受损的行为却因为不符合“违法”或者“行使职权”的判断标准，就使得受害人不能获得国家赔偿，这是极不合理的。①

第二，致害行为所侵害的客体的范围，通常也就指的是行政赔偿的权益范围。行政赔偿的权益范围，目前只限于人身权和财产权，即便如此，就人身权而言也不是全部，而只限于公民的人身自由权、生命权和身体健康权。对于公民人身权和财产权以外的其他权益，例如受教育权、平等就业权等的侵害，却不在国家行政赔偿的保护范围之内；公民的其他人身权利，如名誉权和荣誉权等人格权，也并不在赔偿范围之内；对于法人和其他组织的人身权利，由于中国法律传统一直都认为这两个主体只是虚拟的“人”，因此它们有限的人身权利更是不属于国家侵权赔偿的范围。然而根据侵权行为法的一般原则“有权利就有救济”来看，这里所说的权利很明显既包括了实体权利也包括了程序权利，其中实体权利又是由人身权利、财产权利、政治自由权利、社会经济权利以及劳动权利等一系列具体的权利形式组成的，只要行政机关及其工作人员的违法职务行为侵犯了上述任何一种权利形式并且造成了一定的损害，都应当引起国家赔偿责任。但是，《国家赔偿法》对这一问题的规定却并不如我们所分析，实践中，只有侵犯了该法律规定的权利并造成损害的，国家才承担责任，对于《国家赔偿法》未作明确规定的权利造成损害时，并不能引起国家责任。法律这样规定，已经不适应我国民主法制建设取得的长足进步，也不适应我国公民的法律意识、权利保护意识和国家机关依法行政、依法司法意识的提高，更不适应国家赔偿的司法实践。

第三，致害行为所造成的损害范围。在关于致害行为所造成的损害范围这个问题上，《国家赔偿法》仅仅规定了国家对实际的、直接的财产损失进行赔偿，将可期待的利益损失一律排除在国家赔偿范围之外。然而，所失利益赔偿是现代社会侵权损害救济的必然趋势。在行政侵权中，直接损失往往伴随着间接损失的发生，可得利益损失十分普遍，不仅表现在财产损害中，也表现在能力和资格损害中，例如，在吊销证照、责令停产停业、查封、冻结扣押财物等行政侵权行为中，所受损害与所失利益很多时候是相伴的，如果仅赔偿所受到的直接的财产损失而置其他可期待的所得利益于不顾，显然难以弥补受害人的损失。

通过对以上三个方面的分析可知，我国行政赔偿范围主要存在以下几方面的

① 以上内容参见《中华人民共和国国家赔偿法》的相关规定。

问题：

第一，行政赔偿范围的界定是属于立法技术层面上的问题。《国家赔偿法》行政赔偿范围的规定主要是通过概括式和列举式相结合的立法模式，但总的说来还是以列举式为主。这种模式虽然能够明确行政赔偿的范围，便于实际操作，也能在理论上为国家赔偿范围的逐年扩大提供法律上的依据。但是，通过列举的方式必然会导致一些既未列举排除也未列举肯定的事项，无法确定是否属于行政赔偿的范围，容易导致“挂一漏万”的弊端。① 这不能不说是行政赔偿制度在司法实践中遭遇的又一尴尬。

第二，行政赔偿的侵权行为范围较窄，被纳入行政赔偿范围的事项很少。《国家赔偿法》以肯定列举和否定列举相结合的方式，规定了我国行政赔偿的范围，尽管在条文最后也有“其他违法行为”的“兜底式”规定，但由于对“其他违法行为”的界定比较困难，且受到《行政复议法》和《行政诉讼法》关于行政职权行为的规定的影响，导致了学界和实践中对于“其他违法行为”的理解具有很大的局限性，所以，在我国实际上只是将行政赔偿的侵权行为范围解释为具体行政行为和事实行为，而行政职权活动广泛复杂的特点决定其种类繁多、形式多样，这样便产生了大量的其他职权行为被排除在赔偿范围之外，致使我国行政赔偿在行为范围上极其有限，使公民、法人和其他组织的合法权益受到侵害后出现了大量的权利救济的空白地带。②

第三，对行政赔偿的损害范围的界定过于单一，仅限于对人身权、财产权造成的物质上的损害。

除了上面提到的问题，我们还应当考虑到的是，大量的行政事实行为、抽象行政行为以及怠于履行职权的行为在我国行政赔偿的立法和司法实践中又是一个什么情况呢？很遗憾，我国现行的法律规定及司法解释都没有把抽象行政行为和怠于履行行政职权这两种同样会对行政相对人产生损害的行为纳入赔偿范围中，而对于行政事实行为，法律虽然肯定了对暴力行为这种行政事实行为予以行政赔偿，但由于暴力行为只是其中的一种，且是以列举的方式规定的，显然排除了其他行政事实行为获得赔偿的可能，这当然有对我国法律制度和司法现状的考虑，但不可否认的是，这样的规定已经落后于其他国家的行政赔偿制度了。

① 罗豪才．国家赔偿法研究［M］．北京：中国政法大学出版社，1991：78.
② 马怀德．国家赔偿问题研究［M］．北京：法律出版社，2006：118.

## 三、我国行政赔偿标准存在的主要问题

目前，我国的行政赔偿标准，主要是法定赔偿标准和直接损失赔偿标准。其中在人身权利方面，实行法定标准，如限制人身自由的，每天按照上一年度职工的日平均工资来赔付；在财产权利方面，主要采用的是直接损失赔偿标准（如《国家赔偿法》第二十八条规定的“对财产权造成其他损害的，按照直接损失给予赔偿”)，部分情况下甚至还适用不直接损失赔偿标准。因此理论界和实务界对赔偿标准的看法都是：赔偿标准太低，基本上是象征性的赔偿，根本不能达到弥补受害人损失的目的。分析下来问题主要是：

第一，对人身自由的赔偿标准规定得太低。我国《国家赔偿法》规定侵犯公民人身自由的，每日的赔偿金按照国家上年度职工日平均工资计算。即羁押人身的赔偿标准是上年度职工日平均工资，羁押一天，赔偿上年度职工日平均工资数。这样的规定从逻辑上来分析似乎是很合理的，可是我们忽略了这样几个问题：一是从事不同行业的人，甚至就是在不同地区从事相同工作的人他们每天获得的收益也是不同的。二是被羁押的时间不同，对被羁押人造成的侵害后果也完全不同，比如被关押一个星期和被关押了整整一年，这绝不仅仅只是时间长短的问题，在一定程度上它反映了侵权机关的过错程度大小以及该侵权行为的行为后果的严重性。因此不论在什么情况下，不管侵权机关的侵权行为如何，都按照国家上年度职工日平均工资作为赔偿标准来计算应给予多少数额的赔偿是不合理的。此外，我们不能忽视的一点就是，侵犯人身自由，是对一个人最大的侵害，会对其造成难以想象和不可弥补的损害，在侵犯人身自由的案件中，最为突出的有两种案件：一类是因侵犯人身自由的行为而同时伴随产生当事人及其家属的精神损害。这种精神损害的后果要远远比误工损失和其他经济损失更大，但在我国现存的国家赔偿标准中对这一部分的损害赔偿是没有相关规定的，每天几十块钱的赔偿根本无法弥补当事人及其家属受到的巨大的精神损害。这一类型的案件在我国赔偿领域实践中比比皆是，“处女嫖娼案”就是其中之一，其案情大体是这样的：2001 年 1 月 8 日晚 8 时许，19 岁的女孩麻旦旦在其姐姐的发廊里看电视时，被派出所民警及其司机强行带到派出所后，轮流单独讯问，要求其承认曾有“卖淫”行为。麻一口否认，二人就将麻吊绑在屋外的篮球架上，猛扇耳光，辱骂麻“卖淫的”。凌晨 4 时许，派出所所长将麻带到办公室，关上门“做思想工作”长达 30 分钟。最后，麻被迫在招供材料上签了字。1 月 9 日晚 7 时许，麻旦旦被送回家。随后，泾阳县公安局治安管理处向麻旦旦出具了一份《治安管理处

罚申诉裁决书》，裁决行政拘留麻旦旦15天，裁定日期为2月9日，处罚理由为“嫖娼”。接到这份荒唐的处罚裁定书后，麻旦旦立即向咸阳市公安局提请行政复议，并提出赔偿要求。2月6日，麻旦旦在咸阳市公安局的要求下，在咸阳215医院做了医疗鉴定，“处检”结果为处女。这起荒唐的“处女嫖娼案”并没有就此了结。2月9日，泾阳县公安局又要求麻旦旦去咸阳再做一次“处检”，麻旦旦仍为处女。2月9日下午6时，泾阳县公安局才给麻旦旦撤销了那份荒唐的裁定。同晚，泾阳县公安局一位副局长“规劝”麻旦旦及其家人应状告媒体“侵犯”麻旦旦名誉权。2月13日，麻旦旦及其家人忍无可忍，以咸阳市公安局为被告，泾阳县公安局为第三人提起行政诉讼。请求人民法院确认：第一，泾阳县公安局作出的《治安管理处罚裁决书》违法；第二，被告及第三人强制传唤、非法限制人身自由行政行为违法；第三，被告强迫原告做“处女膜完整”医学鉴定事实行为违法；第四，对原告讯问程序实体内容违法；第五，对原告使用械器、械具违法；第六，判令第三人及被告公开赔礼道歉、恢复名誉；第七，判令赔偿精神损失费5万元及误工费、医疗费、交通费、通讯费共计59 560元，并由被告承担全部诉讼费用等9项请求。2月14日，麻旦旦变更诉讼请求，将市、县两级公安局列为共同被告；将精神损害赔偿的数额增加到500万元，其他索赔数额不变。3月20日，咸阳市秦都区法院开庭审理了此案，判决被告行政处罚裁决、强制传唤、强迫原告作“处女膜完整”医学鉴定、使用器械等行为违法，判令被告在10日内支付原告赔偿金74.66元，医疗费1 354.34元，误工费每日25.67元（从1月10日起）。驳回了其他诉讼请求。本案庭审过程中，麻旦旦精神几乎处于崩溃，但为了还自己清白之名，坚持出庭，由于支撑不住不得不入院治疗。这起荒唐的“处女嫖娼案”给麻旦旦及其家人造成了巨大的精神痛苦。麻旦旦及其家人对一审判决结果非常不满，认为74.66元的赔偿金标准太低，表示将继续上诉寻求公正。一审法院判决的74.66元，是按照被羁押两天的非财产损害标准确定的。日平均工资每天差不多就是30多元，两天正好就是74.66元，这个计算没有错，错就错在法院没有计算被害人所受到的巨大的精神损害，因为法律压根就没有对精神损害能否给予金钱赔偿作出规定。除了上述提到的因侵犯人身自由而导致的精神损害的案件之外，另一类与侵犯人身自由相关的案件就是因侵犯人身自由而导致的其他相关经济损失。比如一个私营企业的企业主被非法羁押，企业的生产和经营就此陷入瘫痪状态，原来每年可以正常赢利几十万甚至是几百万元，现在非但没有了赢利，还要支出一笔为维持企业存续的数额不少的必要性开支。在这种情况下，只赔偿法律规定的损失而对其他因此造成的财产损失完全不予赔偿，也是很不公平的。

第二，财产权损害的赔偿标准不客观。世界上大多数国家的损害赔偿标准，都遵循一个基本的原则，那就是损害决定赔偿，损害多少就应当赔偿多少。而我国现行的赔偿标准却明显地违背了这一个原则，并不是以损害来决定赔偿数额，而是人为的确定一个赔偿标准。这可以从法律规定中找到依据，“财产已经拍卖的，给付拍卖所得的价款；吊销许可证和执照、责令停产停业的，赔偿停产停业期间必要的经常性费用开支”。但现实生活中我们知道，绝大多数情况下，拍卖所得的价款都大大低于财产的价值本身。对于这个由国家机关的违法行为造成的损害后果理应由侵权机关自己来承担，而没有任何理由让没有过错且本身就是受害者的当事人来承担。再者就是对于“吊销许可证和执照、责令停产停业”的规定，停产停业给当事人造成的损失显然不可能仅仅只是“必要的经常性费用开支”，更大头的应该是停产停业期间的经营损失、生产损失和材料损失等，对这些损失不予赔偿却只对小额的“必要的经常性开支”进行赔偿是没有道理的。

第三，对受害人的直接损失并不是都予以赔偿，而对合理的间接损失则根本就不予赔偿。我国的《国家赔偿法》在财产损失方面并没有按照民事赔偿的完全赔偿原则计算损失和赔偿损失，没有完全赔偿直接损失，对间接损失更是直接不予规定。如法律规定“造成身体伤害的，应当支付医疗费，以及赔偿因误工减少的收入”，在此需注意的是，因身体伤害造成的财产支出（看护费、营养费等）毫无疑问属于直接损失的范畴，然而结果却是它们被排除在了赔偿数额之外。还有就是对于合理的间接损失受害人理应得到赔偿，然而在这个问题上《国家赔偿法》却采取了一律不赔的观点，规定“对财产权造成其他损害的，按照直接损害给予赔偿”，这种对间接损失一律不赔的制度是不合理的，因为在很多情况下，当事人可得利益的实现，可以说是必然的，因此，赔偿其合理的间接损失也是应当的、合理的。

## 第三节　完善我国行政赔偿制度主要问题的对策及建议

前已提及，《国家赔偿法》自颁布以来，在限制国家权力滥用，维护公民、法人和其他组织的合法权益，保障其依法享有取得国家赔偿的权利上起到了积极的作用。作为《国家赔偿法》重要组成部分的行政赔偿制度，在实践中也发挥了重要的作用，但也逐渐暴露出了一些问题，在本章的第二节中我们就我国行政赔偿制度的现状及存在的一些主要问题进行了分析，在这一节中将有针对性地提出相应的完善措施和立法建议。

## 一、重构我国行政赔偿的归责体系

重构我国行政赔偿的归责体系，在坚持违法归责的基础上对不同的国家职权行为以及在不同领域适用不同的归责标准，从而形成一个多元的归责体系。

从《国家赔偿法》十多年来实施的情况看，不论行政赔偿适用的是哪一种归责原则，其不可能对现实社会中存在的行政职权行为都适用，为了实现我国行政赔偿归责制度的无漏洞化，努力做到保护受害人的合法权益与国家责任的协调统一，行政赔偿的归责原则应当是一个原则体系，这个体系由不同的归责原则组成，区别不同的行政职权行为确定适用不同的归责原则。具体而言，我国行政赔偿的归责体系可作以下调整。

### （一）一般的行政侵权行为适用违法或者过错归责原则

行政机关及其工作人员在行使行政职权的过程中，因违法或过错造成公民、法人或其他组织合法权益受到损害时，国家应当承担赔偿责任。这样就把违法或过错作为一般的国家赔偿法的归责原则来看待，二者处于平等的选择关系。当然，由于不同的行政职权行为的特点也不尽相同，因此实践中，在确定究竟适用违法原则或过错原则时还要具体问题具体分析。

第一，行政执法行为适用违法归责原则，在一定情况下也适用过错归责原则。行政执法行为是行政主体执行法律的行为，既包括具体行政行为，也包括抽象行政行为，但一般指的就是具体行政行为。对于抽象行政行为而言，由于其具有一定的特殊性，因此会在后面的部分单独来论述。行政执法行为具体而言，就是一种具体执行法律法规的行为，因此要判断有权机关在行使职权时是否违法，只需看其行为是否与法律法规的规定相一致即可，一致的话就是合法，如果不一致那就是违法，此时如果还造成了相对人合法权益的损害，则国家就要承担赔偿责任。在这种情况下，违法是一个客观的标准，至于行为人主观上有无过错则不予追究，只将法律法规作为判断和衡量的标准。当然，根据不同的标准来判断，行政执法行为的表现形式也不尽相同。行政执法行为可以分为羁束行政行为和裁量行政行为，对于羁束行政行为来说，由于法律法规已经对其行为范围、幅度、种类等内容都作了明确的规定，没有回旋的余地，判断其违法与否比较简单，因此主要适用违法归责原则。

对自由裁量行为如何适用归责原则的问题在学术界则有不同的看法，一种观点认为自由裁量应排除对违法归责原则的适用，另一种观点认为自由裁量要分别看待，如行使自由裁量权达到滥用权力或显失公正的程度，即构成违法，可以根据违法归责原则承担赔偿责任。我们倾向于第二种观点。因为行使自由裁量权也是有限度的，不是完全的“自由裁量”。有人认为，根据自由裁量行为的定义，其只存在合理与否的问题，不存在违法的问题。这其实是一个错误的认识，行政合理性原则本身是行政合法性原则的发展和补充，共同构成行政法治原则，所以不合理是一种深层次违法，行使自由裁量权也存在着违法的问题。我们认为，构成违法行使自由裁量的行为主要有两种情况：一是滥用职权的行政自由裁量行为，二是客观上显失公正的行政自由裁量行为。由于立法上没有明确规定自由裁量权的赔偿问题，所以实践中难以把握。因此对于裁量行政行为，在大部分情况下会采用过错归责原则。

第二，抽象行政行为造成损害的行政赔偿适用违法归责原则。对于抽象行政行为而言，现行的《国家赔偿法》并没有将其纳入行政赔偿的范畴中，因此这里讨论的抽象行政行为应当适用违法归责原则，是要以将来修改的《国家赔偿法》将抽象行政行为纳入行政赔偿范围为前提的。抽象行政行为是与具体行政行为相对应的一种行政行为，但其行为的表现形式有所特别，那就是抽象行政行为是由有权机关发布的一种具有普遍约束力的规范性文件，既然是一种规范性文件，其判断标准就比较明确和客观，就是看该规范性文件是否与上阶位法律法规相抵触，对此是绝对不能采用主观标准来判断的，而应当采用客观标准来判断，即采用违法归责原则来评判。

第三，法律有规定的部分行政事实行为应当适用违法归责原则。对于行政事实行为来说，它是国家行政机关及其工作人员基于职权职责实施的不直接发生法律效力的行为。由于法律很难对这些行为进行规范，也很难判断其是否合法，因此大多数情况下，对因这些行为的实施所造成的损害，认定责任时一般采用过错归责原则，当然，如果行为主体在实施这些行为时，明显地违反了或者超越了其职责权限，就存在违法的问题，在这种情况下，就必然要适用违法原则来追究责任了。

在确定了什么情况下适用违法原则之后，还有一点最重要的问题要解决，那就是对于“违法”究竟应怎样理解。在行政赔偿的理论研究和司法实践中，大多把违法归责原则中的“违法”作狭义的理解，即是按照《行政诉讼法》第五十四条规定的违法标准来适用，将违法仅理解为违反严格意义上的法律，而事实上，行政诉讼中的违法标准是用来审查行政行为是否合法的标准，如果把其作为确定行政赔偿责任的标准，则无疑是把是非判断的标准同弥补损害的赔偿标准等同起来，极大地缩小了违法应当具有的丰富含义，使得在行政赔偿中对违法的理解变得非常有限，从而导致了行政赔偿的范围也十分有限。我们认为，“违法”的认定标准不能仅仅以《行政诉讼法》第五十四条规定的司法审查标准作为根据和范围，它应当是一个更为广泛的违法标准，包括违反法律、法规的具体规定，也包括违背法律的原则和精神。

（二）公共设施致害国家赔偿应当适用瑕疵归责原则

对于公共设施致害的国家赔偿，目前的《国家赔偿法》中没有涉及，而在我国司法实践中对于类似情况都是按照民事赔偿来解决的。我们认为，将公共设施致害赔偿纳入国家赔偿范围是必然的趋势，剩下的只是时机选择和立法如何规定的问题。对于这点在讨论拓宽我国行政赔偿范围部分中会作详细的阐述，在此只讲公共设施致害国家赔偿的归责原则。一般来说，公共设施致害赔偿是因为其在设置或管理上存在瑕疵，是因设置或管理存在瑕疵的“物”引起的，而不同于其他一般意义上的行政侵权损害赔偿是由国家机关或国家机关工作人员的违法行为引起的。因此，公共设施致害赔偿不应当适用违法归责原则，而应适用瑕疵归责原则，即只要该公共设施在设置或管理上存在瑕疵，该瑕疵又造成了损害结果的发生，国家就应当对该损害结果承担相应的责任。尽管对公共设施致害赔偿采取的是较其他归责原则更为“苛刻”的归责方式，但如果设置机关与管理机关对防止损害发生，已经尽了相当的注意义务或已经采取了防止损害发生的必要措施的，应相应减轻国家的责任；又如果损害结果完全是由于受害人自己的行为导致的，公共设施的设置机关和管理机关没有责任或是由于不可抗力的原因而导致损害结果的发生，国家对此就不应承担赔偿责任。

## 二、拓宽我国行政赔偿的范围

对于拓宽行政赔偿范围，我们认为有两个问题需要解决：一是改变我国现行法律对行政赔偿范围的规定模式，即将以“列举式”为主的立法模式改为以“肯定概括为主”兼采“否定列举”的立法模式。二是应考虑将行政事实行为、抽象行政行为以及怠于履行行政职权的行为纳入行政赔偿范围之中。

（一）行政事实行为

所谓行政事实行为，是指国家行政机关及其工作人员在行使行政管理职权过程中作出的不以直接设定行政管理相对人权利义务为内容的、不直接产生行政法律效果的行为。行政事实行为具有以下几个特点：行政事实行为实施的主体是行政机关及其工作人员；行政事实行为是行政机关及其工作人员在行使行政职权过程中实施的；行政事实行为不直接产生行政法律后果，不具有行政法律行为的确定力和拘束力；行政事实行为的程序一般不具有不确定性。

在我国的行政管理过程中存在着大量的行政事实行为，如提供咨询，进行指导，也包括某些程序问题，如对扣押物品的保管，对某决定的执行行为等，但对于受《国家赔偿法》调整的行政事实行为却并不多。我国《国家赔偿法》第三条、第四条规定了行政机关在执行职务过程中出现的殴打、违法使用警械等暴力行为造成公民人身权、财产权损害的，国家负赔偿责任，加上“其他违法行为”的兜底条款的规定，实际上就法律规定而言，我国的国家赔偿范围并不排除因行政事实行为引起的损害可以获得行政赔偿，但在实践中行政赔偿中的行政事实行为往往只被理解为暴力行为，然而暴力行为只是行政事实行为的一个部分。事实上，在行政管理过程中存在的大量行政事实行为并没有严格的程序规定，不同于行政法律行为必须按照法定程序进行。尽管如此，不可否认的是，行政事实行为也存在着违法的情况，如不顾公民的人格采用侮辱、殴打、捆绑等暴力手段分割公民的人身权和财产权的行为，对于这些违法的行政事实行为，应当依照《国家赔偿法》第三条、第四条的规定进行赔偿。另外，行政事实行为也存在失当的情况，这种失当可能存在两种情形：一是因为国家行政机关的公务人员主观上有过错而造成的，如滥用职权；二是国家机关及其公务员主观上并没有过错，但造成了事实上的错误。对于第一种情形我们可以适用违法归责原则，应当对造成伤害的行政相对人进行损害赔偿。那么对于第二种情形，根据现行的《国家赔偿法》，只有在国家行政机关及其工作人员违法行使职权给相对方造成损害时，才给对方以赔偿，当行政机关及其工作人员没有过错的时候，即使相对方权益受到了损害，也不予赔偿。我们认为，在这种情形下，特别是对于相对人因行政事实行为受到重大损失的情况，国家应当承担一种无过错责任。主要理由就在于这种损失是因国家行使公权力，相对人基于对国家权威的信任、畏惧而产生的，国家应当就此承担风险责任。另外，以这种损害承担风险责任有利于督促行政机关及其工作人员认真履行职责，减少工作的随意性，这对因行政事实行为造成损害的相对人无疑是一种有益的救济，能最大限度地维护他们的合法权益。所以，修改我国《国家赔偿法》，应当对行政事实行为及其赔偿问题作出明确的规定。

(二) 抽象行政行为①

尽管我国《行政复议法》已将抽象行政行为纳入行政复议受案范围，但《行政诉讼法》和《国家赔偿法》到目前为止基本上还是将抽象行政行为侵害相对人合法权益的情形排除在行政赔偿范围之外，或许在《国家赔偿法》制定时是考虑了当时的实际情况而作出不把抽象行政行为纳入行政赔偿范围的决定，但经过多年的实践，大多数学者都主张要将抽象行政行为纳入行政赔偿范围中去，我们对此也持同样的观点，原因如下：

首先，很多反对将抽象行政行为纳入行政赔偿范围的人之所以持这种观点是因为他们普遍认为抽象行政行为并不会直接侵害到相对人的权益，实际上这种看法是很荒谬的。抽象行政行为也是行政行为，具有法律约束力，因而也会对行政相对人的权益造成一定程度的影响，而且从逻辑上分析，如果细究"直接侵害"的话，具体行政行为也并不会直接损害到相对人的权益。比如，交警对在高速公路上超速行驶的相对人处以200元的罚款处罚，在这一案例中很明显，"罚款"是一个具体行政行为，然而交警在作出这一罚款决定时并没有马上导致该受处罚人丧失了200元而使得其财产权益受到一定的损害，该相对人财产权益的损失是在其缴纳了200元罚款时才实际发生的，从这一层面上来说，具体行政行为也没有造成相对人实际权益的损害，也不应当被纳入行政赔偿范围中的，这样的推理显然在法律上是不成立的，因为具体行政行为确实会影响到相对人的合法权益，抽象行政行为也会，因此，既然行政赔偿范围将具体行政行为纳入其中，抽象行政行为也理应在其中。

其次，抽象行政行为造成的损害很多情况下较具体行政行为更大。从对抽象行政行为的定义的理解可知，抽象行政行为与具体行政行为的最大区别就在于，抽象行政行为适用于不特定多数人，且在一段时间内可以反复适用，而具体行政行为只适用于特定相对人并且只一次有效，因此从两者的区别就可以看出，抽象行政行为可能造成的损害要远远大于具体行政行为，既然具体行政行为是导致产生行政赔偿的行为类型，那么抽象行政行为就更应该被纳入行政赔偿范围中了。

(三) 自由裁量行为

自由裁量行为是行政机关及其工作人员在法律、法规规定的范围和幅度内对

---

① 从原来的意义上讲，抽象行政行为应包括立法行为在内，但由于立法行为具有与一般行政行为所不同的特点，因此，随着我国法制建设的发展，已逐渐将法律、法规、规章作为立法而不是一般意义上的抽象行政行为。文中我们使用的抽象行政行为也是指除法律、法规、规章之外的不具有法的属性和地位的其他规范性文件。

自己行为的自行决定权，即对行为的范围、方式、种类和幅度等的选择权。行政自由裁量行为在行政活动中是大量存在的。一是因为在法律没有规定的空白地带，如许多程序性的内容，行政机关就有很大的自由裁量权；二是法律虽有规定，但其规定的是一定的幅度、种类，行政机关在其范围之内享有自由裁量权；三是因为行政机关是国家执行机关，所以立法机关不可能对其职权范围内的事项规定得过于细致，而只能规定一些原则性的事项和一些富有弹性的条款，以便执行者见机行事。正因为如此，有的学者认为，自由裁量权是保证行政机关提高行政效率的关键。尽管如此，由于行政管理中存在着大量的自由裁量行为，因此自由裁量行为造成侵权结果也是不可避免的，那么，对于行使自由裁量行政行为造成的侵权事实，责任机关应否赔偿呢？就自由裁量行为在我国现行法律中的规定而言，主要集中在《行政复议法》和《行政诉讼法》中，并且一般只是在该行为明显不当时，才追究法律责任，之所以这样规定是因为行政管理事务复杂多变，必然要求行政机关及其工作人员享有灵活机动的裁量权才能解决，因此必须对自由裁量行为的行使设定一个“度”，只要是在这个“度”的范围内行事，则即便行为产生一定的损害后果也不予追究责任，但如果权力的行使一旦超过这个“度”，达到明显失当或者是滥用权力的程度，该自由裁量行为就要受到法律的否定评价。如《行政诉讼法》明确规定，滥用职权的行政行为要被撤销，行政处罚显失公平的可以变更，《行政复议法》也作了类似的规定，行政机关认为具体行政行为明显不当的，有权机关可以决定予以撤销或是变更，并可以责令被申请人在一定期限内重新作出具体行政行为。这些都表明，我国立法对于自由裁量行为是要追究责任的，因此为了立法上的统一，为了更进一步保护相对人的合法权益，规范行政机关及其工作人员的职务行为，有必要将自由裁量行政行为纳入行政赔偿范围中来。然而，考虑到自由裁量行政行为种类很多，又各有不同的特点，因此这种“纳入”并不是全部收归其中，而是要对其中的一部分行为实行有限的责任豁免，这样规定也和世界各国在这一问题上采取的态度保持了一致。因此，当前在立法和司法实践中，行政赔偿应与行政复议和行政诉讼的规定相一致，即对于因自由裁量行为行使的明显不当或显失公平所引起的损害予以赔偿。

### （四）怠于履行行政职权的行为

怠于履行行政职权的行为，也即学界常说的行政不作为，主要是指行政主体及其工作人员以消极的方式违反了行政作为义务的行政行为。一般包括两种形式：一是拒绝；二是不予答复。在行政活动中并不是只有表现为积极作为的行政侵权行为才能引起相对人合法权益的损害，事实上因行政不作为导致相对人合法权益受损的事件也屡见不鲜。那么对于因行政机关及其工作人员怠于履行职权造成的损害，国家是否应承担相应的赔偿责任呢？对于这个问题，迄今为止在法律制度层面上仍然不够明确，《国家赔偿法》并没有对此作出规定，司法解释中也只是对部分怠于履行行政职权的侵权行为作了规定，没有形成一般性的解释，最高人民法院在1997年4月29日公布的《最高人民法院关于审理行政赔偿案件若干问题的规定》中对行政赔偿范围中造成损害的"其他违法行为"进行了解释。按照这个解释，"其他违法行为"包括了具体行政行为和与行政机关及其工作人员行使职权有关的，给公民、法人和其他组织造成损害的，违反行政职责的行为。在这个解释中，实际上是把"违反行政职责的行为"看做是一种造成损害的其他违法行为，由于怠于履行行政职责行为属于违反行政职责的行为，这样解释实际上也就把怠于履行行政职责的行为列入了行政机关及其工作人员"行使职权""造成"损害的"其他违法行为"的范围。① 这种扩大解释表明：行政赔偿范围中的行政行为，不仅有作为的行政行为，也有怠于履行职责的行为。4年后，最高人民法院在给四川省高级人民法院的一个批复中更加明确地指出：由于公安机关不履行法定行政职责，致使公民、法人和其他组织的合法权益遭受损害的，应当承担赔偿责任。② 从这两个司法解释可以看出，最高人民法院实际上承认了在行政赔偿领域中对于怠于履行行政职责的行政行为，国家应承担赔偿责任。对于这个问题，有必要对其他国家和地区的规定作一个了解。

美国《联邦侵权赔偿法》第一千三百四十六条（b）规定：凡联邦政府之任何人员于其职务范围内因过失、不法行为或不行为，致人民财产之损害或损失，或人身之伤害或死亡，于当时环境，美国联邦政府如出于私人地位，依据行为或不行为发生地之法律对请求人负赔偿责任时，法院具有管辖权。③

在英国法院的判例中，法院的判决也表明英国法律对怠于履行职责的国家赔偿是持肯定态度的，并最终通过判例确定了这样的规则：公权力机构违反法定义务不作为的，要承担赔偿责任，没有尽到足够义务或责任的，也要承担赔偿责任。也就是说，不做的要赔，做得不够的也要赔。

日本《国家赔偿法》的规定中，没有明确对怠于履行行政职责的国家赔偿责

---

① 杨小君．国家赔偿法律问题研究［M］．北京：北京大学出版社，2005：29.

②《最高人民法院关于公安机关不履行法定行政职责是否承担行政赔偿责任问题的批复》，2001年6月26日最高人民法院审判委员会第1182次会议通过，法释〔2001〕23号最高人民法院公告。

③ 杨小君．国家赔偿法律问题研究［M］．北京：北京大学出版社，2005：34.

任，在过去的实践中，通说对此持否定态度，但在进入20世纪70年代以后，这种态度得到了根本的转变，出现了对怠于履行行政职责行为予以国家赔偿的判例。

台湾地区的“国家赔偿法”对这一问题的规定就比较明确：“公务员于执行职务行使公权力时，因故意或过失不法侵害人民自由或权利者，国家应负损害赔偿责任，公务员怠于执行职务，致使人民自由或权利遭受损害亦同。”①

从上述国家和地区的法律规定和司法实践来看，无论各国的传统和理论对于怠于履行职责行为的理解有多么大的区别，或存在多么严格的限制，这些国家和地区都通过不同的方式肯定了国家应对其公权力机构怠于履行行政职责行为承担责任，认为其属于国家赔偿的范围，我们赞同此种观点，同时认为，在我国也应通过立法尽快明确将怠于履行行政职责的行为纳入行政赔偿范围中。具体分析如下：

第一，怠于履行行政职责在法律上被明确认为是一种行为。尽管从行为构成要件及特征来判断，似乎“什么也不做”并不算是一种行为，然而事实上没有实施的行为在法律上却成为一种行为，即怠于履行行政职责行为。其目的是便于对这种行为进行法律评价和责任追究，因此怠于履行职责与积极行使职权一样，在法律上具有行为性，一旦其侵犯了相对人的合法权益造成该权益受损害，国家就要承担责任。

第二，在私权领域，权利和义务在一定程度上来说是可以绝对分开的，但在公权力领域却不是这样的。公权力是一种权利，但同时也是一种义务，即公权力包含了职权和职责。一方面公权力是一种支配他人、管理社会事物的力量，必须被服从，这是其权力属性，另一方面，公权力又是公权力主体对国家、对法律承担的一种职责，公权力主体不能仅凭自己的意志来决定是否行使、怎样行使或者干脆放弃权力，他们不能像私权利主体随意处分自己的权利一样处分公权力，如果公权力主体没有按照法律规定或自己职责的要求来行使一定的职权行为，事实上就是对相对一方权益的侵害，应对由此造成的损害承担责任。

在我国，公权力机构怠于履行职责的现象是相当普遍的，这种现象的大量存在，不但侵害了个人的权益，还与现代政府职能转换的要求不相适应，要改变这种现状，不是一朝一夕就可以的，必须要从制度上来解决这一问题，从当前来看，最重要的就是要给被这种行为损害的相对人提供一种有效的救济途径，因此

① 杨小君．国家赔偿法律问题研究［M］．北京：北京大学出版社，2005：35.

就需要将怠于履行行政职责行为纳入行政赔偿的范围中去，用行政赔偿制度来约束公权力机构怠于履行行政职责的行为，最大限度地为权益受害者提供切实、有效的保障。

（五）公共设施致害的国家赔偿

公共设施在各个国家、地区有不同的称谓，如在我国台湾地区，称为“公有公共设施”，翁岳生先生认为：《国家赔偿法》第三条第（一）项所称之公有公用设施，系指“国家”因公行政目的，提供予公众或公务使用，而属其所有或管有之一切有体物或物之设备而言。[①] 与公共设施相对应的概念还有公共营造物，这一概念主要是在日本赔偿法学界使用，所谓“公共营造物”一词，是日本学者转译德文“anstalt”而来的，一般被认为是指国家为一定的行政目的，所设置的供公共利用之人与物的结合体。[②] 公共营造物强调人对物的利用关系，重在人与物的结合，如公立学校、医院等。日本《国家赔偿法》第二条规定了公共营造物的设置和管理的瑕疵。该条规定：“由于道路、河川及其他公共营造物的设置和管理有瑕疵，给他人带来损害时，国家或公共团体对该损害承担赔偿责任。”[③] 也就是说，因公共营造物设置、管理的瑕疵而造成的损害，无论是否存在应对其原因行为负责的人，也不管为防止该损害的发生是否尽了注意义务，国家或公共团体必须予以赔偿。实际上，日本早在20世纪就通过德岛“游动圆木事件”以判例形式确认了国家对公共营造物的设置、管理欠缺承担赔偿责任。

在我国，一般认为公有公用设施致人损害属于民事赔偿，是由所有人或管理人来承担责任，而不属于国家赔偿的范畴之中。《民法通则》第一百二十六条规定：建筑物或其他设施以及建筑物上的搁置物、悬挂物发生倒塌、脱落、坠落致人损害的，它的所有人或管理人应当承担民事责任，但能够证明自己没有过错的除外。这一规定被看做是我国公共设施赔偿的依据。此外，2003年12月《最高人民法院关于审理人身损害赔偿案件适用法律若干问题的解释》第十六条中进一步规定了，“道路、桥梁、隧道等人工建造的构筑物因维护、管理欠缺致人损害的”，由所有人或者管理人承担赔偿责任，但能够证明自己没有过错的除外。这个司法解释的规定进一步肯定了我国将公共设施致害赔偿视为民事赔偿的观点，然而通过简单的分析可知，《民法通则》第一百二十六条所规定的赔偿责任主要

① 翁岳生．行政法［M］．北京：中国法制出版社，2002：1627.

② 马怀德．国家赔偿问题研究［M］．北京：法律出版社，2006：132.

③ 杨建顺．日本行政法通论［M］．北京：中国法制出版社，1998：642.

是关于建筑物责任的，而这里的建筑物或者其他设施究竟是属于国家所有还是私人所有则并不明确，因此我们认为，《民法通则》中规定的建筑物或者其他设施的含义是与公共设施的含义有所不同的，建筑物或者其他设施的外延要明显大于公共设施。在这一个问题上，我国很多民法学者也认为，《民法通则》第一百二十六条所确定的建筑物责任不同于公共设施致害的赔偿责任，“在立法上，区分建筑物及其他地上物致害责任与国有公共设施设置及管理欠缺致害的行政赔偿责任，已是定例，前者是侵权法的制度，由民法典规定，后者是行政损害赔偿制度，由国家赔偿法规定”①。我们也赞同这样的观点，并认为应当在《国家赔偿法》中规定有关公共设施致人损害的国家赔偿责任。具体理由分析如下：

第一，公共设施致害赔偿的国家责任性质决定了应当将其纳入国家赔偿范围。从公共设施的定义可知，公共设施具有以下这样一些特点：公共设施是由行政主体设置和管理的，是直接为公众使用所提供的有体物或其他物之设备。而国家赔偿责任是指国家为了补救其公权力措施给受害人造成的特别损害而承担的公平财产性的给付责任。② 因此，由公共设施是由国家提供给公众使用的这一特点决定了其赔偿性质应为国家赔偿。

第二，将公共设施致害的赔偿纳入国家赔偿范围，是现代行政发展趋势和特点的要求。现代行政已从过去的权力行政转向服务行政、给付行政，国家的行政活动也已不再仅仅限于行使公权力的法律行为，公共设施的设置和管理很显然已经成为国家的主要义务之一。国家在提供诸如此类的公共服务时，随着公众对这些服务需求的增加，其对公众造成损害的几率也就更大，而公共设施的设置和管理是为了社会公众的利益，是国家实施的一种管理活动，如果公共设施侵害了某个个体的利益，国家就必须对该受害人给予赔偿，从而达到公共负担人人平等，即“政府活动的目的是造福于社会，因此而产生的风险也必须由全社会来承担”③。

第三，将公共设施因设置与管理欠缺所致的损害纳入国家赔偿，有利于增强公有公用设施的设置和管理的国家机关、其他组织及其人员的责任心，促使其精心设置、妥善管理，不因赔偿与其无关而怠于行使职权，减少和避免因失职渎

① 马怀德．国家赔偿问题研究［M］．北京：法律出版社，2006：134.

② 高家伟．国家赔偿法［M］．北京：商务印书馆，2004：21.

③ 马怀德．国家赔偿问题研究［M］．北京：法律出版社，2006：136.

职、消极不作为造成的公有公共设施致害事件，以保证公民权益不受损害。[①] 同时，国家赔偿制度更加偏重协调公权力和私权利之间的关系，偏重国家和公民之间的关系，强调依法行使职权，通过一系列制度的设计，能更好地实现法律对人权的保障作用。

第四，从其具体适用的层面上来看，将公共设施致害赔偿纳入国家赔偿有着将其视为民事赔偿不可比拟的优点。一是《民法通则》规定建筑物及其他设施致人损害的，由所有人或管理人承担赔偿责任，然而在现实生活中，建筑物等设施的主体具有复杂性，所有权、管理权、经营权不清，因此很多时候损害赔偿的“责任主体”是很难予以明确的，这样就给受害人寻求法律保护设置了不小的障碍；二是由于公共设施在社会生活中的独特地位，其造成的损害往往是很大的，如果规定由这些设施的具体管理者作为民事侵权的责任主体来独立承担责任，因其财力有限，很可能无法充分合理地赔偿受害人的损失，致使受害者的损害赔偿难以真正落实。

尽管《国家赔偿法》并没有对公共设施致害的损害赔偿作出规定，但司法实践中将公共设施致人损害当做国家赔偿来处理的案件也是存在的。一个例子就是重庆彩虹桥倒塌事故，受害人的赔偿费用全部是由政府来负担的；另一个就是贵州花溪因粪坑未盖引起的死亡赔偿案件。[②] 在这个案件中，法院在判决这个案件的时候是按照类似于日本《国家赔偿法》中的“公共营造物”来判的，将其按国家赔偿来处理。

然而，我们并不认为立即将公共设施致害责任从民事赔偿中拿出而纳入国家赔偿之中对于保护受害人的合法权益就是百利而无一害的。尽管从理论上分析，国家赔偿比民事赔偿更有利于保护受害人的合法权益，更有利于弥补受害人的损失，因为一般来说个人的财力是无法和国家相提并论的，至少国家不会出现赔偿无力的情形，然而事实并非如此，由于我国国家赔偿采用的是法定赔偿标准，不是实际赔偿标准，比起民事赔偿的实际赔偿标准来说，国家赔偿显然更低，对于受害人的损害不能给予有效的弥补。另一方面，相对于民事诉讼中的强制执行措

---

① 马怀德．国家赔偿问题研究［M］．北京：法律出版社，2006：145.

② 案情：一家三口去串门，晚上回家比较晚，在路上发现一个公共厕所，女的就去上厕所。男的和小孩也就分开去上厕所。这个厕所的门上画了一个拐弯的箭头，意思是进去以后拐弯到女厕所。但是在晚上看不到，女的就直走，掉进粪坑了。她的丈夫和孩子在外面等了很长时间也没有见到女的出来，后来在粪坑中找到了。但这个粪坑平时是盖上的，那天正好没有盖。

施而言，国家赔偿在这方面的规定是缺失的，也就是说，如果公权力机构作为民事赔偿的当事人，在法院作出赔偿的生效判决后，如果在一定期限内，该公权力机构拒不履行法院的判决，法院可以采取强制措施来保障判决的执行，但是国家赔偿制度中由于没有关于强制执行内容的规定，因此即便政府机关作为赔偿义务机关时没有履行法院的判决或裁定，法院也不能像在民事诉讼程序中那样，对政府机关采取强制执行措施，因而很多时候，受到行政侵权行为侵害的相对人尽管怀揣法院的判决书，但却拿不到实际的赔偿金。因此要将公共设施致害赔偿完全纳入国家赔偿中，就必须要解决好这些问题，如果解决不了，我们认为现阶段还是将其视为民事赔偿来处理，等到《国家赔偿法》对这一部分进行了完善后，再将因公共设施的设置和管理致害的赔偿责任完全纳入国家赔偿的范围。

### 三、进一步提高我国行政赔偿的标准

在前面已经对我国行政赔偿标准所存在的问题进行了深入的分析，总的一句话，那就是赔偿标准过低。这个“过低”的标准主要是和民事侵权赔偿的标准相比较而得出的，这就会引起一个疑问：行政侵权给相对人造成的损害和影响远大于平等民事主体之间发生的侵权损害，损害大就应当赔得多，然而实践中却不是这样的。我国的行政赔偿标准远低于民事侵权赔偿标准，原因何在呢？

第一，国家赔偿采用的是法定赔偿标准，即只有法律规定的才能予以赔偿，“法律”主要是指《国家赔偿法》。具体而言：一是对人身权、财产权的损害给予赔偿，对其他权利的侵害造成的损害则不予赔偿。二是赔偿财产损失，而不赔偿精神损害。三是对财产损失，只赔偿直接损失，不赔偿间接损失。四是对人身权造成的损害的赔偿，以维护公民生活必需为原则，限制最高额赔偿金额。① 法律通过对侵犯公民人身自由权、生命健康权和侵犯公民、法人或其他组织的财产权时的国家赔偿标准的规定，明确了我国国家赔偿采用的是抚慰性原则，而民事侵权赔偿采用确实补偿性原则，因此势必导致国家赔偿标准低于民事赔偿标准。

第二，国家赔偿中没有明确规定精神损害赔偿。当然首先要肯定的是《国家赔偿法》中实际上对精神损害赔偿是有规定的，但赔偿范围非常窄，只限于受害人已经死亡时给付死亡赔偿金的情况，而没有充分意识到行政侵权精神损害在行政活动中是广泛存在的。另外，对于侵犯名誉权和荣誉权的情形，也只是规定了“消除影响、恢复名誉、赔礼道歉”等承担责任的形式，实际上仅靠这种方式并

① 薛刚凌．国家赔偿法教程［M］．北京：中国政法大学出版社，1997：63－64.

不能完全弥合受害人的精神创伤。在《国家赔偿法》出台前后，对于国家赔偿中应包含精神损害赔偿一直持有争议，但遗憾的是，否定的力量占据了上风。实践表明，随着社会体制改革的不断深入以及社会经济的快速发展，这种观点已经越来越失去支持者了，与此同时，对提高我国国家赔偿标准的呼声也越来越高。我们认为，对于提高行政赔偿标准可从以下几方面入手。

（一）应当将我国国家赔偿所采用的抚慰性标准改为补偿性标准①

建立国家赔偿制度的目的在于使人民的利益不受非法侵害，使受害人的损失得到即时的救济。从这一角度出发，我国国家赔偿所要达到的功效应当是能够最大限度地弥补受害人的实际损失。从我国现在所采用的抚慰性标准来看，抚慰性标准的赔偿额并不是为了能够赔偿受害人的全部损失，只是抚慰受害人，按照这一标准，赔偿请求人得到的赔偿往往少于其实际受到的损失，这对受害人来说是不公平的。而补偿性标准的赔偿额是以能够弥补受害人所受到的实际损失为限，即侵害方按照受害人所受的实际损失进行赔偿，这样国家赔偿的金额就等于受害人实际受到的损失额。从《国家赔偿法》的立法宗旨和功能考虑，我国国家赔偿应采用补偿性的赔偿标准。我们认为，我国国家赔偿法应采用多元的赔偿标准，建议以补偿性标准为主，在特殊情况下使用惩罚性标准。尽管在惩罚性标准下，赔偿额大于受害人实际受到的损失，这样的标准不但能有效地弥补受害人的损失，而且惩罚了侵害人，使其在行为时不敢擅自而为，然而正如前面所说的惩罚性标准并不能广泛适用于国家赔偿中，原因在于：一是尽管目前我国的经济发展水平和财政负担能力较前些年有了很大的提高，但考虑到我国仍是一个发展中国家，处于社会主义初级阶段，综合国力较发达国家而言还有很大的差距，如果在国家赔偿中普遍适用惩罚性标准，将会加重国家的财政负担，不利于国家的发展；二是普遍采用惩罚性标准，会对执行职务的公务人员造成巨大的心理负担，影响其工作积极性，最终不利于公权力机构工作的开展。因此，我们认为对于惩罚性标准的适用应有严格的限制，在现阶段可以尝试在行政机关存在重大违法或者其工作人员有过错或重大过失时才适用惩罚性赔偿标准。

① 现今世界上绝大多数国家的国家赔偿标准主要采用的是惩罚性、补偿性、抚慰性三种类型。在我国确立的国家赔偿标准是基于对国情的考虑，基本上采用的是抚慰性赔偿标准，坚持的立法原则主要是“生存权保障原则”。

### （二）应在《国家赔偿法》中明确规定受害人对于因行政侵权行为给其造成的精神损害有权请求损害赔偿

在谈论行政侵权精神损害赔偿这个问题时，先要明确的是我国法律对于行政侵权精神损害赔偿的内容究竟有没有作出规定。1986 年《民法通则》第一百二十条规定："公民的姓名权、肖像权、名誉权、荣誉权受到侵害的，有权要求停止侵害，恢复名誉，消除影响，赔礼道歉，并可以要求赔偿损失。"该条款中规定的"并可以要求赔偿损失"，在审判实践中被广泛援用为精神损害赔偿的法律依据。而该法第一百二十一条又规定："国家机关及其国家机关工作人员在执行职务中，侵犯公民、法人的合法权益造成损害的，应当承担法律责任。"因此依据《民法通则》的规定可以肯定，对于行政侵权案件也应当可以适用精神损害赔偿金。然而在对包括行政赔偿在内的整个国家赔偿制度作了全面系统规定的《国家赔偿法》中，我们却看不到对精神损害可以给予金钱赔偿的法律规定，只是在该法第三十条中规定了对于因行政侵权行为侵犯了相对人的人身权而导致其名誉权和荣誉权受到的损害，可以请求"消除影响，恢复名誉，赔礼道歉"，但这些都只是对行政侵权精神损害给予的非财产性救济措施的规定，对更多情况下行政侵权行为造成的精神损害赔偿却没有规定，这不能不说是《国家赔偿法》上的一大缺失。当然，《国家赔偿法》在制定之初没有规定行政侵权精神损害赔偿是有原因的：一是受到了"精神损害无法计量说"的影响，该说认为，精神损害是一种无形的损害，对这种损害进行物质估价是比较困难的，不能用金钱进行交换和计算，因此不能对受害人给予物质赔偿，而只能用"消除影响，恢复名誉，赔礼道歉"的方式进行补偿。二是没有规定对精神损害给予金钱赔偿与《国家赔偿法》制定国家赔偿的标准和方式的原则相符，这些原则主要是：要使受害人所受到的损失能够得到适当的弥补；考虑国家的经济和财力能够负担的状况；便于计算，简便易行。然而，时过境迁，依法治国方略的实施和人权保障事业的发展使得国家侵权精神损害赔偿制度的确立已经成为必然要求，如果再用"精神损害无法计量说"等"理由"来阻碍行政侵权精神损害赔偿制度的确立是没有任何道理的。与此同时，司法实践中也已有少数行政赔偿案件的受害人获得了精神损害赔偿金，这些都为行政侵权精神损害赔偿制度的尽快建立提供了可供借鉴的经验。

既然我国没有关于这个问题的规定，那么其他国家在这一个问题上又是怎样规定的呢？进入 20 世纪尤其是第二次世界大战以后，西方国家的行政赔偿立法得到了迅猛的发展，行政相对人的合法权益越来越受到重视，行政侵权是否应承担给付精神损害赔偿金，通过激烈辩论，也经历了一个从不予赔偿到给予赔偿的过程。对于行政侵权进行精神损害赔偿，首先出现在德国等大陆法系国家，最初采用的是限定主义，只对造成物质后果的精神损害给予赔偿金。到了20世纪后半段，大陆法系国家在审判实践中也逐渐改为采用非限定主义，如法国最高行政法院1961年11月24日对勒都斯兰德案件的判决中认为，尽管缺乏物质损害，儿子死亡给父亲造成的痛苦，也可以作为给予父亲赔偿的充分理由，遂判决侵权人赔偿一千法郎。从而开始判决赔偿死亡者近亲属感情上的损害。① 此后又通过判决将精神损害赔偿范围延展到宗教信仰损害、感情损害、精神痛苦等。纵观世界其他国家和地区的国家赔偿立法，大都对国家赔偿中包含精神损害赔偿持肯定态度，只是在具体的立法模式上有所不同而已。

我们认为，在《国家赔偿法》中明确规定对于行政侵权精神损害，受害人可以获得金钱赔偿是必要的，也是可行的。

首先，在法治社会中，对于因违法行政行为造成行政相对人合法权益损害的，除了有法定豁免理由外，行政机关均应承担赔偿责任。这种侵权行为如果造成的是相对人的非物质性的精神损害也必将引起相应的赔偿责任的承担。如果在行政侵权领域对精神损害适用有限赔偿思想，就不符合“有损害必有救济”的法律原则，缺乏理论依据，因此应规定对于因行政侵权引起的精神损害适用财产救济才符合我国宪法的规定，才符合现代法治国家的基本要求。

其次，精神损害虽然是无形的，但却是客观存在的，很多情况下，受到精神损害的受害人所受到的影响要远大于物质损害，因此仅规定对物质损害进行赔偿而对精神损害却不予赔偿，无法真正有效地弥补受害人的损失。此外即使受害人精神上的痛苦并不会因获得赔偿就消失，但利用所得到的赔偿金，受害人可以进行一定的康复活动、旅游或参加其他一些活动，这些都可以帮助受害人的精神状态得以恢复，或至少在一定程度上能够使其所受到的精神痛苦有所减少。

再次，国家赔偿制度采取的是“国家责任，机关赔偿”的方式，因此通过适用精神损害赔偿金制度可以对行政机关及其工作人员的职权行为形成更有效的监督，促使行政机关采取切实、有效的措施对其自身和其工作人员强化监督管理，使行政行为更加规范，实现依法行政的目标。

最后，尽管我国仍处于发展的初级阶段，综合国力水平和其他发达国家相比差距很大，但随着国民经济持续发展，综合国力也有了极大的提高，已经足以推

① 罗豪才，应松年．国家赔偿法研究［M］．北京：中国政法大学出版社，1991：130.

翻那种“以财政体制作为在行政侵权领域对精神损害赔偿责任予以豁免”的理由。

鉴于以上几个原因的考虑，我们认为应当在《国家赔偿法》修改时对行政侵权精神损害赔偿金问题作出明确的规定，具体可以这样来操作：

第一，可在《国家赔偿法》第三章“赔偿方式和赔偿标准”中单列一条规定，“对于因国家机关及其工作人员行使职权的行为或其他与行使职权有关的行为侵犯公民合法权益并造成精神损害的，受害人有权要求侵害人给付精神损害赔偿金”。在这里之所以只提到“公民”，而不规定“法人和其他组织”是因为我们认为法人和其他组织并不能请求精神损害赔偿，原因是精神损害是指生理上或心理上的痛苦，而现代心理学已经揭示，心理现象作为人脑的机能是以活动的形式存在，它以脑的神经活动为物质基础。脑的神经活动是生理的、生化的过程，而心理活动则是在这些过程中发生的对现实外界刺激作用的反应活动，是对外界信息的加工。“人的心理以活动的形式存在，这个论断是以人的神经系统和脑的活动为基础的。”从这一个对精神活动的科学分析可见精神损害的产生从科学角度来说是因为有了一定的精神活动，而精神活动是自然人所特有的，法人（尽管其被称为“拟制的人”）和其他组织不可能具有自然人那样的心理活动，因此法人和其他组织事实上不可能产生精神痛苦，遭受精神损害。

第二，国家侵权精神损害赔偿的范围是在综合考虑了一个国家的法治状况、财力充裕程度、国家赔偿的原则和范围等各种因素的基础上予以规定的，国家不可能也不应对国家侵权行为造成的所有精神损害进行赔偿，因此，就有必要对国家侵权精神损害的赔偿范围作限制性的规定。对于这个问题可以参考最高人民法院颁布的《最高人民法院关于审理人身损害赔偿案件适用法律若干问题的解释》，该解释第一条规定：“自然人因下列人格权遭受非法侵害向人民法院起诉请求精神损害的，人民法院应当依法予以受理：（一）生命权、健康权、身体权；（二）姓名权、肖像权、名誉权、荣誉权；（三）人格尊严权、人身自由权。”同时对于“违反社会公共利益、社会公德侵害他人隐私或者其他人格权益，受害人以侵权为由向人民法院起诉请求精神损害的，人民法院应当依法受理”。笔者认为，现阶段不仅要借鉴民事侵权领域精神损害赔偿范围的相关规定，还应当充分考虑我国行政赔偿的立法状况和法制环境，目前适宜先对以下几种权利受到行政侵权时产生的精神损害予以财产救济：①生命健康权。生命健康权是人身权利中最基本、最重要的一种权利形式。侵害公民的生命权，往往会给受害人的近亲属造成严重的精神损害，而如果侵犯的是公民的健康权，则不仅会对受害人的身体受到伤害，常常也会同时给公民带来精神上的痛苦和创伤。现实生活中，对公民生命健康权造成损害所带来的精神痛苦很多时候要比侵犯公民其他权利造成的精神痛苦大得多。所以对公民生命健康权造成损害，除了应赔偿法律有规定的损失外，还应当允许受害人的近亲属及受害者本人提出精神损害赔偿请求。②人身自由权。享有人身自由是一个自然人能够实现其他权利的前提，一个人在其自由都不能得到保障的情况下就奢谈其他权利显然是极不现实的。因此，如果行政侵权行为侵犯了公民的人身自由权并对其精神造成了痛苦和创伤，则该受害公民可就此提出精神损害赔偿的请求。③名誉权、荣誉权。尽管《国家赔偿法》第三十条规定了对行政机关的侵权行为侵犯了公民的名誉权和荣誉权时，该侵权机关应在侵权行为影响的范围内，为受害人消除影响，恢复名誉，赔礼道歉。但并没有规定在这些救济措施尚不足以弥补受害人的损害时的解决办法，因此，应当规定侵害了公民名誉权和荣誉权时，可以在特定情况①下使用精神损害赔偿金的方式。

此外，在决定具体的精神损害金额时还应当考虑以下一些因素：侵害人的财产状况；侵害人的过错程度；被害人的受损情况；侵害人的认错态度以及受害人的谅解状况如何；等等，只有在综合考虑了这些情况后，对于赔偿金额的确定才可能是合理的。

## 四、改变我国行政赔偿费用的管理和支付方式

不论是行政赔偿费用还是司法赔偿费用，在实践中，一般都来源于国库，通过预算列支而获得的。故此处谈论行政赔偿的费用实际上讲的也就是国家赔偿费用。从国外赔偿制度来看，其赔偿费用一般也是由国库来支出，但就具体的费用支出管理方式来说又各有不同。

### （一）中央政府统筹编列赔偿预算，统一支付赔偿费用

该方式将赔偿费用列入国家预算，由中央政府统一按预算支付。这种方式的优点在于：能够保证充分的赔偿经费，因为国家的财力是任何一个机构、组织或个人所无法与之相抗衡的，请求人一般能够得到充分的救济，但这种方式也有一定的缺点，那就是各级地方政府或其具体国家机关可能会因为赔偿费用不是由自

① 这里所说的特定情况主要指两种情况：一是这种侵犯公民“名誉权、荣誉权”的侵权行为给该公民的精神造成了极大的创伤，仅仅用“消除影响，恢复名誉和赔礼道歉”的救济方式并不能弥补受害人所受的损害；二是这种侵权行为严重违法或行为人存在过错或重大过失。

己所出而掉以轻心，要么为体现政绩而减少应赔偿的事项或数额，要么慷国家之慨，滥施赔偿。① 目前采用该模式的主要是法国、韩国、新加坡等国家。

（二）由各级政府分别编列赔偿预算，各自支付赔偿费用

这一模式的优点在于，可以引起各级政府对赔偿费用问题的高度重视，从而增强其责任心和紧迫感，认真严肃地对待自己所承担的工作，缺点则在于由于各级政府财政的宽裕程度不同，这样就会影响到受害人是否能够及时得到赔偿以及具体能获得多少赔偿，这种情况在贫困、落后的地区尤为明显。采用该模式的主要是我国大陆和台湾地区。

（三）国家设立专项基金，由国家和具体的赔偿义务机关共同承担赔偿费用

这种模式的特点是赔偿费用一般由各个政府机关用自己的赔偿经费支付，不足部分由国家补充承担。这种模式不但能够增强各级政府及其具体国家机关认真工作的责任心，也不会给政府机关造成太大的压力，而且最主要的是一般也不会出现赔偿费用紧张的问题，有利于请求人即时获得赔偿。目前采用这种模式的国家主要是美国。

（四）通过保险渠道支付赔偿费用

这种方式主要是通过以下两种途径来操作：一是由公民个人向保险公司投保，一旦公民的合法权益受到国家机关及其工作人员的职务行为侵害时，公民可从该保险机构获得保险赔付；二是由政府直接向保险公司投保，当发生行政行为侵权时，由保险公司向受害人支付赔偿费用。法国有些地方采用的就是第一种方式，而美国有些地方则采用第二种方式。这种模式可以将国家赔偿中的某些具体工作交由专业性较强的保险公司进行，减轻了国家机关的负担，又提高了赔偿工作的效率，但这种模式的缺点也是明显的，作为保证实现利润最大化的商业机构，保险公司很多时候可能会影响到国家权力的正常行使，而且由于费用太高，有的保险公司拒绝给政府开设保险业务。②

前已提及，我国采用的是第二种模式，即“由各级政府分别编列赔偿预算，各自支付赔偿费用”。因此这种模式在实践中可能出现的缺点在我国也同样不可避免地会存在，同时，由于我国地区间发展的极不平衡，这种现象可能会更为突

① 刘嗣元，石佑启．国家赔偿法要论［M］．北京：北京大学出版社，2005：102.

② 上述内容参见周晓旭．浅谈国家赔偿费用支付方式的完善［J］．行政与法，2004（4）．

出，为了改变这种状况，我们建议，可以借鉴美国所采用的第三种模式，即“国家设立专项基金，国家和各级赔偿义务机关共同承担赔偿责任”。

在讨论了国家赔偿费用来源问题之后，再来看一下赔偿费用的支付，主要体现在《国家赔偿费用管理办法》第五条和第七条中。《国家赔偿费用管理办法》第五条规定：“国家机关及其工作人员违法行使职权，对公民、法人和其他组织处以罚款、罚金、追缴、没收财产或者违反国家规定征收财物、摊派费用，对其造成损害，需要返还财产的，依照下列规定返还：（一）财产尚未上交财政的，由赔偿义务机关负责返还；（二）财产已经上交财政的，由赔偿义务机关负责向同级财政机关申请返还。”第七条规定：“国家赔偿费用由赔偿义务机关先从本单位预算经费和留归本单位使用的资金中支付，支付后再向同级财政机关申请核拨。”由这些规定看，我国国家赔偿费用的支付也存在很大的弊端。从《国家赔偿费用管理办法》第七条的规定的本意来看，很明显是为了让受害人得到及时的救济，并且可以监督赔偿费用的支付，但很多情况下，由于有些赔偿义务机关担心影响到自己的形象，往往用自己“小金库”中的钱来支付赔偿金，不再向财政机关核拨，导致了该法条的规定并没有起到原本预想的功效。因此，我们认为，在赔偿费用的支付上可以规定由政府财政机关中的特定部门来专门负责赔偿费用的支付，由赔偿请求人凭一定的证明文件（比如赔偿决定书）直接向该机构申请领取赔偿金。这样，赔偿义务机关就无须在支付赔偿金后再向财政机关申请核拨，减轻其心理压力，也有利于赔偿请求人能在最快时间内实现其赔偿请求。

为了保证赔偿请求人请求的及时实现，以及确保赔偿费用的合理运作，就要加强对国家赔偿费用的管理和监督，具体可根据实际情况在各级财政机关中确定具体的工作机构，配备专门人员，从组织和人员上保证正确、及时地处理各种具体事务。当然，为了更好地履行赔偿费用问题的管理、监督，我们认为，应使办理赔偿费用支付和对赔偿费用进行管理、监督的机构和人员相分离，各司其职，并规定在出现问题时，由在赔偿费用的支付、管理、监督等环节中的负责人和直接负责的主管人员承担相应的法律责任。

## 五、肯定现阶段民事法律规范在国家赔偿中的地位

《民法通则》第一百二十一条中规定：“国家机关或者其国家机关工作人员在执行职务中，侵犯公民、法人的合法权益造成损害的，应当承担民事责任。”除此之外，在《民法通则》第六章第三节，即“侵权的民事责任”一节中，它所规

定的其他一些特殊侵权责任[①]，虽非单独针对国家侵权，但在国家赔偿上也有其适用的空间。这些规定在专门的国家赔偿立法出现之前，几乎就是当时国家赔偿制度的全部，在很长一段时间内成为遭受国家侵权的公民和法人寻求救济的依据。然而随着《国家赔偿法》的出台，《民法通则》的上述条款在国家赔偿中的效力却遭到了质疑。有的观点认为，《民法通则》与《行政诉讼法》、《国家赔偿法》等是原则与具体、一般与特殊的关系，因此完全有理由将其视为普通法与特殊法的关系，并按照特殊法优先于普通法的原则加以适用，也即作为普通法的《民法通则》中的有关条款的效力应被作为特殊法的《国家赔偿法》的相关规定所取代。但事实上，它们都属于基本法律，处于同等的地位，将它们视为一般与特殊的关系不太恰当。另一种观点认为《民法通则》的有关条款是在国家赔偿法律体系尚未完备的情况下，立法者采取的权宜之计，而专门的国家赔偿立法一旦出台，基于新法优于旧法的原则，《民法通则》有关条款的效力应当自行终止。这种分析从逻辑上来说似乎是正确的，但我们并不赞成《民法通则》这些条款就必将在《国家赔偿法》颁布后失效的结论。因为，尽管《国家赔偿法》作为国家赔偿方面的专门性立法对有关国家赔偿的各种具体问题上的规定更为详细，但其规定的赔偿事项在范围上却并不能完全覆盖《民法通则》有关条款的规定，为了弥补这些不足，应当明确对于《国家赔偿法》没有规定而《民法通则》有规定的事项，《民法通则》的规定应仍然有效，其仍可发挥作用。因此，现阶段在我国国家赔偿法律制度并不完善的情况下，民事法律规范仍然应当作为《国家赔偿法》的渊源之一，正如一些行政法学者认为的那样，国家赔偿中相当一部分原则、概念、标准、手段在相当长的时间里仍将依赖于相对比较完备健全的民法。

因此，我们认为，在现阶段应当肯定民事法律规范在《国家赔偿法》中的渊源地位，允许民事责任在国家赔偿中的适用，根据上面的分析，主要也就体现在对《民法通则》第一百二十一条的应用上。

**（一）《民法通则》第一百二十一条的适用可以拓宽国家赔偿的权利种类，最终有助于扩大整个国家赔偿范围**

《民法通则》第一百二十一条将对受国家机关侵权行为侵害的客体采取了肯定概括式的规定，即只要国家侵害的是公民、法人的“合法权益”，国家就应当承担赔偿责任。这里的“合法权益”由于是在民法中予以规定的，因此指的是民

---

① 这里的“特殊侵权责任”主要是指《中华人民共和国民法通则》第一百二十二条至第一百二十七条规定的内容。

事权利，具体可包括财产权、人身权与知识产权等。而《国家赔偿法》则主要是以列举的方式来划定国家侵权的客体，因此《国家赔偿法》中规定的可赔偿的权利种类是极为有限的。比如《国家赔偿法》对于以下这些种类的权利不予保护：公民的生命权、健康权、人身自由权以外的其他人身权利；公民因被限制人身自由之外的其他原因所侵害的名誉权、荣誉权；法人或其他组织的人身权（主要是指法人或其他组织的商誉和名誉）；知识产权中的人身权利等权利。这些权利即使受到国家机关的不法侵害，由于《国家赔偿法》中没有规定，因此不能获得国家赔偿，此时就可以允许受害人根据《民法通则》第一百二十一条的规定请求民事侵权赔偿。

**（二）《国家赔偿法》规定了对国家行政机关和国家司法机关的职务侵权行为可以要求国家赔偿但并没有对国家权力机关实施的行为作出规定**

国家权力机关实施的立法行为本身是不会引起国家赔偿的，至少到目前为止，绝大多数国家的国家赔偿责任对立法行为都是免责的，但是反过来需要予以明确的是，国家权力机关的行为难道就只有立法行为吗？答案是否定的。在立法行为之外，国家权力机关还可能因其他职务行为而侵害到公民、法人或其他组织的合法权益，只是由于《国家赔偿法》对国家权力机关的行为侵权责任的问题根本就不予规定，因此即便出现了侵权行为和损害事实，受害人也无法得到救济，这显然是极不公平的，而在《民法通则》第一百二十一条中，对于国家机关及其工作人员在执行职务中，侵犯公民、法人的合法权益造成损害的，应当承担赔偿责任。根据该条规定，受害人无疑可以适用该条款追究侵权者的民事责任，这样就可以通过追究另一种侵权责任而给受害者多一种救济途径，弥补其受到的损失。

**（三）《民法通则》第一百二十一条还可以适用于承担特定责任方式的国家赔偿**

《国家赔偿法》规定的赔偿责任方式较为有限，主要包括支付赔偿金、返还财物和恢复原状三种，而对于该法中提到的“消除影响，恢复名誉，赔礼道歉”的方式也仅在国家侵害公民人身自由权并因此造成受害人名誉权、荣誉权损害的特殊情况下方得适用，范围过于狭窄。而由于《民法通则》的条款并未规定国家承担侵权责任的具体方式，只是笼统地规定“承担民事责任”，而“承担民事责任”的方式有停止侵害、排除妨碍、消除影响、返还财产、恢复原状、支付赔偿金、消除影响、恢复名誉、赔礼道歉等，与《国家赔偿法》相比更灵活，更全面，实践中国家侵权行为导致的法律责任如果仅靠《国家赔偿法》中规定的责任方式来实现，是不能完全消除对受害人的不利影响，在这时，显然有必要适用《国家赔偿法》之外的一些特定责任方式，而这些方式被适用的根据目前主要仍在《民法通则》第一百二十一条。

我们认为，民事侵权法发展的历史更为悠久，制度设计也更为完善，而国家侵权赔偿制度的发展历史短暂，制度不健全，许多应有的规定还处于空白状态，有鉴于此，我国应正视民事法律规范在《国家赔偿法》中的地位，充分认识到民法规范对《国家赔偿法》的重要补充作用，对于《国家赔偿法》尚未规定的问题可以适用民事法律的相关规定来解决，当然，等到时机成熟，《国家赔偿法》修改成功，对于民事法律规范中涉及的有关国家赔偿方面的内容就将不再有效，都将统一于修改后的《国家赔偿法》中。

综上所述，在现实生活中，因国家行政机关及其工作人员行使行政职权而造成的损害事实几乎是不可避免的。行政赔偿作为行政侵权的主要责任形式，其重要性不言自明。1919年德国《魏玛宪法》第一百三十一条规定："官吏行使所受委托之公权时，对于第三者违法其职务上义务，其责任应由该官吏所服役之国家及统治机关担负。"在德国《魏玛宪法》之后，世界各国在法律和判例中将国家赔偿制度固定下来，而行政赔偿制度作为国家赔偿制度的重要组成部分，也一并得到了肯定。我国的行政赔偿制度包含了很多的内容，在我国法律规定中主要涉及的是行政赔偿的主体、赔偿程序、赔偿范围、赔偿的标准和计算方法以及赔偿费用的支付、管理和监督等等。这些规定在实践中或多或少都存在一定的问题，有的是立法上的欠缺，有的是规定不尽合理，这些不足极大地阻碍了我国行政赔偿制度功能的发挥，急需对其进行完善。但是对一种制度的改革和完善不可能一蹴而就，它需要一个过程，甚至有可能要经过很长一段时间。在现阶段，国家只能对其中的某些问题进行完善，等到时机成熟，条件允许再来解决其他方面的问题。总之，为了能更好地实现行政赔偿制度保障相对人合法权益和有效防止行政侵权行为的功能，就应当改变我国行政赔偿采用单一归责原则的现状；扩大行政赔偿范围；提高行政赔偿标准；规范对赔偿费用的支付、监督和管理；肯定民事法律规范在国家赔偿制度中的渊源地位。

以上是我们对如何完善我国行政赔偿制度存在的问题所作的一个粗浅的设想，有很多内容还未曾涉及，也没能作进一步的思考。此外，所论述的观点是否正确，完善措施是否具有合理性、可操作性，也有待于实践的检验。

# 第八章 行政指导行为可诉性的缺失与完善

2004年教育部发布的"禁租令"［2004年6月22日《教育部关于切实加强高校学生住宿管理的通知》，（以下简称《通知》）］所掀起的争论风波，不禁引发笔者这样的思考：《通知》中用了"原则上不允许"一词，即高校的"禁租"行为从性质上说属于行政指导而非强制性的命令，那么学生坚持外出租房而受到学校的处罚甚至被开除学籍时，可否获得救济，又如何寻求救济呢？在查阅了我国相关的行政法律之后发现，《最高人民法院关于执行〈中华人民共和国行政诉讼法〉若干问题的解释》第一条第二款第（四）项明确规定了对行政指导行为提起诉讼不属于人民法院行政诉讼的受案范围。然而目前行政指导行为被广泛应用于我国的各个行政领域，行政指导损害相对人合法权益的事实大量存在，很有必要将其纳入法制化轨道，正是基于对"行政指导不可诉"规定的质疑，笔者拟对其可诉性作进一步的深入研究和论证，希望能对构建我国行政指导的救济制度作出一定的贡献。

行政指导始于日本，作为一种新型的行政管理手段，20世纪后半期以来广泛地被应用于世界各国的经济与社会管理活动中。随着市场经济的发展和政府行政的转型，我国目前的行政实务中也运用了大量的行政指导措施（例如政府制定和实施的一些指导性计划、行政机关发布的某些产业发展的政策性指南、行政公务人员为经营者提供的投资咨询意见等等），在很大程度上推进了我国行政民主化的进程，对节约行政成本、提高行政效率起到了重要的作用。然而，当行政指导的可行性与实效性日益显现的同时，它所带来的负面效应和本身的弊端也不容忽视地摆在了我们面前，一方面，在制度上，行政指导缺乏法律法规规范，权力来源不清，没有程序上的限制和保障，法律责任和救济制度不健全；另一方面，在实务中，行政主体自由裁量权过大，行政指导容易被异化为行政命令，而且存在很多动机不纯正的行政指导。与此同时，我国的行政法律设计明确阻断了行政指导的法律诉讼通道，致使目前对行政指导的司法救济方面仍然处于真空状态，而理论界的研究也尚无定论，学者们对行政指导的性质界定上的分歧直接导致了其对行政指导“救或不救”的不同观点，运用理论指导实践还需要一个过程，这也使得理论界迫切需要对此问题加快研究的步伐。

我们应当看到的是，行政指导作为行政权运作的一种方式，在实际的操作中存在给相对人的权益造成损害的可能性，按照现代法治的要求，“有损害必有救济”，行政指导应当具有可诉性，而不应排除在行政诉讼的受案范围之外。所以我们认为，研究这个问题，有着重大的理论和现实意义。

第一，在现代宪政意义上是不存在不承担责任的权力的，“权责一致”是起码的法治要求，有什么样的权力就应当有什么样的责任与之相对应，有必要用法律来控制行政指导的运作，防止行政指导法律责任的空洞化。

第二，行政指导行为的实现是基于相对人对行政机关的权威性、公益性和专业性的信任，一旦权益受到侵害而无法获得相应的救济，将会导致政府公信力的缺失，降低相对人对行政机关以及行政指导的期待和信赖，可能导致行政指导难以继续施行，最终受影响的是社会行政事业的发展。

第三，行政相对人不仅只是国家行政中被管理的对象，同时也是行政管理的参与者，是国家权力的最终归属者。在行政指导中，对相对人所遭受的损失给予司法上的救济，可以激发其参加行政管理的积极性，监督行政主体依法行政，进而提高行政管理的质量和效率。

第四，随着《行政程序法》越来越受到人们的关注，对行政指导相对人所受损害给予赔偿或补偿将有法律上的依据，那么在此基础上，把行政指导纳入行政诉讼的受案范围将使我国行政指导法律制度进一步健全，体系更为严密，为行政法制建设注入一支“强心针”。

本章的创新之处在于：

第一，在阐述行政指导的可诉的必要性上，将从以下一些方面论述：①从对公民诉权的保护来分析；②从行政法基本原则之信赖保护原则和比例原则的角度来分析；③对行政指导的性质进行重新界定，论述行政指导法律关系的存在。

第二，在具体的构想中，区分抽象行政指导行为与具体行政指导行为在行政诉讼中应当有不同救济模式。

本章的主要观点是：

第一，行政指导是指行政主体在其职权、职责或管辖事务范围内，为适应复杂多样的经济和社会管理需要，基于国家的法律精神、原则，制定诱导性的规则、政策；或是依据法律原则、规则、政策，适时灵活地采取指导、劝告、建议、鼓励、警告，指示等非强制性方法，谋求行政相对方的同意或协助，以期有效实现一定行政目的且不直接产生法律效果的权力性行政行为。

第二，行政指导可以划分为抽象行政指导和具体行政指导。

第三，行政指导失范所带来的负面影响和给相对方造成损害的现象普遍存在，有关行政指导的法律、法规十分匮乏，行政指导在运行中不仅存在一系列认识和操作上的错误，也给相对方造成了事实上的侵权和损害。

第四，行政指导是一种新型的行政行为，具有权力属性和事实上的强制力。

第五，行政指导具有可诉性，相对人的受损权益应当获得司法救济。

## 第一节　行政指导的相关理论

### 一、行政指导产生的社会根源

#### （一）行政指导是市场经济发展的产物

行政指导作为一种制度形态起源于“二战”后的日本。“二战”以前，日本实行的是计划统制经济，战后由于受到美国影响开始转入市场经济。但是，日本政府并没有简单照搬资本主义早期的“自由放任政策”，也没有一味推行“凯恩斯主义”，而是在干预市场经济发展的同时，广泛采用发布指示、警告，提出建议、劝告等行政指导手段来干预经济生活，引导企业的市场行为，这使得日本经济在战后实现了令人震惊的崛起和发展。这种新的行政手段的出现绝非偶然和暂时的现象，而是市场经济在其发展中的必然产物。在自由资本主义时期，国家实行“不干涉主义”的自由放任政策，早期的自由资本主义法治理念认为，自由是保证个人自我发展首要的和不可或缺的条件。国家的任务在于保障人民自由地谋求自我发展，而不是积极地采取措施影响人民的生活，否则就会使人民的生活成为一种“制式化”，而社会进步所需要的多样性也会因此被挤压甚至毁灭，同时也会让个人放弃他所应当承担的为自己和家庭谋幸福的责任。在这个时期，政府遵循“无为而治”的观念，奉行“管得最少的政府是最好的政府”，对社会生活和经济实行消极不干预政策。到了19世纪末20世纪初，自由竞争的经济政策虽然使社会财富总量大幅度增长，但带来的另一个结果却是富者愈富，贫者愈贫，阶级分化与对立日趋严重。一方面，经济结构的变化和人口增长及城市化使得公民失去了在自己所掌握的生存空间内获得生存保障的条件，个人生活无法自给自足，诸多的社会问题已经不允许政府袖手旁观，这个时候国家必须负担起对公民“生存”的照顾义务，积极地为人民的生存与发展提供有效的保障；另一方面，商品经济的发展使生产高度社会化，垄断日益加强，大规模的经济危机和世界范围内经济竞争的加剧，也迫使国家不得不放弃“不干涉主义”，转而以“凯恩斯主义”为理论基础，对社会生活尤其是经济生活进行强有力的干预。国家干预对于校正市场失灵无疑起到了积极的作用，然而，国家干预的负面效应也是显而易见的，从20世纪60年代起，“凯恩斯主义”的国家干预政策不再像过去那样灵验，西方经济发展中普遍出现了“滞胀”现象，国家过分干预不仅妨碍了市场经济的健康发展，并对个人的经济自由和政治自由构成了威胁。“无为而治”与“过分干预”都无法有效应对和解决市场经济发展中遇到的一些问题，如何在两者之间找到一个恰如其分的结合点，成为世界各国政府苦苦探索的一个问题。日本最先找到了解决这一两难问题的答案，那就是：权力对市场采取一种宽容的干预，政府不直接插手企业的经营活动，而是通过制定经济和社会发展战略、方针，控制总量平衡，规划和调整产业布局，调控和引导企业行为，为企业的决策和经营活动提供信息和技术援助，等等。政府的身份从原来的“管家”变成了“指导者”，通过指导而非指令，将国家的总体计划和企业的自主安排有机结合起来，既实现了国家的整体宏观调控，又达到了单个经营主体经济效益增长的目的。

**（二）行政指导是政府行政民主化发展的产物**

“二战”结束后，世界范围内的民主力量大为增强，各国的工人运动和民族民主革命运动掀起了一波又一波的民主化浪潮，推动了这一时期西方国家民主制度的发展和完善，其影响渗透到经济和社会的方方面面，从单纯的政治民主扩大到社会民主、经济民主、管理民主。政府行政不再是传统的“命令—服从”管理模式，政府行政民主化的趋势日益加强。由于行政指导是一种不具有国家强制力的调控手段，是在相对人自愿同意和协力的情况下发生作用的，所以和强制性的法律手段相比，在许多情况下采取行政指导措施更加符合行政相对人的意愿，更有利于减少对行政相对方权益的人为伤害，因此行政指导的出现就切合了战后行政民主化发展的客观要求。因为相对人在没有受到指导者强迫而有选择余地的情况下，权衡利弊之后自愿作出是否同意和配合某项行政指导措施的行为选择，最终结果最容易被相对方接受，可以说行政指导是一种既有民主性又有效率性的制度安排，在当代行政民主化发展趋势中，它的出现具有必然性和必要性。

## 二、行政指导的定义、特征及作用

### （一）行政指导的定义

行政指导最早起源于“二战”后的日本，“行政指导”这一表述也来自于日本，欧美等国家多将其称之为非强制性行政行为或者是非正式行政行为。早在20世纪60年代，日本国内就已将大量行政指导运用于社会事务的管理中，但在1993年制定《行政程序法》以前，行政指导并没有上升为一个具有当代行政法意义的法律概念，而仅是学术上的用语。在我国，从20世纪80年代初开始就有一些行政法学者对行政指导进行了研究，但最初将行政指导作为一个法律概念纳入立法视野，则是21世纪的事情，在2000年3月10日正式施行的《最高人民法院关于执行〈中华人民共和国行政诉讼法〉若干问题的解释》中，以否定的方式将行政指导排除在行政诉讼的受案范围之外。

目前，虽然各国行政法学体系均已将行政指导纳入研究系统，在一些国家的立法中也已出现相关的法律规范，但是由于长期以来国内外行政法学界对行政指导尚无系统而深入的研究，行政机关所作的解释又大不相同，因而对于行政指导并没有形成一个各方认同的定义，研究主体大都“各自为政”，所作表述林林总总。下面所列举的是国内外一些具有代表性的观点：

1. 日本行政法学界的主要观点

原田尚彦：行政指导是行政厅为达成行政目的，采用被称为建议、指导的非权力手段鼓励国民、诱导国民作出行政厅所希望的行为的行政作用之总称。①

室井力：行政指导是指行政机关为实现一定的行政目的，通过对相对方做工作，期待对方实施行政机关意图的行为（作为或是不作为）的行为形式。②

南博方：行政指导是现代行政所采取的多种行为形式中，被称为建议、指导、指示、希望、劝告、鼓励、恳请、协力、警告等的一系列行为……，它可以说是行政机关为实现一定的行政目的而谋求相对人同意的行政作用。③

和田英夫：行政指导是这样一种作用，即不管有无立法根据，行政机关对特定的个人、公法或私法上的团体和法人，要求对手一方的同意和协作，采用非权

① 转引自莫于川．行政指导论纲［M］．重庆：重庆大学出版社，1999：26.

② ［日］室井力．日本现代行政法［M］．吴微，译．北京：中国政法大学出版社，1993：150.

③ 转引自莫于川．行政指导论纲［M］．重庆：重庆大学出版社，1999：25.

力的、任意的手段进行工作，以实现行政机关的意图，诸如警告、劝告、提供知识和信息等。①

根岸哲：行政指导是行政机关为谋求相对人的合作并对其做工作，以此实现行政机关意图的行为。②

日本《行政程序法》：行政指导是指行政机关在其职能或职责范围内，为实现一定的行政目的，而谋求特定当事人作出一定行为或不作为的指导、劝告、建议及其他的不属于处分的行为。③

2. 中国行政法学界的主要观点

罗豪才：行政指导是指行政主体在其职责、任务或其所管辖的事务范围内为适应复杂多变的经济和社会生活的需要，基于国家的法律原则和政策，在行政相对方的同意或协助下，适时灵活地采取非强制性手段，以有效地实现一定的行政目的，不直接产生法律效果的行为。④

应松年：行政指导是指行政机关为实现所期望的行政状态，谋求相对人响应而依照法律、政策所采取的非权力行政执法活动。⑤

姜明安：行政指导是行政主体基于国家的法律、政策的规定而作出的，旨在引导行政相对人自愿采取一定的作为或者不作为，以实现行政管理目的的一种非职权手段。⑥

胡建淼：行政指导是指行政主体在其职权管辖范围内，对于特定行政相对人，运用非强制性手段，获得相对人的同意或协助指导行政相对人为或不为一定的行为，以实现一定的行政目的的行为。⑦

郭润生：行政指导是指行政主体在其法定职权范围内，为实现特定行政目的，遵循法律位阶原则，制定诱导性法律、规则、政策；或者依据法律原则、法律规则与政策，针对特定相对方采用具体的示范、建议、劝告、警告、鼓励、指

① [日] 和田英夫. 现代行政法 [M]. 倪健民，潘世圣，译. 北京：中国广播电视出版社，1993：218.

② [日] 根岸哲. 日本的产业政策与行政指导 [J]. 鲍荣振，译. 法学译丛，1992 (1).

③ 莫于川. 法治视野中的行政指导 [M]. 北京：中国人民大学出版社，2005：9.

④ 罗豪才. 行政法学 [M]. 北京：北京大学出版社，1996：275.

⑤ 应松年. 行政行为法 [M]. 北京：人民出版社，1992：187.

⑥ 姜明安. 行政法与行政诉讼法 [M]. 北京：北京大学出版社，1999：247.

⑦ 胡建淼. 行政法学 [M]. 北京：法律出版社，1998：412.

示等非强制性方式，并施以利益诱导，促使相对方为或不为某种行为之非强制性行政行为。①

杨海坤：行政指导是指国家行政机关在其所管辖事务范围内，对于特定的人、企业、社会团体等，运用非强制性手段获得相对人的同意或协助，以实现一定行政目的的行为。②

莫于川：行政指导是行政机关在其职能、职责或管辖事务范围内，为适应复杂多样化的经济和社会管理需要，适时灵活地采取符合法律精神、原则、规则或政策的指导、劝告、建议等不具有国家强制力的方法，谋求相对人同意或协力，以有效地实现一定行政目的的行为。③

林纪东（中国台湾）：行政指导，谓行政机关就其所掌事务，对于特定之个人、公私法人或团体，以非强制之手段，取得相对人之同意与协力，以达到行政目的之行为。④

通过对上述这些国内外具有代表性的观点的比较和分析，可以发现，中外行政法学者们对“行政指导”所下之定义虽然各有侧重，但是有以下几点认识是大致相同的：①行政指导行为的主体主要是行政机关，行政指导是行政机关针对行政相对方所实施的一种外部行为；②行政指导属于非强制性行为，行政机关的行政目的的实现有赖于行政相对方的同意或协助；③行政机关实施行政指导旨在实现一定的行政目的；④行政指导是一个集合性概念，它包含了诸如建议、劝告、示范、鼓励、警告、指示等多种形式，适用范围广泛，方法灵活多样。

目前学术界关于行政指导的界定，还存在很多的分歧，学者们都在争论和探讨着很多问题，行政指导是行政行为还是事实行为？是权力行为还是非权力行为？行政指导是否须有法律依据？它是否包含抽象类行为？产生上述分歧的原因，其实可以归结为一点，即各研究主体对于行政指导的性质及其效力的不同认识。基于对以上各个定义的比较和分析，根据当代行政法理论与实践发展的趋势并结合中国行政指导的现实情况，将行政指导定义为：行政指导是指行政主体在其职权、职责或管辖事务范围内，为适应复杂多样的经济和社会管理需要，基于国家的法律精神、原则，制定诱导性的规则、政策；或是依据法律原则、规则、

① 郭润生，宋功德．论行政指导［M］．北京：中国政法大学出版社，1999：59.

② 杨海坤．中国行政法基本理论［M］．南京：南京大学出版社，1992：355.

③ 莫于川．法治视野中的行政指导［M］．北京：中国人民大学出版社，2005：9.

④ 林纪东．行政法［M］．台北：三民书局，1988：434.

政策，适时灵活地采取指导、劝告、建议、鼓励、警告、指示等非强制性方法，谋求行政相对方的同意或协助，以期有效实现一定行政目的且不直接产生法律效果的权力性行政行为。

（二）行政指导的特征

行政指导作为一种新型的政府管理手段，是现代法治行政和服务行政的积极产物，除了应具备一般行政行为的基本属性如行为的无偿性、从属法律性、外部性、公共服务性之外，还应当具有自身所特有的显著特征，以此作为人们区分和辨别何为行政指导的主要依据。基于前文对其所下定义，笔者认为，行政指导具有以下显著特征：

1．行政指导具有非强制性

从理论上说，行政指导是一种不具有直接法律强制力的柔性行政行为，行政主体并不对相对方的行为进行直接的干预，也不单方面决定一切。尽管由于行政机关的特定地位和权力背景使得行政指导难免存在事实上的特殊影响力或强制力，但它在性质上毕竟不同于行政机关那些具有直接强制力的行政行为。行政指导在法律上的非强制性具体表现为：①行政指导实施者是通过指示、劝告、建议或者鼓励等多种手段来引导行政相对方为或不为某种行为；②行政指导目的的实现并不以国家强制力为后盾，相对方不接受指导时，行政主体不能强制执行；③行政相对方不接受行政指导不会招致行政主体的不利处分。

2．行政指导具有利益诱导性

行政机关在实施行政指导时是通过设置某种利益诱导来向相对方施加作用和影响，促使其作为或是不作为一定的行为，以达到预期的行政目标的。行政指导可让行政相对方意识到存在某种利益，从而激发他们的积极性和合作性，接受行政指导或协同行政机关完成某种行政行为，对于行政机关实施的一些单纯的服务行为如信息公开、行政服务、宣传等等，应当和行政指导区别开来，这些行为并不以某种利益的存在为前提，不具有利益诱导性，不能纳入行政指导的范围。

3．行政指导具有主体优势性

行政指导要真正发挥作用，达到行政机关的预期目的，除了利益诱导因素外，还必须借助于行政主体因其特殊地位和职权所造成的实际影响力以及行政主体在获取知识、信息、资源等方面所具有的优势。权威性和优势性的结合使得行政主体的建议、劝告、指示、鼓励等行为在相对方看来更具有说服力和影响力。这一点也正是原则上适宜由行政机关作为行政指导行为主体的原因。

4．行政指导具有目的性

行政指导的作出是为了实现某个特定的行政目的，它应当与单纯提供服务的行政行为相区别。单纯提供服务的行政行为如行政机关为公民提供的就业信息、科学知识宣传等等，在这类行为中，行政主体只是单纯提供了服务，并没有利用其地位的权威和在资源、信息上的优势来诱导相对方作出选择，而行政指导则是伴随行政机关某个时期的特定行政目标所作出的，虽然存在相对方自由选择接受与否的问题，但从其出发点来说，行政机关的目的在于希望实现一定的行政目标。

5．行政指导具有相对单方性和相对双向性

此处所说的相对单方性和相对双向性并非自相矛盾。“单方性”是从行为成立的角度而言，即行政指导由行政主体单方实施即告成立，而“双向性”恰恰表明了行政指导实施过程中的互动、双向作用，行政指导行为成立之后，行政目的最终能否实现不单取决于行政机关的行政指导意思表示，还有赖于相对方是否同意或协助，只有双方配合，行政指导才能得以落实。

6．行政指导具有广义上的合法性

众所周知，行政行为的作出必须有明确的法律依据。而就行政指导而言，此处的法律依据应当作广义解释，因为很多时候行政主体在作出某个行政指导时并没有明确的行为法上的依据，它所遵循的是国家的法律精神、原则或政策。在这些情况下，对法律依据作广义的理解，既有利于行政主体履行相应职责，也符合实质法治主义的要求，同时也是使行政指导逐步法治化的必要条件。

（三）行政指导的作用

作为一种柔性的行政手段，行政指导符合行政法治精神，体现了行政民主化的要求。尽管其在理论研究上还需要进一步的深化，在实践过程中也有待改进，但从各国行政指导的实施情况来看，其积极功能还是明确的。我国行政法学界的学者们在界定行政指导的作用方面也基本形成相同的认识，普遍认为行政指导在现代行政管理的过程中具有如下作用：

1．行政指导可以有效弥补法律空缺和不足

由于我国现阶段经济和社会生活的迅速发展，社会关系日益复杂，行政管理要顾及社会生活的方方面面，但是立法因其自身的局限而不可能完全满足行政管理的需求，会出现诸多“法律空白”以及行政相对方缺少行为规范的现象。行政指导的优势就在于能够补充法律上的不完备，可以灵活机动地采取对应措施，适应多变的行政需要，更好地完成行政任务。同时，即便是在法律制度规定已经比较完善的情况下，如果采取法律强制手段并不必要或是不能及时采取法律强制手段时，抑或是成本较高、效果较差、遗留问题较多时，采用行政指导来代替强制性手段不失为一种更好的方法，可以更为有效地实现行政目标。

2. 行政指导可以有效引导和促进相对方的行为选择

行政指导具有的利益诱导性能对相对方的行为模式发生积极的引导作用，能合理引导、影响相对方的行为选择。因为行政机关相对于相对方而言，在获取知识、信息、资源等方面具有明显的优越性，政府给相对方提供全局性、宏观性、预见性的行政指导，对相对方如何选择自己的行为有着极大的影响力，这样既有利于促进相对方自身利益的实现，也能增进和保护公共利益，促进市场经济和社会的有序、健康发展。

3. 行政指导可以有效疏导和协调社会矛盾

在现代社会中，利益主体呈现多元化趋势，在这种情况下，多元主体之间出现利益矛盾和冲突也是不可避免的，这些矛盾和冲突如果不及时化解，必然会严重地影响经济和社会发展。行政指导所特有的非强制性和相对方意志自由性，使其在缓解和平衡多元主体之间的矛盾和冲突方面更具优势、更为有效，它不仅可以在冲突发生前或发生过程中发挥作用，而且因其相对柔和的特性也可以避免或减少强制性手段给相对方带来的压力或损失，通过统筹、协调来实现行政目的，也更有利于管理者与相对方之间关系的长期稳定。

4. 行政指导对损害社会利益的行为能起到预防和抑制作用

在社会生活中，某些社会组织和个人在强烈的利益驱动下，会出现为了增加自身利益而不惜损害社会利益的倾向，如不对其进行抑制，将可能变成损害社会利益和他人利益的事实。然而由于其尚处于萌芽状态或是酝酿阶段，不适宜采用强制性行政手段对其加以调整。换言之，运用行政指导可以对这类行为起到防患于未然的预防作用，同时也能尽可能消除行政相对方的抵触情绪，减少行政主体与相对方之间的冲突与摩擦，避免高成本、低效率的结果出现。

## 三、行政指导的类型

对行政指导进行分类，不仅是为了科学地对其予以划分，赋予其层次性和立体感，更为重要的是行政指导的类型直接关系到在实践中应该如何对其给予救济。综观国内外相关研究，可以发现行政法学者们大致是从行政指导的功能视角、法律依据视角、宏观与微观视角来进行划分，例如：日本行政法学界通说认为行政指导从其功能来看，可分为助成性行政指导、规制性行政指导和调整性行政指导三类①；台湾学者林纪东则从有无具体法律依据的角度将其分为三类②。目前的种种划分方法存在着某些交叉和共通之处，值得关注并给人以启发。在本章中，笔者将选择从宏观（抽象）与微观（具体）的视角入手，将行政指导划分为抽象行政指导行为与具体行政指导行为。作这样分类的理由是，行政指导作为一种行政行为，依其指导对象、指导方式等为标准，同样与其他行政行为一样存在着抽象与具体之分。

（一）抽象行政指导

抽象行政指导又可以称为宏观行政指导或普遍的行政指导，是指行政机关不直接针对特定行政相对方或行业而进行的行政指导。这类行政指导一般通过行政法规、规章、政策或规划性文件来实现，日本的产业政策就是典型的抽象行政指导，又如我国在1994年4月由国务院发布的《九十年代产业政策纲要》也属于此类指导，针对的是具有广泛性和持久性的事项。

（二）具体行政指导

具体行政指导又可称为个别行政指导，是指行政机关针对特定的行政相对方进行的行政指导，其手段灵活多样，包括建议、劝告、鼓励、示范、警告、指示等等，比如某农业局通过示范、鼓励等形式，引导当地农民栽种某种经济作物，就是一种典型的具体行政指导行为。

从抽象或具体的视角来考察行政指导，对我国而言颇具现实意义，因为目前我国《行政诉讼法》所规定的行政诉讼受案范围，将行政指导排除在司法审查之外，对行政指导作抽象和具体的划分，可以推动对其进行司法救济的步伐。依照我国目前的立法情况，可以先将具体行政指导纳入法院受案视野，待实践经验不断积累和理论研究进一步完善，我国行政诉讼向抽象行政行为敞开大门之时，抽象行政指导也随之可以得到相应的司法审查和救济。这样不仅可以促进行政法律制度建设，也能更为有效地保护行政指导中相对方的利益，填补目前行政指导司法救济缺失的空白。

---

① 杨建顺．日本行政法通论［M］．北京：中国法制出版社，1998：537.

② 林纪东．行政法［M］．台北：三民书局，1988：437－438.

## 第二节　行政指导可诉性相关问题探析

### 一、行政指导存在的负面问题以及对相对方的现实损害

现代行政法意义上的行政指导行为在社会管理的很多方面发挥了重要而实际的效用，因其特有的灵活性和柔软性而越来越多地受到重视，取得了有目共睹的成效。但是在我们肯定其积极效能的同时，也不能忽视它所造成的负面问题。从现阶段各国的行政指导实务来看，行政指导失范所带来的负面影响和给相对方造成损害的现象已是普遍存在。就我国而言，行政指导起步晚，发展较慢，有关行政指导的法律、法规十分匮乏，从而导致行政指导在运行中不仅存在一系列认识和操作上的错误，也由此给相对方造成了事实上的侵权和损害，主要表现在以下几个方面。

#### （一）行政指导异化

在行政管理领域，由于传统计划经济思维方式的影响和强制权力惯性的作用，很多情况下行政指导严重变形、走样，异化为行政命令等行为。例如：政府倡导全市人民为希望工程捐款，这本是好事，政府应当采取积极、正确的态度鼓励市民捐款，但是为了达到一定数额而给各个单位下达任务指标，完不成就要受到处罚，这样一来，行政指导就变成了行政命令；又如：政府倡导农民种植某种经济作物，农民本应具有自主决定种或不种的权利，一旦政府采取强制手段推行的话，行政指导就变味了。种种现象表明，“建议”、“指导”、“鼓励”异化成了必须执行的任务，相对方的自主选择权难以实现，更有甚者，不接受指导的相对方就会承受不利的后果，严重侵犯相对方的行为选择自由和相关的合法权益，致使相对方“希望得到指导但又害怕指导”。

#### （二）行政指导透明度低，缺乏程序性约束

尽管行政指导因其灵活、机动等特点而不宜设定过多过繁的程序规范来束缚行政主体的指导行为，但最基本的程序约束是保障法治、防止恣意的关键，行政主体的行为如果缺乏约束必然会走向反面。一方面，目前我国在具体行政指导行为方面，几乎没有程序上的规定，许多规定了具体指导模式，对相对方有着直接意义的政策、纲要、计划等往往也不予公开，相对方的知情权、参与权等都难以得到保障；另一方面，大部分抽象行政指导的制定程序也仅限于行政机关内部起草和审批，相对方无法在其中发挥主动性和积极性，这种情况下作出的抽象行政

指导其科学性和有利性令人怀疑与担忧，使得相对方无法保障自身权益，容易对政府产生不信任。

（三）行政指导中行政主体滥用自由裁量权，指导动机不尽纯正

行政指导在形式上的多样、灵活决定了行政主体在行政指导中拥有很大的自由裁量权，而法律对行政指导的规定又过于宽泛和抽象，实际操作中就很容易出现行政指导不合理甚至不合法的事情。例如：应当根据具体情况分析而“对症下药”，管理者却为了与其他地区一样而盲目指导，毫无科学依据，也不因地因时制宜，最终损害的是相对方的合法权益。而且，由于行政指导实施者滥用行政自由裁量权，一旦被各种利益主体所拉拢，必然导致腐败，作出动机不纯的行政指导，应当考虑的因素不予考虑，不应考虑的因素却纳入其中，使第三方利益甚至国家利益遭受侵害。

（四）行政指导的法律责任不明确，救济制度缺失

行政指导在实际操作中既然存在异化、违法指导或者不合理指导的情形，就应该有相应的责任追究机制和救济方式并有效地运行，然而在现实中，行政指导一直游离于司法审查之外，法律对行政主体相关法律责任的规定十分匮乏，在我国只有《中华人民共和国农业技术推广法》例外地规定了过失指导的赔偿责任。[①]《最高人民法院关于执行〈中华人民共和国行政诉讼法〉若干问题的解释》则明确地将行政指导排除在行政诉讼的受案范围之外。[②] 相对方在权益受损之后，诉诸无门，没有制度上和法律上的保障，这种情况的存在既违背了法治行政的内在精神，也影响了政府在百姓心目中的形象，不利于官民关系的稳定。

## 二、行政指导司法救济的现状

### （一）立法上的司法救济缺失

按“有损害必有救济”的法治原则，当相对方的权益受到违法或不当行政的侵害时，相对方有权得到救济，而到法院打官司，即通过诉讼获得司法判断和救济，则是相对人在权益受到侵害时寻求救济的最正式、最稳定的一个渠道，不少

---

① 参见《中华人民共和国农业技术推广法》（1993年7月2日第八届全国人民代表大会常务委员会第二次会议通过）第二十条。

② 参见《最高人民法院关于执行〈中华人民共和国行政诉讼法〉若干问题的解释》（1999年11月24日由最高人民法院审判委员会第1088次会议通过）第一条第二款第（四）项。

学者甚至将司法救济称为“公民权利保护的最后一道防线”①。然而从目前的立法来看，由于大多数国家和地区认为行政指导不具有强制性，因此规定对于行政指导行为造成的某些利益损害不能提起司法审查，即便是在“行政指导母国”——日本，相关法律对于行政指导的司法救济亦未作出明确规定。依据日本《行政不服审查法》以及《行政事件诉讼法》的规定，行政指导不构成行政不服申诉，也不能提起行政诉讼，行政指导本质上缺少争讼的要件。在我国台湾地区，同样规定不能以诉愿或是行政诉讼等方式来寻求救济，只能由实施行政指导机关的上级机关从内部加以监督。在前文中，我们也已经详细论及我国行政诉讼受案范围对行政指导的排除。

行政指导司法救济的缺失，已成为行政指导制度备受责难的一个重要原因，无论是从法治行政、责任行政的角度考虑，还是以维护行政相对方受损的权益作为出发点，司法权对于缺乏法律、法规约束，侵害了相对方合法利益的行政指导置之不理或无能为力，都不是一种理性和符合法治要求的态度，国家应当积极探求解决途径，对行政指导予以有效的司法审查，允许相对方通过诉讼途径来争取自己的合法权益，只有这样，才能真正将行政指导纳入法制化的轨道，成为一种完整意义上的行政行为而接受法律的约束，成为真正服务于公众，为人们所接受的行政管理方法。

### （二）国内学术界关于行政指导是否可诉的理论研究现状

早在《最高人民法院关于执行〈中华人民共和国行政诉讼法〉若干问题的解释》出台之前，理论界就对行政指导的可诉性问题存在分歧意见，不同学者基于不同的角度考虑而产生了不同的观点，归结起来可概括为“可诉与不可诉”。大部分学者都对行政指导的司法救济问题持消极态度，例如胡建淼教授认为：从世界各国的行政法律制度上看，大多国家没有把行政指导纳入行政复议和行政诉讼轨道之内，也没有把它纳入行政赔偿范围之内，这是一种合理的通则。在中国，行政指导同样不适用行政复议、行政诉讼和国家赔偿救济。② 这种认为行政指导不可予以司法救济的观点具有很大程度上的代表性，综合分析持这种观点的学者的理论，认为行政指导不可诉的主要理由有三：①行政指导行为以相对方的自愿作为或者不作为来实现其内容，行政机关不得凭借其行政权力来强制实施，行政指导的内容对于相对方没有必然的约束力，因此，接受行政指导是相对方自由意

① 莫于川．法治视野中的行政指导［M］．北京：中国人民大学出版社，2005：225.

② 胡建淼．行政法学［M］．北京：法律出版社，1998：418.

志选择的结果，如果自愿接受了行政指导过后又起诉，逻辑上也讲不通；②行政相对方不接受行政指导也不会招致任何法律上的不利后果，其权益自然也不可能受到行政指导行为的影响，双方之间不存在发生纠纷的可能，当然也就不存在诉讼解决纠纷的必要；③由于行政指导通常不是依据明确、直接的法律、法规作出，行政指导行为的方式、内容非常灵活，它不同于一般的行政行为，而更接近于政策行为，因此，将行政指导纳入行政诉讼范畴将使法院面临两个难题：一是法院并没有权力评判政策的优劣；二是审判程序上也存在许多障碍，如怎样证明行政指导的存在、行政指导与相对方的利益损害之间存在因果关系等等。

近年来，随着行政法学研究的发展与成熟，针对行政指导行为造成的相对方利益损害是否应当给予司法救济以及如何进行司法救济的问题，一些学者作了许多有益的探讨，提出了肯定其可诉性的观点和见解。如：包万超教授认为，行政指导在实践中会引发行政主体与相对方的纠纷，通常具有可诉的法定利益，应当将其纳入行政诉讼的受案范围；[①] 莫于川教授认为行政指导法律责任是能够明确划分的，对行政指导必须加强监督，明确责任，造成损害的理应予以救济。[②] 罗豪才教授也认为，行政指导与行政处理行为一样，难免发生失误或损害，因此，必须建立相应的救济制度，以对受到违法、不当行政指导的行政相对人予以补救。[③] 持类似观点的学者大都倾向于认为行政指导是一种新型的行政行为，对其性质的重新认定成为行政指导可诉性研究的突破口。这些具有积极和启发意义的观点，向一直以来的行政指导“不可诉论”提出了质疑和挑战，为行政指导纳入行政诉讼受案范围提供了更为广阔的研究视野和学术氛围，奠定了学术基石。

### （三）国外司法实务及案例简考

从一些运用行政指导的国家的立法情况来看，法律、法规中并没有明确认可行政指导的可诉性，只有德国行政法律例外的规定了行政相对方可以就要求给予或是停止行政指导提起行政诉讼，大多数国家则与我国一样，理论界的研究与立法存在脱节，对于行政指导可诉性的认可还仅仅出现在学者的著作和论文中，有待进一步的完善。但是在司法实务中，由于行政指导的负面效应已经逐渐暴露，相关纠纷不断发生，一些国家已在实际操作上将其纳入了司法审查的范围，形成

① 包万超．转型发展中的中国行政指导研究［J］．行政法论丛，1998（1）：338－339.

② 莫于川著．行政指导法治化问题研究［J］．行政法论丛，2001（4）：278.

③ 罗豪才．行政法学［M］．北京：北京大学出版社，2005：331.

了一些以行政指导行为是否违法侵权致损作为争议点的诉讼案件。以日本为例，行政指导在实务操作中，可以因权利受到损害而提出赔偿诉讼，法院则运用司法审查的形式作出判决。这类案例已有很多，较为典型的如1950年发生的“农协会员诉盛冈税务署长行政指导案”①，1973年的石油卡特尔案②和20世纪60年代中期的日本申请游行示威窗口指导案③。另外，由于错误的行政指导而使相对方遭到不利的制裁或者丧失了某种既得利益，也可以请求国家赔偿，相关判例也已经明确了这一点。在美国，自20世纪中后期以来，也陆续出现了一些以行政指导措施作为争议对象的案例，例如：20世纪60年代的新闻稿纠纷案、内部信函纠纷案和咨询解释纠纷案④，此类案件的出现表明美国法院已在逐步将行政指导纳入司法审查的范围。

案例一：20世纪60年代中期，日本东京某团体准备举行一个游行示威活动，在按照《东京都公安条例》向警察机关提出申请时，被告知要向警察署集会事务科科员就相应内容作事前交涉，于是在做事前交涉时得到了该科员关于需要对申请内容加以调整的劝告。因为自身的某些原因，该团体在接受劝告的内容时，没有完全按照科员的建议办，只是作了部分调整。事后，该活动组织者被起诉，认为其行为违反了《东京都公安条例》，东京地区法院审理后认为，该科员所作的劝告实际上起到了不许可处分或附条件许可处分的作用，但却没有像行政处分那样可以进行争讼，也没有机会交由议会评判，这种行为会使得公民的意志表达自由因行政机关的事前抑制行为超越了最小限度而遭到破坏，故而这种名为行政指导，实为附条件许可处分的行为是违宪和无效的，法院以此作出一审判决，该团体组织者的一部分罪名成立，一部分不能认定。在二审中，东京高等法院则认为，《东京都公安条例》规定集体游行要事先申请得到同意，在此案中，警察部门已经在事前交涉中就应调整的问题向该团体进行了劝告，尽管这种事前的交涉和商谈并无法律的明文规定，但只要没有发生行政机关通过强制手段迫使相对方就范

---

① 罗豪才，应松年．国家赔偿法研究［M］．北京：中国政法大学出版社，1991：205.

② 莫于川．法治视野中的行政指导［M］．北京：中国人民大学出版社，2005：390－391.

③ 莫于川．法治视野中的行政指导［M］．北京：中国人民大学出版社，2005：391－392.

④ 莫于川．法治视野中的行政指导［M］．北京：中国人民大学出版社，2005：395－396.

的事实，该行政指导行为应属合法，最终的判决是撤销原判，判决活动组织者有罪。

在日本，关于集会、游行、示威等活动的进行，多由地方法规作出实行许可制或是申报制的规定。当活动组织者提出申请时，都要求与警察机关办事窗口的有关工作人员进行事前交涉（也称事前商谈、窗口指导），主要是由工作人员就路线、日期、时间等问题作出劝告、建议，促使相对方变更申请内容。就申请者而言，当然也可以不接受该劝告，坚持自己的申请内容，但是在这种情况下，如果警察机关作出了某些附条件的许可，组织者不接受的话又可能招致对自己不利的后果。此案在一审和二审中，法院的裁判存在极大的差别，一审认为警察机关的指导行为实为一种附条件的许可措施，该行为超越限度地以事前抑制的方式损害了公民表达意志的自由，故判定该行为违宪；而二审则认为该劝告行为并不具有强制性，是可以选择服从或不服从的，不能认定其违法。该案件中对于行政指导的认定，在它的性质、作用等方面都还存在分歧，法院的认定和做法也还各不相同，但是其意义在于已经将行政指导纳入了法院审理案件的范围，促使人们深化对行政指导的认识，加强研究，促进行政指导行为的正当化和法治化。

案例二：20 世纪 60 年代中期，美国自动洗衣店行业的劳资双方就一些劳动条件问题发生争执，争论的焦点之一就是自动洗衣店是否属于《合理劳动标准化法》的适用范围。工资、工时管理局局长应自动洗衣店工会的咨询请求回复了一封信，信中的解释是自动洗衣店属于该法的调整范围。信件内容引起了自动洗衣店方的异议，认为该局长的解释性答复具有裁定性质，在事实上对自动洗衣店行业产生影响，而使洗衣店的实际利益受到损害，故要求法院审查并撤销这封回复信件。该局抗辩认为，局长应咨询请求所作的复信不是正式的裁定，不具有命令性和约束力，是一种非正式行为，无须进行司法复审，但法院认为，尽管该局局长的这一咨询性回复意见尚未变成某种正式的行为，采用的也是书信形式，甚至对行政机关本身也不具有法律约束力，然而它毕竟是由行政首长作出的“咨询性裁定”，而且符合“带来实际的不利影响”这个关键性的司法复审条件，所以应当进行复审。过去，美国法院一直认为行政机关答复咨询、发布新闻等非正式行为，都是属于行政裁量范围内的事，是一类不可复审的行为，但在这类案件的逐渐发生和裁判之后，美国法院改变了不可复审的传统观点，开始认为即便行政机关采取的是非强制性的行政指导行为，但只要它具有令相对方难以质疑，会相信其具有拘束力的外观，给相对方带来了不利的影响和实际损害，引起了要求司法裁决的争议，那么对它进行司法复审就是必要的。

在日本、美国等这些主要的市场经济国家，由法院对行政指导行为进行司法审查，有相当一部分行政指导行为是以附带方式受到司法审查的，可以说这是一种较为通行的做法，而且只要有某种联系因素，例如相对方受到了或面临着行政主体的变相处分、合法权益受到了损害等等，该指导行为一般就可以纳入司法审查的范畴。而且，某些行政机关内部的指导行为由于产生了影响相对方权益的后果，也可以被纳入复审范围。法院的判决起到了将行政指导的性质、界限和责任及其与相对方行为的关系加以准确定位和明晰化的作用，它在行政指导行为缺乏具体的法律依据、法律关系较为模糊的情况下，对于维护相对人合法权益和促使行政机关认真履行职责方面都有着十分积极的意义。笔者认为，国外行政指导诉讼形成的判例和经验，对于我国完善行政指导的司法救济机制，有着重要的借鉴意义。认可行政指导行为的可诉性并非存在多大的理论障碍，只不过是不同价值选择的结果，结合我国行政指导和行政诉讼制度现状，将行政指导纳入行政诉讼的受案范围显然已是可行而又极为必要的。

## 三、行政指导可诉性的依据

在法治主义的理论下，公民的权利及利益受到违法或不当的行政活动的侵害，权益受损者寻求法律救济尤其是诉讼救济的权利应当得到保障。然而由于行政指导行为的特殊性和复杂性，其能否纳入行政诉讼范畴，在法学界和司法实务界一直是一个存在争议、尚无明确定论的问题。

笔者认为，一种行政行为在行政实践中其实然状态与理论上的应然状态并非都是相符的，假如实践中所有的行政行为都是合法、适当的，那么就没有必要浪费审判资源对其予以监督。行政诉讼制度的建立并不是为了迎合各种行政行为在法律概念上的应然状态，而是从行政行为的实践情况出发，去监督、补救那些违法、失当的行政行为，行政指导也不应例外。因此在下文中，将从理论依据和现实必要性两个方面来论述行政指导行为具有可诉性。

### （一）行政指导可诉性的理论依据

1. 对行政指导性质及效力的重界定

目前，关于行政指导性质及效力的讨论主要集中在行政指导是否属于行政行为、是否具有权力属性和是否具有强制力这三个方面。学者之间仁智各异，见解不一，归纳起来可以概括为三种观点：第一种观点认为，行政指导是一种非权力性的事实行为，而不是行政行为。它不产生直接的法律效果，不具有强制力。第二种观点认为，行政指导是一种权力性的行政行为，具有事实上的法律强制力。

第三种观点则认为行政指导是一种权力性的事实行为，这种观点实际上是对前两种对立观点进行折衷而得出的，不能从实质上说明问题。

行政指导的性质及效力界定直接关系到行政指导有无纳入行政诉讼受案范围的必要，笔者同意第二种观点即行政指导是一种权力性的行政行为。

（1）行政指导是一种行政行为

所谓行政行为，是指行政主体在实施行政管理活动，行使行政权的过程中作出的具有法律意义的行为。[①] 在行政法学界，许多学者都将行政指导认定为是一种事实行为而非行政行为，我们认为这种说法值得商榷。每一个行政指导都具有一定的目的性，均系行政主体为实现一定的行政管理目的而作出的，当然是一种公务行为而非私人行为，其主体与行政行为的主体并无二致；而且，行政指导一经作出即告成立，至于相对方同意与否，并不是行政指导的成立要件，这与行政行为的单方性也是一样的；另外作出行政指导的行政主体与相对方之间往往存在隶属关系，行政指导会间接地影响到双方之间的权利和义务关系，进而引起一定的间接的法律效果，那种认为行政指导不能引起法律效果的观点是片面的。

（2）行政指导具有权力属性

许多学者认为，行政指导是非权力性的行为。这种观点的形成，一方面来自于受日本行政法学界的影响，日本行政法学界对于行政权力是强制力的认识是一致的，具有强制力的行政行为是权力行为，不具有强制力的则是非权力行为；另一方面则是由于对权力的认识上存在偏差。我们不能一说到行政权，就把它和对行政相对方的强制联系起来，传统观点也正是基于此，认为因为行政指导不具有强制力，所以不是权力行为。我们则认为，凡行政行为均具有权力性，只不过是强弱程度不一样。在现代服务行政、给付行政的领域内，行政权不应是像警察运用强制力维持社会秩序那样以国家强制力为后盾，而应该充当柔和、友善的服务者，强制只是政府行使行政权力的其中一种手段。而且，行政指导只可能由行政主体依据职权作出，不可能有其他的行为主体，只不过其特殊之处在于目的的实现要依赖相对方的合意与配合，所以，它是一种柔性的行政职权行使手段，可以将其界定为是一种弱权力性行政行为。

（3）行政指导不具有法律上的强制力，但是有着事实上的强制力

法律上的非强制性是行政指导的基本特征之一，行政指导通过多样、灵活的柔性行政手段来予以实施，其目的的实现也不以强制力为保障，相对方可以自由

① 罗豪才．行政法学［M］．北京：北京大学出版社，1996：105.

选择接受与否。然而，行政指导在实际上是否存在强制力，应当区分理论与事实状态。从理论上来说，行政指导不具有强制力，而从实践情况来分析，行政指导具有事实上的强制力。这是因为在现实中行政主体在地位上处于优势，以权力为后盾，且在获得资源、知识、信息等各个方面具有优越性，行政主体极有可能在事实上利用这些优势，采取各种途径、手段来惩罚、报复那些所谓的“不听话、不配合”的行政相对方。正如日本学者所认为的，行政机关实施行政指导时，所谓服从与否听任相对人自愿只是一种表面规则而已，实际上是强制相对人就范。① 这种情况在法制仍不十分健全的中国同样是不争的事实，已经有很多实例证明行政指导在我国具有事实上的强制力。

基于上述分析，明确了行政指导是一种权力性的行政行为，它具有事实上的强制力，而“一切有权力的人都很容易滥用权力，这是顽固不易的一条经验”②，要防止行政主体滥用行政指导中所拥有的权力，避免其将事实上的强制力施与行政相对方，就必须用法律控制行政指导的运作，以相应的法律责任为权力设定一条合理的界线，将行政指导纳入行政诉讼范围，为相对方提供一个完整的保障体系。

2. 行政指导与相对方的利益损失之间存在因果关系

因果关系是追究法律责任时必须考虑的一个因素，我们认为行政指导行为如果引起了相对方的相应行为，进而相对方因为依行政指导内容行事而遭受了损失（不可抗力因素除外），这就在行政指导与相对方利益损害之间形成了一种因果关系。行政指导并不能因为其实施手段的特别性和柔和性就否认其与相对方权益损害之间存在因果关系。《国家赔偿法》中规定，行政机关对于因公民、法人或其他组织的个人行为而引起的损害不承担赔偿责任，这种情况中行政主体的行为与损害结果之间没有因果关系，当然不被追究法律责任，而在行政指导中，相对方接受行政指导后依据其内容实施的个人行为与《国家赔偿法》中所指的个人行为是不相同的，后者是一种受完全自由的个人意志支配的行为，是个人作出的充分判断，是在自己能完全控制情势的条件下所为的行为，这明显与相对方接受或配合行政指导是两回事。在行政指导中，可以说相对方的行为是行政主体指导行为的后续行为，是将行政指导的内容实践化，尽管行政主体在作出指导后并不直接参与相对方的行为，也不直接支配相对方的意愿，但是行政指导实施者因其优势

① ［日］根岸哲．日本的产业政策与行政指导［J］．法学译丛，1999（1）．

② ［法］孟德斯鸠．论法的精神［M］．北京：商务印书馆，1961：121.

地位而在事实上对相对方行为造成的制约，会使得相对方不可能完全自主、自由地作出选择。因此，实际上不可否认在行政指导中尤其是在违法、失当的行政指导中，行政主体的指导行为与相对方的权益损害之间存在一定的因果关系。在考虑行政指导可诉与否的问题上，这是一个不可忽视的因素。由因致果，如果没有相应的司法救济存在，无异于置相对方的损害于不顾，这既不符合法律内在的逻辑要求，对于行政指导制度的健全和完善也是有害无利。

3. 行政相对方信赖利益的保护

行政法上的信赖利益保护，是从民法的诚实信用原则发展而来的。所谓信赖利益，就是基于对某事的信任而可能获得的利益或是好处。从行政管理的角度来看，政府和人民之间存在某种信赖关系，公民信任行政机关所作出的行为是正确的、合理的，并以此来安排自己的生活，那么当这种信赖关系存在，并且公民的信赖利益值得保护，如果行政主体因行为失范而损害到相对方合法权益时，公民的信赖利益就必须有相应的救济途径予以补偿。

就行政指导领域而言，相对方对于行政主体在心理上存在一种信赖，这种信赖建立在公民对行政机关的权威性、公益性和专业性等信任的基础之上，相对方之所以愿意接受或配合行政指导，是因为行政主体在资源、知识、信息等方面的优势性和行政指导本身的利益诱导性使得相对方相信接受指导可以获得某种利益或好处，这种基于对行政主体的可期待利益就是一种信赖利益。虽然行政指导在成立之时并不产生信赖利益，但是一旦相对方接受了指导，信赖利益就随之产生，上升为一种应当受到法律保护的利益，对合法或非法的行政指导而言，除了是由于相对方故意利用行政指导来谋取不当利益或者相对方对损害的发生有过错，行政主体就应该对所造成的损失承担责任，而基于行政主体与相对方在地位上的不对等性，采取司法救济，允许相对方提出行政指导之诉是最有效也最有力的方法。

4. 公民诉权的充分保障

诉权是现代法治国家中公民的一项基本权利，在行政诉讼中表现为公民对政府的监督，司法权制约行政权。我国《宪法》第四十一条规定：中华人民共和国公民对于任何国家机关或国家工作人员的违法失职行为，有向有关国家机关提出申诉、控告或者检举的权利。然而，行政诉讼受案范围对行政指导的排除使得相对方无法通过法院来行使自己应有的诉权，在实际操作中，由于没有法律、法规的依据，法院无法受理或审理这类案件。但在一个国家，如果公民、法人或其他组织受到了行政行为的侵害，而不能请求司法机关给予救济，那是谈不上真正的民主政治的；如果诉权得不到充分的保障，如果在一个法律制度中存在着行使国家权力却没有诉权对抗，就会为行政执法人员滥用权力，谋求私利和特权留下空间，公民权利很容易受到侵犯。行政指导作为行政主体行使行政职权作出的一种行政行为，当相对方与行政主体发生纠纷时，运用诉讼的方式来解决争议，是新形势下依法处理社会矛盾的一种有效方式，当行政主体和相对方不能自行解决因行政职权的行使和行政指导的存在而引起的争议时，应当赋予相对方请求法院提供司法救济和帮助的权利。

5. 对行政主体自由裁量权的司法控制

行政自由裁量权是指行政主体在法律规定的范围内自行判断、自行选择和自行决定以作出公正而适当的具体行政行为的权力。在行政过程中，最容易出毛病的地方，就是公务员在行使权力时对行政自由裁量权使用不当。所以，从这个角度来说，依法行政的关键是如何监督和控制行政自由裁量权。行政自由裁量权的滥用，可能违背法律的目的或原意，形成对法治的干扰和破坏；行政自由裁量权的滥用，可以造成对行政相对人合法权利的直接损害，导致行政权力的异化和腐败产生，对行政相对人权利具有的直接危害性。

在现代法治行政的理念中，应强调独立的司法权对行政行为予以司法审查，限制和控制行政权的行使，最大可能地排斥自由裁量权，最大限度地保护个人权利。美国行政法学家施瓦茨曾说过：“行政法是控制国家行政活动的法律部门，它设置行政机构的行政权力，规范这些权力行使的原则，以及为那些受行政行为侵害者提供法律补救。”① 在行政指导中，由于情况的多样性和复杂性，加之行政机关工作人员在素质、觉悟、品德和能力等方面都会存在差异，行政职权的行使与其最初目的相偏离的现象是无法避免的，而且，行政主体相对于相对方而言，总是处于优势地位，行政指导实施者具有很大的自由裁量权，控权的目的正是为了防止行政权力的滥用和侵害的发生。从司法上加强对行政自由裁量权的控制是一道强有力的屏障，以监督自由裁量权的公正行使。法院对行使自由裁量权的具体行政行为不予干涉，但并不意味着对不合理、不适当的具体行政自由裁量行为绝对不予干涉，这在一定程度上能够有效地控制行政自由裁量权的滥用。在行政指导中，对行政自由裁量权进行司法审查的优势在于，法院处于一个中立的地位，有利于避免裁判者的个人偏好，排除外来干扰，同时也可避免行政救济中行政主体的双重身份。

① ［美］施瓦茨．行政法［M］．北京：群众出版社，1986：22.

（二）行政指导诉讼的现实必要性

1. 适应相对方地位转化的需要

与我国的民主政治发展相适应，行政相对人的地位发生了根本的变化，中国行政法学产生之初，由于受管理论、控权论的影响，学界以行政主体、行政权力为研究重点，行政相对方因处于被支配的地位、无独立的法律人格而失去了其被研究的价值。同时，由于我国过去长期实行计划经济体制，在这种体制下，政府即行政主体具有无所不能的行政权力和绝对的支配地位，相对方的一切活动都必须按照预定计划，听从政府的命令，以至于无论在理论界还是实务界都没有对行政相对人产生足够的重视。但是，随着我国社会主义市场经济体制的建立和完善，传统的计划经济体制已不复存在，公民、法人或其他组织作为市场主体，其法律地位明显提高。此外，“控权—平衡”、“平衡论”等行政法学新理念的提出对提高行政相对人的地位也起了不可忽视的作用。行政相对人已不仅仅是被管理的对象，他们还是行政管理的参与者。我国《宪法》第二条第二款明确规定：“人民依照法律规定，通过各种途径和形式，管理国家事务，管理经济和文化事业，管理社会事务。”如通过听证会、征求意见会等形式参与行政立法和其他规范性文件的预定，参与具体行政行为的实施。同时，在宪法关系中，行政相对人还是国家权力的归属者，他们可以对行政主体行使国家行政权的行为进行监督，成为行政法制监督的主体。行政相对方的利益若遭损害，则其既不能积极参与行政管理，又不能监督行政主体依法行政，这将大大降低行政管理的质量、效率，不利于社会主义市场经济体制的完善和人民生活水平的提高以及民主政治的发展。构想行政指导诉讼制度的建立，正是从适应相对方地位转变这一需要的角度出发，使相对方的合法权益能够得到真正意义上的保障。

2. 依法行政、建立责任政府的要求

在《全面推进依法行政实施纲要》中，明确提出了我国政府在依法行政过程中的六个基本要求，其中之一就是“权责一致”。从本质上讲，政府行使权力的过程就是履行有效保障公民权利这一责任的过程。在这个过程中，政府行使权力不得侵犯公民的各项权利和自由，并且有义务去保障公民的各项权利和自由，为公民利益的实现创造有利条件。根据权责一致的要求，在现代法治国家中，政府行使权力必然要承担相应的法律责任，政府行使权力违反法律、越权行政或是不当行政都应该承担法律责任，造成公民、法人或其他组织的合法权益损害的，应当依法承担赔偿责任。所以，构建责任政府，一方面意味着要履行有效保障公民权利的责任，另一方面，也是更重要的一方面就是，政府要正确、有效、合法、合理行使国家权力，对于违法失职或不当行政则必须承担相应的责任，做到有权必有责，用权受监督，违法必追究，侵权要赔偿。

如前文所述，行政指导侵犯相对人权益的事实大量存在。在行政管理领域，已经出现了滥用行政指导的现象，具体表现就是将行政指导异化为行政命令。行政指导是一种没有直接强制力的行为，但行政命令却是具有强制力的。行政指导异化为行政命令主要表现为以行政指导之名行行政命令之实，虽名为行政指导，但相对人却不得不接受这种指导。即使有的行政行为事前似乎是非强制性的，但行政相对人一旦违反，非强制就会立刻变成强制，而法律对此似乎也无能为力。解决这种情况，除了应该立法规定行政指导行为的法定形式之外，行政机关在作出行政指导行为时，还必须向相对方明示该行为属于行政指导而不具有任何法律上以及事实上的拘束力，相对人若违反该项指导亦不承担任何不利后果。但是，最为重要也是最有效的方法应该是在损害发生后允许相对人通过多种途径寻求救济，而进行行政诉讼无疑是最为有效和有力的一种，通过法院的介入来平衡公权力和私权利之间的差距，使行政主体对违法或不当指导所造成的损害负责。行政指导作为政府行政的手段之一，如果只管实施而不顾结果，只有指导而没有责任的话，则完全背离了我国“依法治国、依法行政”的法治理念，不负责任的行政，没有责任保障的行政，必将导致政府行政权力的滥用，那么建立责任政府、法治政府也只是一句毫无意义的空话。综上所述，将行政指导纳入法律的控制之下，既是法治的内在要求，也是现实社会生活中依法行政的需要。

## 四、行政指导诉讼的可行性

尽管我国相关法律并未明确行政指导可诉，但这并不意味着行政指导不应纳入行政诉讼的受案范围，在我国，将行政指导纳入行政诉讼范围是可行的。

首先，我国具有将行政指导纳入诉讼范围的现实条件。形成行政诉讼受案范围的若干变量与参数主要包括行政行为的种类，行政行为的性质，行政行为与相对人利益的关系，相对人的范围。其中，行政行为的种类及其与相对人的关系对于行政指导具有重要意义。因为有的国家规定只对强制行为可提起诉讼，而有的规定对非强制行为也能提起诉讼，或者有的国家规定只在行为给相对人造成现实的直接损害情况下可以提起诉讼，而有的规定只要行政行为给相对人造成可能的间接影响时即可对之提起诉讼。这说明，行政指导的可诉性并非存在多大的理论障碍，只不过是选择的结果。至于如何选择，是由一个国家的政治、经济、文化及法治状况所决定的，如行政机关行使职权的状况及自我约束机制状况，司法机关解决争议的能力以及公民权利、自主意识发展的程度等。就我国目前而言，行政机关拥有广泛的行政权，自我约束的能力不强，机制不完善，公民权利、自主意识虽已有较大程度地改观，但对行政权力的膜拜还比比皆是。行政权力的无形威慑无处不在。

其次，反对将行政指导纳入诉讼范围的观点，实际上是混淆了诉权与胜诉权。诉权和胜诉权是两个不同的概念，但实践中将两者混淆的情况却不乏其例。当事人没有胜诉权只能说明其丧失了胜诉的可能，却不能否认其诉权的存在。诉权是当事人的一项基本权利，凡是权利受到侵犯的，受害人均有权提起诉讼。这种侵害包括有形的、直接的侵害，也应包括无形的、间接的影响，如基于行政权力的威慑而接受行政指导所致的损害。

最后，从我国现行有关法律的规定看，并没有完全否认行政指导的可诉性。我国《行政诉讼法》第二条规定："公民、法人或其他组织认为行政机关和行政机关工作人员的具体行政行为侵犯其合法权益，有权依照本法向人民法院提起诉讼。"从这条规定可以看出，只要相对人（不是法院或行政机关）认为行政机关的行政行为侵犯其合法权益的，均可提起诉讼。而且对于相对人所受的损害也并未要求是由行政机关的行政行为的直接侵犯所致，即并未排除可能是间接影响所造成的。那么，就可以理解为只要相对人认为其所受损害是因为接受行政机关的行政指导而导致的均可以向法院起诉。

通过以上分析不难看出，将行政指导纳入行政诉讼的受案范围，在我国不仅是必要的而且也是可行的。司法是最后的救济途径，以司法途径救济行政指导给相对人造成的损害，才能有效控制权力的滥用，充分保障公民的合法权益。以法律监控行政指导，不让权力的运行游离于法律之外，从而避免法治的空洞化。

## 第三节　行政指导诉讼的具体构想

我国目前的行政诉讼制度解决的是因行政行为引起的行为主体与权利义务受行为影响的自然人、法人或其他组织之间的争议，法院通过对被诉行为的合法性的审查、裁判来解决纠纷。因此行使行政职权的机关或者组织及其工作人员的行为是否应当属于行政诉讼的受案范围，判断的实质条件应当有三个：①是否是一种行政行为；②是否会影响到相对人的合法权益或义务；③是否违法或不当。如果这三个条件都具备了就应当属于行政诉讼的受案范围。经过前文关于行政指导可诉性的论证和分析，对照这三个条件，行政指导应当纳入行政诉讼的受案范围是可以肯定的。

## 一、对行政指导诉讼从立法的角度进行规范

尽管以往我国各层次的法律、法规文件中对行政指导行为（包括最广义、广义和狭义的行政指导）作过一些规定，2000年3月10日起实施的《最高人民法院关于执行〈中华人民共和国行政诉讼法〉若干问题的解释》中也以排除性的方式对行政指导作出了明确规定，但这些已不能适应发展社会主义市场经济和推进民主法治的客观要求。在实施依法治国方略、全面推进依法行政的新形势下，我国应加快相关立法步伐，完善行政指导法律规范，加大对行政指导行为的法律约束力度，为行政指导制度建设提供必要的法律保障。为此，我们提出如下几个方面的立法建议：

### （一）通过完善行政诉讼法律规范将行政指导行为纳入司法审查范围

具体来说至少有四种可行的选择：第一，对我国《行政诉讼法》第十一条第一款第（八）项作扩大解释，把与行政指导行为有关的人身权、财产权受损事实作为联系因素纳入诉讼范围；第二，根据《行政诉讼法》第十一条第二款规定的含义作出明确解释，如果由单项法律、法规对行政指导行为的可诉性作了规定时，当然属于受案范围，这是一个很大的缺口，今后应注意制定这方面的法律规范；第三，通过法定修改程序，在《行政诉讼法》第十一条增加一款（作为第三款），规定在实施第一款所列的某些具体行政行为之前采取行政指导行为时如果引起了行政相对人权益受损的争议，或者能提出该指导行为具有实际强制力的证据，不服该行政指导行为的相对人也可提起诉讼；第四，对《最高人民法院关于执行〈中华人民共和国行政诉讼法〉若干问题的解释》第一条第（四）项作扩大解释，首先把那些违法不当且能够证明其变相具有实际强制力的行政指导行为纳入诉讼范围。

### （二）在《行政程序法》中专章（专节）对行政指导作出规定

其中应当对行政指导的定义、性质、地位、作用、依据、目标、主体、对象、内容、形式、程序、责任、救济、赔偿等方面予以规定，为行政指导行为的实施和行政机关承担责任提供必要的、具体的法律依据。

## 二、行政指导诉讼的合理框架

当然，允许对行政指导提起诉讼，还有一些具体制度应当明确，主要有以下

几个方面：

首先是审查标准，行政指导当然存在是否合法以及是否公正、合理两方面的问题。行政诉讼法规定的是合法性审查原则，这一原则当然适用于对行政指导的审查。必须指出，我国行政法学理论谈行政行为合法性与合理性的关系时，总是将合理性理解为行政行为在合法的前提下是否公正、合理的问题，似乎合理性是一个比合法性层次要低的对行政行为的要求。而在法学基础理论中，合理性是一个基础性原则，是讨论行为合法性的前提。即假如一个行为连合理性都做不到，就没有必要讨论其合法性了。在这里，合理性类似于英美等国行政法中的“自然公正”原则。由于世贸组织规范中的司法审查概念以及审查标准很大程度上是按照英美国家的法律观念构造的，因此，在我国加入世贸组织后，如不对合法性审查原则的内涵作出扩大解释，与世贸规定的冲突将不可避免。

其次是审查内容方面，基于行政指导行为的特点，对其审查的内容应重点集中在是否越权、是否存在主观恶意、是否违背承诺、是否利用行政地位强迫相对人接受、个别指导是否有失公平、相关服务以及信息是否虚假、是否违反法律的禁止性规定、是否借行政指导放弃法定职责等方面。

再次是举证责任的分配，原告应承担举证责任的范围主要包括起诉符合法定条件，其中重要的是证明行政指导行为的存在；在一并提起的行政赔偿诉讼中，证明因受被诉行为侵害而造成损失的事实；其他，如原告的主张或称述对被告不利，而依行政指导行为的特点，被告在作出指导行为时无须考虑或者无法控制的事项。被告承担举证责任的范围应包括行政指导的权限、内容、程序（如果有程序要求）、合法等事项。此外，原、被告都应当承担因反驳对方已经初步证明的事实而转移过来的举证责任。

最后是判决形式，由于行政指导行为无论合法或者违法都不具有可供维持或者撤销的内容，因此，判决形式主要应当为确认判决（包括确认合法或违法）、驳回诉讼请求判决、履行判决、赔偿判决四种形式。

### 三、行政指导诉讼的具体构想

#### （一）抽象行政指导行为的司法救济

在应当接受司法审查的行政指导的范围上，由于抽象行政行为可诉性的问题尚未解决，因此，在现阶段即便行政指导的诉讼问题得以解决，抽象行政指导也是不能提起诉讼的，不过从行政民主与法制发展的角度看，对其进行司法审查是必然的趋势。根据目前的立法和司法实际，我们认为适度引入西方的公益诉讼制度不失为一种有效的解决方法。当抽象行政指导导致一个地区的不特定的相对人的权益受损时，当地与作出行政指导的行政机关同级别的人民检察院可以针对具体情况独立立案侦查，依法向同级人民法院提起对该行政机关的行政诉讼，以保护不特定多数相对人的合法权益，为其争得适度的赔偿。这样的公益诉讼完全是为了公众的利益而产生的，也避免了个人同行政机关进行抽象行政指导行为的诉讼中举证不利的弊端，同时也避免了集团诉讼、重复诉讼对于司法资源的浪费，可以说是一项值得借鉴和运行的制度。

**（二）具体行政指导的司法救济**

在论及这个问题时，首先应当排除在行政指导诉讼范围之外的就是无瑕疵的行政指导，即其本身是完全正当合法的，是在法律范围内合理作出的，只是因意外事件或不可抗力等原因而使相对人遭受损失，例如政府指导农民开发荒山、种植果树，但是由于发生不可预料和避免的山洪而使农民遭受了重大损失，此时，行政机关并无过错，所以不对该行政指导负法律上的赔偿责任，而是可以根据情况适当给予行政补偿，但相对方不可以提起行政诉讼。只有在行政主体进行行政指导违背了权力不得滥用原则或信赖保护原则，并造成善意接受指导的相对人利益损害时，相对人才有权提起行政诉讼获得司法救济，简单地说，就是相对方只能针对有瑕疵的行政指导提起行政诉讼。

对于围绕有瑕疵的行政指导而实际引发的行政诉讼案件，可从不同的角度作如下分类：

1．被异化的行政指导引发行政诉讼

被异化的行政指导，即行政指导者以行政指导为名行行政命令之实，损害相对人利益。“对于具有事实上强制力的行政指导行为尤其是借行政指导之名行行政命令之实的‘假行政行为’，其提起行政诉讼的可能性是不容置疑的。”① 这时的行政指导已完全背离了行政指导的本意，实际上，法律所要控制的主要就是这样的行政指导。因为自愿原则是行政指导的基本原则之一②，行政指导本应通过相对人的任意协力来实行，因而在相对人行为的任意选择性受到损害时，理应可针对该类指导行为向法院提出审查请求。

---

① 王红跃，彭云业．行政指导及其救济探析［J］．当代法学，2003（4）．

② 姜明安．行政法与行政诉讼法［M］．北京：北京大学出版社，高等教育出版社，1999：249.

2. 违法的行政指导引发行政诉讼

由于行政指导的内容违法、行政主体超越或滥用行政职权进行指导而使相对人遭受损失，按照权责一致原理，对该类行政指导一般可提起行政诉讼。在责任范围上，行政主体既要赔偿相对人的直接财产损失，又要赔偿相对人因实践了违法指导而受到的制裁损失（如罚款、被责令停产停业的损失）。

3. 有违信义原则的行政指导引发行政诉讼

台湾学者林纪东先生认为："诚实信义之原则，为法律之一般原则，对于行政指导亦应适用。"① 行政相对人持有对行政主体指导行为的信任，实施行政主体所希望达到的某种行为而造成对自身利益损害的，可以依信义原则寻求法律的救济。② 在行政指导的实践中，行政指导的反复、承诺的不履行等，都是典型的有违信义的行政指导，具体表现为：其一，行政主体作出行政指导后又改变其内容导致相对人利益之损失；其二，相对人在接受并实现指导内容的条件下请求行政主体履行给予奖励、优惠等权利的承诺却遭到拒绝；其三，不作为的行政指导，即行政主体负有把相对人理应知晓的事项和规定善意告知相对人以避免其不必要的错误和损失的职责，却疏于或怠于告知，导致相对人遭受重大损失；其四，不公平的行政指导，如相对人都符合接受指导的条件，却只有部分相对人得以接受指导。在这些情况下，应当赋予相对方提起行政诉讼的权利。

除了上述情况，还有一条原则，那就是不管行政指导有无瑕疵，都禁止采取显性或隐性的强制手段。假如因为相对人不服从指导，就课以行政处罚、行政强制措施，或者报复以不予许可，或是以警告、威胁等方式施压，实际上等于"以行政指导之名，行行政命令之实"，这时，即使是原本合法、正当的行政指导也充满了被滥用的危险，所以我们应当允许相对人提出行政复议和行政诉讼。而在提出行政诉讼的方式上，既可以直接以该行政指导为对象，也可以把已经发生的违法处置行为与该行政指导一并提出。

总之，我们认为，对行政指导行为的司法救济是十分必要的，应当尽快将行政指导纳入司法审查的范畴。这既有助于防止行政主体的行为逃逸出法治轨道，又可对因行政指导行为受到权益损害的相对人予以司法救济，这是现代法治主义关于规制公共权力和保障公民权利的双重要求，也是审判机关起到"最后一道防线"作用的必要举措。无救济便无权利，无责任即无行政，行政指导的法律责任

---

① 林纪东．行政法［M］．台北：三民书局，1994：443.

② 王卫明，张文楚．行政指导救济制度研究［J］．华中科技大学学报，2001（3）.

与功能须臾难离，司法审查有助于防止行政指导的功能性缺陷与功能异化。由于行政指导正成为或必将成为现代政府施政的中心，因此，我们有理由认为行政指导亦必将成为司法权制约行政权的核心——司法审查行政指导，将是司法审查的重心所在。

行政指导内含的事实强制力在实践中已给相对方的权益造成了损害，建立和完善中国行政指导的司法救济制度，切实发挥行政指导的良性作用，防止行政指导的功能缺陷和功能异化，不仅是现代责任行政的发展趋势，也是行政法治的必然要求。

现代行政是一种责任行政，无责任即无行政。任何人都必须对自己的行为负责，是现行法制人类活动最基本的法则，行政指导也不例外。尽管行政指导不具有法律上的强制力，是否接受指导听凭相对人的自愿，但如果行政指导本身违法、违反政策或不当，而相对人未能识别判断出这一点，接受了行政指导并产生了危害后果，根据“责任行政”和“信赖利益保护”的法则，实施行政指导的行政机关应当承担赔偿责任。现代行政法治还要求有权利必须有权利救济，无救济便无权利。从与违法行政指导相抗衡、保障相对人的合法权益的角度考虑，如果由于行政指导方的责任造成了受指导方的权益损害，根据“权利救济”的原则，相对人应该有权向人民法院提起行政诉讼，通过司法途径保护自己的合法权益。

从人权保障、权力监督和依法行政的角度出发，行政机关的所有行政行为都应该是可诉的。当前各国由于其宪政发展的局限以及政治文化传统的制约，对行政诉讼的受案范围都作出一定的限制性规定。但是，在社会发展到一定时机，当某种行政行为不纳入司法审查不足以保护公民的合法权益，不利于维护和监督行政机关依法行政时，就应将其纳入司法审查的受审范围。从发展的观点来看，将行政指导纳入司法审查的受案范围，将是今后《行政诉讼法》发展的必然趋势。

# 参考文献

**著作类**

[1] 罗豪才．行政法学［M］．北京：北京大学出版社，1996.

[2] 杨海坤，章志远．行政诉讼法专题研究述评［M］．北京：中国民主法制出版社，2006.

[3] 马怀德．行政诉讼原理［M］．北京：法律出版社，2003.

[4] 江必新．中国行政诉讼制度的完善：行政诉讼法修改问题实务研究［M］．北京：法律出版社，2005.

[5] 江必新．行政诉讼问题研究［M］．北京：中国人民公安大学出版社，1989.

[6] 杨海坤，黄学贤．行政诉讼基本原理与制度完善［M］．北京：中国人事出版社，2005.

[7] 张明杰，莫纪宏．行政法的新理念——市场经济条件下行政立法的新走向［M］．北京：中国人民公安大学出版社，1997.

[8] 张树义．行政法学［M］．北京：中国政法大学出版社，1996.

[9] 胡建淼．行政诉讼法学［M］．北京：法律出版社，2004.

[10] 张树义．寻求行政诉讼制度发展的良性循环［M］．北京：中国政法大学出版社，2000.

[11] 张树义．冲突与选择——行政诉讼的理论与实践［M］．北京：时事出版社，1992.

[12] 王万华．行政程序法研究［M］．北京：中国法制出版社，2000.

[13] 姜明安．行政法与行政诉讼法［M］．北京：北京大学出版社，高等教育出版社，2004.

[14] 应松年．行政法学新论［M］．北京：中国方正出版社，1998.

[15] 马怀德．行政诉讼法学［M］．北京：北京大学出版社，2004.

[16] 胡建淼．行政诉讼法学［M］．上海：复旦大学出版社，2003.

[17] 翁岳生．行政法［M］．北京：中国法制出版社，2002.

[18] 陈光中．诉讼法理论与实践［M］．北京：人民法院出版社，2001.

[19] 王名扬．外国行政诉讼制度［M］．北京：人民法院出版社，1991.

[20] 胡建淼．世界行政法院制度研究［M］．武汉：武汉大学出版社，2007.

[21] 薛刚凌．外国及港澳台行政诉讼制度［M］．北京：北京大学出版社，2006.

[22] 王振清．行政诉讼前沿实务问题研究［M］．北京：中国方正出版社，2004.

[23] 刘俊祥．抽象行政行为的司法审查研究［M］．北京：中国检察出版社，2005.

[24] 张树义．变革与重构——改革背景下的中国行政法理念［M］．北京：中国政法大学出版社，2002.

[25] 孔祥俊．行政行为可诉性、原告资格与司法审查［M］．北京：人民法院出版社，2005.

[26] 王宝明，赵大光，任进，高秦伟．抽象行政行为的司法审查［M］．北京：人民法院出版社，2004.

[27] 甘文．行政诉讼法司法解释之评论——理由、观点与问题［M］．北京：中国法制出版社，2000.

[28] 杨寅，吴偕林．中国行政诉讼制度研究［M］．北京：人民法院出版社，2003.

[29] 蔡小雪．行政审判中的合法性审查［M］．北京：人民法院出版社，1998.

[30] 孙笑侠．法律对行政的控制——现代行政法的法理解释［M］．济南：山东人民出版社，1999.

[31] 苏力．法治及其本土资源［M］．北京：中国政法大学出版社，1996.

[32] 胡建淼．比较行政法——20国行政法评述［M］．北京：法律出版社，1998.

[33] 王名扬．英国行政法［M］．北京：中国政法大学出版社，1987.

[34] 王名扬．法国行政法［M］．北京：中国政法大学出版社，1988.

［35］王名扬．美国行政法［M］．北京：中国政法大学出版社，1995.

［36］刘善春．行政诉讼价值论［M］．北京：法律出版社，1998.

［37］刘恒．行政救济制度研究［M］．北京：法律出版社，1998.

［38］杨伟东．行政行为司法审查强度研究［M］．北京：中国人民大学出版社，2003.

［39］杨小君．我国行政诉讼受案范围理论研究［M］．西安：西安交通大学出版社，1998.

［40］王彦．行政诉讼当事人［M］．北京：人民法院出版社，2002.

［41］高新华．行政诉讼原告论［M］．北京：中国人民公安大学出版社，2006.

［42］杨小君．行政诉讼问题研究与制度改革［M］．北京：中国人民公安大学出版社，2007.

［43］应松年．行政诉讼法学［M］．北京：中国政法大学出版社，1994.

［44］张正钊，韩大元．比较行政法［M］．北京：中国人民大学出版社，1998.

［45］Black's Law Dictionary（5th ed.）［G］．New York：West Publishing Co.，1979.

［46］［奥］凯尔森．法与国家的一般理论［M］．沈宗灵，译．北京：中国大百科全书出版社，1996.

［47］杨建顺．日本行政法通论［M］．北京：中国法制出版社，1998.

［48］张步洪，王万华．行政诉讼法律解释与判例述评［M］．北京：中国法制出版社，2000.

［49］于安．行政诉讼法学基本文献资料选编［M］．北京：法律出版社，2000.

［50］刘善春．行政诉讼原理及名案评析［M］．北京：中国法制出版社，2001.

［51］江必新．中国行政诉讼制度之发展［M］．北京：金城出版社，2001.

［52］胡建淼．行政法学［M］．北京：法律出版社，1998.

［53］张步洪．中国行政法学前沿问题报告［M］．北京：中国检察出版社，2003.

［54］胡建淼．行政诉讼法修改研究［M］．杭州：浙江大学出版社，2007.

［55］罗豪才．行政诉讼法学［M］．北京：中国政法大学出版社，1990.

[56] 姜明安．行政法与行政诉讼法［M］．北京：北京大学出版社，高等教育出版社，1999.

[57] 林莉红．行政诉讼法学［M］．武汉：武汉大学出版社，2001.

[58] 方世荣．论行政相对人［M］．北京：中国政法大学出版社，2000.

[59] 胡锦光，杨建顺，李元起．行政法专题研究［M］．北京：中国人民大学出版社，1998.

[60] 吕立秋．行政诉讼举证责任［M］．北京：中国政法大学出版社，2001.

[61] 徐亮东，戴同鑫．行政审判的理论与实践［M］．珠海：珠海出版社，1998.

[62] 马怀德．司法改革与行政诉讼制度的完善［M］．北京：中国政法大学出版社，2004.

[63] 宋世杰．诉讼证据法学［M］．长沙：湖南人民出版社，2004.

[64] 孔祥俊．行政诉讼证据规则与法律适用［M］．北京：人民法院出版社，2005.

[65] 江伟．证据法学［M］．北京：法律出版社，1999.

[66] 何家弘．新编证据法学［M］．北京：法律出版社，2000.

[67] 马怀德．行政法与行政诉讼法［M］．北京：中国法制出版社，2000.

[68] 李学灯．证据法比较研究［M］．台北：台湾五南图书出版公司，1992.

[69] 张树义．最高人民法院《关于行政诉讼证据若干问题的规定》释评［M］．北京：中国法制出版社，2002.

[70] 吴志良，费成康．行政诉讼法比较［M］．福州：福建人民出版社，1999.

[71] 杜晓智，杜一超，王霁霞．典型行政类改判案例精选［M］．北京：中国法制出版社，2005.

[72] 张海棠．行政诉讼案例精选［M］．上海：上海人民出版社，2003.

[73] 王学辉．行政诉讼制度比较研究［M］．北京：中国检察出版社，2004.

[74] 王宝发．最高人民法院关于《行政诉讼证据若干问题的规定》释义：行政诉讼证据规则实用问答［M］．北京：法律出版社，2002.

[75] 甘文．行政诉讼证据司法解释之评论：理由、观点与问题［M］．北

京：中国法制出版社，2003.

[76] 应松年. 外国程序法汇编 [M]. 北京：中国法制出版社，1999.

[77] 何家弘，张卫平. 外国证据法 [M]. 北京：人民法院出版社，2000.

[78] 李国光. 最高人民法院《关于行政诉讼证据若干问题的规定》的理解和适用 [M]. 北京：人民法院出版社，2002.

[79] [日] 盐野宏. 行政法 [M]. 杨建顺，译，姜明安，审校. 北京：法律出版社，1999.

[80] 刘善春. 诉讼证据规则研究 [M]. 北京：中国法制出版社，2000.

[81] 杨建顺. 日本行政法通论 [M]. 北京：中国发展出版社，1998.

[82] [英] 威廉·韦德. 行政法 [M]. 徐炳等，译. 北京：中国大百科全书出版社，1997.

[83] [德] 魏德士. 法理学 [M]. 丁晓春，吴越，译. 北京：法律出版社，2005.

[84] [日] 大木雅夫. 比较法. [M]. 范愉，译. 北京：法律出版社，1999.

[85] [美] 詹姆斯·安修. 美国宪法解释与判例 [M]. 黎建飞，译. 北京：中国政法大学出版社，1999.

[86] [法] 孟德斯鸠. 论法的精神：上 [M]. 北京：商务印书馆，1961.

[87] 王名扬. 美国行政法：上册 [M]. 北京：中国法制出版社，1995.

[88] 李步云. 法理学 [M]. 北京：经济科学出版社，2000.

[89] 应松年. 当代中国行政法：上册 [M]. 北京：中国方正出版社，2005.

[90] 姜明安. 行政诉讼与行政执法的法律适用 [M]. 北京：人民法院出版社，1995.

[91] 姜明安. 行政法与行政诉讼法 [M]. 北京：北京大学出版社，高等教育出版社，2005.

[92] 姜明安. 行政诉讼法学 [M]. 北京：北京大学出版社，2001.

[93] 叶必丰. 行政诉讼法学 [M]. 北京：中国人民大学出版社，2003.

[94] 姜明安. 外国行政法教程 [M]. 北京：法律出版社，1993.

[95] 张正钊. 行政法与行政诉讼法 [M]. 北京：中国人民大学出版社，2004.

[96] 李培传. 论立法 [M]. 北京：中国法制出版社，2004.

[97] 方世荣. 行政法与行政诉讼法 [M]. 北京：中国政法大学出版

社，1999.

[98] [日] 室井力．日本现代行政法 [M]．吴微，译，罗田广，校．北京：中国政法大学出版社，1995.

[99] [德] 弗里德赫尔穆·胡芬．行政诉讼法 [M]．第5版．莫光华，译，刘飞，校．北京：法律出版社，2003.

[100] [德] 哈特穆特·毛雷尔．德国行政法总论 [M]．高家伟，译．北京：法律出版社，2000.

[101] 蔡志方．行政救济法新论 [M]．台北：元照出版公司，2000.

[102] 樊崇义．诉讼原理 [M]．北京：法律出版社，2003.

[103] 张尚鷟．走出低谷的中国行政法学：中国行政法学综述与评价 [M]．北京：中国政法大学出版社，1991.

[104] 陈新民．中国行政法学原理 [M]．北京：中国政法大学出版社，2002.

[105] 应松年．行政诉讼法学 [M]．北京：中国政法大学出版社，2002.

[106] 刘艺，罗军．行政诉讼法精要与依据指引 [M]．北京：人民出版社，2005.

[107] 罗豪才．中国司法审查制度 [M]．北京：北京大学出版社，1993.

[108] 肖建国．民事诉讼程序价值论 [M]．北京：中国人民大学出版社，2000.

[109] [日] 兼子一，竹下守夫．民事诉讼法 [M]．白绿铉，译．北京：法律出版社，1995.

[110] 罗豪才，应松年．国家赔偿法研究 [M]．北京：中国政法大学出版社，1991.

[111] 马怀德．国家赔偿法的理论与实务 [M]．北京：中国法制出版社，1998.

[112] 皮纯协，何寿生．比较国家赔偿法 [M]．北京：中国法制出版社，1998.

[113] 高家伟．国家赔偿法学 [M]．北京：工商出版社，2000.

[114] 应松年．国家赔偿法研究 [M]．北京：法律出版社，1995.

[115] 刘嗣元，石佑启．国家赔偿法要论 [M]．北京：北京大学出版社，2005.

[116] 马怀德．国家赔偿法学 [M]．北京：中国政法大学出版社，2001.

[117] 沈开举，王珏．行政责任研究［M］．郑州：郑州大学出版社，2004.

[118] 胡建淼．论公法原则［M］．杭州：浙江大学出版社，2005.

[119] 王世涛．行政侵权研究［M］．北京：中国人民公安大学出版社，2005.

[120] 马怀德．国家赔偿问题研究［M］．北京：法律出版社，2006.

[121] 高家伟．国家赔偿法［M］．北京：商务印书馆，2004.

[122] 杨小君．国家赔偿法律问题研究［M］．北京：北京大学出版社，2005.

[123] 袁明圣，罗文燕．行政救济法原理［M］．北京：中国政法大学出版社，2004.

[124] 房绍坤，毕可志．国家赔偿法学［M］．北京：北京大学出版社，2004.

[125] 王利明．侵权行为法归责原则研究［M］．北京：中国政法大学出版社，1997.

[126] 王利明，杨立新．侵权行为法［M］．北京：法律出版社，1996.

[127] 薛刚凌．国家赔偿法教程［M］．北京：中国政法大学出版社，1997.

[128] 应松年．当代中国行政法：下［M］．北京：中国方正出版社，2005.

[129] 张树义．行政诉讼实务详解［M］．北京：中国政法大学出版社，1991.

[130] 罗豪才．行政法学［M］．北京：中国政法大学出版社，1998.

[131] 姜明安．行政法与行政诉讼法［M］．北京：法律出版社，2003.

[132] 叶必丰．行政行为的效力研究［M］．北京：中国人民大学出版社，2002.

[133] 林纪东．行政法［M］．台北：三民书局，1994.

[134] 莫于川．行政指导论纲［M］．重庆：重庆大学出版社，1999.

[135] 莫于川．法治视野中的行政指导［M］．北京：中国人民大学出版社，2005.

[136] 莫于川．行政指导要论——以行政指导法治化为中心［M］．北京：人民法院出版社，2002.

[137] 郭润生，宋功德．论行政指导［M］．北京：中国政法大学出版社，1999.

[138] 胡建淼．外国行政法规与案例评述［M］．北京：中国法制出版

社，1997.

[139] 应松年．行政行为法 [M]．北京：人民出版社，1993.

[140] 肖金明．法治行政的逻辑 [M]．北京：中国政法大学出版社，2004.

**论文类**

[1] 章剑生．有关行政诉讼受案范围的几个理论问题探析 [J]．中国法学，1998 (2)．

[2] 陈宏光，尚华．行政诉讼受案范围动态分析与现实思考 [J]．政法论坛，2002 (1)．

[3] 应松年，杨伟东．我国行政诉讼法修正初步设想 [J]．中国司法，2004 (4)．

[4] 薛珍．我国行政诉讼受案范围应予扩大 [J]．法学，1999 (8)．

[5] 郑建勋．抽象行政行为的可诉性 [J]．西南政法学院学报，1998 (2)．

[6] 石东坡．行政行为及其特征再探讨 [J]．法学论坛，2000 (1)．

[7] 刘善春．行政诉讼受案范围的理论与实践探究 [J]．政法论坛，1995 (3)．

[8] 刘俊祥．论我国抽象行政行为的司法审查 [J]．现代法学，2000 (3)．

[9] 丁丽红．关于扩大行政诉讼对合法权益保护范围的思考 [J]．行政法学研究，1999 (1)．

[10] 高家伟．行政诉讼受案范围辨析 [J]．山东大学学报，1996 (4)．

[11] 高鸿．抽象行政行为可诉性之探讨 [J]．法律科学，1997 (4)．

[12] 薛刚凌．行政诉讼受案标准研究 [J]．法商研究，1998 (1)．

[13] 刘莘．关于受案范围 [J]．行政法学研究，2000 (2)．

[14] 房保国．我国行政诉讼面临的困境与解析 [J]．华东政法学院学报，2000 (5)．

[15] 阎尔宝．我国行政诉讼受案范围的再探讨 [J]．行政法学研究，2000 (3)．

[16] 杨小君．正确认识行政诉讼受案范围的模式 [J]．中国法学，1999 (6)．

[17] 孔祥俊．建立与 WTO 要求相适应的司法审查制度 [J]．中国法学，

2001（6）.

［18］李卫华．论对抽象行政行为的司法审查［J］．河南政法管理干部学院学报，2000（2）.

［19］林莉红．我国行政诉讼法学的研究状况及其发展趋势［J］．法学评论，1998（3）.

［20］苏斌．谈行政诉讼范围［J］．中国政协，2002（1）.

［21］郝明金．行政诉讼范围的反思与重构［J］．行政法学研究，2003（1）.

［22］周汉华．论建立独立、开放与能动的司法制度［J］．法学研究，1999（5）.

［23］陈天本．行政诉讼的受案范围［J］．行政法学研究，2001（4）.

［24］王敬波．论我国抽象行政行为的司法监督［J］．行政法学研究，2001（4）.

［25］斯琴．试论行政诉讼的受案范围［J］．前沿，2006（1）.

［26］郭道晖．依法行政与行政权的发展［J］．现代法学，1999（1）.

［27］叶向乐．完善行政诉讼若干问题探讨［J］．政法论坛，1999（2）.

［28］蔡小雪．关于当前行政诉讼范围若干争议问题的研究［J］．法律适用，2006（1）.

［29］伍晋．对我国行政诉讼受案范围的思考［J］．法制与社会，2006（1）.

［30］张树华．论抽象行政行为的可诉性［J］．前沿，2006（1）.

［31］胡锦光．论我国抽象行政行为的司法审查［J］．中国检察官，2006（2）.

［32］刘文静．论行政诉讼受案范围的核心标准［J］．学术研究，2005（10）.

［33］王峰．抽象行政行为的司法审查制度及其完善［J］．山东师范大学学报，2005（6）.

［34］张玲．论行政诉讼受案范围之重构［J］．行政与法，2005（7）.

［35］杨伟东．行政诉讼受案范围分析［J］．行政法学研究，2004（3）.

［36］胡敏洁．论行政诉讼受案范围之扩大［J］．江南社会学院学报，2003（2）.

［37］陈庭会．我国行政诉讼受案范围模式的再探讨［J］．当代法学，2002（1）.

[38] 杨俊．我国行政诉讼受案范围逐步扩大之机理与构想［J］．学海，2005（2）．

[39] 崔晓静，陈岚．证据制度的法哲学基础［J］．武汉大学学报（社会科学版），2002（5）．

[40] 阳旭东．略论我国证据制度的理论基础［J］．湖南社会科学，2001（6）．

[41] 张坤世，欧爱民．试论行政诉讼证据制度的缺陷和完善［J］．行政论坛，2002（52）．

[42] 倪洪涛，朱伟东．也谈我国证据制度的理论基础［J］．广西社会科学，2001（4）．

[43] 张冬．论行政诉讼的证据规则［J］．温州师范学报，1997（4）．

[44] 蔡小雪．行政诉讼证据关联性规则的理论及适用［J］．人民司法，2003（5）．

[45] 丁明湖．论行政诉讼的证据规则［J］．甘肃行政学院学报，2005（4）．

[46] 刘英．对行政不作为案件举证责任若干问题的思考［J］．司法纵横，2004（6）．

[47] 闫桂芳．谈行政诉讼证据制度的完善［J］．人民司法，2006（3）．

[48] 钱玮，张光成．论行政诉讼举证时限制度的缺陷及完善［J］．法制与经济，2006（1）．

[49] 张芳，张艳．论行政证据与行政诉讼证据的相异及衔接［J］．黑龙江省政法干部学校学报，2004（5）．

[50] 韩哲．关于司法审查制度的思考——以法官李慧娟、赵广云受处分事件为视角［J］．中国青年政治学院学报，2004（4）．

[51] 吴鹏．行政规章“参照”研究［J］．首都师范大学学报，2003（4）．

[52] 刘松山．人民法院的审判依据［J］．政法论坛，2006（4）．

[53] 周卫昕．对行政裁判文书中引用其他规范性文件问题的思考［J］．华东政法学院学报，2001（5）．

[54] 李杰．其他规范性文件在司法审查中的地位及效力探析［J］．行政法学研究，2004（4）．

[55] 薛刚凌、王霁霞．论行政诉讼制度的完善与发展——《行政诉讼法》修订之构想［J］．政法论坛，2003（1）．

[56] 陈启华. 行政审判中法律适用问题的初探 [EB/OL]. 绵竹法院网.

[57] 张友渔. 关于行政诉讼法的两点意见 [J]. 中国法学, 1989 (4).

[58] 甄鸣. 论行政规章在审判中的地位和作用 [J]. 中国法学, 1989 (5).

[59] 湛中乐. 论行政法规、行政规章以外的其他规范性文件 [J]. 中国法学, 1992 (2).

[60] 陈连田. 试论行政规章及其参照适用 [J]. 法学与实践, 1992 (2).

[61] 陈有西. 论行政诉讼中的法律规范冲突及其冲突规范 [J]. 行政法学研究, 1993 (4).

[62] 刘天孔. 简论行政诉讼中的法律规范冲突问题 [J]. 山东审判, 1996 (8).

[63] 周汉华. 论行政诉讼中的法律问题 [J]. 中国法学, 1997 (4).

[64] 戴慧霞, 冯江. 浅析行政案件审理依据的适用 [J]. 甘肃理论学刊, 2001 (3).

[65] 李向平. 行政规定在行政诉讼中的地位和作用 [J]. 人民司法, 2001 (7).

[66] 肖蔚云. 宪法是审判工作的根本法律依据 [J]. 法学杂志, 2002 (3).

[67] 刘东亮. 行政诉讼法律适用是审查适用 [J]. 行政与法制, 2002 (10).

[68] 胡建峰. 行政规则在司法审查中的地位 [J]. 行政法学研究, 2004 (1).

[69] 蔡定剑. 法律冲突及其解决的途径 [J]. 中国法学, 1999 (3).

[70] 方世荣. 论维护行政法制统一与行政诉讼制度创新 [J]. 中国法学, 2004 (1).

[71] 胡锦光. 论审判权的界限 [J]. 河北省政法管理干部学院学报, 2003 (4).

[72] 张吕好. 论行政法规、规章的效力——兼论行政诉讼合法性审查的标准 [J]. 行政法学研究, 1995 (1).

[73] 陈华文. 抽象行政行为可诉性探讨 [J]. 青海社会科学, 2001 (4).

[74] 潘昌锋. 论我国行政判决形式的局限性及其完善 [J]. 研究与争鸣, 1998 (5).

[75] 张忠斌, 刘曙军. 现行行政判决形式的不足与完善 [J]. 人民司法,

1999（7）.

［76］薛刚凌．行政判决制度研究［J］．河南省政法管理干部学院学报，2003（2）.

［77］温恒国，杨利敏．构筑回应当事人诉求的判决形式——关于重构行政判决形式的讨论［N］．工人日报，2004－06－12.

［78］游振辉．行政案件的诉讼请求、审查范围及判决方式的关系研究［EB/OL］http：//jc. gov. cn/personal/ysxs/fn－sxl/fnsx4. htm.

［79］梁凤云．关于行政诉讼判决的几个问题［J］//最高人民法院行政审判庭．行政执法与行政审判：第11辑．北京：法律出版社，2004.

［80］梁凤云．论维持判决的完善［J］//最高人民法院行政审判庭．行政执法与行政审判：第10辑．北京：法律出版社，2004.

［81］石佑启．判决被告重作具体行政行为探析［J］．上海市政法管理干部学院学报，2001（5）.

［82］章剑生．判决重作具体行政行为［J］．法学研究，1996（6）.

［83］王彦．行政不作为案件与不履行法定职责案件辨析［EB/OL］．法律图书馆网站 www. law－lib. com/lw/lw_ view. asp？no＝704 － 22k.

［84］刘忠发．行政不作为诉讼案件如何判决［EB/OL］．中国法院网 www. chinacouirt. org.

［85］袁曙宏．对行政处罚的撤销判决［J］．中南政法学院学报，1994（3）.

［86］汤军．论行政诉讼驳回诉讼请求判决与合法性审查原则之一般关系［J］//最高人民法院行政审判庭．行政执法与行政审判：第11辑．北京：法律出版社，2004.

［87］行政审判中的确认判决及相关法律问题．人民司法，2000（9）.

［88］罗豪才，袁曙宏．我国国家赔偿的原则［J］．中外法学，1991（2）.

［89］廖海．中外赔偿制度之比较［J］．法学评论，1996（1）.

［90］刘嗣元．论我国国家赔偿法的归责原则［J］．中国法学，2000（2）.

［91］王世涛．行政违约初探［J］．行政与法，2001（2）.

［92］应松年，马怀德．国家赔偿立法探究［J］．中国法学，1991（2）.

［93］于安．试论我国国家赔偿制度［J］．法学研究，1987（2）.

［94］张伟君．完善行政赔偿程序刍议［J］．行政与法，2002（2）.

［95］曾坚．国家赔偿范围拓展至精神损害之研究［J］．社会科学，2002

(5).

[96] 何静.论国家赔偿范围拓展 [J].行政论坛，2003 (9).

[97] 达宇.论行政不作为及其国家赔偿责任 [J].鲁行经院学报，2003 (4).

[98] 高吉利.论我国行政赔偿损害范围及其拓展 [J].广西青年干部学院学报，2004 (4).

[99] 王良钧.论行政侵权案件的精神损害赔偿 [J].信阳师范学院学报(哲学社会科学版)，2003 (5).

[100] 吕冀平，朱伟松.行政精神损害赔偿制度的法律思考 [J].哈尔滨学院学报，2003 (10).

[101] 李召亮.论行政赔偿范围的渐进扩展 [J].行政论坛，2000 (5).

[102] 周汉华.论国家赔偿的过错责任原则 [J].法学研究，1996 (3).

[103] 高新华.论行政诉讼原告资格的发展 [J].常熟高等师专学报，2000 (5).

[104] 胡宜奎.行政诉讼原告资格的发展趋势 [J].学海，2000 (3).

[105] 李劲.论行政诉讼原告资格 [J].渤海大学学报，2005 (4).

[106] 陈志宏，唐霄.我国行政诉讼原告资格之思考 [EB/OL] [2008-03-01] http://www.dffy.com.

[107] 徐慧.从一起案例看行政公益诉讼的原告资格 [EB/OL] [2008-03-01] http://www.chinacourt.org.

[108] 王万华.行政诉讼原告资格 [J].行政法学研究，1997 (2).

[109] 朱剑峰.行政诉讼中原告资格的认定与思考 [J].当代法学，2000 (4).

[110] 杨寅.行政诉讼原告资格新说 [J].法学，2002 (2).

[111] 罗英姿.对行政诉讼原告资格的认识 [J].贵州民族学院学报，2005 (3).

[112] 高家伟.论行政诉讼的原告资格 [J].法商研究，1997 (1).

[113] 李晨清.行政诉讼原告资格的利害关系要件分析 [J].行政法学研究，2004 (1).

[114] 高新华.行政诉讼原告资格内涵之辨析 [J].江汉大学学报，2005 (3).

[115] 郑永强，贾怀廷.论行政诉讼的原告资格 [J].河南大学学报，1996

(5).

[116] 沈福俊. 论对我国行政诉讼原告资格制度的认识及其发展 [J]. 华东政法学院学报, 2000 (5).

[117] 高新华. 论新司法解释中行政诉讼原告资格的历史局限性 [J]. 辽宁师范大学学报, 2005 (7).

[118] 夏锦文, 高新华. 我国行政诉讼原告资格的演进 [J]. 法商研究, 2001 (1).

[119] 唐哗旎. 论利益衡量方法在行政诉讼原告资格认定中的适用 [J]. 行政法学研究, 2005 (2).

[120] 王惠玲. 试论行政诉讼原告资格 [J]. 郑州航空工业管理学院学报, 2004 (6).

[121] 祝佳. 论行政诉讼原告资格 [J]. 长春理工大学学报, 2005 (2).

[122] 姚金菊. 行政诉讼原告资格的宏观考察 [J]. 辽宁大学学报, 2005 (5).

[123] 李蕊. 行政诉讼原告资格问题探讨 [J]. 黄冈师范学院学报, 2004 (2).

[124] 侯勇. 重构我国行政诉讼原告资格制度的思考 [J]. 行政法学研究, 2004 (4).

[125] 马怀德, 解志勇. 行政诉讼第三人研究 [J]. 法律科学, 2003 (3).

[126] 刘春江, 孔卫新. 行政诉讼第三人制度研究 [J]. 山西高等学校学报, 2002 (1).

[127] 王红岩. 行政诉讼第三人探析 [J]. 政法论坛, 1991 (4).

[128] 赵正群. 论行政机关不宜成为行政诉讼第三人 [J]. 经济与法, 1993 (8).

[129] 马生安. 行政诉讼第三人范围的科学界定 [J]. 行政法学研究, 2001 (3).

[130] 姚金菊. 行政诉讼第三人制度之再探讨 [J]. 云南警官学报学报, 2003 (4).

[131] 杨海坤, 马生安. 中外行政诉讼第三人制度比较研究 [J]. 比较法研究, 2004 (3).

[132] 罗其军. 行政诉讼第三人 [J]. 政法论坛, 2006 (7).

[133] 吴卫军, 陈岩. 我国行政诉讼第三人界定标准的检视与重构 [J]. 河

北大学学报，2007（5）.

[134] 王远翔，陆海峰. 行政诉讼第三人举证责任初探［J］. 法学研究，2005（12）.

[135] 李全庆. 行政诉讼第三人的界定［J］. 徐州教育学院学报，2004（2）.

[136] 胡渡渝. 试论行政诉讼第三人的认定［J］. 重庆广播电视大学学报，2004（12）.

[137] 胡显莉，苏福. 行政诉讼第三人的认定［J］. 重庆工学院学报，2004（6）.

[138] 莫于川. 国外行政指导典型案例研究［J］. 行政法学研究，2003（3）.

[139] 张淑芳. 行政误导的法律责任探讨［J］. 行政法学研究，2000（3）.

[140] 张志强. 对行政指导的几个问题的探讨［J］. 内蒙古财经学院学报（综合版），2003（1）.

[141] 张鹏. 行政指导的责任化漫谈［J］. 行政与法，2001（3）.

[142] 宋健中，刘开兵. 试论行政指导的实践状态及其法律救济［J］. 湖北社会科学，2002（7）.

[143] 高泽银. 浅议行政指导与法律救济［J］. 行政与法，2002（7）.

[144] 宋文宇. 行政指导承担法律责任的必要性分析［J］. 法学杂志，2002（5）.

[145] 曹静晖. 行政相对人及其权利保障［J］. 理论与探索，2005（3）.

[146] 彭思彬. 行政指导可诉性比较浅析［J］. 行政与法，2002（12）.

[147] 尹晓敏. 司法审查行政指导探究［J］. 杭州商学院学报，2004（1）.

[148] 王士如. 中国行政指导的司法救济［J］. 行政法学研究，2004（4）.

[149] 郭殊. 对行政指导问题的冷思考［J］. 法学论坛，2003（2）.

[150] 李晓光，周小梅. 行政指导信赖保护原则研究［J］. 行政与法，2003（4）.

[151] 汪俊英. 试论行政指导的含义及其法律救济［J］. 行政与法，2004（9）.

[152] 方宁，朱进. 行政指导可诉性探析［J］. 行政与法，2003（4）.

[153] 朱蓉. 行政指导概念的重界定［J］. 沙洋师范高等专科学校学报，2003（6）.

[154] 段晓红. 行政指导救济制度的必要性探究［J］. 行政与法，2003（1）.

[155] 钟赤宇. 行政指导中相对人权益的保护［J］. 绵阳师范学院学报，

2004（4）.

［156］莫于川，田文利．行政指导制度的合理性研究［J］．政法论丛，2004（5）.

［157］王麟．行政指导行为“不可诉论”质疑［J］．汕头大学学报（人文社会科学版），2005（1）.

［158］王维达，唐丹．论信赖保护原则在行政指导中的适用［J］．同济大学学报（社会科学版），2003（6）.

［159］王庆宇，刘卫东．纠正行政指导对法治行政的偏离［J］．行政与法，2004（4）.

［160］喻少如．论行政指导的救济与责任［J］．行政论坛，2003（59）.

［161］李景春．论行政指导的救济与责任［J］．广西政法管理干部学院学报，2003（4）.

［162］唐明良，李鸿兰．行政指导的权力性——比较法和社会学意义上的考察［J］．行政法学研究，2005（4）.

［163］刘铮．试析行政指导的可诉性［J］．山西高等学校社会科学学报，2002（3）.

［164］秦铁铮．法治视野中的日本行政指导［J］．日本研究，2005（2）.

［165］尚秋瑾．日本行政指导及其对我国的启示［J］．北京行政学院学报，2005（6）.

［166］崔卓兰，鲁鹏宇．日本行政指导制度及其法律控制理论［J］．行政法学研究，2001（3）.

［167］上海市人民政府行政法制研究所“行政指导课题组”．中国行政指导的实践与理论研究（上）［J］．政治与法律，2003（3）.

［168］上海市人民政府行政法制研究所“行政指导课题组”．中国行政指导的实践与理论研究（下）［J］．政治与法律，2003（4）.

［169］沈归，王锡锌，李娟．传统行政法控权理念及其现代意义［J］．中外法学，1999（1）.

［170］叶必丰．控权论研究［J］．南京大学法律评论，1997（3）.

［171］莫于川，林鸿潮．论当代行政法上的信赖保护原则［J］．法商研究，2004（5）.

［172］李燕，朱文英．论信赖利益赔偿［J］．政法论丛，2001（3）.

［173］郝银钟，席作立．宪政视角下的比例原则［J］．法商研究，2004（6）.

[174] 黄学贤．行政法中的比例原则研究［J］．法律科学，2001（1）．

[175] 韦光非．以公民权利制约行政权［J］．行政与法，2004（12）．

[176] 邓海娟．政府诚信与信赖利益保护［J］．行政与法，2005（1）．

[177] 高凛．控权论：现代行政法学的理论基础［J］．南京师范大学学报，1998（4）．

[178] 莫纪宏，张毓华．诉权是现代法治社会第一制度性权利［J］．法学杂志，2002（4）．

[179] 孙筱彦，蒋涛．从维护公民权利角度看公民的宪法诉权［EB/OL］［2006－06－21］http：//www.sdcourt.gov.cn/art/2006/03/31/art_ 7160.html.

[180] 樊崇义．“行政审判制度改革”调查报告（下）［J］//诉讼法学研究：第五卷．北京：中国检察出版社，2004.

[181] 高家伟，罗豪才．论行政诉讼举证责任［J］//行政法论丛：第一卷．北京：法律出版社，1998.

[182] 何家弘．试论证据的概念、内容和方式［J］//证据法学论坛：第四卷．北京：中国检察出版社，2000.

[183] 汪建成，祁建建．“认证”之议，应当慎行［J］//证据学论坛：第四卷．北京：中国检察出版社，2002.

# 后 记

本书是《中国行政诉讼的制度空白及弥补问题研究》（杨临宏主编，云南大学出版社2009年版）的姊妹篇，对我国行政诉讼的制度缺失及完善问题作了较为全面的论述。之所以提出“行政诉讼的制度空白及弥补”和“行政诉讼的制度缺失及完善”两个命题，是因为“空白”是指现行制度中没有，需要“弥补”，而“缺失”是指现行制度已经有规定，但存在不足需要“完善”。本书写作分工如下：

主编：杨临宏　黄金泉；

副主编：刘刚；

写作提纲：杨临宏；

第一章1－3节：赵一飞，第4节：黄金泉；

第二章1－3节：韩娅妮，第4节：黄金泉；

第三章：董维娜；

第四章1－4节：李清菊，第5节：黄金泉；

第五章：向　勇；

第六章：赵光喜；

第七章1－2节：段炜炜，第3节：刘　刚；

第八章1－2节：段颖娟，第3节：刘　刚。

全书经黄金泉、刘刚修改后由杨临宏定稿。

**图书在版编目（CIP）数据**

中国行政诉讼的制度缺失及完善问题研究/杨临宏，黄金泉主编．—昆明：云南大学出版社，2010

ISBN 978-7-5482-0107-6

Ⅰ．①中…　Ⅱ．①杨…　②黄…　Ⅲ．①行政诉讼—研究—中国　Ⅳ．①D925.304

中国版本图书馆CIP数据核字（2010）第091146号

**中国行政诉讼的制度缺失及完善问题研究**

杨临宏　黄金泉　主编

策划编辑：蔡红华
责任编辑：蔡红华　蒋丽杰
封面设计：刘　雨
出版发行：云南大学出版社
印　　装：昆明耀骏印务有限公司
开　　本：787mm×1092mm　1/16
印　　张：21.25
字　　数：393千
版　　次：2010年6月第1版
印　　次：2010年6月第1次印刷
书　　号：ISBN 978-7-5482-0107-6
定　　价：49.00元

地　　址：昆明市翠湖北路2号云南大学英华园内（邮编：650091）
发行电话：0871-5033244　5031071
网　　址：http://www.ynup.com
E-mail：market@ynup.com